Handbuch Arbeitsschutz 2001/2002

Jens-Christian Voss (Hrsg.)

Handbuch Arbeitsschutz 2001/2002

Recht · Technik · Organisation in der Unternehmenspraxis

herausgegeben von

Jens-Christian Voss

unter Mitarbeit von

Hans-Jürgen Bieneck
Wolfgang J. Friedl
Christoph Heucke
Josef Merdian
Johannes Posselt
Hans-Peter Reiß
Hans-Jürgen Russow
Klaus Scheuermann
Jürgen Schliephacke
Karsten Stegemann
Norbert Teufelhart
Rainer Thiehoff
Eva Winnik

Deutscher
Wirtschaftsdienst

Die Deutsche Bibliothek – CIP-Einheitsaufnahme

Handbuch Arbeitsschutz 2001/2002 : Recht · Technik · Organisation in der Unternehmenspraxis / Hrsg.: Jens-Christian Voss. - Köln : Dt. Wirtschaftsdienst, 2001

ISBN 3-87156-361-7

Redaktion und Projektmanagement: Michael Bohlen und Katina Peters

Fachverlag Deutscher Wirtschaftsdienst GmbH & Co. KG
Marienburger Straße 22, D-50968 Köln (Marienburg)
Telefon (02 21) 9 37 63-0, Telefax (02 21) 9 37 63-99
Internet: http://www.dwd-verlag.de, eMail: box@dwd-verlag.de

Umschlaggestaltung: Ute Weber GrafikDesign, Geretsried
Satz: TGK Wienpahl, Köln
Druck: Wilhelm & Adam, Heusenstamm

Vorwort

Sehr geehrter Leser und Nutzer des neuen Handbuches,

als der Deutsche Wirtschaftsdienst Mitte 2000 auf mich zukam, ein neues Buchkonzept zu entwickeln, war ich von dem Gedanken sofort angetan: namhafte Kollegen zu wesentlichen, anspruchsvollen Themen des Arbeits- und Gesundheitsschutzes zu vereinen und ein neues Standardwerk damit zu schaffen. Die angesprochenen Autoren waren von dem Vorhaben ausnahmslos begeistert und haben die Idee sofort unterstützt – vielen Dank dafür.

Das Handbuch besteht aus zwölf Kapiteln. Nach einer Einführung in die Thematik in Kapitel 1 widmet sich Kapitel 2 den umfangreichen rechtlichen Grundlagen des Arbeits- und Gesundheitsschutzes. 1989 wurden zwei EG-Rahmenrichtlinien zum Arbeitsschutz in Kraft gesetzt, die in nationales Recht umzusetzen waren und einen harmonisierten Stand im Arbeits- und Gesundheitsschutz in Europa erreichen sollten. Besonders sei hier auf die Bildschirmarbeitsverordnung und die Biostoffverordnung eingegangen.

Kapitel 3 zeigt die Verantwortlichkeiten im Arbeits- und Gesundheitsschutz auf. Neben der Unternehmerverantwortung und den abzuleitenden Haftungsstrafen wird auf den komplexen Umgang mit Fremdfirmen eingegangen. Dass Arbeits- und Gesundheitsschutz systematisch zu organisieren ist, veranschaulicht Kapitel 4. Wesentliche Faktoren der funktionierenden Sicherheitsorganisation sind der aktive Sicherheitsbeauftragte und der Arbeitsschutzausschuss als Erfahrungsaustausch- und Multiplikationsorgan.

Nach Qualitäts- und Umweltmanagement steigt die Bedeutung des Sicherheitsmanagements in Unternehmen kontinuierlich. In Kapitel 5 werden bestehende Arbeitsschutzmanagementsysteme näher erläutert. Schwerpunkt dabei ist das zertifizierbare Managementsystem SCC, das einen unaufhaltsamen Erfolgsweg auch in Deutschland nimmt; derzeit sind bereits etwa 500 deutsche Unternehmen nach diesem System zertifiziert, in Europa sind es bereits 5.000.

Neben dem juristischen und fürsorglichen nimmt der betriebswirtschaftliche Aspekt im Arbeits- und Gesundheitsschutz eine weitere wesentliche Rolle ein. Für eine hohe Anzahl deutscher Betriebe ist der betriebswirtschaftliche Aspekt sogar der ausschlaggebende, sich aktiver um Arbeits- und Gesundheitsschutz zu kümmern. Kapitel 6 erläutert in drei Fachberichten wesentliche Faktoren, die Sie erkennen sollten.

In Kapitel 7 werden medizinische Hintergründe näher beleuchtet. Im Mittelpunkt steht in diesem Handbuch die Berufskrankheit; 80.000 Verdachtsanzeigen erfolgen jedes Jahr, über 2.000 Fälle jährlich verlaufen tödlich. Berufskrankheiten sind damit erheblich problematischer zu bewerten als Arbeitsunfälle. Psychologische Faktoren werden in Kapitel 8 diskutiert: Neben dem Human Factor wird dabei das Erfolgsrezept des Sicherheitskurzgespräches erläutert. Die Chemie- und Nahrungsmittelbranche hat damit ihre Unfallzahlen drastisch senken können.

Ausgesuchte Probleme des Arbeits- und Gesundheitsschutzes werden in Kapitel 9 vorgestellt. Dem Brandschutz kommt in diesem Handbuch eine nicht unerhebliche Bedeutung zu: 200 Brände mit Schäden in Millionenhöhe, über 7 Milliarden Mark Sachschaden und über 600 Tote in Deutschland im Jahr sprechen für sich.

In Kapitel 10 erläutern namhafte Berufskollegen anhand von Praxisbeispielen interessante Ideen aus ihren Unternehmen. Nicht zuletzt sollen Kapitel 11 (Internet-Adressen) und Kapitel 12 (Termine) Ihnen als Praktiker weitere wertvolle Tipps für Ihre betriebliche Sicherheitsarbeit geben.

Ich möchte mich bei der kompetenten Unterstützung durch den Deutschen Wirtschaftsdienst, und hier insbesondere durch Herrn Michael Bohlen, bedanken.

Als Letztes möchte ich mich besonders bei meiner Frau Carole bedanken, die mich bei der Umsetzung des Handbuches sehr unterstützt und die Texte redaktionell überarbeitet hat.

Ich hoffe, dass Ihnen das Konzept zusagt, und wünsche Ihnen viel Erfolg beim Anwenden des neuen Werkes. Möge es Ihnen viele interessante Anregungen und Informationen bieten.

Augsburg, im April 2001

Dipl.-Ing. Jens-Christian Voss

Inhaltsverzeichnis

1 Einführung

1.1 Arbeitsschutz an der Schwelle zu einer ungewissen Zukunft?

Dipl.-Ing. Hans-Jürgen Bieneck

Ortsbestimmung

Der Versuch einer Art Ortsbestimmung des Arbeitsschutzes lässt unschwer erkennen, dass der Arbeitsschutz derzeit gleich mehrfach unter Druck steht oder – anders ausgedrückt – dass an ihm aus verschiedenen Richtungen gezerrt und gezogen wird; möglicherweise liegt darin aber auch gerade eine Chance für den Arbeitsschutz.

Üblicherweise betrachten sich die Arbeitsschützer in den vergangenen Jahrzehnten als erfolgreich: Sowohl Arbeitsunfälle wie auch Berufskrankheiten – Letztere mit Einschränkungen – sind im langfristigen Trend zurückgegangen. Aber haben dazu nicht Strukturwandel und technische Veränderungen einen guten Teil beigetragen? Sind nicht in der Folge dieser Innovationen veränderte Problemlagen entstanden – anstelle der rauen Industriearbeit die Dienstleistungen und Büros mit ihren so genannten „weichen" Belastungsfaktoren – psychischen, mentalen, kognitiven und sozialen also? Ist der (vermeintliche, sicherlich zum Teil auch reale) Erfolg vergangener Jahre Ermutigung genug, davon auszugehen, dass der Arbeitsschutz die vor ihm liegenden Herausforderungen wird bewältigen können?

Entwicklungschancen und -risiken

Ich möchte den gegenwärtigen Arbeitsschutz in einen mehrfachen Kontext stellen, um seine Entwicklungschancen und -risiken abzuschätzen.

Kontext „Gesundheitsschutz"

Es ist offensichtlich, dass „Arbeitsschutz" – oder in der Sprache der europäischen Rahmenrichtlinie „Arbeitsschutz" und des daraus abgeleiteten deutschen Arbeitsschutzgesetzes „Sicherheit und Gesundheitsschutz der Arbeitnehmer bei der Arbeit" – nur ein Teil des grundgesetzlich geschützten Gutes „Gesundheit" ist. Arbeitsschutz meint den Aspekt von Gesundheit, der unmittelbar mit den durch die Arbeit verursachten Belastungen und Gefährdungen zusammenhängt. Wenn man so will, ist Arbeitsschutz eine Teilmenge des Gesundheitsschutzes. Der Arbeitsschutz wird durch ein umfassendes System von Vorschriften und Regeln sowie ein komplexes System von Institutionen realisiert.

Kontext „Europa"

Die zunehmende Vereinheitlichung des europäischen Vorschriftenwerkes gerade auch im Arbeitsschutz hat bewirkt, dass wir in Deutschland heute praktisch keine originär deutschen Vorschriften mehr besitzen; das heute geltende deutsche Arbeitsschutzrecht hat seinen Ursprung in Europa, wenngleich wir in erheblichem Maße bereits bestehende deutsche Vorschriften in dieses europäisch bestimmte Vorschriftenwerk integrieren konnten, beispielsweise das Arbeitssicherheitsgesetz, das Gerätesicherheitsgesetz und andere. Im europäischen Rechtssystem war auch ein weiterer Kontext angelegt:

- Art. 137 (früher: 118a) – Richtlinien der EU regeln den betrieblichen Arbeitsschutz sowie so genannte Umgangsvorschriften.
- Art. 95 (früher: 100a) – Richtlinien regeln so genannte Beschaffenheitsanforderungen an Geräten, Maschinen etc. – und zwar primär unter dem Gesichtspunkt der Beseitigung technischer Handelshemmnisse; somit haben wir hier den

Kontext „Binnenmarkt"

Kontext „Binnenmarkt" oder letztlich die Wirtschaftspolitik. Arbeitsschutz hat immer schon Kompromisse mit wirtschaftlichen Interessen schließen müssen; man hat es sich vielfach jedoch nicht eingestanden. Heute gilt: Wer die Dynamik der Wirtschaft nicht annimmt, wird von ihr abgehängt werden.

Kontext „Umweltschutz"

Es ist nicht zu verkennen, dass der Umweltschutz aufgrund seiner hohen öffentlichen Resonanz eine Tendenz entwickelt hat, den Arbeitsschutz sozusagen „von der Flanke her" aufzurollen; dies erkennt man am deutlichsten im Chemikalienbereich. Und wenn man registriert, dass BMU und BMG – basierend auf internationalen politischen Prozessen – ein „Aktionsprogramm Umwelt und Gesundheit" vereinbart haben, in dem massiv auch Arbeitsschutzthemen auftauchen, dann setzt dies wohl auch ein politisches Signal, das dem Arbeitsschutz zunächst nicht förderlich erscheint – zumindest für den Fall, dass er sich passiv verhält.

Kontext „Gesundheitsförderung" und „Public Health"

Schließlich ist ein weiterer Kontext mit den Begriffen „Gesundheitsförderung" und „Public Health" zu beschreiben: Die Gesundheitsförderung geht wohl insoweit über den Arbeitsschutz hinaus, als sie die so genannten „salutogenen" Faktoren aktivieren möchte. Ob die Gesundheitsförderung nun dem Arbeitsschutzrecht selbst zugeordnet werden sollte, soweit sie jedenfalls im Betrieb ansetzt, mag der Interpretation des Arbeitsschutzgesetzes überlassen bleiben; das BMA hatte jedenfalls im Gesetzgebungsverfahren für eine Ausklammerung der Gesundheitsförderung aus dem Arbeitsschutzrecht plädiert. Grund hierfür war, dass man die Gesundheitsförderung nicht als öffentlich-rechtliche Verpflichtung des Arbeitgebers festschreiben wollte. In dieser Interpretation wäre die *betriebliche* Gesundheitsförderung dann eine Ergänzung des betrieblichen Arbeitsschutzes. Jedenfalls ist festzustellen, dass „Gesundheitsförderung" oder „Health Promotion" ein Thema ist, das international inzwischen eine erhebliche Dynamik entwickelt hat.

Auch „Public Health" ist ein Konzept, das über den Arbeitsschutz deutlich hinausreicht. Wir Arbeitsschützer sollten uns bei beiden Konzepten bald entscheiden, ob wir uns von ihnen abgrenzen oder doch lieber mit auf den Zug springen sollten. In einer bewegten Zeit, wie wir sie derzeit durchleben, sind Abgrenzungsversuche schon deshalb riskant, weil die Tendenz wohl insgesamt auf Integration, Vernetzung, Globalisierung hinweist.

Bedeutung des Arbeitsschutzes

Der skizzierte Rahmen bildet eine Art Koordinatensystem, in welchem der Arbeitsschutz offenbar nicht im Zentrum, sondern eher in der Peripherie zu stehen scheint. Wäre dies aber gerechtfertigt? Wohl nicht:

- Der Arbeitsschutz zielt auf den Schutz der Gesundheit von immerhin nahezu 30 Millionen Arbeitnehmern.
- Der Arbeitsschutz kann die Lasten für unser soziales Sicherungssystem stabilisieren oder sogar reduzieren helfen, und zwar nicht nur in der gesetzlichen Unfallversicherung, sondern auch in der Krankenversicherung, der Rentenversicherung wie auch in der Arbeitslosenversicherung.
- Der Arbeitsschutz ist das einzige System in unserem Gesundheits- und Sozialsystem, das primäre Prävention unmittelbar am Ort des Geschehens, nämlich im Betrieb, wirksam realisieren kann. Er verfügt dazu über eigene Vorschriften und ein eigenes Vollzugssystem, genauer gesagt sogar zwei: die staatliche Gewerbeaufsicht und die Technischen Aufsichtspersonen der Berufsgenossenschaften. Überdies beraten Fachkräfte für Arbeitssicherheit und Betriebsärzte den Arbeitgeber im Betrieb.
- Der Arbeitsschutz setzt damit dort an, wo Belastungen in der Regel gravierender sind, als in der normalen Lebensumwelt. Beispiel: die Gefahrstoffexposition.

Europäischer Einfluss

Aus dem eben Dargestellten ergibt sich bereits, dass Arbeitsschutz heute eigentlich nur noch im europäischen Kontext zu sehen ist:

- Das Vorschriftenwerk ist wie erwähnt europäisch geprägt.
- Die Kommission hat mit der Schaffung der Arbeitsschutzagentur in Bilbao eine auf längere Sicht nicht zu unterschätzende Hilfe bei der europäischen Harmonisierung im Arbeitsschutz erhalten. Dies könnte letztlich zu einer Vereinheitlichung auch des Richtlinienvollzugs in Europa führen. Voraussetzung hierfür wäre aber wohl ein weiteres Zusammenwachsen der einzelstaatlichen Strukturen und Prozeduren innerhalb der EU.
- Auch die Diskussionen über Gesundheitsförderung und Public Health liefen zunächst eher international als national.
- Nicht zuletzt ist hier anzumerken, dass sich gegenwärtig eine ganze Reihe internationaler Netzwerke bilden, die zum Teil sogar über die EU hinausreichen. Dazu zählen insbesondere die so genannten National Focal Points, die die europäische Agentur unterstützen, aber auch ein Netzwerk zur Gesundheitsförderung – das übrigens von der BAuA im Auftrag der Kommission „gemanagt“ wird. Die nationalen Institutionen, welche Forschung auf dem Feld der Gestaltung der Arbeitsbedingungen betreiben bzw. fördern, bemühen sich um eine Institutionalisierung ihrer Kooperation. In Ansätzen ist auch ein insbesondere von Finnland, Schweden, Niederlande und Deutschland initiiertes Netzwerk von Einrichtungen im Entstehen, die sich mit Fragen der betriebsärztlichen Betreuung befassen. Weitere Netzwerke ließen sich anführen.

Internationale Netzwerke

„Fit für die Zukunft“

Im und um den Arbeitsschutz herum hat sich gerade auch auf europäischer Ebene eine erhebliche Dynamik entfaltet. Abgesehen von der sicherlich verbesserungswürdigen Koordination dieser Dynamik sollte man davon ausgehen, dass dies für den Arbeitsschutz in Deutschland letztlich eine große Chance bietet. Diese Chance besteht darin, dass der mehr als 100 Jahre alte deutsche Arbeitsschutz sich von seinen historisch bedingten Verkrustungen befreit und sich sozusagen „fit für die Zukunft“ macht. Dass diese Hoffnung sich bereits in wesentlichen Aspekten verwirklicht hat, kann belegt werden:

- Das europäisch geprägte deutsche Arbeitsschutzrecht geht von einem umfassenden Gesundheitsschutzziel aus – eine Abkehr von dem auf Arbeitsunfälle und Berufskrankheiten beschränkten bisherigen Konzept. Hier wurde eine Brücke zum allgemeinen Gesundheitsschutz gebaut, wie er beispielsweise auch durch die Krankenkassen vertreten wird.
- Dieses weit gefasste inhaltliche Konzept erhöht die sozialpolitische Bedeutung des Arbeitsschutzes, weil es gestattet, den Beitrag des Arbeitsschutzes zur sozialen Sicherheit insgesamt überzeugend darzustellen.
- Der Arbeitsschutz in Deutschland wird inzwischen von Zielen und Konzepten befruchtet, die international diskutiert und entwickelt werden und Deutschland teilhaben lassen am Entstehen einer europäischen Arbeitsschutzkultur, die vom Geben und Nehmen mit unseren europäischen Partnern lebt. Der Arbeitsschutz ist in der Tat ein positives Beispiel für europäische Integration ...

Skepsis und ihre Ursachen

Es soll hier keineswegs verschwiegen werden, dass dies alles von etlichen deutschen Arbeitsschützern auch durchaus skeptisch gesehen wird. Einige Ursachen für diese Skepsis möchte ich erwähnen:

Europäische Entwicklungen

Vielfach wird durch den Zwang, auf europäischer Ebene Kompromisse einzugehen und auch das eigene System an europäische Vorstellungen anzupassen, die Befürchtung geweckt, dass das deutsche Sicherheitsniveau gesenkt und die Schlagkraft des deutschen Vollzugs gemindert werde. Gegen Ersteres muss man aus meiner Sicht allerdings die Vorteile einer Harmonisierung von Vorschriften z.B. für die Wettbewerbsfähigkeit der Unternehmen innerhalb Europas setzen. Zum Vollzug ist darauf zu verweisen, dass dessen Grenzen auch in Deutschland bekannt sind und derzeit bei Ländern wie auch Berufsgenossenschaften an neuen Konzepten gearbeitet wird (Stichworte: Arbeitsschutzmanagement und Systemkontrolle). Dies wiederum erfolgt im Rahmen europäischer Entwicklungen. Ein unvoreingenommener Blick auf die Aktivitäten unserer europäischen Nachbarn zeigt, dass Deutschlands Arbeitsschützer davon noch einiges lernen können.

Weiterhin wird mit den Einflüssen, die vom Umweltschutz, der Health-Promotion-Bewegung wie auch von der Public-Health-Diskussion ausgehen, ein Risiko für die Stellung des Arbeitsschutzes insgesamt gesehen. Da ist wohl etwas dran, aber auch dies sollte eher als eine Entwicklungschance begriffen werden, die uns hoffentlich zu noch besseren Konzepten führen wird. Eins ist jedenfalls klar: Ein lediglich defensives Verhalten, der Versuch, alles zu lassen, wie es ist, würde dem Arbeitsschutz eher schaden als die Bereitschaft, sich zu öffnen. In diesem Zusammenhang sind beispielhaft die Möglichkeiten zu erwähnen, die sich 1989 – und inzwischen wieder – mit dem § 20 SGB V und 1996 mit § 14 Abs. 2 SGB VII für die Kooperation von Krankenkassen und Berufsgenossenschaften eröffnet haben.

Arbeitsschutz in Deutschland

Nach dieser knappen Analyse des europäischen Aspekts des deutschen Arbeitsschutzes sollten wir den Blick darauf lenken, wie sich der Arbeitsschutz in Deutschland auf seine Zukunft vorzubereiten sucht. Dies tut er in der Tat, und die Phase der Verunsicherung – siehe oben – ist wohl vorbei: Es sind auch keineswegs nur europäische Einflüsse, die diese Entwicklungen befördern.

Systematisierung

Wie meistens in der Realität ist dies weniger ein geplanter, ein strukturierter Prozess. Es ist eine Mischung aus Aktion und Reaktion, wobei dies vielfach natürlich ineinander übergeht. Man kann aber wohl doch feststellen, dass der Arbeitsschutz sich seit einigen Jahren durchaus der weit reichenden Veränderungen in seinem Umfeld bewusst geworden ist. Der Versuch einer Systematisierung solcher Aktionen und Reaktionen auf Veränderungen könnte etwa wie folgt aussehen:

1. Mit dem neuen Arbeitsschutzrecht ist eine umfassende inhaltliche Definition dessen erfolgt, womit sich Arbeitsschutz zukünftig befassen und was er bewirken soll; sowohl Arbeitsschutzgesetz wie auch SGB VII gehen von einem umfassenden, modernen Präventionsverständnis aus. Der Praxis werden bewusst weite Gestaltungsspielräume eingeräumt – übrigens auch durch die ergänzend zum Arbeitsschutzgesetz erlassenen Verordnungen. Stichworte für das neue Recht sind Stärkung der Eigenverantwortung der Unternehmen, Deregulierung, betriebsspezifische Gestaltung und Optimierung der Arbeitsbedingungen. Das BMA hat Gespräche mit den Ländern, den Unfallversicherungsträgern, der Industrie, dem Handwerk und den Sozialpartnern aufgenommen, um eine weitere Vereinfachung und Verschlankung des gesamten Vorschriften- und Regelsystems im Arbeitsschutz einzuleiten. Dies betrifft sowohl das staatliche Recht wie auch das autonome Recht der gesetzlichen Unfallversicherung.

2. Die Aufsichtsinstitutionen arbeiten an einer Modernisierung ihrer Tätigkeit. Hierzu wird z.B. die Ausbildung des Personals weiterentwickelt und neben die

Aufsicht die Beratung der Betriebe als gleichgewichtige Aufgabe gestellt (dies wurde im Arbeitsschutzgesetz und im SGB VII auch rechtlich verankert). Die Aufsichtsstrategien werden dabei beispielsweise in Richtung einer Systemkontrolle – zum Beispiel unter Nutzung von Arbeitsschutzmanagementsystemen – weiterentwickelt.

3. In den Betrieben selbst werden die Strategien der Arbeitsschutzfachleute den dortigen Entwicklungen angepasst. In Großbetrieben ist eine starke Tendenz zur Integration der Arbeitsschutzarbeit in übergreifende betriebliche Managementsysteme festzustellen. Hier könnte dem von Arbeitsschutzinstitutionen und Sozialpartnern vereinbarten „Gemeinsamen Standpunkt zu Managementsystemen im Arbeitsschutz" und den dazu inzwischen ergänzten Eckpunkten eine die Entwicklung des Arbeitsschutzes positiv beeinflussende Rolle zukommen. Auch die ILO arbeitet auf diesem Feld an Leitlinien. Solche betrieblichen Entwicklungen werden auch durch die Ende 1997 vom BMA festgelegte neue Konzeption für die Ausbildung der Fachkräfte für Arbeitssicherheit inhaltlich und methodisch unterstützt; die Fachkraft soll danach zukünftig weniger als Experte im Detail, sondern stärker als aktiver Partner im betrieblichen Aufgabenmanagement agieren.

4. Das inner- und außerbetriebliche Unterstützungssystem für den betrieblichen Arbeitsschutz wird auf Grundlage des Arbeitssicherheitsgesetzes ausgebaut. Die Einführung der Kleinbetriebsbetreuung auf der Grundlage des ASiG hat – trotz der damit verbundenen Widerstände und praktischen Probleme – einen Impuls zum weiteren Ausbau betrieblicher und überbetrieblicher Beratungskapazitäten bewirkt. Der Aufbau von QS-Systemen für die sicherheitstechnischen bzw. betriebsärztlichen Dienstleister durch VDSI bzw. VDBW wird dies – so ist zu hoffen – auch politisch stabilisieren.

Zielkonflikte und Risiken

Wandel im Arbeitsschutz

Natürlich gibt diese Zusammenfassung kein vollständiges, viel weniger abschließendes Bild des tatsächlichen Wandels im Arbeitsschutz. Wie immer sind Reformen, sind Innovationen in einem Feld von Zwängen und Interessen durchzusetzen. Natürlich gibt es auch Zielkonflikte und Risiken. Und es ist auch noch eine ganze Reihe von Fragen zu klären, von denen hier einige kurz zu erwähnen sind:

- Wie kann der Arbeitsschutz erfolgreich agieren, wenn „physische" Probleme immer mehr in den Hintergrund rücken, „psycho-mentale" und „kognitive" Probleme an Bedeutung gewinnen, wenn also technisch, naturwissenschaftlich oder medizinisch beurteil- und lösbare Probleme gegenüber psychischen, mentalen und kognitiven Belastungen bei der Arbeit z.B. mit Informations- und Kommunikationstechnik an Bedeutung verlieren (könnten)?
- Wie kann sich der Arbeitsschutz besser auf die voranschreitende Tertiarisierung der Wirtschaft einrichten? Wie sollte er seine traditionell an den Bedingungen der Industriearbeit ausgerichteten Konzepte anpassen – und zwar zügig? Haben wir schon die richtigen Zugänge zu Belegschaften, die nur zu einem geringen Teil dem klassischen Industriearbeiter ähneln werden?
- Wie kann Arbeitsschutzrecht und -aufsicht bei sich auflösenden Betriebsstrukturen wirksam bleiben? Stichworte sind Zerschlagung der Großbetriebe, Bil-

dung so genannter virtueller Unternehmen mit wenig Stammpersonal und gegebenenfalls weltweit zeitlich befristet agierenden Partnern. Dies erscheint rechtlich eher lösbar als praktisch.

Demographischer Wandel

- Welche Aufgaben kommen auf den Arbeitsschutz angesichts des demographischen Wandels mit seiner erheblichen Zunahme des Anteils der Älteren in unserer Gesellschaft und voraussichtlich auch – trotz der gegenwärtig noch gern praktizierten vorzeitigen Verabschiedung älterer Arbeitnehmer – in den Betrieben zu? Wie kann Arbeit altersgerecht gestaltet werden, damit überhaupt die Fähigkeit zum Arbeiten – eventuell über die heutigen Altersgrenzen hinaus – erhalten bleibt? Brauchen wir gesetzliche Regelungen gegen eine Diskriminierung der Alten (wie in den Niederlanden in der Diskussion)? Ältere Arbeitnehmer werden – neben ihren unbestreitbaren spezifischen positiven Leistungsmerkmalen – trotz aller Präventionsbemühungen auch in Zukunft lebensalters- und gesundheitsbedingte Einschränkungen aufweisen und schon deshalb besonderer Aufmerksamkeit seitens des Arbeitsschutzes bedürfen.

Atypische Arbeitsverhältnisse

- Wie wird Arbeitsschutzrecht und -aufsicht angesichts eines wachsenden Anteils atypischer Arbeitsverhältnisse (Stichworte: Scheinselbstständigkeit, sozialversicherungsfreie Beschäftigungsverhältnisse, Umgehung von Schwellenwerten – z.B. durch Aufsplittung in Kleinfirmen –, Schwarzarbeit) funktionieren können? Hier geht es nicht nur um – lösbare – rechtliche Fragen, sondern natürlich auch um Fragen der Aufsichtspraxis und der Wirkungsmöglichkeiten betrieblicher Arbeitsschutzfachleute.
- Eine besonders wichtige strategische Fragestellung erscheint mir bei weitem noch nicht hinreichend ausdiskutiert: Wie muss Arbeitsschutzpolitik gestaltet werden, wenn Privatisierung bisher öffentlicher Aufgaben einerseits und Deregulierung des Arbeitsschutzrechts andererseits substanziell voranschreiten sollten? Wird sich eine neue Balance zwischen staatlicher und unternehmerischer Verantwortung entwickeln?

Globale Einflüsse

- Schließlich: Wie kann eine nationale – und selbst europäische – Arbeitsschutzpolitik erfolgreich sein, wenn globale Einflüsse und Ausweichmöglichkeiten, angetrieben durch Sozialdumping in der Dritten und Vierten Welt, noch stärker auf Deutschland und Europa durchschlagen? Könnten hier aktuelle Betrebungen bei der World Trade Organisation (WTO) zu weltweit geltenden sozialen Handelsstandards führen – vergleichbar den Richtlinien der EU auf Basis der Artikel 137 und 95 EWG-Vertrag? Könnte man über die ILO Fortschritte erreichen, wie man es derzeit am Beispiel des Arbeitsschutzmanagements versucht?

Antwortversuche ...

Chancen des Arbeitsschutzes

Wo könnten also die Chancen des Arbeitsschutzes angesichts solcher Fragestellungen liegen? Die Antwort muss spekulativ bleiben; einige Hinweise gibt jedoch das aktuelle Geschehen:

- der Beitrag des Arbeitsschutzes zum Betriebserfolg, für die Volkswirtschaft und für die sozialen Sicherungssysteme muss überzeugend dargelegt werden; wir dürfen uns dabei aber nicht in eine Abhängigkeit von ökonomischen Begründungen begeben;

- der Arbeitsschutz muss seine bisherige Fixierung auf industrielle Produktionsbetriebe überwinden und auf die wachsenden Bereiche in der Wirtschaft – die Dienstleistungen im weitesten Sinne – stärker zugehen;
- der Arbeitsschutz muss flexibler werden, will er von den technisch-organisatorischen und sozial-ökonomischen Entwicklungen nicht „abgehängt" werden;

Mehr Flexibilität

- der Arbeitsschutz braucht starke Partner: beispielsweise im System der Sozialen Sicherung, aber auch in den Betrieben, in den Verbänden, in den Organisationen des Handwerks etc;
- die Problemlösungs- und Dienstleistungsqualität des Arbeitsschutzes muss deutlich verstärkt werden, wir müssen in dieser Hinsicht überzeugen und zum gefragten Partner von Betrieben und Verbänden werden;
- der Arbeitsschützer muss aus der wenig zukunftsträchtigen Ecke des Experten für das Kleingedruckte heraus, er muss als Problemlöser und -manager überzeugen und für den Betrieb unentbehrlich werden;

Problemlöser und -manager

- das Arbeitsschutzrecht muss der Praxis Entscheidungs- und Gestaltungsspielräume eröffnen, es darf die Sicht nicht auf das technische Detail verengen, sondern den Weg zur Systemgestaltung gehen;
- der Arbeitsschutz darf sich nicht von Entwicklungen abschotten, die ihn von außen her (an-)stoßen – sie könnten ihm helfen, sich für seine Zukunft fit zu machen;
- schließlich wird sich der Arbeitsschutz vom Primat von Technik und Medizin lösen müssen, wenn denn seine Aufgaben zunehmend im so genannten „weichen" Bereich liegen werden.

Konturen und Defizite

Damit ist natürlich das zukünftige Gesicht des Arbeitsschutzes noch nicht gezeichnet, aber es sind bereits einige Konturen und vor allen Dingen auch Defizite erkennbar.

Arbeitsschutz als sachkundiger Berater und Dienstleister

Der Arbeitsschutz steht – alles in allem – in Deutschland nach wie vor auf einem soliden Fundament. Der Erlass neuer Arbeitsschutzvorschriften ist aber keineswegs Anlass zu allzu viel Selbstzufriedenheit. Die wirklichen Herausforderungen für den Arbeitsschutz liegen erst noch vor uns und wollen bewältigt werden. Eins ist dabei jetzt schon klar: Es wird in Zukunft angesichts der bereits erkennbaren Entwicklungstrends immer weniger möglich sein, mit dem herkömmlichen Konzept und Verständnis von Vorschrift – Kontrolle – Sanktion an die Betriebe und an die Probleme heranzugehen. Auch der Arbeitsschutz wird sich verstärkt als sachkundiger Berater und Dienstleister in Sachen Gesundheit der Beschäftigten bewähren müssen – und er wird sich dabei konstruktiv im betrieblichen Interessenfeld bewegen müssen. Wir sollten dabei auch unsere positiven Beiträge für erfolgreiche betriebliche Innovationsprozesse entwickeln und unter Beweis stellen.

Es ist dabei insgesamt ein gutes Gefühl, dass wir bei all diesen Herausforderungen unsere europäischen Kolleginnen und Kollegen im gleichen Boot wissen. Arbeitsschutz und Deutschland – das ist morgen mehr noch als heute nicht mehr, aber auch nicht weniger als ein wichtiger Teil europäischer Sozialpolitik.

2 Rechtliche Grundlagen

2.1 Vorschriften und Regeln im Arbeitsschutz

RA Dr. Jürgen Schliephacke

2.1.1 Zur Thematik

In der Bundesrepublik wird von mehreren Seiten darauf Einfluss genommen, dass in den Unternehmen Sicherheit und Gesundheitsschutz am Arbeitsplatz gewährleistet sind: durch die Europäische Union (EU), den Staat, die Berufsgenossenschaften und private Normengeber.

Arten von Vorschriften und Regeln

Dementsprechend gibt es auch unterschiedliche Arten von Vorschriften und Regeln für die Sicherheit, insbesondere

- EU-Vorschriften,
- staatliche Arbeitsschutzvorschriften,
- berufsgenossenschaftliche Unfallverhütungsvorschriften,
- „Allgemein anerkannte Regeln" (der Sicherheitstechnik und Arbeitsmedizin),
- „Gesicherte arbeitswissenschaftliche Erkenntnisse".

Dieser Artikel soll dem betrieblichen Praktiker dabei helfen, sich in dem „Vorschriftendickicht" zurechtzufinden.

2.1.2 Das deutsche Rechtssystem

Drei Säulen

Sicherheit und Gesundheitsschutz – Arbeitssicherheit – werden in Deutschland als einzigem Mitgliedsstaat der EU von drei Säulen getragen:

1. vom Staat, der Gesetze und Rechtsverordnungen erlässt;
2. von privaten Normengebern, die so genannte Regelwerke aufstellen;
3. von Unfallversicherungsträgern, die (gesetzesähnliche) Unfallverhütungsvorschriften erlassen.

Staat und Unfallversicherungsträger überwachen die Einhaltung von Gesetzen, Rechtsverordnungen und Unfallverhütungsvorschriften.

2.1.3 Einfluss des EU-Rechts auf nationales Recht

EU-Richtlinien haben keinen unmittelbaren Einfluss auf den Aufbau des Rechtssystems der einzelnen Staaten. Die Vorgaben in EU-Richtlinien müssen jedoch in nationales Recht umgesetzt, das heißt in nationale Rechtsvorschriften und Regeln eingearbeitet werden („Harmonisierung"). Hier gibt es zwei Varianten:

Art. 95 (100a) Ewg

- Die Vorgaben nach Artikel 100a (neue Bezeichnung Art. 95), so genannte „Beschaffenheitsanforderungen", müssen in allen Mitgliedsstaaten gleich lautend, also in vollem Umfang übernommen werden („totale Harmonisierung"). Dadurch sollen Handelshemmnisse ausgeschlossen werden.

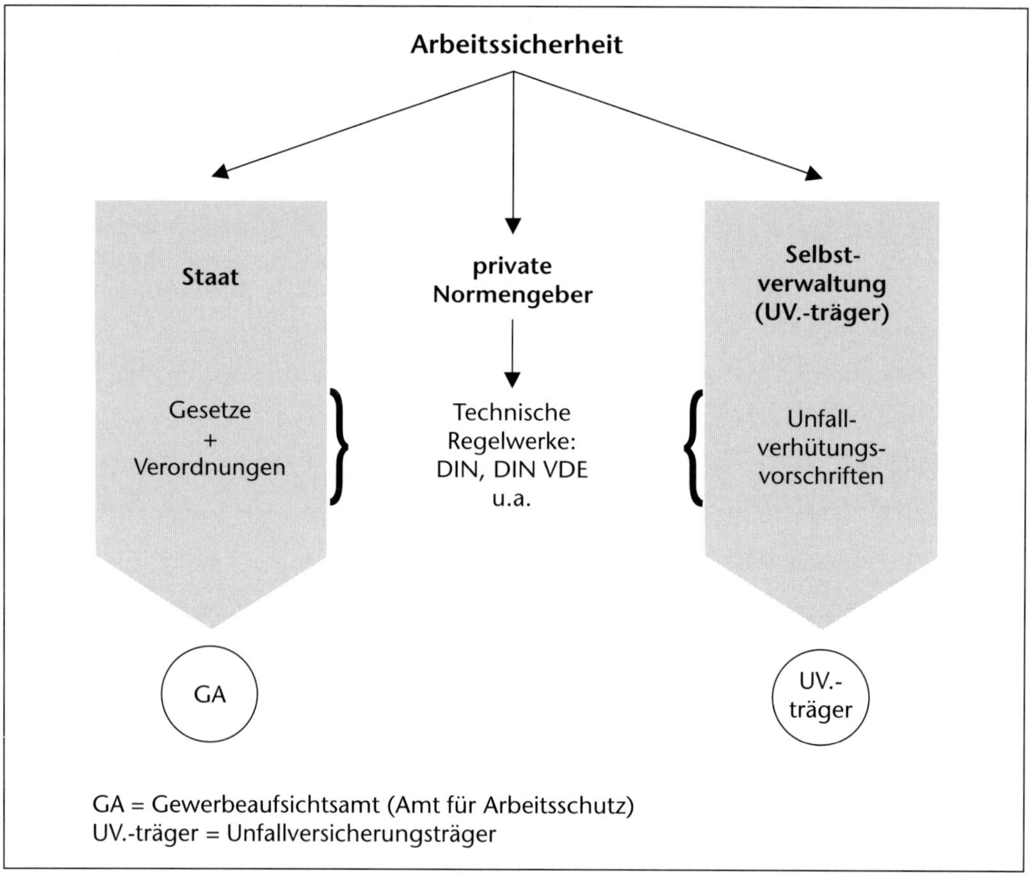

Abb. 1: Das Rechtssystem in Deutschland

Art. 137 (118a) Ewg

- Die Vorgaben nach Artikel 118a (neue Bezeichnung Art. 137), so genannte „Betriebsvorschriften", können von jedem Mitgliedsstaat über die Mindestanforderungen in der jeweiligen EU-Richtlinie hinaus im Interesse von Sicherheit und Gesundheitsschutz der Beschäftigten bei der Umsetzung in nationales Recht erweitert werden.

Auch Regelwerke werden auf europäischer Ebene harmonisiert. Aus den Regelwerken aller Mitgliedsstaaten wird durch die europäischen Normungsgremien (CEN, CENELEC) eine EU-Norm gebildet, die dann in jedem Mitgliedsstaat als nationale Norm mit dem Zusatz EN (Europa-Norm) Rechtsgültigkeit erhält.

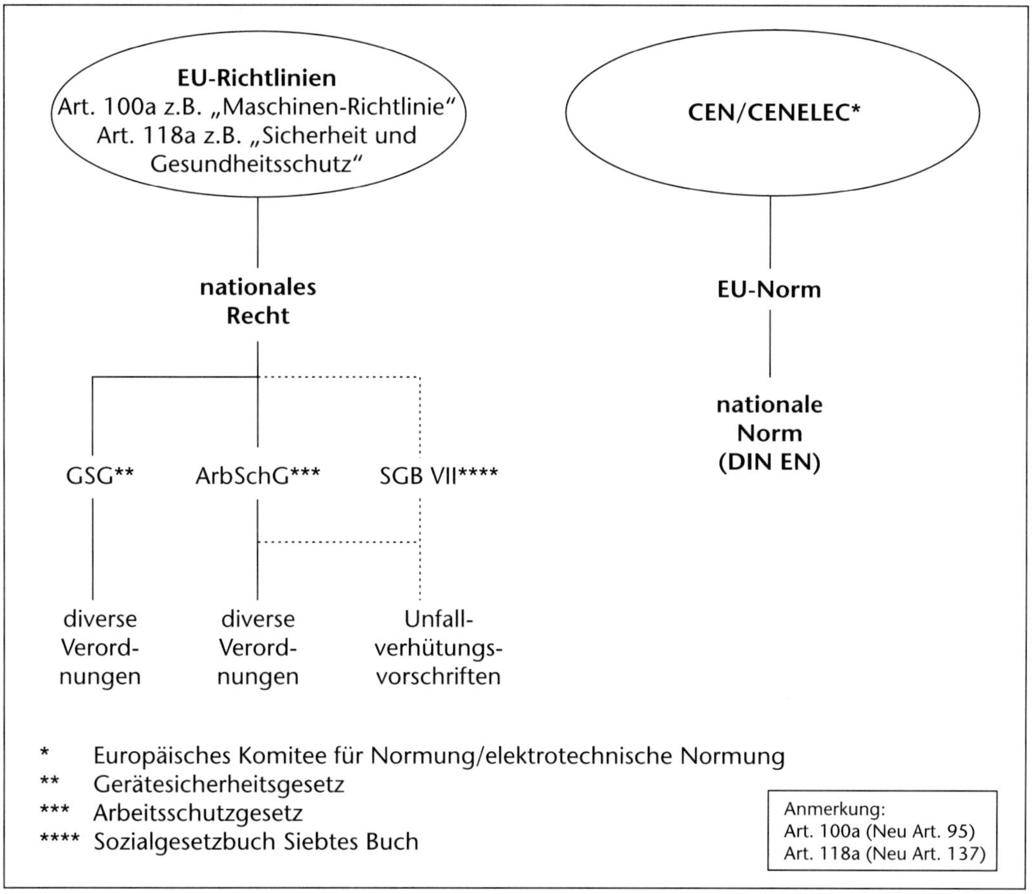

Abb. 2: Einfluss des EU-Rechts auf nationales Recht

2.1.4 Zur Systematik von Vorschriften und Regeln

- EU-Verordnungen sind gegenüber nationalem Recht vorrangig. Sie setzen anders lautendes nationales Recht außer Kraft.

Einbindung von Vorschriften und Regeln in das deutsche Rechtssystem

- EU-Richtlinien werden grundsätzlich erst durch Umsetzung des nationalen Gesetz-, Verordnungs- oder Vorschriftengebers im einzelnen Mitgliedsstaat verbindlich. Ausnahmen sind möglich durch Entscheidungen des EU-Gerichtshofes (z.B. Rechtsprechung zur unmittelbaren Geltung für den öffentlichen Dienst vor Umsetzung in nationales Recht). Bei nicht fristgemäßer Umsetzung können unter bestimmten Voraussetzungen Rechtsansprüche abgeleitet werden.
- Gesetze, Rechtsverordnungen und Unfallverhütungsvorschriften (als Satzungsrecht) sind zwingend anzuwenden („müssen").
- Die spezielle Vorschrift (in Gesetz, Rechtsverordnung, Unfallverhütungsvorschrift) geht der jeweils allgemeinen Vorschrift vor.
- Die Unfallverhütungsvorschrift „Allgemeine Vorschriften" BGV A1 (VBG 1)/GUV 0.1 muss ergänzend bei jeder anderen Unfallverhütungsvorschrift berücksichtigt werden. Wenn keine spezielle Unfallverhütungsvorschrift anwendbar ist, gilt ausschließlich die BGV A1 (VBG 1)/GUV 0.1.

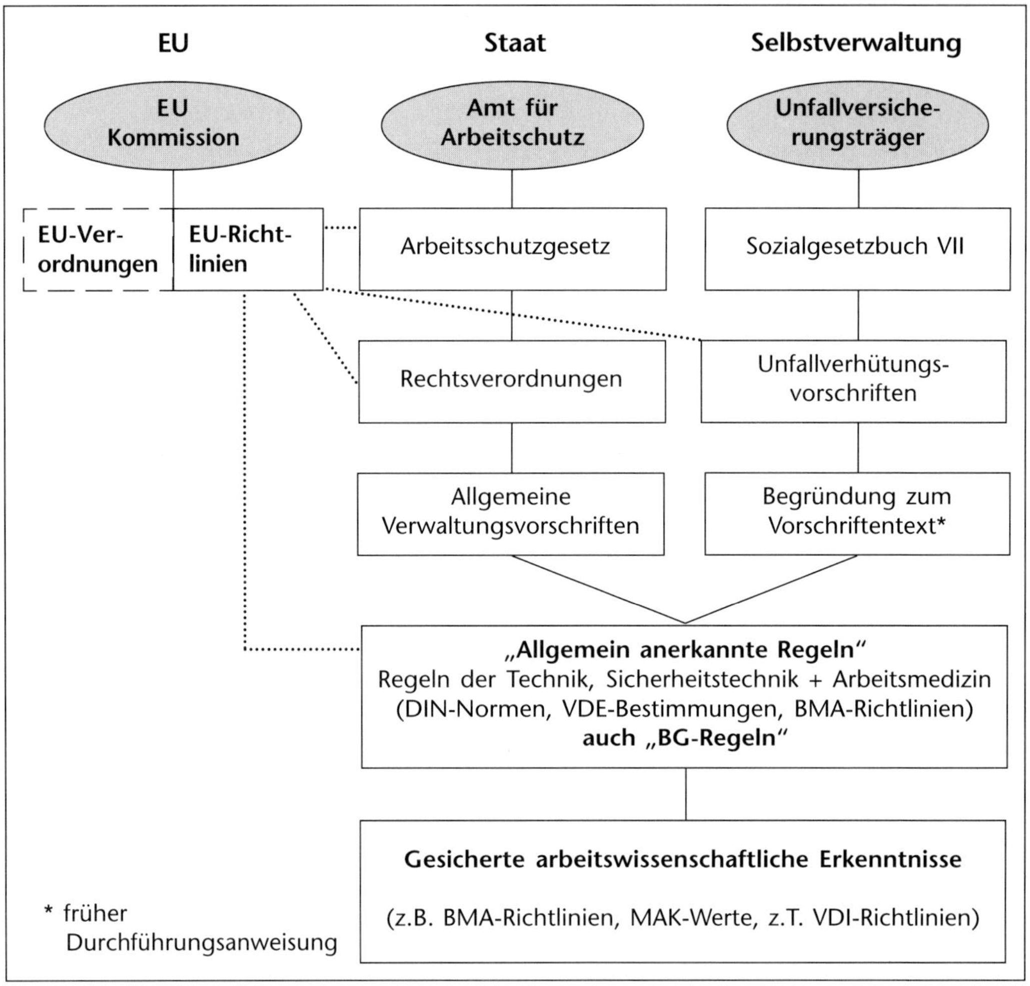

Abb. 3: Vorschriften und ihre Durchführung

Handlungsanleitungen

- Verwaltungsvorschriften (und bisher auch Durchführungsanweisungen, jetzt „amtliche“ Begründung zum jeweiligen Unfallverhütungs-Vorschriftentext) sind als Handlungsanleitungen konzipiert. Sie richten sich zwar nur an die durchführenden Stellen Gewerbeaufsicht (Amt für Arbeitsschutz) und Unfallversicherungsträger und nicht unmittelbar an Unternehmer und Mitarbeiter. Sie bieten aber auch wichtige Erkenntnisse und Beurteilungshilfen für den Anwender. Ihre Hinweise sollten von Unternehmern und Führungskräften unbedingt beachtet werden: zur Erleichterung und zugleich zur eigenen Sicherheit, weil sie Gesetze, Verordnungen und Unfallverhütungsvorschriften „amtlich kommentieren“.

- „Allgemein anerkannte Regeln“ (der Technik, Sicherheitstechnik und Arbeitsmedizin) ist ein Sammelbegriff für diverse Arten von Regeln (siehe unten Definition „Gattungs-Bezeichnungsbegriffe“). Sie haben dann besondere Bedeutung, wenn in keiner Arbeitsschutzvorschrift (Gesetz und Rechtsverordnung) oder Unfallverhütungsvorschrift (BGV A,B,C,D, früher VBG 1–126) zwingende abschließende Regelungen enthalten sind. Sie haben sich außerhalb von Rechtsvorschriften entwickelt und werden auch als „Normen“ bezeichnet.

- „Arbeitswissenschaftliche Erkenntnisse“ sind zwar begrifflich weder „Allgemein anerkannten Regeln“ noch „Berufsgenossenschaftlichen Regeln“ zuzuordnen. Sie dienen aber ebenfalls der Ausfüllung von Vorgaben in Gesetzen, Rechtsverordnungen und Unfallverhütungsvorschriften überall dort, wo dem Anwender vom Gesetz- und Vorschriftengeber ein Ermessens- und Entscheidungsspielraum gelassen wurde.

2.1.5 „Regeln“ als Gattungs- (Bezeichnungs-)begriffe und Klassifikations- (Wertungs-)merkmale

Zur Systematik der „unbestimmten Rechtsbegriffe“

Definition von „unbestimmten Rechtsbegriffen“

Auch wer sich im System der deutschen Rechtsbegriffe auszukennen glaubt, wird verunsichert, wenn er mit so genannten „unbestimmten Rechtsbegriffen“ konfrontiert wird. Gemeint sind hiermit wertausfüllende Begriffe eines außerhalb des Rechts entstandenen technischen oder wissenschaftlichen Systems. „Unbestimmte Rechtsbegriffe“ sind in Gesetzen, Rechtsverordnungen und Unfallverhütungsvorschriften bewusst an die Stelle ausdrücklicher und abschließender Vorgaben verwandt worden. Eine gesetzliche Vorschrift muss mit der technischen, sicherheitstechnischen und arbeitsmedizinischen Entwicklung Schritt halten. Der (offene) „unbestimmte Rechtsbegriff“ ermöglicht es, dass der formal-rechtlich gelassene Freiraum auf der Grundlage naturwissenschaftlicher Vorgaben interpretiert und damit ausgefüllt werden kann.

Einzelfallentscheidungen

In Einzelfallentscheidungen können sich Gerichte jeweils auf das Urteil von Fachleuten, also auf Sachverständigengutachten, stützen. Um für ähnlich gelagerte Fälle möglichst einheitliche Beurteilungsmaßstäbe für die Überwachungsbehörden und zur Erleichterung der Gerichte bei der Urteilsfindung zu haben, hat der Gesetzgeber folgenden Weg gewählt: Er hat bestimmte Stellen dazu ermächtigt, allgemein gültige technische Regeln aufzustellen (z.B. Ausschuss für Gefahrstoffe § 52 GefStoffV, Ausschuss für technische Arbeitsmittel § 8 GSG).

„Unbestimmten Rechtsbegriffe“ werden insbesondere so umschrieben:

- „Allgemein anerkannte Regeln“ (der Technik, Sicherheitstechnik, Arbeitsmedizin) z.B. § 2 Abs. 1 BGV A 1 (VBG 1) GUV 0.1
- „Gesicherte arbeitswissenschaftliche Erkenntnisse“ z. B. § 4 Ziff. 3 ArbSchG
- „Stand der Technik“ (Arbeitsmedizin und Hygiene) z.B. § 4 Ziff. 3 ArbSchG, § 5 Abs.1 Ziff. 2 BImSchG, § 19 Abs.1 GefStoffV
- „Fortschrittlicher Stand der Technik“ z.B. § 3 Abs. 6 BImSchG
- „Stand von Wissenschaft und Technik“ (Sicherheitstechnik) z.B. § 1 StrVG, 3/ § 7 Abs. 2 Ziff. 3 AtG
- „Der in der Europäischen Gemeinschaft gegebenen Stand der Sicherheitstechnik“ z. B. § 2 1. VO z. GTA (alte Fassung).

Die Bedeutung des nebulösen und nicht ohne weiteres bestimmbaren Begriffes „Allgemein anerkannte Regeln“ wird klarer, wenn man ihn in zwei Hauptgruppen unterteilt: in Gattungs- (Bezeichnungs-)begriffe und Klassifikations- (Wertungs-) merkmale.

Gattungs-(Bezeichnungs-)begriffe

Unter „Allgemein anerkannte Regeln“ werden unterschiedliche Arten von „Regeln“ zusammengefasst:

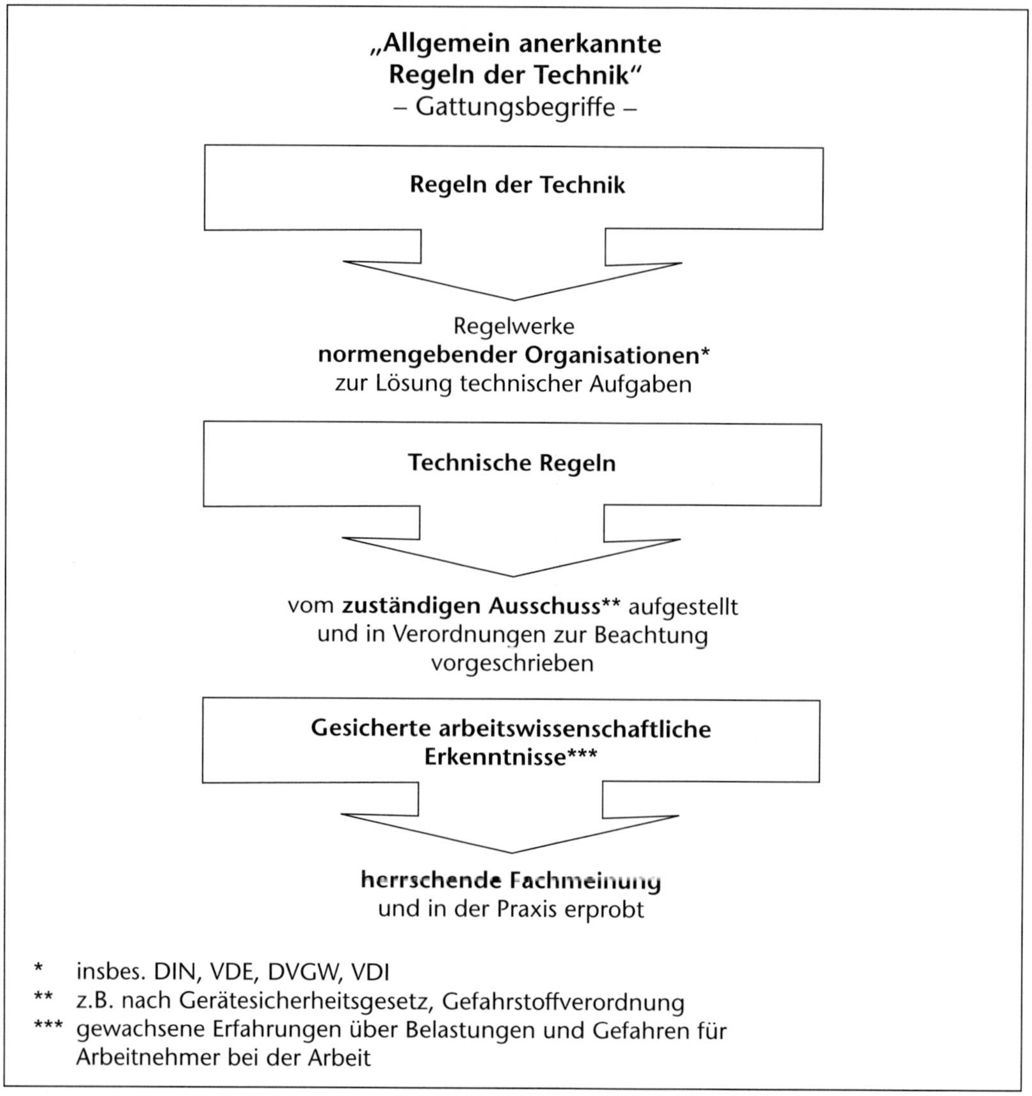

Abb. 4: Verschiedene Arten der „Allgemein anerkannten Regeln der Technik“

Wird der Begriff „Allgemein anerkannte Regel“ in einer Rechtsvorschrift verwandt, wird damit eine klare Abgrenzung gegenüber den zwingend anzuwendenden Gesetzen, Rechtsverordnungen und Unfallverhütungsvorschriften ausgesprochen. Man kann zwischen folgenden Arten der diversen „Regeln“ unterscheiden:

Regelwerke

- „Regelwerke“ sind von Normen gebenden Organisationen aufgestellte „Regeln“ (z.B. DIN, VDE, DVGW). Sie stellen die Befolgung – soweit nicht der Gesetz- und Vorschriftengeber ein Abweichen von einer ausdrücklichen Erlaubnis abhängig macht (siehe unten „Technische Regeln“) – weitgehend ins Ermessen des Anwenders. Dieser muss aber bei einer abweichenden Maßnahme „die gleiche Sicherheit auf andere Weise gewährleisten". Dafür ist der Unternehmer bzw. die zuständige Führungskraft rechtlich verantwortlich und ist hierfür auch im Schadensfall beweispflichtig.

- „Berufsgenossenschaftliche Regeln für Sicherheit und Gesundheit bei der Arbeit" lehnen sich begrifflich an die „Allgemein anerkannten Regeln" an. Sie geben vornehmlich an, wie die in den Unfallverhütungsvorschriften normierten Schutzziele erreicht werden können. Sie schließen andere, mindestens ebenso sichere Lösungen nicht aus, die auch in technischen Regeln anderer EU-Mitgliedstaaten ihren Niederschlag gefunden haben.

- „Technische Regeln" werden jeweils von einem auf gesetzlicher Grundlage eingerichteten Ausschuss aufgestellt (z.B. § 52 GefStoffV, § 8 GSG). Sie sind als Bestandteil einer Rechtsvorschrift anzusehen, wenn ihre Beachtung dort vorgesehen ist. In § 17 Abs. 1 GefStoffV ist z.B. die Verpflichtung zur Befolgung der „im 5. und 6. Abschnitt einschließlich der dazugehörigen Anhänge" vorgeschrieben. „Technische Regeln" haben damit den Quasistatus einer Arbeitsschutzvorschrift (auch Unfallverhütungsvorschrift). Wenn in diesen Vorschriften ausdrücklich auf sie verwiesen wird, müssen sie angewandt werden. Die staatlichen Überwachungsbehörden und die Unfallversicherungsträger können einen sofortigen Nachweis bei Abweichungen verlangen, bei einigen „Technischen Regeln" sogar die vorherige förmliche Erlaubnis dazu fordern (z.B. § 6 VbF, § 44 Abs.1 GefStoffV, § 2 Abs. 2 BGV A2 <VBG 4>).

- „Gesicherte arbeitswissenschaftliche Erkenntnisse" sind gewachsene Erfahrungen, die von einer Vielzahl wissenschaftlicher Fachdisziplinen, die sich mit Problemen der menschlichen Arbeit befassen, aufgestellt werden. Sie müssen wie die „Allgemein anerkannten Regeln" der herrschenden Fachmeinung entsprechen sowie in der Praxis erprobt sein. Das Merkmal „gesichert" bedeutet, dass sie auch nicht mehr umstritten sein dürfen.

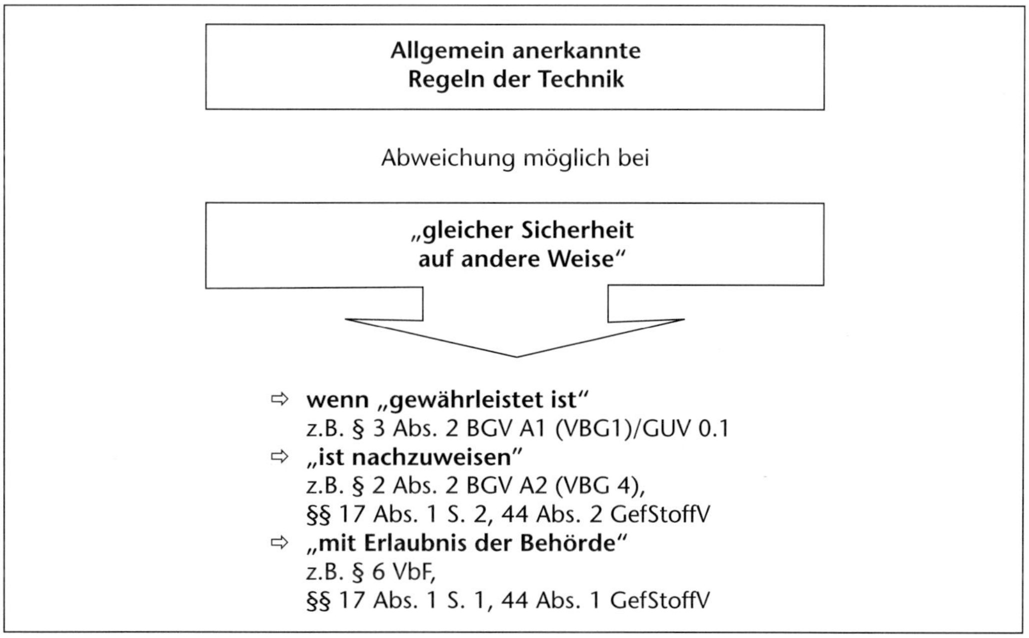

Abb. 5: Abweichungen von den „Allgemein anerkannten Regeln der Technik"

Klassifikations-(Wertungs-)merkmale

Der Begriff „Allgemein anerkannte Regeln" kann aber auch eine Aussage über den Grad des Bewertungsmaßstabes machen, den der Anwender bei einer Entscheidung über eine Maßnahme anzulegen hat.

Abgrenzung der „unbestimmten Rechtsbegriffe" voneinander

Die Anforderungen der in Rechtsvorschriften sehr unterschiedlich verwandten Klassifikations- (Wertungs-)merkmale sind insbesondere folgende:

- „Allgemein anerkannte Regeln der Technik" (Sicherheitstechnik, Arbeitsmedizin) stehen in der Rangordnung auf unterster Stufe. Sie bilden den Maßstab dafür, was nach überwiegender Meinung der Mehrzahl von Fachleuten als zweckmäßig angesehen werden kann und sich in der Praxis bewährt hat. Sie sind Mindestanforderungen bei der Entscheidung über Maßnahmen (zur Gewährleistung von Sicherheit und Gesundheitsschutz).

- „Stand der Technik" (Sicherheitstechnik, Arbeitsmedizin) steht in der Rangfolge eine Stufe höher. Dieser Begriff wird allgemein so definiert: „... der Entwicklungsstand fortschrittlicher Verfahren, Einrichtungen oder Betriebsweisen, der die praktische Eignung einer Maßnahme zum Schutz der Gesundheit der Beschäftigten gesichert erscheinen lässt. Bei der Bestimmung des ‚Standes der Technik' sind insbesondere vergleichbare Verfahren, Einrichtungen oder Betriebsweisen heranzuziehen, die mit Erfolg in der Praxis erprobt worden sind. Gleiches gilt für den Stand der Arbeitsmedizin und Hygiene" (z.B. Definition in § 3 Abs. 6 BImSchG, § 3 Abs. 9 GefStoffV).
  Zur Bestimmung des *fortschrittlichen* „Standes der Technik" muss auch „der in EG *gegebene* Stand der Sicherheitstechnik" herangezogen werden. Im Zuge fortschreitender Harmonisierung besteht zwischen diesen beiden Begriffen kein Unterschied mehr.

- „Stand von Wissenschaft (und Technik)" steht in der Wertungsskala ganz oben. Es werden höchste Anforderungen an das Sicherheitsniveau gestellt. Es muss den neuesten wissenschaftlichen Erkenntnissen Rechnung getragen werden. Auf Beratung und Unterstützung durch wissenschaftliche Institute muss gegebenenfalls zurückgegriffen werden. Hierbei gibt es weder eine Begrenzung durch das gegenwärtig technisch Machbare noch dürfen wissenschaftliche Sonderansichten außer Acht gelassen werden. Die geforderten Sicherheitsmaßnahmen brauchen im Unterschied zum „Stand der Technik" nicht in der Praxis erprobt sein. Wirtschaftliche Überlegungen haben untergeordnete Bedeutung.

- „Gesicherte arbeitswissenschaftliche Erkenntnisse" werden ebenso bewertet wie der Begriff „Stand der Technik". In den Beurteilungsmaßstab wird insbesondere der „Stand der Arbeitsmedizin und Hygiene" einbezogen (siehe hierzu Definition im § 3 Abs. 9 GefStoffV).

Die Entscheidung darüber, ob im Einzelfall der jeweilige Bewertungsmaßstab vom Anwender eingehalten wurde, wird bei verwaltungsrechtlichen Anordnungen und in gerichtlichen Verfahren nach genauem Abwägen, eventuell unter Hinzuziehung von Sachverständigen, beurteilt. Aufwand und Nutzen werden dabei in Relation gesetzt. Einen schnellen Überblick über die unterschiedlich abgestuften Anforderungen gibt Abbildung 6.

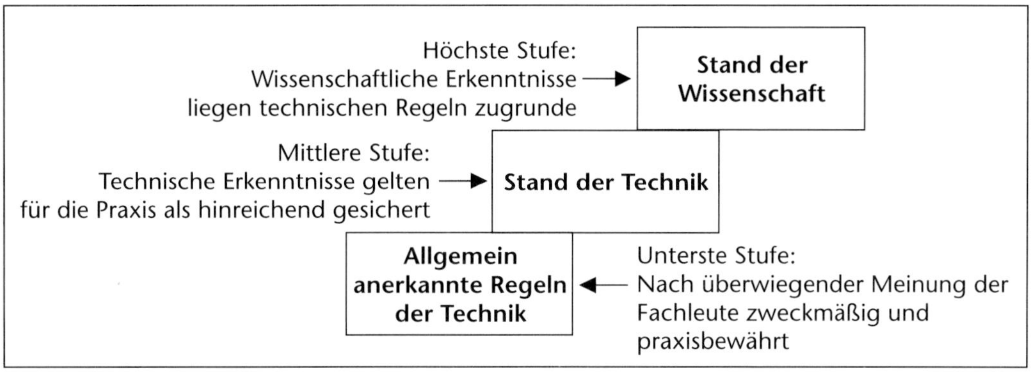

Abb. 6: Bewertungsstufen von Rechtsvorschriften

2.1.6 Hilfestellungen für den Praktiker

Beurteilungsmaßstäbe

Anhaltspunkte, mit denen „unbestimmte Rechtsbegriffe“ ausgefüllt werden können, gibt z.B. für den Begriff „Stand der Technik“ (Sicherheitstechnik, Arbeitsmedizin) die Technische Regel für Gefahrstoffe (TRGS) 300. Diese Hinweise sind von allgemeiner Bedeutung und sinngemäß anzuwenden.

Die TRGS 300 stellt unter den Ziffern 2.7 und 2.8 Sicherheitsmaßstäbe auf, die vom Bundesminister für Arbeit zur verbindlichen Beachtung im Bundesarbeitsblatt 1/94 S. 39 ff. bekannt gemacht sind:

2.7 Sicherheitstechnik

Sicherheitstechnik ist die Gesamtheit aller technischen Maßnahmen zum Schutz der Beschäftigten vor möglichen Gefährdungen sowie der zusätzlichen organisatorischen Maßnahmen, die sich aus den Erfordernissen des Verfahrens, der Arbeitsmittel oder der Anlagen ergeben.

2.8 Stand der Sicherheitstechnik

Stand der Sicherheitstechnik ist der Entwicklungsstand fortschrittlicher Verfahren, Einrichtungen oder Betriebsweisen, der die praktische Eignung einer Maßnahme zur

- Verhinderung der Exposition der Beschäftigten durch Gefahrstoffe,
- Reduzierung der Exposition der Beschäftigten durch Gefahrstoffe, soweit eine Verhinderung nicht möglich ist.
- Verhinderung von Betriebsstörungen, die mit Gefährdungen durch Gefahrstoffe für die Beschäftigten verbunden sein können, bzw.
- Begrenzung ihrer Auswirkungen

gesichert erscheinen lässt. Bei der Bestimmung des Standes der Sicherheitstechnik sind insbesondere vergleichbare Verfahren, Einrichtungen oder Betriebsweisen heranzuziehen, die mit Erfolg im Betrieb erprobt sind.

Anhaltspunkte

Der Praktiker kann den „Stand der Technik" (Sicherheitstechnik, Arbeitsmedizin) aus den oben genannten Begriffen erkennen:

- „Allgemein anerkannte Regeln der Technik" (Sicherheitstechnik, Arbeitsmedizin)
- „Technische Regeln" mit gesetzlicher Grundlage
- „Berufsgenossenschaftliche Regeln"

ergänzt durch

- Werknormen (unternehmenseigene Sicherheitsregelungen)
- Fachliteratur (national und international)
- spezifische verfahrensbedingte sicherheitstechnische Erkenntnisse.

2.1.7 Art, Entstehung und Bindung von Vorschriften und Regeln

Art	Urheber	Bindungswirkung
EU-Verordnung	EU-Rat	Verpflichtete in jedem Betrieb
EU-Richtlinie	EU-Rat	nationale Gesetz- und Vorschriftengeber
Gesetz, Ordnung	Parlament	Verpflichtete in jedem Betrieb
Rechtsverordnung	Minister	Verpflichtete in jedem Betrieb
Satzung	Unfallversicherungsträger	Verpflichtete nur in Mitgliedsbetrieben
Unfallverhütungsvorschrift	Unfallversicherungsträger	Verpflichtete nur in Mitgliedsbetrieben
Verwaltungsvorschrift	Minister	nur Beamte des Gewerbeaufsichtsamtes (und andere „Ämter"), jedoch: Befolgung durch jeden Betrieb empfehlenswert, da „amtliche" Erläuterung
Durchführungsanweisung (entfällt in Zukunft, ersetzt durch die jeweilige Begründung zum Vorschriftentext)	Unfallversicherungsträger	nur „Aufsichtspersonen" der Unfallversicherungsträger, jedoch: Befolgung durch Mitgliedsbetriebe empfehlenswert, da „amtliche" Erläuterung
„Allgemein anerkannte Regeln" sog. Regelwerke (arbeitsmedizinische und sicherheitstechnische)	diverse Fachgremien und Kommissionen (auch überwiegende Fachmeinung)	Verpflichtete in jedem Betrieb, sofern nicht die gleiche Sicherheit auf andere Weise gewährleistet ist
„Technische Regeln"	vom jeweils zuständigen Ausschuss aufgestellt und in Rechtsvorschriften bezeichnet	Befolgung kann von Überwachungsbehörden und Unfallversicherungsträgern gefordert werden
Gesicherte arbeitswissenschaftliche Erkenntnisse	diverse Fachgremien und Kommissionen (auch überwiegende Fachmeinung)	die Grenze zur „allgemein anerkannten Regel" ist flüssig: Befolgung für Verpflichtete in jedem Betrieb empfehlenswert, sofern nicht die gleiche Sicherheit auf andere Weise gewährleistet ist
Berufsgenossenschaftliche Regeln für Sicherheit und Gesundheit bei der Arbeit	Unfallversicherungsträger	Befolgung durch Mitgliedsbetriebe empfehlenswert (bei Abweichung muss die gleiche Sicherheit auf andere Weise gewährleistet sein)

2.1.8 Zunehmender Einfluss des EU-Rechts

EU-Richtlinien scheinen sich neuerdings nicht darauf zu beschränken, die von den EU-Normungsgremien (CEN, CENELEC) harmonisierten Normen zur Umsetzung in nationales Recht vorzugeben oder dem Gesetz- und Vorschriftengeber der einzelnen Staaten die Umsetzung zu überlassen. Von diesem „normalen" Weg wurde z.B. bei der Novellierung der Gefahrstoffverordnung (4. VO/18.10.99) erkennbar abgewichen. „Technische Regeln", die als Bestandteil einer Rechtsvorschrift gelten, bedürfen, wenn sie im Anhang einer EU-Richtlinie aufgeführt sind, bei Neufassung und Änderungen nicht mehr einer Veröffentlichung im Bundesanzeiger. Die Veröffentlichung der EU-Richtlinie im Amtsblatt der EU reicht bereits aus.

Es ist damit zu rechnen, dass diese Verfahrensweise auch in anderen Bereichen angewandt wird. Der Praktiker wird dies in Zukunft zu beachten haben.

Gleitende Verweisung
(§ 1a GefStoffV)

↓

EU-Änderungs-Anpassungsrichtlinien
gelten unmittelbar ohne
„nationale Umsetzung" im Mitgliedsstaat

Abb. 7: EU-Änderungs-Anpassungsrichtlinien

2.2 Das Arbeitsschutzgesetz

RA Dr. Jürgen Schliephacke

2.2.1 Gesetzesrahmen

Das Arbeitsschutzgesetz ist nach diversen Anläufen am 21.8.1996 in Kraft getreten, und zwar unter dem vollen Titel

„Gesetz über die Durchführung von Maßnahmen des Arbeitsschutzes zur Verbesserung der Sicherheit und des Gesundheitsschutzes der Beschäftigten bei der Arbeit".

Inhalte des Artikelgesetzes

Von den im ersten Entwurf vorgesehenen 59 Paragrafen sind schließlich 26 Paragrafen übrig geblieben. Das Arbeitsschutzgesetz ist auf die Vorgaben beschränkt worden, die zur Umsetzung der EU-Richtlinie „Sicherheit und Gesundheitsschutz" (89/391/EWG) unbedingt erforderlich waren. Das war auch deshalb möglich, weil der Gesetzgeber die Form des so genannten Artikelgesetzes wählte.

- **Artikel 1**
  schafft mit dem „Arbeitsschutzgesetz – ArbSchG" eine einheitliche Rechtsgrundlage für alle Arbeitgeber und Beschäftigten (bisher waren uneinheitliche Grundlagen für verschiedene Tätigkeitsbereiche in Spezialvorschriften geregelt; es erforderte besondere Sachkenntnis, die Vielfalt der Vorschriften zu durchschauen). Bewusst hat der Gesetzgeber auf die Festschreibung von Detailregelungen verzichtet und damit Arbeitgebern und Beschäftigten Spielraum bei einer flexiblen und betriebsnahen Gestaltung der Arbeitsschutzerfordernisse für die Zukunft gelassen. Änderungen aufgrund der EU-Rahmenrichtlinie in anderen Gesetzen sind in gesonderten Artikeln niedergelegt.

- **Artikel 2: Arbeitssicherheitsgesetz – ASiG**
  Insbesondere Präzisierung des Beratungsauftrages der Betriebsärzte und Fachkräfte für Arbeitssicherheit sowie der Unterstützungspflichten des Arbeitgebers ihnen gegenüber.

- **Artikel 3: Betriebsverfassungsgesetz – BetrVG**
  Es werden Regelungslücken gegenüber der EU-Rahmenrichtlinie in Bezug auf die Unterrichtung und Anhörung der Arbeitnehmer geschlossen.

- **Artikel 4: Gewerbeordnung – GewO**
  Diverse Streichungen und Folgeänderungen von Paragrafen wurden durch einheitliche Regelungen im Arbeitsschutzrahmengesetz erforderlich.

- **Artikel 5: Arbeitnehmerüberlassungsgesetz – AÜG**
  Es mussten noch einige (wenige) Lücken gegenüber der EU-Richtlinie „Leiharbeitnehmer" (91/383/EWG) geschlossen werden.

- **Artikel 6: Inkrafttreten**
  Dieses Gesetz tritt vorbehaltlich der Regelung in Satz 2 am 21.8.1996 in Kraft. Artikel 1 § 6 Abs. 1 (Dokumentation für Arbeitgeber mit mehr als zehn Beschäftigten) trat am 21.8.1997 in Kraft.

2.2.2 Eckdaten

- Die Grundpflichten im betrieblichen Arbeitsschutz werden erstmals einheitlich für die Tätigkeitsbereiche aller Beschäftigungsgruppen, also auch für den öffentlichen Dienst, freie Berufe und die Landwirtschaft festgeschrieben.

Wesentliche Vorgaben

- Der Arbeitsschutz umfasst die Verhütung von Arbeitsunfällen und arbeitsbedingten Gesundheitsgefahren (früher nur Berufskrankheiten). Eingeschlossen sind Maßnahmen der menschengerechten Gestaltung der Arbeit. Der dem Gesetz zugrunde liegende Arbeitsschutzbegriff passt sich dem ständigen Fortschritt von Technik und Arbeitsbedingungen an.
- Es werden diejenigen materiellen Regelungen der Rahmenrichtlinie übernommen, die im geltenden deutschen Recht übergreifend noch nicht oder noch nicht vollständig verankert sind. Es handelt sich z.B. um Pflichten
  - des Arbeitgebers, die Gesundheitsgefährdungen in seinem Betrieb zu beurteilen, die danach erforderlichen Arbeitsschutzmaßnahmen zu ergreifen, diese auf ihre Wirksamkeit zu überprüfen und an neue Entwicklungen und Erkenntnisse anzupassen;
  - des Arbeitgebers, die Beschäftigten über Gesundheitsgefährdungen und Schutzmaßnahmen allgemein zu unterrichten, sie über Schutzvorkehrungen am Arbeitsplatz gezielt zu unterweisen und sie zu allen Fragen des Gesundheitsschutzes anzuhören;
  - der Beschäftigten, den Arbeitgeber bei seinen Arbeitsschutzmaßnahmen aktiv zu unterstützen.

Breiter Spielraum für Arbeitgeber

- Das Gesetz lässt den Arbeitgebern einen breiten Spielraum, in den einzelnen Betrieben angepasste wirksame und kostengünstige Arbeitsschutzmaßnahmen zu ergreifen. Somit wird auch der Interessenlage der Kleinbetriebe durch die Möglichkeit flexibler Regelungen Rechnung getragen.
- Ausdrücklich geregelt sind die Befugnisse der staatlichen Behörden und die Zusammenarbeit mit den Trägern der gesetzlichen Unfallversicherung.
- Zur Umsetzung von EU-Einzelrichtlinien zur EU-Rahmenrichtlinie (z.B. Bildschirm-Richtlinie) enthält das Arbeitsschutzgesetz Verordnungsermächtigungen.

2.2.3 Schwerpunkte

Inhaltliche Schwerpunkte des Arbeitsschutzgesetzes:

- Gefahren sind an der Quelle zu bekämpfen. Zunächst sind technische und organisatorische Maßnahmen zu ergreifen. Individuelle Schutzmaßnahmen sind erst nachrangig einzusetzen, wenn die betrieblichen Möglichkeiten erschöpft sind (§ 4 Nr. 2 ArbSchG).
- Maßnahmen sind nach dem „Stand der Technik, Arbeitsmedizin und Hygiene“ und „sonstigen gesicherten arbeitswissenschaftlichen Erkenntnissen“ zu treffen (§ 4 Nr. 3 ArbSchG). „Stand der Technik“ setzt nicht die „allgemeine Anerkennung“ voraus. Er ist bereits gegeben, wenn Möglichkeiten zur Gewährleistung von Sicherheit und Gesundheitsschutz dem Entwicklungsstand fortschrittlicher Verfahren entsprechen und in der Praxis hinreichend gesichert sind. „Arbeitswissenschaftliche Erkenntnisse“ gelten dann als hinreichend ge-

sichert, wenn sie von der herrschenden Fachmeinung als zweckmäßig gewertet werden und in der Praxis erprobt sind.

- Die im Arbeitsschutzgesetz ausdrücklich herausgestellte Unternehmerpflicht zur kontinuierlichen Überprüfung von Maßnahmen auf ihre Wirksamkeit und Anpassung an sich ändernde Gegebenheiten sowie die Verpflichtung, Verbesserungen anzustreben (§ 3 Abs. 1 ArbSchG), gehörten bisher schon zu den selbstverständlichen Führungspflichten eines verantwortungsbewussten Unternehmers.

- Die grundsätzlichen Unternehmerpflichten zur Gewährleistung von Sicherheit und Gesundheitsschutz am Arbeitsplatz, die auch schon in der Unfallverhütungsvorschrift „Allgemeine Vorschriften" enthalten sind, wurden im Arbeitsschutzgesetz, insbesondere in den §§ 3, 12 ArbSchG, näher spezifiziert.

- Die neu geregelten Vorgaben beim Fremdfirmeneinsatz über die Zusammenarbeit (§ 8 ArbSchG) gehörten schon immer zu den „Verkehrssicherungspflichten" eines jeden Unternehmers. Sie ergeben sich automatisch aus geltendem deutschem Recht (Rechtsprechung zu den „Verkehrssicherungspflichten"). § 8 ArbSchG schafft jedoch mehr Transparenz der Unternehmerpflichten und verhilft damit zu mehr Arbeitssicherheit bei der Zusammenarbeit von mehreren Arbeitgebern.

- Das im Arbeitsschutzgesetz festgeschriebene Sicherheitsverhalten der Mitarbeiter in Form von Unterstützungspflichten ist im Grundsatz nicht neu. Das Arbeitsschutzgesetz spezifiziert die Mitarbeiterpflichten in einigen wenigen Punkten (§§ 15, 16 ArbSchG).

- Die Verpflichtung zur Unterweisung der Mitarbeiter (§ 12 ArbSchG) entspricht der wesentlich kürzer gefassten Regelung in der BGV A 1 (VBG 1)/GUV 0.1, die in einzelnen speziellen Unfallverhütungsvorschriften geregelt ist.

- Die nun gesetzlich geforderte Beurteilung der Arbeitsbedingungen (Gefährdungsbeurteilung) ist keine in die Unternehmensorganisation so wesentlich einschneidende und kostentreibende gesetzliche Forderung, wie sie von manchem Unternehmer angesehen wird. Eine Gefährdungsbeurteilung mit anschließender Dokumentation wird in ähnlicher Form im Bereich des Gefahrstoffrechts schon seit langem praktiziert und hat sich dort bewährt. Bereits im Vorfeld sollen die spezifischen Gefahren am Arbeitsplatz und bei den einzelnen Tätigkeiten herausgefiltert werden. Hierbei können auch vergleichbare Arbeitsplätze einheitlich beurteilt werden.

- Die sich anschließende Dokumentation hält das schriftlich fixierte Ergebnis der vorausgegangenen Gefährdungsbeurteilung fest. Sie dient der besseren Transparenz der Gefährdungen an den einzelnen Arbeitsplätzen. Sie ermöglicht es, gezielte Maßnahmen für Sicherheit und Gesundheitsschutz bei der Aufbau- und Ablauforganisation zu ergreifen. Sie zeigt auch der jeweils verantwortlichen Führungskraft, an welchen Arbeitsplätzen und bei welchen Tätigkeiten der Vermeidung von Sicherheits- und Gesundheitsgefahren besondere Aufmerksamkeit zu schenken ist.

2.2.4 Signalwirkung

„Modernisierter" Arbeitsschutzbegriff

Der (nach bisherigem Recht) sehr „eng" formulierte Arbeitsschutz-Begriff wurde erweitert durch den in der EU-Richtlinie vorgegebenen „modernisierten" Begriff:

Maßnahmen „zur Sicherheit und zum Gesundheitsschutz der Beschäftigten bei der Arbeit“.

Dieser Begriff erfasst jetzt auch Maßnahmen zur

- „Vermeidung arbeitsbedingter Gesundheitsgefahren“,
- „menschengerechten Gestaltung der Arbeit“,
- „kontinuierlichen Verbesserung von Sicherheit und Gesundheitsschutz“.

Diese fundamentalen Forderungen sind allerdings nicht neu. Das Arbeitsschutzgesetz und auch das SGB VII, das die RVO (3. Buch) abgelöst hat, erteilen jedoch den Grundsätzen Rechtsverbindlichkeit, die bisher schon als (ungeschriebenes) Gewohnheitsrecht galten.

Die größte Bedeutung des Arbeitsschutzgesetzes liegt wohl darin, dass kein Unterschied mehr zwischen gewerblicher und nicht gewerblicher Tätigkeit gemacht wird. Das Arbeitsschutzgesetz gilt für die öffentlichen Verwaltungen unmittelbar.

2.2.5 Gemeinsamkeiten mit dem SGB VII

Korrespondierende Vorschriften: ArbSchG und SGB VII

Die Zweispurigkeit (staatliche Behörden und gesetzliche Unfallversicherungsträger) mit der in der Bundesrepublik – als einzigem Staat in der EU – das Ziel Arbeitssicherheit vorgegeben und überwacht wird, machte eine Umsetzung der EU-Richtlinie „Sicherheit und Gesundheitsschutz“ in zweifacher Hinsicht erforderlich: im Arbeitsschutzgesetz (ArbSchG) und im Sozialgesetzbuch Siebtes Buch“ (SGB VII).

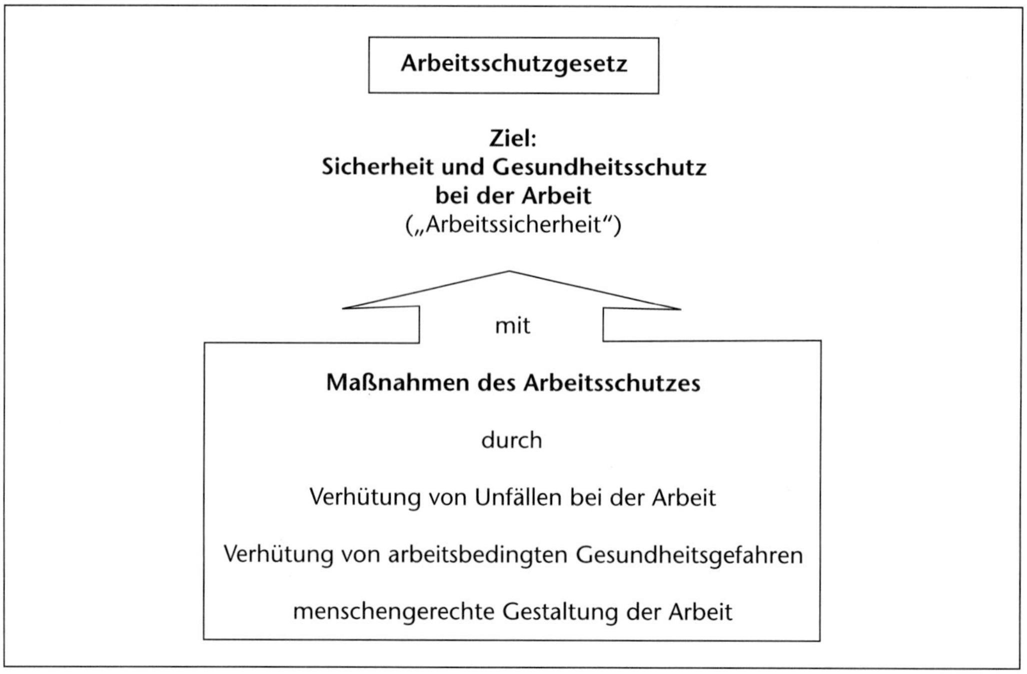

Abb. 8: Eckdaten des Arbeitsschutzgesetzes

Beide Gesetze „korrespondieren“ miteinander. Das den (staatlichen) Arbeitsschutz regelnde Arbeitsschutzgesetz hat zu dem die Aufgabenstellung der gesetzlichen Unfallversicherung regelnden Sozialgesetzbuch VII einige inhaltliche Berührungspunkte. Das Arbeitsschutzgesetz schreibt – gerichtet an die Adresse des Unternehmers (Arbeitgebers) und der Mitarbeiter (Beschäftigten) – in den Grundlagen Maßnahmen für den Arbeitsschutz vor und trifft sonstige Regelungen zur Durchführung.

Spezielle Präventionsmaßnahmen der Unfallverhütung

Das Sozialgesetzbuch (SGB VII), das an die Stelle der Reichsversicherungsordnung 3. Buch getreten ist, legt neben der Entschädigungspflicht die von den Unfallversicherungsträgern geforderten speziellen Präventionsmaßnahmen der Unfallverhütung fest.

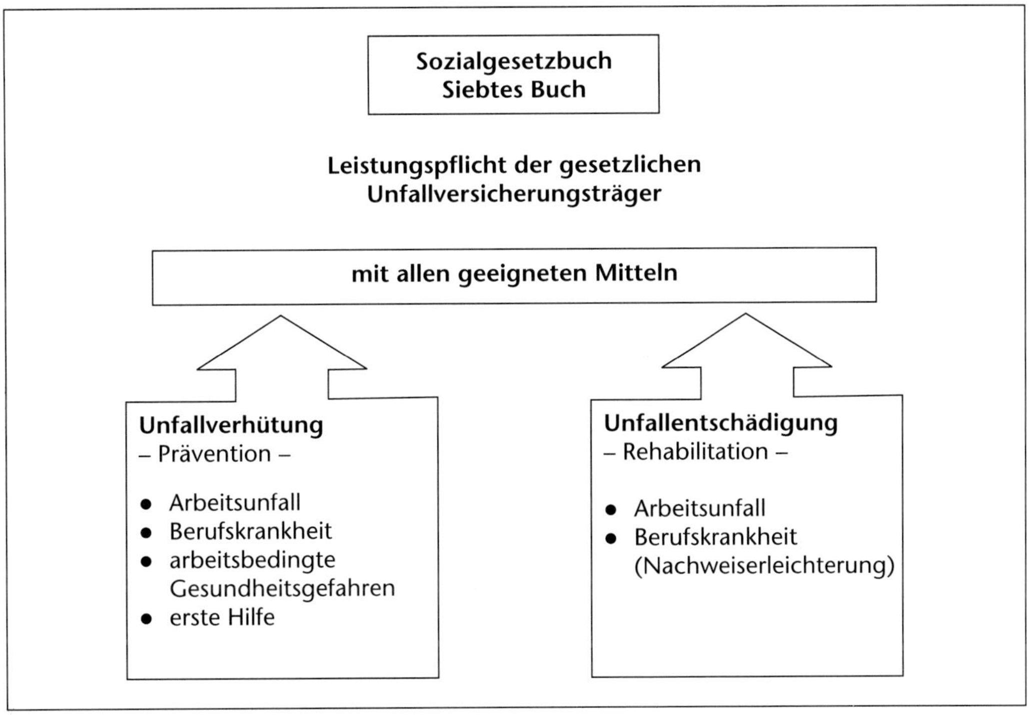

Abb. 9: Eckdaten Sozialgesetzbuch Siebtes Buch

2.2.6 Weitergeltung von Grundlagen

- Der bestehende „Dualismus“ des (staatlichen) Arbeitsschutzes mit Überwachungsbehörden und der (berufsgenossenschaftlichen) Unfallverhütung mit Aufsichtsdiensten ist ausdrücklich bestätigt worden (§ 21 Abs. 2 ArbSchG).
- Die rechtliche Bedeutung der Unfallverhütungsvorschriften bleibt in vollem Umfang erhalten (§ 2 Abs. 4 ArbSchG). In der Vergangenheit wurde sie oft unterschätzt.
- Herausragende Bedeutung hat nach wie vor die Unfallverhütungsvorschrift „Allgemeine Vorschriften“ BGV A 1 (VBG1)/GUV 0.1. Trotz der Spezifikation der Unternehmerpflichten im Arbeitsschutzgesetz kommt der BGV A 1 (VBG1)/ GUV 0.1 wegen ihrer klaren Ausdrucksweise und der Akzeptanz, die sie in der Praxis gefunden hat, auch in der Zukunft grundlegende Bedeutung zu.

- Die Unfallversicherungsträger erfüllen weiterhin den gesetzlich erteilten Auftrag, „mit allen geeigneten Mitteln für die Verhütung von Arbeitsunfällen, Berufskrankheiten und für eine wirksame erste Hilfe zu sorgen".
- Unternehmer, die bisher schon die Arbeitssicherheit nach den Organisations- und Führungsgrundsätzen der BGV A 1 (VBG 1)/GUV 0.1 effektiv in das Unternehmensgeschehen eingebunden haben, verfügen auch nach neuem Recht über eine gesetzeskonforme Arbeitsschutzkonzeption, die als „gerichtsfest" gelten kann. Sie werden es im Wesentlichen bei Nachbesserungen bewenden lassen können. Die im Arbeitsschutzgesetz enthaltenen Spezifizierungen der Unternehmerpflichten für Sicherheit und Gesundheitsschutz lassen sich in eine bereits bestehende Arbeitsschutzorganisation leicht einbauen, indem die Aufgaben-Kataloge in Stellenbeschreibungen, Pflichtenübertragungen, Anweisungen und Regelungen entsprechend angepasst werden.

Keine Einschränkung des Unternehmers

Im Übrigen engt das Arbeitsschutzgesetz die Unternehmen bei der Entfaltung eigener Aktivitäten nicht ein. Der schon bisher geltende Grundsatz, dass der Unternehmer die alleinige Verantwortung für Sicherheit und Gesundheitsschutz trägt, bleibt unangetastet.

2.3 Der Sicherheitsbeauftragte

Dipl.-Ing. Jens-Christian Voss

Beauftragte in deutschen Betrieben

Der Gesetzgeber und die gesetzlichen Unfallversicherer (Berufsgenossenschaften) fordern in ihren Gesetzen, Verordnungen und Vorschriften eine Vielzahl von Beauftragten im Unternehmen. So sind z.B. in allen deutschen Unternehmen unabhängig von der Anzahl der Beschäftigten

- Fachkräfte für Arbeitssicherheit (ASiG)
- Betriebsärzte (ASiG)

unter Mitbestimmung des Betriebs- oder Personalrates schriftlich zu bestellen.

Weiterhin sind in Abhängigkeit von der Beschäftigtenzahl oder der Tätigkeiten

- Störfallbeauftragte (StörfallV § 5)
- Immissionsschutzbeauftragte (BimSchG §§ 53 ff.)
- Gewässerschutzbeauftragte (WHG §§ 21 ff.)
- Abfallbeauftragte (KrW-/AbfG §§ 54 ff.)
- Brandschutzbeauftragte (Forderung durch Schadenversicherer)
- Gefahrgutbeauftragte (GbV)
- Strahlenschutzbeauftragte (StrlSchV/RöV)
- Laserschutzbeauftragte (BGV B 2)
- Beauftragte für die Biologische Sicherheit (BGV C 4)
- **Sicherheitsbeauftragte** (BGV A 1)

zu bestellen.

2.3.1 Allgemeines

Unternehmen mit mehr als 20 Beschäftigen

In Unternehmen, in denen durchschnittlich mehr als 20 Beschäftigte arbeiten, muss der Unternehmer unter Beteiligung des Betriebs- oder Personalrates Sicherheitsbeauftragte bestellen (nach § 22 des Siebten Buches Sozialgesetzbuch, SGB VII). In Unternehmen mit besonderen Gefahren für Leben und Gesundheit kann der gesetzliche Unfallversicherer anordnen, dass Sicherheitsbeauftragte auch dann zu bestellen sind, wenn die Mindestbeschäftigtenzahl von 20 Mitarbeitern nicht erreicht wird. Umgekehrt kann die Zahl bei geringer Gefahr für Leben und Gesundheit auch von der zuständigen Berufsgenossenschaft erhöht werden.

Die Anzahl der Sicherheitsbeauftragten ergibt sich dabei aus der Anlage I der Berufsgenossenschaftlichen Vorschrift BGV A 1 (bisher VBG 1) „Allgemeine Vorschriften“ Ihrer Berufsgenossenschaft. Sie sieht dabei in etwa vor:

Anzahl der Versicherten	Anzahl der Sicherheitsbeauftragten (abhängig von der zuständigen BG)
21–50	1–3
51–100	2–5
101–250	4–6
251–500	4–8
über 500	5–20

Festlegung der Zahl der Sicherheitsbeauftragten

Die Festlegung der genauen Zahl der Sicherheitsbeauftragten regelt im Einzelfall die zuständige Aufsichtsperson der betroffenen Berufsgenossenschaft unter Berücksichtigung der besonderen Verhältnisse Ihres Unternehmens (z.B. Unfallgefahren, Unfallhäufigkeiten, Anzahl der Betriebsstätten oder -abteilungen und deren örtlicher Lage zueinander, Arbeitsschichten usw.). Auch in kleineren Unternehmen mit weniger als 20 Mitarbeitern, die keine Sicherheitsbeauftragten zu bestellen haben, hat sich der Einsatz von Sicherheitsbeauftragten bewährt.

In Zusammenarbeit mit dem Betriebs-/Personalrat sucht der Unternehmer einen

- erfahrenen,
- befähigten,
- anerkannten,
- zuverlässigen,
- freiwilligen

Zuständigkeitsbereich

Mitarbeiter aus und legt seinen Zuständigkeitsbereich fest. Der Sicherheitsbeauftragte sollte aber keine Führungsaufgaben (Meister, Techniker, leitende Angestellte usw.) innehaben, um Interessenkonflikte zu vermeiden; ebenso kann die Fachkraft für Arbeitssicherheit nicht das Amt eines Sicherheitsbeauftragten bekleiden. Die Lücke zwischen dem einzelnen Mitarbeiter und dem Vorgesetzten bzw. der Fachkraft für Arbeitssicherheit füllt der Sicherheitsbeauftragte als „Fachmann vor Ort“ aus.

Durchführungsanweisung

Die Durchführungsanweisung zu § 9 Abs. 1 der Berufsgenossenschaftlichen Vorschrift „Allgemeine Vorschrift“ (BGV A 1) besagt:

> „... Nach der Zweckrichtung des Gesetzes und zur Vermeidung von Interessenkollisionen sollen leitende Angestellte, Meister oder andere betriebliche Vorgesetzte **nicht** zu Sicherheitsbeauftragten bestellt werden. Diese Personen tragen aufgrund ihres Arbeitsvertrages eigenständige Verantwortung, während Sicherheitsbeauftragte in dieser Eigenschaft **nicht verantwortlich** sind ...“

Der Unternehmer hat nach § 9.2 der Berufsgenossenschaftlichen Vorschrift **BGV A 1** (bisher VBG 1) den Sicherheitsbeauftragten Gelegenheit zu geben, ihren Aufgaben nachkommen zu können. Insbesondere haben die Sicherheitsbeauftragten an den Betriebsbesichtigungen und Unfalluntersuchungen der Technischen Aufsichtsbeamten teilzunehmen, um zukünftig bei ähnlichen Gefährdungen aktiv zu intervenieren. Den Sicherheitsbeauftragten sind auf Verlangen die Ergebnisse der Betriebsbesichtigungen und Unfalluntersuchungen zur Kenntnis zu geben.

Ausbildung nicht vorgeschrieben

Gemäß § 22 Sozialgesetzbuch VII (Gesetzliche Unfallversicherung) ist keine weitere Voraussetzung an den Sicherheitsbeauftragten geknüpft, auch ist keine Ausbildung für ihn vorgeschrieben. Wünscht der Arbeitgeber jedoch eine aktive Mitarbeit dieser Person, so kann er das kaum erwarten, wenn der Sicherheitsbeauftragte nicht mindestens eine Grundausbildung erfahren hat, in der dieser die Grundbegriffe des Arbeits- und Gesundheitsschutzes gelernt und Hilfen für seine praktische Arbeit an die Hand bekommen hat. Die Berufsgenossenschaften bieten dafür eine breite Palette an Aus- und Fortbildungsmöglichkeiten (Verpflichtung ergibt sich aus dem § 23 SGB VII), Arbeitshilfen und Informationsmedien an.

Schulung sinnvoll

Dem Arbeitgeber sollte die aktive Mitarbeit eines Sicherheitsbeauftragten – der danach weiß, worauf es ankommt – eine drei- bis fünftägige Schulung bei der Berufsgenossenschaft wert sein. Denn nur derjenige, der ausreichende Kenntnisse über die Unfallgefahren an den Arbeitsplätzen hat und die wesentlichen sicherheitstechnischen Anforderungen an Maschinen, Geräte und Verfahren kennt, kann seinen Aufgaben erfolgreich nachkommen.

Der Sicherheitsbeauftragte ist nicht zwingend schriftlich zu bestellen; als beidseitige Verpflichtungserklärung sollte der Arbeitgeber ihn aber dennoch schriftlich dafür vorsehen.

Unterstützungspflichten

Der Sicherheitsbeauftragte unterstützt den Unternehmer bei der Durchführung von Aufgaben und Maßnahmen, die den Arbeitsschutz betreffen. Dazu gehört insbesondere,

- bei Maßnahmen, die Arbeitsunfälle, Berufskrankheiten und arbeitsbedingte Gesundheitsgefahren verhindern sollen, aktiv zu unterstützen,
- sich fortlaufend von dem Vorhandensein und der ordnungsgemäßen Benutzung der vorgeschriebenen Schutzvorrichtungen zu überzeugen,
- auf das Vorhandensein und die bestimmungsgemäße Verwendung der persönlichen Schutzausrüstung zu achten und
- auf Unfall- und Gesundheitsgefahren für die Versicherten aufmerksam zu machen.

Keine Weisungsbefugnis

Sicherheitsbeauftragte haben in dieser ehrenamtlichen Tätigkeit keine Weisungs- und Anordnungsbefugnis. Ein guter Sicherheitsbeauftragter arbeitet eigeninitiativ und fühlt sich für seinen Arbeitsbereich und für seine Kollegen verantwortlich. Seine Tätigkeit verlangt zusätzliches Engagement.

Das Medizinproduktegesetz (MPG) sieht ebenfalls die Bestellung eines Sicherheitsbeauftragten vor. Der Sicherheitsbeauftragte muss nach dem Medizinproduktegesetz durch eine spezielle Ausbildung die zur Bewältigung seiner Aufgabe notwendige Sachkenntnis nachweisen.

Informationsquellen:

- BGV A 1 „Allgemeine Vorschriften“ (VBG 1), § 9 und Anlage 1

- Sozialgesetzbuch VII (Gesetzliche Unfallversicherung), § 22
- Medizinproduktegesetz (MPG)

2.3.2 Einbindung in die Sicherheitsorganisation

Ausschließlich unterstützende Funktion

Die Einbindung des Sicherheitsbeauftragten in die Arbeitsschutzorganisation des Unternehmens entnehmen Sie Abbildung 10. Deutlich wird seine ausschließlich unterstützende Funktion: Er nimmt seine Funktion vor Ort wahr und verbleibt in seinem Tätigkeitsbereich.

Sicherheitsorganisation im Betrieb	
verantwortlich	Unternehmer Vorstand Geschäftsführer Führungskräfte
beratend und unterstützend	Fachkräfte für AS (Sicherheitsingenieure, -techniker, -meister) Betriebsärzte
mitbestimmend	Betriebs- oder Personalräte
zur Mitarbeit verpflichtet	alle Mitarbeiter des Unternehmens
koordinierend	Arbeitsschutzausschuss Koordinator
unterstützend	Sicherheitsbeauftragte

Abb. 10: Sicherheitsorganisation im Betrieb

2.3.3 Die Person des Sicherheitsbeauftragten

Allgemeines

Vorbildfunktion

Der Sicherheitsbeauftragte sollte sich seiner besonderen Stellung im Betrieb bewusst sein: Er ist ein positives Vorbild und lebt die Maßnahmen und Auflagen, die er unterstützt und kontrolliert, obligatorisch vor.

Er spricht Mitarbeiter bei Fehlhandlungen sofort an und spricht mit den betroffenen Mitarbeitern die erforderlichen Schutzmaßnahmen ab. Dem kollegialen Gespräch steht er zur Verfügung, um sich der Probleme und möglichen Verbesserungsvorschläge annehmen zu können.

Bindeglied

Er ist Bindeglied zwischen der Belegschaft und dem Vorgesetzten, der auf die Arbeit des Sicherheitsbeauftragten viel Wert legen sollte. Während der Vorgesetzte nicht ständig überall sein und sich um alle Belange des Arbeits- und Gesundheitsschutzes kümmern kann und auch nicht jeden Winkel des Betriebs blind kennt, erfüllt der Sicherheitsbeauftragte diese Bedingungen schon. Er hat sein „Ohr am Ort des Geschehens".

Einsatzzeit des Sicherheitsbeauftragten

Keine Mindesteinsatzzeit

Die Sicherheitsbeauftragten können ihre Aufgaben nur erfüllen, wenn ihnen während der Arbeitszeit Gelegenheit dazu gegeben wird. Im Gegensatz zur Fachkraft für Arbeitssicherheit existieren hier jedoch keine Mindesteinsatzzeiten.

Orientierung: fünf Prozent der Arbeitszeit

Die Berufsgenossenschaften schlagen eine Einsatzzeit von fünf Prozent der Arbeitszeit zur Orientierung vor. Renommierte Unternehmen haben sogar mit einer geplanten Einsatzzeit von zehn Prozent der Arbeitszeit gute Erfahrungen gemacht.

Haftung des Sicherheitsbeauftragten

Der Sicherheitsbeauftragte unterstützt den Unternehmer nur; ihm fallen keine beratenden Tätigkeiten zu. Er ist Helfer des Unternehmers in Sachen des Arbeits- und Gesundheitsschutzes. Er hat weder Weisungsbefugnis noch Aufsichtsfunktion gegenüber seinen Kollegen. Die Berufsgenossenschaften möchten den Sicherheitsbeauftragten als Ehrenamt verstanden sehen.

Haftungsfreiheit

Der Sicherheitsbeauftragte kann für sein Handeln oder Unterlassen – im Gegensatz zum Vorgesetzten des betroffenen Arbeitsbereiches – nicht juristisch zur Verantwortung gezogen werden. Auch bei völliger Untätigkeit bleibt der Sicherheitsbeauftragte in dieser Funktion haftungsfrei. Ebenso wie alle seine Kollegen kann der Sicherheitsbeauftragte für Verstöße gegen Sicherheitsbestimmungen nur dann zivil- oder strafrechtlich haftbar gemacht werden, wenn er selbst gegen Sicherheitsbestimmungen verstoßen und dadurch einen Unfall verschuldet hat.

Tipps für die Ausübung der Tätigkeit eines Sicherheitsbeauftragten

Der Sicherheitsbeauftragte sollte selbst stets Vorbild sein. Er kann seine Mitarbeiter nicht zum Tragen von persönlicher Schutzausrüstung anhalten, wenn er sie nicht selbst trägt.

Er sollte sich um alle relevanten Belange der Mitarbeiter und deren Fragen und Verbesserungsvorschläge kümmern und sich dafür auch beim Vorgesetzten einsetzen. Merken die Kollegen, dass der Sicherheitsbeauftragte in dieser Funktion nicht aktiv wird, fragen sie ihn nie wieder – und kümmern sich gegebenenfalls um ihren eigenen Arbeits- und Gesundheitsschutz oder lassen es so weiterlaufen wie bisher.

Förderung sicherheitsbewussten Verhaltens

Der Sicherheitsbeauftragte sollte mit seinen Kollegen Gespräche darüber führen, wie Gefahren zu erkennen und zu vermeiden sind. Dadurch fördert er das sicherheitsbewusste Verhalten jedes Einzelnen. Ziel des Sicherheitsbeauftragten muss es hierbei sein, die Mitarbeiter zu „mündigen und ausreichend sensibilisierten" Kollegen im Arbeits- und Gesundheitsschutz zu erziehen. Unterstützen kann er seine Aussagen durch das Aushängen von Plakaten und Postern mit Inhalten, welche die Abteilung konkret ansprechen. Die Poster sollten nach etwa einem Monat ausgewechselt werden, damit sie überhaupt noch wahrgenommen werden.

Seine Maßnahmen, Ideen und Vorschläge sollte der Sicherheitsbeauftragte regelmäßig mit dem Vorgesetzten austauschen. Dafür notiert er sich die wesentlichen Punkte, die er dem Vorgesetzten weitergeben wird (das Schaffen eines werkstattübergreifenden, einfachen Dokuments ist hier sinnvoll); eine Kopie des Vorgangs behält er bei sich, um den Stand von Maßnahmen etc. zwischenzeitlich hinterfragen oder erneut anstoßen zu können.

Hilfsmittel

Regelmäßige, aktuelle Informationen

Für die erfolgreiche Sicherheitsarbeit ist es unumgänglich, dass der Sicherheitsbeauftragte regelmäßig aktuelle Informationen zum Arbeits- und Gesundheitsschutz erhält. Neben der BG-Zeitschrift (in deren Verteiler er unbedingt aufgenommen werden sollte!) gehört auch weitere Fachliteratur auf seinen Tisch; typische Zeitschriften, die Sicherheitsbeauftragte in deutschen Unternehmen lesen, sind

- „Arbeit und Gesundheit" (Universum Verlagsanstalt, Wiesbaden),
- „Die BG" (Erich Schmidt Verlag, Berlin) und
- „Sicherheitsbeauftragter" (Dr. Curt Haefner Verlag, Heidelberg).

Diese Zeitschriften erscheinen einmal im Monat und greifen wesentliche Themen des Arbeits- und Gesundheitsschutzes auf.

2.3.4 Aufgaben im Einzelnen

Teilnahme im Arbeitsschutzausschuss

In der Organisation des Arbeits- und Gesundheitsschutzes in Ihrem Unternehmen spielt der Arbeitsschutzausschuss eine wesentliche Rolle.

In Betrieben mit mehr als 20 Mitarbeitern hat der Arbeitgeber gemäß § 11 des Arbeitssicherheitsgesetzes (ASiG) diesen Arbeitsschutzausschuss zu bilden, der mindestens quartalsmäßig zu tagen hat.

Mitglieder des Ausschusses

Der Ausschuss setzt sich zusammen aus

- dem Arbeitgeber oder einem von ihm Beauftragten,

- zwei vom Betriebsrat bestimmten Betriebsratsmitgliedern,
- Betriebsärzten,
- Fachkräften für Arbeitssicherheit und
- den **Sicherheitsbeauftragten**.

Multiplikationsorgan

Die Aufgaben des Arbeitsschutzausschusses, der aufgrund seiner Zusammensetzung auch als „Multiplikationsorgan für SGU" bezeichnet werden kann, sind es, Anliegen des Arbeitsschutzes, der Unfallverhütung und des Gesundheitsschutzes zu beraten.

Dazu gehören im Einzelnen

- Koordination des innerbetrieblichen Arbeitsschutzes,
- Beratung betrieblicher Sicherheitsprogramme,
- regelmäßige Auswertung betrieblichen SGU-Geschehens (Sicherheit – Gesundheitsschutz – Umweltschutz),
- Erörterung von SGU-Investitionen,
- Erfahrungs- und Informationsaustausch.

Lösungsansätze aus anderen Abteilungen

Der Arbeitsschutzausschuss tritt mindestens einmal vierteljährlich zusammen. Der Sicherheitsbeauftragte kann hier die Belange seines Arbeitsbereiche einbringen und sich aktiv Gehör verschaffen. Auch wird er im Arbeitsschutzausschuss Problemstellungen und Lösungsansätze aus den anderen Abteilungen des Unternehmens erfahren, die ihn möglicherweise auch betreffen und die er aktiv in seine Arbeit mit einbauen kann. Der Arbeitsschutz und seine präventiven und reaktiven Ideen werden somit flächenübergreifend in alle Arbeitsbereiche getragen.

Der aktive Sicherheitsbeauftragte nimmt gute Ideen mit in seine Abteilung, informiert seinen Vorgesetzten über wesentliche Aspekte des Ausschusses und hinterfragt eigeninitiativ die angesprochenen Probleme. Bei den Mitarbeitern drängt er auf die Einhaltung von Vorgaben, die sich aus dem Arbeitsschutzausschuss ergeben haben.

Einwirken auf Mitarbeiter im Unternehmen

Mitwirkungspflichten der Arbeitnehmer

Die Mitarbeiter sind verpflichtet, sich aktiv am SGU zu beteiligen. Es ist Aufgabe der Vorgesetzten, ihre Mitarbeiter dazu aktiv anzuhalten und dies regelmäßig zu kontrollieren. Unterstützt wird der Vorgesetzte dabei von seinen Sicherheitsbeauftragten vor Ort, die tagtäglich mit den Kollegen am Arbeitsplatz zusammentreffen und die sicherheitstechnischen und gesundheitlichen Gegebenheiten besonders gut bewerten können.

Als Fachmann an ihrem Arbeitsplatz erkennen die Mitarbeiter auch mögliche Unfallgefahren und Umweltgefährdungen als Erste. Der Mitarbeiter am Arbeitsplatz ist es auch, der durch Unachtsamkeit oder Leichtsinn sich selbst oder Dritte gefährdet, Sachbeschädigung hervorruft oder der Umwelt Schaden zufügt. Daher sind Mitarbeiter nach Arbeitsschutzgesetz §§ 15–17 und der Berufsgenossenschaftlichen Vorschrift BGV A 1 (bisher VBG 1) §§ 14 ff. verpflichtet und berechtigt,

- für ihre Sicherheit und Gesundheit am Arbeitsplatz Sorge zu tragen;
- Sicherheit und Gesundheit Dritter zu gewährleisten, die durch Handlungen oder Unterlassungen des Mitarbeiters bei der Arbeit betroffen sind;
- Maschinen, Geräte, Werkzeuge, Arbeitsstoffe, Transportmittel und sonstige Arbeitsmittel bestimmungsgemäß zu verwenden;
- persönliche Schutzausrüstung bestimmungsgemäß zu verwenden;
- von ihnen festgestellte erhebliche Gefahren unverzüglich an den Arbeitgeber oder zuständigen Vorgesetzten zu melden;
- jeden an den Schutzsystemen festgestellten Defekt unverzüglich zu melden;
- den Arbeitgeber in seinen SGU-Verpflichtungen zu unterstützen;
- dem Arbeitgeber Vorschläge in allen Fragen des Arbeits- und Gesundheitsschutzes bei der Arbeit zu machen.

Teilnahme an Betriebsbesichtigungen, Betriebsbegehungen und Unfalluntersuchungen

Nach § 9 Abs. 2 der Berufsgenossenschaftlichen Vorschrift BGV A 1 hat der Unternehmer den Sicherheitsbeauftragten Gelegenheit zu geben, ihre Aufgaben erfüllen zu können. Dazu gehören insbesondere die Teilnahme an den Betriebsbesichtigungen und Unfalluntersuchungen des Technischen Aufsichtdienstes der Berufsgenossenschaften. Auf ihr Verlangen hin sind den Sicherheitsbeauftragten die Ergebnisse dieser Betriebsbesichtigungen und Unfalluntersuchungen zur Kenntnis zu geben.

Auch nehmen die Sicherheitsbeauftragten an den (jährlichen) internen Betriebsbegehungen mit der Fachkraft für Arbeitssicherheit, dem Betriebsrat und dem direkten Vorgesetzten des betroffenen Arbeitsbereiches teil. Hier ist es wichtig, die von den Experten benannten Mängel, Gefahrenquellen und möglichen Gefährdungen und Belastungen zu erkennen, um diese Aspekte in ihre Sicherheitsarbeit einfließen zu lassen.

Worauf Sicherheitsbeauftragte immer achten sollten:

- Mitarbeiter
- Maschinen

Meldepflicht

Das Beobachten alleine reicht nicht aus. Entdeckte Sicherheitsmängel und Defekte meldet der Sicherheitsbeauftragte direkt an seinen Vorgesetzten. Eine schriftliche Meldung ist hierbei nicht erforderlich, aber durchaus sinnvoll. Die Berufsgenossenschaften stellen hierfür Meldevordrucke kostenlos zur Verfügung.

2.3.5 Zusammenarbeit mit der Fachkraft für Arbeitssicherheit

Im Sprachgebrauch werden die Begriffe Fachkraft für Arbeitssicherheit und Sicherheitsbeauftragter leider häufig durcheinander geworfen, obwohl sie in ihren Aufgaben, Qualifikationen/Ausbildungsinhalten und Einsatzzeiten ganz unterschiedlich sind.

Die rechtliche und technische Materie des Arbeits- und Gesundheitsschutzes ist sehr umfangreich und kompliziert. Da der Sicherheitsbeauftragte in dieser Funktion nicht alles wissen kann, soll er betriebsintern aktiv von seiner Fachkraft für Arbeitssicherheit geschult und mit Informationen (Checklisten zu bestimmten Themen wie „erste Hilfe", „Brandschutz" und „Sauberkeit und Ordnung am Arbeitsplatz", Aushängen, Vorschlägen von Verbesserungen) unterstützt werden.

Informationsaustausch wichtig

In größeren deutschen Unternehmen treffen sich die Fachkräfte für Arbeitssicherheit im Jahr mehrfach (z.B. quartalsmäßig, im Nachgang zur Arbeitsschutzausschusssitzung) mit den Sicherheitsbeauftragten, um Informationen auszutauschen und aktuelle Probleme des Arbeits- und Gesundheitsschutzes aus den einzelnen Abteilungen konkret anzusprechen und gemeinsam Lösungsmöglichkeiten zu erarbeiten.

Je aktiver der Sicherheitsbeauftragte ist, desto eher werden Unfall- und Gesundheitsgefahren aufgedeckt und behoben. Die Unfallzahlen von Großbetrieben mit einer aktiven Sicherheitsorganisation belegen dies anschaulich.

2.3.6 Zusammenarbeit mit der Berufsgenossenschaft

Tauchen Probleme oder Fragen im Arbeits- und Gesundheitsschutz auf, die der Sicherheitsbeauftragte betriebsintern (z.B. durch Einschalten der Fachkraft für Arbeitssicherheit, des Betriebsarztes oder des Betriebsrates) nicht lösen kann, besteht die Möglichkeit, dass sich der Sicherheitsbeauftragte mit seinem Anliegen direkt an die zuständige Berufsgenossenschaft wendet. Von dem Gebrauch dieser Möglichkeit sollte der Sicherheitsbeauftragte nicht zurückscheuen!

Technischer Aufsichtsbeamte

Jeder deutsche Betrieb hat einen zuständigen Technischen Aufsichtsbeamten, der seine Unternehmen nicht nur inspizieren und kontrollieren, sondern auch beraten und gegebenenfalls unterstützen soll. Er kann fach- und sachgerechte Auskunft erteilen und auch weiterhelfen. Von dieser Möglichkeit machen heute immer noch zu wenige Unternehmen Gebrauch. Die Devise „Lieber keine schlafenden Hunde wecken" ist falsch, denn der Technische Aufsichtsbeamte hat das gleiche Interesse wie Ihr Betrieb: Unfallzahlen, Unfallrenten und Berufskrankheiten so gering wie möglich zu halten. Durch das offene, kollegiale Zusammenarbeiten wird dieses Ziel am effektivsten und schnellsten erreicht.

Neben den bereits genannten Freizeitschriften existiert wenig weiterführende Literatur für und über den Sicherheitsbeauftragten. Die Berufsgenossenschaften haben Unterlagen zu der Thematik vorliegen. Das umfangreichste Werk zum Thema „Sicherheitsbeauftragter" ist

Voss, J. Chr. (Hrsg.): Der Sicherheitsbeauftragte. Loseblattsammlung, Augsburg 2001.

2.4 Biologische Arbeitsstoffe

Dr. Norbert Teufelhart

2.4.1 Einführung

Schlüsseltechnologie des 21. Jahrhunderts

Die Biotechnologie, im Speziellen ihr innovatives Anwendungsgebiet, die Gentechnologie, steht heutzutage aufgrund ihrer scheinbar unbegrenzten Möglichkeiten hoch im Kurs. Auf Bio- und Gentechnik basierende Produkte und Verfahren eröffnen auf den unterschiedlichsten Gebieten wie der Medizin, der Nahrungsmittelproduktion und im Umweltbereich eine Vielzahl von bisher ungeahnten Perspektiven. So zählt die Biotechnologie laut Aussagen von namhaften Experten aus Politik und Wirtschaft zu den Schlüsseltechnologien des 21. Jahrhunderts. Die wirtschaftliche Entwicklung auf diesem Sektor in Europa und vor allem auch in Deutschland in den letzten fünf Jahren spiegelt diese Einschätzung wider. Jährliche Wachstumsraten weltweit von ca. 15–20% belegen diesen Trend. Die deutsche Biotech-Industrie boomt und gilt hinter den USA und England mittlerweile als drittgrößte der Welt.

Was ist eigentlich Biotechnologie?

Definition

Biotechnologie ist die Herstellung oder Veränderung biologischer Substanzen unter Verwendung lebender Organismen.

Die klassische Biotechnologie macht sich bereits seit Jahrtausenden den natürlichen Stoffwechsel einfacher Mikroorganismen wie Bakterien, Hefen und Pilzen zu Nutze, um wohlschmeckende Lebensmittel zu erzeugen. Brau- und Backhefen zur Herstellung von Bier und Brot werden beispielsweise bereits seit der Antike verwendet. Anfang der 70er Jahre wurde mit Entwicklung der Gentechnik der gezielte Eingriff ins Erbgut möglich, das Erbgut lebender Organismen erstmals neu kombiniert. Mit der Erzeugung gentechnisch veränderter Organismen wurde die klassische Biotechnologie revolutioniert und ihre Anwendungsmöglichkeiten dramatisch erweitert.

Heute ist die Gentechnik mit ihren Methoden zur Charakterisierung, Isolierung und Veränderung genetischen Materials wesentlicher Teilbereich der modernen Biotechnologie. Sie umfasst industrielle Hightech-Produktionsverfahren und technische Prozesse zur Gewinnung und Modifikation wie auch zum Abbau von Stoffen und Substanzen unter gezieltem Einsatz von Mikroorganismen, meist genetisch veränderter Natur.

Wo spielen biologische Arbeitsstoffe eine wesentliche Rolle?

Mit der raschen Fortentwicklung der Gentechnik in den 80er und 90er Jahren hat die moderne Biotechnologie den Sprung von der reinen Grundlagenforschung hin zu einem angewandten zukunftsträchtigen Wirtschaftsbereich geschafft. Seither nimmt die Zahl der Arbeitnehmer in diesem Technologiesektor kontinuierlich zu und ist vor allem in den letzten Jahren sprunghaft angestiegen.

Arbeitsgebiete

Rund fünf Millionen Beschäftigte kommen laut offiziellen Angaben der Bundesanstalt für Arbeitschutz- und Arbeitsmedizin (BAuA) derzeit in Deutschland tagtäglich mit lebenden Organismen, so genannten biologischen Arbeitsstoffen, in

Berührung. Ein beachtlicher Teil dieser Tätigkeiten fällt mittlerweile auf den Bereich Forschung und Entwicklung an Hochschulen, Großforschungseinrichtungen und im Gesundheitswesen wie auch auf Entwicklung und Produktion in Biotech-Unternehmen. Weitere seit jeher betroffene Arbeitsgebiete sind im Wesentlichen die Land- und Forstwirtschaft, die Lebensmittelherstellung, die Abfall- und Abwasserwirtschaft sowie die Altlastensanierung.

Risiken

Trotz der weiten Verbreitung von Biostoffen und der daraus resultierenden scheinbaren Normalität ist der Umgang mit Mikroorganismen, gewollt oder ungewollt, nicht in jedem Falle ohne Risiko. Abhängig vom Arbeitsbereich kann es zu Infektionen, Vergiftungsreaktionen und Allergien – Hautreaktionen bis hin zu schweren allergisch bedingten Atemwegserkrankungen – sowie langfristig zu starken Beeinträchtigungen und Fehlreaktionen des Immunsystems kommen. Erkrankungen durch Umgang mit kontaminierten Materialien und Geräten oder durch direkten Kontakt mit infizierten Personen im Gesundheitswesen, z.B. Übertragung von Hepatitis, sind seit langem ebenso bekannt wie allergische Reaktionen verschiedenster Art infolge permanenter Exposition gegenüber Schimmelpilzen und Bakterien. Die körperlichen Folgeschäden der Beschäftigten sind mitunter erheblich.

Schutz der Betroffenen

Ziel muss es daher sein, die Beschäftigten in diesen Tätigkeitsbereichen möglichst effizient vor den Auswirkungen des Umgangs mit biologischen Arbeitsstoffen zu schützen. Hierzu müssen die Problem- und Schwachstellen hinsichtlich des Arbeitsschutzes rechtzeitig erkannt und geeignete Maßnahmen zum Schutz der Betroffenen möglichst frühzeitig getroffen werden.

Am 1. April 1999 ist die Biostoffverordnung in Kraft getreten. Damit hat der Gesetzgeber zum Schutz aller Beschäftigten für Tätigkeiten mit biologischen Arbeitsstoffen ein Instrumentarium geschaffen, das diesen Anforderungen einen rechtlichen Rahmen verleiht.

2.4.2 Rechtliche Voraussetzungen

Wie hat sich das Recht zum Umgang mit biologischen Arbeitsstoffen entwickelt?

EG-Richtlinien

Der dynamischen Entwicklung im Umgang mit biologischen Arbeitsstoffen im letzten Jahrzehnt hat der Gesetzgeber Rechnung getragen. Bereits Anfang der 90er Jahre hat in diesem Zusammenhang der EG-Ministerrat auf europäischer Ebene zur Konkretisierung der EG-Rahmenschutzrichtlinie 89/391/EWG über die Durchführung von Maßnahmen zur Verbesserung der Sicherheit und des Gesundheitsschutzes der Arbeitnehmer bei der Arbeit eine weiter gehende Einzelrichtlinie erlassen, die Biologische Arbeitsstoffrichtlinie, auch Biostoffrichtlinie genannt. Diese Richtlinie 90/679/EWG über den Schutz der Arbeitnehmer gegen Gefährdungen durch biologische Arbeitsstoffe bei der Arbeit beschreibt die Mindestanforderungen für Tätigkeiten mit Mikroorganismen, Zellkulturen und menschlichen Endoparasiten unter Berücksichtigung ihres Gefährdungspotenzials. In Anhang III enthält sie gemäß Artikel 18 eine gemeinschaftliche Einstufung von biologischen Arbeitsstoffen der Risikogruppen 2 bis 4. Sie wurde inzwischen durch die Richtlinie 93/88/EWG geändert und der Anhang III durch drei weitere Anpassungsrichtlinien aktualisiert.

Unfallverhütungsvorschriften

Der Schutz der Beschäftigten vor biologischen Arbeitsstoffen in Deutschland war demgegenüber lange Zeit nur unzureichend geregelt. Die geltenden Rechtsvorschriften – Chemikaliengesetz und Gefahrstoffverordnung – enthielten keine konkreten und umfassenden Regelungen zum Gesundheitsschutz in diesem Bereich. Detaillierte Anforderungen und Schutzmaßnahmen wurden erstmals Ende der 80er Jahre in Unfallverhütungsvorschriften (UVVen) der Berufsgenossenschaften beschrieben, beispielsweise in der UVV „Biotechnologie" und der UVV „Gesundheitsdienst".

Gentechnik-Sicherheitsverordnung

Mit Umsetzung der europäischen Richtlinien 90/219/EWG über die Anwendung gentechnisch veränderter Organismen in geschlossenen Systemen (Systemrichtlinie) und 90/220/EWG über die absichtliche Freisetzung gentechnisch veränderter Organismen in die Umwelt (Freisetzungsrichtlinie) in nationales Recht im Jahre 1990 durch den Erlass der Verordnung über die Sicherheitsstufen und Sicherheitsmaßnahmen bei gentechnischen Arbeiten in gentechnischen Anlagen (Gentechnik-Sicherheitsverordnung – GenTSV) wurden zum Schutz von Umwelt und der menschlichen Gesundheit konkrete Anforderungen für den Gentechnikbereich formuliert. Diese umfassten auch Arbeitsschutzmaßnahmen, jedoch nur im Umgang mit gentechnisch veränderten Organismen; Tätigkeiten mit natürlichen Organismen blieben weitgehend ungeregelt. Die Berücksichtigung des Arbeitschutzes in der GenTSV war historisch bedingt, da bis zu diesem Zeitpunkt auf nationaler Ebene keine umfassenden Reglungen zur Arbeitssicherheit beim Umgang mit Biostoffen existierten.

Nach geltendem europäischem Recht sollte die Biostoffrichtlinie bis Ende 1993 in deutsches Recht umgesetzt werden. Dies war jedoch nicht der Fall. Nach Ablauf der Umsetzungsfrist war aufgrund entsprechender Rechtsprechung des europäischen Gerichtshofes diese Richtlinie in der Bundesrepublik Deutschland zwar direkt einzuhalten, eine umfassende nationale Regelung allerdings zu diesem Zeitpunkt nicht gegeben.

Biostoffverordnung

Erst Anfang 1999 wurde der Schutz der Beschäftigten beim Umgang mit biologischen Arbeitsstoffen im deutschen Arbeitschutzrecht direkt verankert und die EG-Biostoffrichtlinie in deutsches Recht in Form der Verordnung über Sicherheit und Gesundheitsschutz bei Tätigkeiten mit biologischen Arbeitsstoffen – kurz Biostoffverordnung (BioStoffV) – umgesetzt. Nach einer Übergangsfrist von drei Monaten trat die Biostoffverordnung am 1.4.1999 in Kraft. Gleichzeitig wurden die Biostoffe aus dem Anwendungsbereich der Gefahrstoffverordnung ausgenommen.

Was sind die nationalen Rechtsgrundlagen zum Schutz vor biologischen Arbeitsstoffen?

Mit der Biostoffverordnung steht erstmals eine umfassende und brachenübergreifende Regelung zum Schutz der Arbeitnehmer für Tätigkeiten mit biologischen Arbeitsstoffen zur Verfügung. Wesentliche nationale Gesetzesgrundlage der Biostoffverordnung ist das Arbeitsschutzgesetz aus dem Jahre 1996. Aufgrund ihres breiten Anwendungsbereichs, der überdies durch ein äußerst heterogenes Tätigkeitsspektrum gekennzeichnet ist, kann die Biostoffverordnung lediglich einen rechtlichen Rahmen bilden. Analog zum Gefahrstoffrecht wird dieser Rahmen branchen- und tätigkeitsbezogen ergänzt durch Allgemein anerkannte Regeln der Technik, der Hygiene und Arbeitsmedizin sowie durch gesicherte arbeitswissenschaftliche Erkenntnisse.

Die Technischen Regeln für Biologische Arbeitsstoffe (TRBA) werden vom Ausschuss für Biologische Arbeitsstoffe (ABAS), einem Gremium des Bundesministeriums für Arbeit und Sozialordnung, aufgestellt und an die fortschreitende Entwicklung kontinuierlich angepasst. Die TRBA präzisieren und konkretisieren die sicherheitstechnischen, arbeitsmedizinischen und hygienischen wie auch arbeitswissenschaftlichen Anforderungen bei Tätigkeiten mit biologischen Arbeitsstoffen. Sie sind Leitfaden und Handlungsanleitung für die Umsetzung der rechtlichen Anforderungen in die Praxis.

Technische Regeln für biologische Arbeitsstoffe

Spezielle weiter gehende Vorschriften zum Umgang mit genetisch manipulierten Biostoffen, den so genannten gentechnisch veränderten Organismen (GVO), enthält das deutsche Gentechnikrecht und hier insbesondere die Gentechnik-Sicherheitsverordnung (GenTSV). Sie regelt im Einzelnen sämtliche Sicherheitsanforderungen für gentechnische Arbeiten und der damit verbundenen Tätigkeiten im Gefahrenbereich gentechnischer Anlagen. Wichtiger Bestandteil neben allgemeinen Schutzvorschriften zur Abwehr möglicher Gefahren für Mensch und Umwelt sind, wie bereits erwähnt, auch besondere Arbeitssicherheitsmaßnahmen zum Schutz der Beschäftigten.

Beschäftigungsverbot

Weitere besondere Schutzvorschriften zum Umgang mit biologischen Arbeitsstoffen finden sich im Jugendarbeitsschutzgesetz (JArbSchG) und im Mutterschutzgesetz (MuSchG) bzw. der Mutterschutzverordnung (MuSchV). Diese Regelungen sind allgemein gültig und bleiben unberührt von BioStoffV und GenTSV.

Gemäß § 22 JArbSchG wurde für Jugendliche ein grundsätzliches Beschäftigungsverbot für den Umgang mit biologischen Arbeitsstoffen erlassen. Einzige Ausnahmemöglichkeit von dieser Vorschrift besteht zur Erreichung eines entsprechenden Ausbildungszieles, vorausgesetzt, ständige Aufsicht und Betreuung durch fachkundige Personen sind gegeben. Bei gezieltem Umgang mit Organismen der Risikogruppen 3 und 4 ist diese Ausnahmeregelung nicht möglich.

Mutterschutz

Ein absolutes Beschäftigungsverbot bei Tätigkeiten mit gesundheitsgefährdenden Stoffen, also auch mit biologischen Arbeitsstoffen, gilt nach den §§ 4 und 6 MuSchG für werdende und stillende Mütter, wenn allein die Möglichkeit einer Gefährdung besteht bzw. nicht mit Sicherheit auszuschließen ist. Die MuSchV verlangt darüber hinaus nach Feststellung der Schwangerschaft eine gezielte Arbeitsplatzanalyse, die tatsächliche und potenzielle Gefährdungen von Mutter und Kind in Betracht zieht. Hierbei sind neben der Infektiosität der Biostoffe vor allem auch allergische und toxische Wirkungen, die auf das Kind übertragbar sind, zu berücksichtigen. Besteht die Möglichkeit eines Arbeitsplatzwechsels oder einer Arbeitsplatzumgestaltung, so dass die betroffene Mutter nicht mehr den gesundheitsgefährdenden Stoffen ausgesetzt ist, ist nach § 3 MuSchV eine Weiterbeschäftigung möglich.

2.4.3 Wesentliche Regelungen im Umgang mit biologischen Arbeitsstoffen

Was sind biologische Arbeitsstoffe?

Der Begriff „Biologische Arbeitsstoffe" (engl. *biological agents*) stammt ursprünglich aus dem EG-Recht und wurde sinngemäß in die Biostoffverordnung übernommen. Biologische Arbeitsstoffe umfassen laut Definition dieser Verordnung folgende Organismen und Stoffe:

- Mikroorganismen (Viren, Bakterien und Pilze)

- gentechnisch veränderte Mikroorganismen
- Zellkulturen pflanzlicher und tierischer Herkunft
- humanpathogene Endoparasiten (Ein- und Mehrzeller)
- Agenzien, die mit übertragbaren spongiformen Enzephalopathien assoziiert sind (Beispiel: Prionen (Eiweißstrukturen), die als Erreger von BSE bei Rindern („Rinderwahnsinn"), Scrapie bei Schafen und der Creutzfeldt-Jakob-Krankheit beim Menschen gelten)

Gemeinsamkeit all dieser Biostoffe ist, dass sie beim Menschen Infektionskrankheiten oder andersartige Erkrankungen aufgrund ihrer sensibilisierenden oder toxischen Eigenschaften verursachen können.

Mikroorganismen

Unter dem Begriff Mikroorganismen werden alle zellulären und nicht zellulären mikrobiologischen Einheiten zusammengefasst, die in der Lage sind, genetische Information (Erbgut) weiterzugeben und sich zu vermehren. Demnach zählen zu den Mikroorganismen neben Bakterien und Pilzen auch Viren und Viroide (virusähnliche Partikel). Freie Nukleinsäuren und Plasmide werden nicht zu den Mikroorganismen gerechnet. Diese Beschreibung entspricht der Legaldefinition für Organismus im Gentechnikgesetz.

Zellkulturen, Parasiten

Davon abzugrenzen sind Zellkulturen und Parasiten. Zellkulturen sind in Kultivierungsgefäßen – also in vitro – vermehrte Zellen und Zellverbände, die ursprünglich aus vielzelligen tierischen oder pflanzlichen Organismen isoliert wurden. Humanpathogene Parasiten sind ein- und mehrzellige Lebewesen – tierische Einzeller (Protozoen) und Würmer (Helminthen) –, die meist einen komplexen Entwicklungszyklus durchlaufen und den Menschen als Zwischen- oder Endwirt befallen. Als im Körper lebende Schmarotzer rufen sie zum Teil massive Krankheitsbilder hervor.

Gentechnisch veränderte Organismen (GVO)

Gentechnisch veränderte Organismen (GVO) schließlich sind Organismen, deren genetisches Material (Erbgut) in einer Weise verändert worden ist, wie es unter natürlichen Gegebenheiten durch Kreuzung oder natürliche Neukombination von Erbgut (Rekombination) nicht vorkommt.

Welche Tätigkeiten werden von der Biostoffverordnung erfasst?

Die BioStoffV hat zum Ziel, Sicherheit und Gesundheit der Beschäftigten bei allen Tätigkeiten mit biologischen Arbeitsstoffen zu gewährleisten. Insofern gilt sie auch für Tätigkeiten, die dem Gentechnikrecht unterliegen, soweit dort keine gleichwertigen oder strengeren Regeln existieren. De facto sind die geforderten technischen und organisatorischen Schutzmaßnahmen in gentechnischen Anlagen im Vergleich zu den Anforderungen der BioStoffV mindestens gleichwertig. Einzige Ausnahme ist die Pflicht, die Beschäftigten über Betriebsstörungen und Unfälle im Gefahrenbereich, welche ihre Sicherheit und Gesundheit gefährden könnten, zu unterrichten. Hier greift die BioStoffV.

Exposition – Bezug zur beruflichen Tätigkeit

Die BioStoffV bezieht sich auf alle Tätigkeiten mit natürlichen und gentechnisch veränderten Organismen, die beim Menschen Infektionen hervorrufen können. Ausschlaggebend dabei ist, dass die Biostoffe durch bzw. bei der beruflichen Tätigkeit freigesetzt werden und die Beschäftigten dadurch direkt mit diesen Stoffen in Berührung kommen können. Es muss also beim Kontakt oder der Exposi-

Anwendungsbereich

tion ein direkter Bezug zur beruflichen Betätigung bestehen. Mit anderen Worten: Die BioStoffV ist auf alle beruflichen Tätigkeiten anzuwenden, bei denen ein Arbeitnehmer aktiv, absichtlich oder unabsichtlich, mit biologischen Arbeitsstoffen in Berührung kommen kann. So unterliegt nicht nur der direkte Umgang mit Mikroorganismen etwa in Forschungslaboratorien dieser Verordnung, sondern beispielsweise auch die Pflege von Patienten in Einrichtungen des Gesundheitswesens oder die Wartung einer mit Schimmelpilzen kontaminierten Klimaanlage.

Die BioStoffV gilt folgerichtig nicht, wenn der Kontakt mit biologischen Arbeitsstoffen nicht im direkten Zusammenhang mit der beruflichen Tätigkeit steht. Das heißt: Nicht erfasst wird das bloße, passive Ausgesetztsein gegenüber krank machenden Keimen. Beispiele hierzu sind die Zusammenarbeit mit einem erkälteten Kollegen am Büroarbeitsplatz oder der Kontakt von Personal mit ansteckenden Fahrgästen in öffentlichen Verkehrsmitteln. Gleiches gilt, wenn die Beschäftigten biologischen Einwirkungen von Schimmelpilzsporen und Bakterien durch den bloßen Betrieb einer raumlufttechnischen Anlage, z.B. einer Klimaanlage oder einem Raumbefeuchter, ausgesetzt werden.

Definition „Tätigkeiten“

Der Begriff „Tätigkeiten“ wird in Anlehnung an die europäische Biostoffrichtlinie verwendet. Er ist mit dem aus dem Gefahrstoffrecht bekannten Begriff „Umgang“ gleichzusetzen. Entsprechend versteht man im Sinne der BioStoffV unter Tätigkeiten generell das Herstellen und Verwenden von biologischen Arbeitsstoffen sowie den beruflichen Umgang mit Menschen, Tieren und Pflanzen wie auch biologischen Produkten, Gegenständen und Materialien, bei dem biologische Arbeitsstoffe freigesetzt werden können und dabei auf Beschäftigte einwirken.

Die Tätigkeiten umfassen im Einzelnen:

- das Isolieren, Erzeugen und Vermehren,
- das Aufschließen, Ge- und Verbrauchen, Be- und Verarbeiten,
- das Abfüllen, Umfüllen, Mischen und Abtrennen,
- die innerbetriebliche Beförderung und das Lagern einschließlich der Aufbewahrung sowie
- die Inaktivierung und Entsorgung

der biologischen Arbeitsstoffe.

Nicht zu vergessen ist auch der ungewollte Umgang mit biologischen Agenzien bei Reinigungs- und Instandhaltungsarbeiten.

Aerosolbildung

Konkreten Gefährdungen sind die Beschäftigten bei diesen Tätigkeiten überwiegend durch Aerosol- oder Staubbildung ausgesetzt. Dies ist beispielsweise im Routinebetrieb von Laboratorien und Produktionsstätten vor allem bei folgenden Tätigkeiten der Fall:

- Ansetzen und Mischen von Kulturen
- Überimpfen in Nährlösungen
- Beimpfen und Probenahmen an Fermentern
- Befüllen und Entleeren von Behältern

- Zentrifugieren im nicht geschlossenen System
- Reinigungsarbeiten vor Desinfektion von Laboratorium oder Produktionsstätte
- Instandhaltung (= Inspektion, Wartung und Instandsetzung) nicht desinfizierter Anlageteile

Darüber hinaus ist mit einem erhöhten Gefährdungspotenzial bei Arbeitsunfällen und Betriebsstörungen zu rechnen, bei denen es zu einer unbeabsichtigten Freisetzung von Organismen in größeren Mengen kommt, wie zum Beispiel beim Auslaufen oder Verschütten von konzentrierten Kulturen.

Übertragungswege

Die eigentliche Gefährdung resultiert aus dem körperlichen Kontakt bzw. der Aufnahme der freigesetzten Biostoffe in den Körper. Je nach Art und Eigenschaften des Erregers, insbesondere in Abhängigkeit von Menge, Widerstandsfähigkeit und Übertragungsmechanismen, spielen dabei folgende Aufnahmewege eine wesentliche Rolle:

- Einatmen (Inhalation)
- Verschlucken (Ingestion)
- Aufnahme durch Haut und Bindehaut der Augen (Resorption)
- Eindringen in verletzte oder erkrankte Körperoberflächen (Penetration)

Bei Kontakt zu Haut und Schleimhäuten besteht überwiegend die Gefahr von Sensibilisierung und allergischen Reaktionen. Bei Aufnahme bzw. Eindringen in den Körper ergibt sich ein erhöhtes Risiko für toxische Wirkungen und krank machende Infektionen.

Gezielte und nicht gezielte Tätigkeiten

Beim Umgang mit biologischen Arbeitsstoffen wird nach BioStoffV unterschieden zwischen gezielten Tätigkeiten und nicht gezielten Tätigkeiten.

Gezielte Tätigkeiten liegen vor, wenn

- die biologischen Arbeitsstoffe mindestens hinsichtlich ihrer Art (Spezies) bekannt sind,
- die Tätigkeit auf die biologischen Arbeitsstoffe unmittelbar ausgerichtet ist und
- die Exposition der Beschäftigten im Normalbetrieb ausreichend bekannt oder abschätzbar ist.

Um **nicht gezielte Tätigkeiten** handelt es sich, wenn mindestens eine der vorgenannten Voraussetzungen nicht erfüllt ist.

In der europäischen Biostoffrichtlinie werden für diese beiden Tätigkeitsformen analog die Begriffe „absichtlich" und „nicht absichtlich" verwendet. Diese Definitionen beschreiben in etwas abgewandelter Form den Unterschied beider Tätigkeitsarten. Eine gezielte Tätigkeit wird in jedem Falle mit einer definierten Absicht, also gewollt ausführt, während eine ungezielte Tätigkeit grundsätzlich unbeabsichtigt, also ungewollt ist, und sich mehr oder weniger zufällig aus den bestehenden Umständen ergibt.

Tätigkeitsbereiche

Gezielte Tätigkeiten mit biologischen Arbeitsstoffen liegen naturgemäß überwiegend vor

- in der molekularbiologischen bzw. biotechnischen Forschung und Entwicklung,
- in der biopharmazeutischen Produktion und
- in Teilbereichen der Lebensmittelproduktion, hier vor allem bei der Herstellung neuartiger Nahrungsmittel (Novel Food).

Nicht gezielte Tätigkeiten sind im Wesentlichen anzutreffen

- in der Land- und Forstwirtschaft,
- in der Abfallwirtschaft,
- bei der Abwasserbehandlung (Kläranlagen),
- bei der Bodensanierung und nicht zuletzt auch
- im Gesundheitswesen.

Bemerkenswert ist, dass die nicht gezielten Tätigkeiten bei Berücksichtigung aller in Frage kommenden Arbeitsbereiche trotz der erheblichen Zunahme der gezielten Tätigkeiten im Biotech-Sektor nach wie vor über 90% aller Formen des Umgangs mit biologischen Arbeitsstoffen darstellen.

Wie wird das Gefährdungspotenzial der biologischen Arbeitsstoffe bewertet?

Risikoeinstufung

Ausgehend vom Infektionsrisiko werden bei den biologischen Arbeitsstoffen vier Risikogruppen unterschieden (Risikogruppe 1–4). Dabei werden Biostoffe ohne Gefährdungspotenzial, also weitgehend harmlose Organismen, Organismen mit Gefährdungspotenzial gegenübergestellt. Für die Zuordnung der Biostoffe bzw. Organismen zu einer bestimmten Risikogruppe, der so genannten Risikoeinstufung, sind allein ihre krank machenden Eigenschaften (Pathogenität) ausschlaggebend.

Risikogruppen

Die vier Risikogruppen sind auf Grundlage entsprechender Definitionen der WHO (Weltgesundheitsorganisation) in der BioStoffV wie folgt festgelegt:

- **Risikogruppe 1:** Biologische Arbeitsstoffe, bei denen es unwahrscheinlich ist, dass sie beim Menschen eine Krankheit verursachen.
- **Risikogruppe 2:** Biologische Arbeitsstoffe, die eine Krankheit beim Menschen hervorrufen können und eine Gefahr für Beschäftigte darstellen können; eine Verbreitung des Stoffes in der Bevölkerung ist unwahrscheinlich; eine wirksame Vorbeugung oder Behandlung ist normalerweise möglich.
- **Risikogruppe 3:** Biologische Arbeitsstoffe, die eine schwere Krankheit beim Menschen hervorrufen können und eine ernste Gefahr für Beschäftigte darstellen können; die Gefahr einer Verbreitung in der Bevölkerung kann bestehen, doch ist normalerweise eine wirksame Vorbeugung oder Behandlung möglich.
- **Risikogruppe 4:** Biologische Arbeitsstoffe, die eine schwere Krankheit beim Menschen hervorrufen und eine ernste Gefahr für Beschäftigte darstellen; die Gefahr einer Verbreitung in der Bevölkerung ist unter Umständen groß; normalerweise ist eine wirksame Vorbeugung oder Behandlung nicht möglich.

Einstufungskriterien

In die Bewertung des konkreten Risikos geht sowohl das zu erwartende Schadensausmaß als auch die Eintrittswahrscheinlichkeit ein. Wesentliche Einstufungskriterien sind dementsprechend:

- Auftreten und Ausmaß einer Erkrankung für den Menschen (z.B. Schwere der Erkrankung, tödlicher Verlauf, Sterblichkeitsrate)
- Verbreitungsgefahr in der Bevölkerung (Infektiosität, Ausbreitungswahrscheinlichkeit)
- Prophylaxe- und Therapiemöglichkeiten (Impfmöglichkeiten, verfügbare Medikamente)

Die einzelnen Eingruppierungskriterien sind eindeutig definiert, nachvollziehbar und werden dem jeweiligen Kenntnisstand der Wissenschaft angepasst.

Die Mehrheit der in der Natur vorkommenden Organismen verursacht keine Erkrankungen und kann daher der Risikogruppe 1 zugeordnet werden. Der Mensch wie auch Haus- und Nutztiere gehören beispielsweise dieser Risikogruppe an. Aber auch eine Vielzahl von Bakterien und Pilzen, wie Milchsäurebakterien *(Lactobacillus spec., Leuconostoc spec.)* und Bier- und Bäckerhefen *(Saccharomyces cerevisiae)* haben als Krankheitserreger keine Bedeutung und werden dementsprechend der Risikogruppe 1 zugerechnet.

Organismenlisten

Anhand der genannten Bewertungskriterien konnte aufgrund langjähriger Erfahrungen für eine Vielzahl von Krankheitserregern eine Risikoeinstufung vorgenommen werden, die sich in der Praxis bewährt hat. Die Eingruppierung dieser Organismen in die jeweiligen Risikogruppen ist in so genannten „Organismenlisten“ verbindlich festgelegt und dokumentiert. Hierzu zählen die Liste biologischer Arbeitsstoffe in Anhang III der Biologischen Arbeitsstoffrichtlinie, die Liste risikobewerteter Spender- und Empfängerorganismen des Bundesministeriums für Gesundheit gemäß GenTSV und Listen der BG Chemie in der Merkblattreihe „Sichere Biotechnologie“ B004 bis B009. Die erstgenannte Liste führt ausschließlich biologische Arbeitsstoffe der Risikogruppen 2 bis 4 auf, während in beiden letztgenannten zusätzlich Mikroorganismen der Risikogruppe 1 aufgelistet sind. Diese Listen sind Referenz für alle weiterführenden Risikobewertungen und Gefährdungsanalysen, wie sie z.B. im Bereich der Gentechnik gefordert werden. Im Einzelfall kann von den vorgegebenen Einstufungen abgewichen werden, wenn ein geringeres Gefährdungspotenzial nach wissenschaftlichen Erkenntnissen belegt werden kann.

Einstufung nicht enthaltener biologischer Arbeitsstoffe

Bisher in den Organismenlisten nicht enthaltene biologische Arbeitsstoffe können nicht automatisch der Risikogruppe 1 zugeordnet werden. Sie müssen vom Arbeitgeber gemäß BioStoffV und GenTSV nach dem Stand von Wissenschaft und Technik hinsichtlich Infektiosität sowie sensibilisierender und toxischer Wirkungen selbst beurteilt werden. Diese Beurteilung erfordert die Berücksichtigung der neuesten wissenschaftlichen und technischen Erkenntnisse, selbst wenn sie noch keinen Eingang in die Praxis gefunden haben. Die festgelegten Einstufungskriterien erleichtern dabei die Zuordnung zu einer Risikogruppe. Darüber hinaus sind aktuelle Regeln (TRBA) und Empfehlungen maßgeblicher offizieller Gremien verfügbar und zu berücksichtigen. Der ABAS hat bisher zwei TRBA zur Einstufung von Pilzen (TRBA 460) und Viren (TRBA 462) erarbeitet, die Zentrale Kommission für Biologische Sicherheit eine Reihe von „Allgemeinen Stellungnahmen“ zur Risikobewertung und Sicherheitseinstufung gentechnisch veränderter Organismen formuliert.

Risikogruppe 1
■ Erkrankungen unwahrscheinlich ■ Mensch (Tier) als Zwischenwirt ungeeignet ■ nach langjähriger Erfahrung keine Krankheiten dokumentiert ■ erwiesenermaßen Pathogenität durch Mutation verloren ■ Verbreitung in der Bevölkerung ohne Bedeutung ■ Vorbeugung/Behandlung nicht erforderlich
Risikogruppe 2
■ in der Regel harmlose Erkrankungen (selten schwere Erkrankungen) ■ Infektion durch besondere Übertragungswege ■ hohe Infektionsdosis erforderlich ■ Verbreitung in der Bevölkerung unwahrscheinlich, hohe natürliche Immunität ■ gute Vorbeugung ■ gute Behandlungsmöglichkeiten
Risikogruppe 3
■ schwere Erkrankungen, zum Teil mit schnellem oder langwierigem Verlauf ■ geringe Infektionsdosis ausreichend ■ mäßige Gefahr der Verbreitung in der Bevölkerung, geringe natürliche Immunität ■ überwiegend wirksame Impfprophylaxe verfügbar ■ wirksame Therapieformen vorhanden
Risikogruppe 4
■ sehr schwere Erkrankungen, zum Teil tödlicher Verlauf ■ hohe Infektionswahrscheinlichkeit ■ große Gefahr der Verbreitung in der Bevölkerung ■ keine wirksame Vorbeugung ■ fehlende therapeutische Möglichkeiten

Abb. 11: Kriterien zur Einstufung biologischer Arbeitstoffe

Sicherheitseinstufung gentechnischer Arbeiten

Gentechnisches Risiko ist in erster Linie ebenfalls ein biologisches Risiko. Auch hier stehen die pathogenen Eigenschaften der Organismen im Vordergrund. Risiken, die von gentechnisch veränderten Organismen (GVO) ausgehen, orientieren sich demzufolge an den Risiken, die von entsprechenden natürlichen Organismen ausgehen. Wenn keine zusätzlichen Gefährdungsfaktoren übertragen werden, bedeutet das, dass das Gefährdungspotenzial von einem GVO mindestens an den Risiken zu messen ist, die vom Ausgangsorganismus, auch Empfängerorganismus genannt, ausgehen.

Bei der konkreten Einstufung einer gentechnischen Arbeit werden berücksichtigt:

- die Risikogruppe des Empfängerorganismus (= Ausgangsorganismus)
- die Risikogruppe des Spenderorganismus (= „Erbgut-Lieferant")

- das aus dem Spenderorganismus übertragene Erbgut (= DNA: Desoxyribonukleinsäure)
- das zu verwendende Transfer-Vehikel (= Vektor)
- der entstehende, gentechnisch veränderte Organismus (= GVO)

Risikobewertung von GVO

In die Risikobewertung des gentechnisch veränderten Organismus selbst wird das Zusammenspiel aller genannten Einzelfaktoren einbezogen. Diese im Vorfeld der Arbeiten durchgeführte Gesamtbewertung kann nur vorläufiger Natur sein, da die tatsächlichen Eigenschaften des entstehenden GVO nicht bekannt sind und daher nicht abschließend bewertet werden können. Entscheidend für die Ermittlung des Gefährdungspotenzials des gentechnisch veränderten Organismus sind, wie bereits erwähnt, die Eigenschaften des Empfängerorganismus. Hinzu kommt die Eigenschaft, die dem Spenderorganismus entnommen und in den Empfängerorganismus übertragen wurde. Im Einzelfall muss auch das Genprodukt bei der Bewertung Berücksichtigung finden. Dies ist z.B. bei der Bildung eines Giftstoffes der Fall.

Umweltaspekte

Neben den rein gesundheitlichen Aspekten wie Infektiosität, Allergenität und Toxizität oder auch die Verfügbarkeit von Therapien sind bei dieser Art der Einstufung nach GenTSV im Gegensatz zur BioStoffV zusätzlich auch Umwelterwägungen von entscheidender Bedeutung. Berücksichtigung finden Eigenschaften wie Überlebensfähigkeit der Organismen in der Umwelt, ihre Wechselwirkung mit der Umwelt oder eine Beteiligung an wichtigen Umweltprozessen (z.B. Stickstofffixierung). Verfügbare Überwachungs- und Dekontaminationsmethoden spielen ebenso eine wichtige Rolle.

Wie werden Gefährdungen am Arbeitsplatz beurteilt?

Gefährdungsbeurteilung

Zentrales Instrument zum Schutz der Beschäftigten ist die Beurteilung der Arbeitsbedingungen am Arbeitsplatz. Gemäß § 5 Arbeitsschutzgesetz steht der Arbeitgeber in der Pflicht, die mit der Arbeit verbundenen Gefährdungen umfassend zu ermitteln. Darauf basierend hat er geeignete Arbeitsschutzmaßnahmen festzulegen und zu realisieren sowie deren Wirksamkeit in regelmäßigen Abständen zu überprüfen. Dieses grundlegende Prinzip der Eigenverantwortlichkeit des Arbeitgebers im Arbeitsschutz bekräftigt die BioStoffV beim Umgang mit biologischen Arbeitsstoffen.

Informationsbeschaffung

Der Gefährdungsbeurteilung kommt in der BioStoffV eine Schlüsselrolle zu. Der Arbeitgeber hat danach alle für eine Gefährdungsbeurteilung notwendigen und zur Verfügung stehenden Informationen zu beschaffen. Zu berücksichtigen sind sämtliche Charakteristika der zu verwendenden Biostoffe einschließlich ihrer sensibilisierenden und toxischen Eigenschaften, Informationen über Betriebsabläufe und Verfahren, über mögliche Expositionen der Beschäftigten sowie über bereits vorliegende tätigkeitsbezogene Erkrankungen. Die Forderung nach Informationsbeschaffung bezieht sich hierbei auf den Stand der Technik. Eine Verpflichtung zur Durchführung spezieller Messungen ist damit nicht verknüpft. Diese können im Einzelfall jedoch hilfreich sein für die Abschätzung einer möglichen Exposition. Umfang und Qualität der verfügbaren Informationen sind letztlich entscheidend für die Aussagekraft der Gefährdungsanalyse. Entsprechend hoch ist der Stellenwert der Informationsbeschaffung.

Basierend auf den gewonnenen Erkenntnissen und Informationen ist eine Zuordnung zu gezielter oder nicht gezielter Tätigkeit vorzunehmen und eine von der Art der Tätigkeit abhängige Gefährdungsbeurteilung durchzuführen.

Beurteilungskriterien

Wesentliches Element der Gefährdungsbeurteilung gezielter Tätigkeiten ist, vergleichbar dem Gentechnikrecht, die Einstufung der biologischen Arbeitsstoffe in die vier Risikogruppen. Biostoffe der Risikogruppe 1 sind, wie bereits erläutert, prinzipiell apathogen und stellen in der Regel keine Gefährdung für die Beschäftigten dar. Demgegenüber sind pathogene Organismen den Risikogruppen 2 bis 4 zugeordnet, von denen je nach Stufe ein geringes bis hohes Gefährdungspotenzial ausgeht. Ausschlaggebendes Einstufungskriterium ist das Infektionsrisiko für die Beschäftigten. Dies allein entscheidet über die Zuordnung der gezielten Tätigkeit zu einer korrespondierenden Schutzstufe. In einem Gemisch von Biostoffen ist der höchste Gefährdungsgrad maßgebend. Sensibilisierende und toxische Wirkungen der Biostoffe bleiben hierbei zunächst unberücksichtigt. Diese sind jedoch gemäß BioStoffV sehr wohl in die Gesamtgefährdungsbeurteilung mit einzubeziehen. Hintergrund hierfür ist die Existenz von Bakterien und Pilzen, die nicht infektiös sind und daher in die Risikogruppe 1 eingestuft werden, aber sehr wohl über toxische und allergische Faktoren verfügen. Sie stellen somit für die Beschäftigten eine potenzielle Gefährdung dar und machen gegebenenfalls zusätzliche Schutzmaßnahmen erforderlich.

Vier Schutzstufen

Nach BioStoffV werden auf der Grundlage der Risikogruppeneinteilung vier Schutzstufen festgelegt, an die entsprechende Sicherheitsmaßnahmen geknüpft sind. Dabei ist eine Schutzstufe als Summe aller für sie geltenden technischen, organisatorischen und persönlichen Sicherheitsmaßnahmen zu verstehen. Eine eindeutige Zuordnung von Risikogruppe zu Schutzstufe gilt für alle gezielten Tätigkeiten. Bei nicht gezielten Tätigkeiten erfolgt die Zuordnung durch eine Einzelfallabwägung unter Berücksichtigung aller möglichen Gefährdungen. Im Gegensatz zu den gezielten Tätigkeiten steht damit bei den nicht gezielten Tätigkeiten das Prinzip der Gesamtgefährdungsbeurteilung im Vordergrund. Im Ergebnis werden hier alle Gefährdungspotenziale gleichermaßen berücksichtigt. Diese Einzelfallbeurteilung legt schließlich die erforderliche Schutzstufe fest, wobei die Infektiosität und damit die höchste Risikogruppe der zu erwartenden biologischen Arbeitsstoffe in dieser Gesamtbetrachtung nicht immer ausschlaggebend sein muss.

In jedem Fall ergeben sich aus der jeweiligen Schutzstufenzuordnung konkrete erforderliche Schutzmaßnahmen, welche zum Ziel haben, die Gefährdung der Beschäftigten auf ein Minimum zu reduzieren. Sensibilisierende und toxische Wirkungen sind dabei mit berücksichtigt.

Sicherheitsstufe 1: Kein Risiko für Mensch und Umwelt
Sicherheitsstufe 2: Geringes Risiko für Mensch und Umwelt
Sicherheitsstufe 3: Mäßiges Risiko für Mensch und Umwelt
Sicherheitsstufe 4: Hohes Risiko für Mensch und Umwelt

Abb. 12: Sicherheitsstufen gentechnischer Arbeiten

Sicherheitsstufen

Ein analoges Sicherheitskonzept ist im Gentechnikrecht verankert. Hier sind für gentechnische Arbeiten mit biologischen Arbeitsstoffen parallel zu den Risikogruppen vier Sicherheitsstufen definiert:

- **Sicherheitsstufe 1:** Gentechnische Arbeiten, bei denen nach dem Stand der Wissenschaft nicht von einem Risiko für die menschliche Gesundheit oder die Umwelt auszugehen ist.
- **Sicherheitsstufe 2:** Gentechnische Arbeiten, bei denen nach dem Stand der Wissenschaft von einem geringen Risiko für die menschliche Gesundheit oder die Umwelt auszugehen ist.
- **Sicherheitsstufe 3:** Gentechnische Arbeiten, bei denen nach dem Stand der Wissenschaft von einem mäßigen Risiko für die menschliche Gesundheit oder die Umwelt auszugehen ist.
- **Sicherheitsstufe 4:** Gentechnische Arbeiten, bei denen nach dem Stand der Wissenschaft von einem hohen Risiko oder dem begründeten Verdacht eines solchen Risikos für die menschliche Gesundheit oder die Umwelt auszugehen ist.

Risikobeurteilung und Gefährdungsermittlung der gentechnischen Arbeiten bestimmen auch hier die Sicherheitsstufe. Die erforderlichen Sicherheitsmaßnahmen wiederum werden gemäß GenTSV durch die Sicherheitsstufe eindeutig festgelegt.

Sicherheitsstufen der GenTSV und Schutzstufen der BioStoffV sind vom Grundsatz her vergleichbar. Die mit ihnen verknüpften Sicherheitsanforderungen sind zwar qualitativ nicht absolut deckungsgleich, jedoch entsprechen sie einander weitgehend.

Welche Schutz- und Sicherheitsmaßnahmen sind bei gezielten Tätigkeiten mit biologischen Arbeitsstoffen anzuwenden?

Schutz- und Sicherheitsmaßnahmen beim Umgang mit biologischen Arbeitsstoffen dienen, soweit sie sich aus der BioStoffV ableiten, in erster Linie der Sicherheit und dem Gesundheitsschutz der Beschäftigten. Sie stellen konkrete Arbeitsschutzmaßnahmen dar, die überall dort allgemein verbindlich sind, wo mit biologischen Arbeitsstoffen umgegangen wird. Dabei ist grundsätzlich unerheblich, ob es sich um gezielte oder ungezielte Tätigkeiten handelt. Die sicherheitstechnischen Anforderungen sollen in jedem Falle mögliche Gefährdungen auf ein Minimum reduzieren.

Sicherheits- und Vorsorgemaßnahmen, die im Gentechnikrecht beschrieben sind, verfolgen hingegen weit reichende Schutzziele. Es handelt sich um Maßnahmen, welche die menschliche Gesundheit und die Umwelt vor möglichen Gefahren der Gentechnik schützen bzw. ihnen vorbeugen sollen. Sie finden jedoch nur Anwendung, sofern es sich bei den vorliegenden Tätigkeiten um gentechnische Arbeiten in gentechnischen Anlagen handelt. Vorschriften der BioStoffV gelten auch in gentechnischen Laboratorien insoweit, als für diese keine gleichwertigen oder strengeren Regelungen in der GenTSV bestehen.

Allgemeine Schutzmaßnahmen

Unabhängig vom Risikopotenzial sind für alle Tätigkeiten mit biologischen Arbeitsstoffen die allgemein gültigen Arbeitsschutz- und Unfallverhütungsvorschriften anzuwenden sowie die nach Stand von Wissenschaft und Technik erforderlichen Vorsorgemaßnahmen zu treffen. Insbesondere sind die Allgemein anerkannten Regeln der Sicherheitstechnik, Arbeitsmedizin und Hygiene, sonstige gesicherte arbeitswissenschaftliche Erkenntnisse sowie allgemeine Empfehlungen der Zentralen Kommission für Biologische Sicherheit und des Ausschusses für Biologische Sicherheit zu beachten. Arbeitsverfahren sind regelmäßig an den Stand der Technik anzupassen, Vorkehrungen gegen mögliche Unfälle und Betriebsstörungen zu treffen.

Bei Vorliegen der Schutzstufe 1 sind nach BioStoffV mindestens die vom ABAS in der TRBA 500 „Allgemeine Hygienemaßnahmen: Mindestanforderungen" festgelegten und Allgemein anerkannten Regeln der Hygiene oder die in TRBA 100 „Schutzmaßnahmen für gezielte Tätigkeiten mit biologischen Arbeitsstoffen in Laboratorien" beschriebenen Grundregeln der guten mikrobiologischen Technik einzuhalten. Sind toxische oder sensibilisierende Expositionen zu erwarten, sind darüber hinaus geeignete Maßnahmen zu treffen, die ein Freiwerden biologischer Arbeitsstoffe wirkungsvoll verhindern.

Ausgehend von Risikobewertung und Gefährdungsbeurteilung hat der Arbeitgeber für Tätigkeiten mit biologischen Arbeitsstoffen, die unter die Schutzstufen 2 bis 4 fallen, eine Reihe weiter gehender Schutz- und Sicherheitsmaßnahmen zu treffen. Die bei diesen Schutzstufen zusätzlich vorgeschriebenen Sicherheitsmaßnahmen sind in den Anhängen II und III der BioStoffV aufgeführt. Es handelt sich teilweise um verbindliche und teilweise um empfohlene Maßnahmen. Letztere sind sinnvollerweise immer dann anzuwenden, wenn dadurch eine zusätzliche Minimierung der Gefährdung erzielt werden kann.

Substitutionsgebot

Grundlegendste Schutzmaßnahme ist das Substitutionsgebot. Dieses bedeutet, der Arbeitgeber hat nach Möglichkeit die Verwendung eines gefährlichen biologischen Arbeitsstoffes zu vermeiden. Damit verbunden ist die Sorgfaltspflicht, vor Verwendung eines biologischen Arbeitsstoffes zu überprüfen, ob dieser durch einen ungefährlicheren ersetzt werden kann. Hierbei gilt der Grundsatz von Zumutbarkeit und Durchführbarkeit. Durch Substitution kann das bestehende Gefährdungspotenzial am einfachsten und sichersten verringert werden. Folgerichtig ist diese Maßnahme – falls in der Praxis realisierbar – aufgrund ihrer Effizienz die erste aller in einer mehr oder weniger definierten Reihenfolge anzuwendenden Schutzmaßnahmen. Sie gilt prinzipiell sowohl nach BioStoffV als auch nach GenTSV.

Aerosolvermeidungsgebot

Eine weitere wichtige Maßnahme ist das Gebot zur Aerosolvermeidung: Arbeitsverfahren und technische Schutzmaßnahmen sind so zu gestalten, dass biologische Arbeitsstoffe am Arbeitsplatz nicht frei werden. Sofern diese absolute Anforderung aus technischen Gründen nicht realisierbar ist, ist die unvermeidliche Exposition der Beschäftigen durch Auswahl geeigneter Arbeitsverfahren und Begrenzung der Beschäftigtenzahl so gering zu halten, dass Gesundheitsschäden nicht zu erwarten sind.

Sicherheitsmaßnahmen

Zusätzlich zu den mehr oder weniger allgemein gehaltenen Vorschriften sind die so genannten Sicherheitsmaßnahmen von besonderer Bedeutung. Es handelt sich hierbei um konkrete Sicherheitsanforderungen für jede einzelne Schutz- bzw. Sicherheitsstufe. Sie sind in den jeweiligen Anhängen der geltenden Rechtsvorschriften definiert und abhängig von der Risikoeinstufung der Biostoffe verbindlich anzuwenden. Sicherheitsmaßnahmen für Tätigkeiten mit biologischen Arbeitsstoffen in Laboratorien und laborähnlichen Einrichtungen sind beispielsweise in dem nachstehend abgedruckten Anhang II der BioStoffV aufgelistet.

A Sicherheitsmaßnahmen	B Schutzstufen		
	2	3	4
1. der Arbeitsplatz ist von anderen Tätigkeiten in demselben Gebäude abzutrennen	nein	verbindlich, wenn die Infizierung über die Luft erfolgen kann	verbindlich
2. Zu- und Abluft am Arbeitsplatz müssen durch Hochleistungsschwebstoff-Filter oder eine vergleichbare Vorrichtung geführt werden	nein	verbindlich für Abluft	verbindlich für Zu- und Abluft
3. der Zugang ist auf benannte Beschäftigte zu beschränken	verbindlich	verbindlich	verbindlich mit Luftschleuse
4. der Arbeitsplatz muss zum Zweck der Desinfektion hermetisch abdichtbar sein	nein	empfohlen	verbindlich
5. spezifische Desinfektionsverfahren	verbindlich	verbindlich	verbindlich
6. am Arbeitsplatz muss ein Unterdruck aufrechterhalten werden	nein	verbindlich, wenn die Infizierung über die Luft erfolgen kann	verbindlich
7. wirksame Vektorkontrolle, z.B. Nagetiere und Insekten	empfohlen	verbindlich	verbindlich
8. wasserundurchlässige und leicht zu reinigende Oberflächen	verbindlich für Werkbänke	verbindlich für Werkbänke und Böden	verbindlich für Werkbänke, Wände und Decken und Böden
9. gegen Säuren, Laugen, Lösungs- und Desinfektionsmittel widerstandsfähige Oberflächen	empfohlen	verbindlich	verbindlich
10. sichere Aufbewahrung eines biologischen Arbeitsstoffes/Agens	verbindlich	verbindlich	verbindlich unter Verschluss
11. der Raum muss mit einem Beobachtungsfenster oder einer vergleichbaren Vorrichtung versehen sein, damit die im Raum anwesenden Personen bzw. Tiere beobachtet werden können	empfohlen	verbindlich	verbindlich
12. jedes Laboratorium muss über eine eigene Ausrüstung verfügen	nein	empfohlen	verbindlich
13. der Umgang mit infiziertem Material, einschließlich aller Tiere, muss in einer Sicherheitswerkbank oder einem Isolierraum oder einem anderen geeigneten Raum erfolgen	wo angebracht verbindlich	wenn die Infizierung über die Luft erfolgt	verbindlich
14. Verbrennungsofen für Tierkörper	empfohlen	verbindlich, zugänglich	verbindlich vor Ort

Tab. 1: ANHANG II der BioStoffV

Sicherheitsmaßnahmen bei Tätigkeiten mit biologischen Arbeitsstoffen in Laboratorien und laborähnlichen Einrichtungen
(1) Die Schutzstufe 1 umfasst allgemeine Hygienemaßnahmen entsprechend den vom Ausschuss für biologische Arbeitsstoffe festgelegten technischen Regeln.
(2) Die Schutzstufen 2, 3 und 4 umfassen die oben stehenden Sicherheitsmaßnahmen.

Arten von Sicherheitsmaßnahmen

Bei den Schutz- und Sicherheitsmaßnahmen lassen sich vier Arten von Maßnahmen unterscheiden:

- technische Sicherheitsmaßnahmen
- organisatorische Sicherheitsmaßnahmen
- personenbezogene Sicherheitsmaßnahmen
- biologische Sicherheitsmaßnahmen

1. Technische Sicherheitsmaßnahmen
■ bauliches Containment ■ raumlufttechnische Anlagen ■ Materialschleusen ■ Abwasser- und Abfallinaktivierung ■ Sicherheitstechnische Geräte (z.B. Sicherheitswerkbänke, Zentrifugen)
2. Organisatorische Sicherheitsmaßnahmen
■ Kennzeichnung der Laborbereiche ■ Zutrittsregelungen ■ Betriebsanweisungen ■ Einweisung und Unterweisung der Beschäftigten ■ Hygieneplan ■ Regelungen für Betriebsstörungen bzw. Unfälle (ggf. Notfallplan) ■ Aufzeichnungs- und Meldepflichten
3. Personenbezogene Sicherheitsmaßnahmen
■ Grundregeln guter mikrobiologischer Technik ■ persönliche Schutzausrüstung (z.B. Laborkittel, Schutzhandschuhe, Augenschutzbrille oder Gesichtsschutz, Atemschutz) ■ arbeitsmedizinische Vorsorgeuntersuchungen, Vorsorgekartei
4. Biologische Sicherheitsmaßnahmen
■ Verwendung von Sicherheitsstämmen mit Sicherheitsvektoren (z.B. *E. coli* K 12 mit pBR-Vektoren) ■ Verhinderung der Vermehrung und Verbreitung von Organismen (z.B. bei Pflanzen durch Entfernen der Staubbeutel oder bei Tieren durch Sterilisation)

Abb. 13: Arten von Sicherheitsmaßnahmen

2.4.4 Technische Sicherheitsmaßnahmen

Bauliche Maßnahmen

Zu den technischen Sicherheitsmaßnahmen werden im Wesentlichen bauliche Maßnahmen zur vollständigen physikalischen Abgrenzung der Laborbereiche gegenüber der Umwelt und sicherheitstechnischen Einrichtungen gezählt. Von besonderer Bedeutung hierbei sind:

- Personen- und Materialschleusen zur sicheren räumlichen Abgrenzung
- raumlufttechnische Anlagen für die Be- und Entlüftung
- Inaktivierungseinrichtungen wie Autoklaven und Waschwassersterilisatoren zur sachgerechten Abwasser- und Abfallentsorgung
- technische Ausrüstungen für spezifische Arbeitsbereiche wie Sicherheitswerkbänke und aerosoldichte Zentrifugen zur Vermeidung von Bioaerosolen

Verhinderung des Entweichens von biologischen Arbeitsstoffen

Zweck der technischen Sicherheitsmaßnahmen ist zum einen, einen gefahrlosen Umgang mit biologischen Arbeitsstoffen zu ermöglichen, zum anderen gleichzeitig ein unbeabsichtigtes Entweichen aus dem Arbeitsbereich zu verhindern. Gezielte Tätigkeiten ab der Schutzstufe 2 dürfen beispielsweise nur in einer speziellen Sicherheitswerkbank – im Regelfall der Klasse II – durchgeführt werden. Diese verhindert durch eine nach innen gerichtete Luftströmung und integrierte Hochleistungsschwebstoff-Filter das Entstehen von Aerosolen und ein Entweichen von Mikroorganismen sowohl in den Arbeitsbereich als auch in die Umwelt. Ab Schutzstufe 3 ist im Regelfall, sprich bei Umgang mit luftwegübertragbaren Organismen, als zusätzliche Sicherheitsvorkehrung für den gesamten Laborbereich ein Unterdrucksystem vorzusehen. Zu- und Abluft müssen hier mittels spezieller Hochleistungsschwebstoff-Filter (HOSCH-Filter) gereinigt werden. Diese sind selbst für kleinste Viren nicht passierbar. Entsprechend strenge Vorschriften gelten bei dieser Sicherheitsstufe auch für das anfallende Abwasser. Dieses ist vollständig zu inaktivieren, das heißt, alle darin enthaltenen Organismen müssen abgetötet werden, bevor es die Anlage verlässt. Durch das Zusammenwirken dieser Maßnahmen wird ein Entweichen von biologischen Arbeitsstoffen aus dem baulich und räumlich abgegrenzten Laborbereich (Containment) effizient verhindert.

2.4.5 Organisatorische Sicherheitsmaßnahmen

Auswahl qualifizierten Personals

Organisatorische Sicherheitsmaßnahmen stellen beim gezielten Umgang mit Biostoffen einen ordnungsgemäßen Betrieb in mikrobiologischen Laboratorien und gentechnischen Anlagen sicher. Dies beginnt bereits bei der Auswahl des Personals und der Bestellung entsprechend qualifizierter Personen zu verantwortlichen Funktionsträgern wie Projektleiter oder Beauftragter für die Biologische Sicherheit (BBS). Grundsätzlich sind nur gut ausgebildete und geschulte Mitarbeiter in diesem Beschäftigungsfeld mit Arbeiten zu betrauen, insbesondere bei Tätigkeiten mit mäßiger bis hoher Infektionsgefahr.

Qualifikationen

Fachkundige Personen in diesem Sinne sind z.B.

- Naturwissenschaftler mit mikrobiologischer Ausbildung,
- Ärzte,
- Laborpersonal (wissenschaftlich-technische Assistentinnen/en).

Besondere Qualifikationsanforderungen werden an projektverantwortliche Personen – Projektleiter – und leitende Angestellte wie Laborleiter gestellt. Diese umfassen mindestens

- eine tätigkeitsspezifische naturwissenschaftliche Ausbildung (z.B. Hochschulstudium der Fachrichtungen Mikrobiologie, Bakteriologie oder Ähnliches) und

- eine mehrjährige spezifische Berufserfahrung im Umgang mit biologischen Arbeitsstoffen.

Erforderliche Kenntnisse abhängig vom Gefährdungspotenzial

Die erforderlichen Kenntnisse richten sich im Einzelnen nach den jeweiligen Tätigkeiten und Organismen und dem von ihnen ausgehenden Gefährdungspotenzial. So muss z.B. der Leiter eines Gen-Laboratoriums Kenntnisse in klassischer und molekularer Genetik besitzen sowie eine mindestens dreijährige Tätigkeit auf dem Gebiet der Gentechnik und eine spezifische Fortbildungsveranstaltung nachweisen können. Ausreichende Sachkunde schließt dabei immer auch Kenntnisse der einschlägigen Arbeitsschutzvorschriften und -regeln mit ein.

Der Beauftragte für die Biologische Sicherheit ist nach der Berufsgenossenschaftlichen Vorschrift BGV C4 (ehemals VBG 102) eine besondere Form der Fachkraft für Arbeitssicherheit, deren fachliche Eignung besondere Kenntnisse und Erfahrungen in Fragen der biologischen Sicherheit voraussetzt. Dies gilt sowohl für die angewandten biotechnischen Verfahren als auch für die eingesetzten biologischen Agenzien.

Projektleiter und Beauftragter für die Biologische Sicherheit haben gemeinschaftlich die Aufgabe, sowohl Biologische Sicherheit als auch Arbeitssicherheit in gentechnischen Laboratorien sicherzustellen.

Betriebsanweisungen

Neben der Auswahl qualifizierter Mitarbeiter, die hier allein aufgrund des Gefährdungspotenzials eine Selbstverständlichkeit sein sollte, bilden arbeitsbereichs- und stoffbezogene Betriebs- und Arbeitsanweisungen einen wesentlichen Schwerpunkt. Diese sind vor Aufnahme der Tätigkeiten in schriftlich Form zu erstellen und an geeigneter Stelle im Laborbereich durch Auslegen oder Aushängen dem Personal bekannt zu machen.

Betriebsanweisungen zum Umgang mit Biostoffen müssen folgende sicherheitsrelevanten Informationen beinhalten:

- Bezeichnung der verwendeten Biostoffe (Auflistung)
- die mit der Tätigkeit verbundenen Gefahren, insbesondere Angaben über die möglichen Effekte der Biostoffe
- Verhaltensregeln für die Beschäftigten
- erforderliche Schutzmaßnahmen einschließlich gegebenenfalls notwendiger Immunisierungen
- Angaben zu Reinigung und Desinfektion
- Erläuterungen zu Lagerung, Transport und Entsorgung
- Anweisungen über das Verhalten bei Unfällen und Betriebsstörungen
- Maßnahmen zur ersten Hilfe

Dabei sind die dargelegten Schutz- und Hygienemaßnahmen an die spezifischen betrieblichen Gegebenheiten anzupassen.

Arbeitsanweisungen

Für Tätigkeiten mit erhöhter Unfall- und Infektionsgefahr ist es gleichermaßen sinnvoll wie erforderlich, detaillierte Arbeitsanweisungen zur Vermeidung von Betriebsunfällen zu formulieren und zusätzlich am Arbeitsplatz verfügbar zu halten. Dies gilt insbesondere für Verfahren zur Handhabung und Verarbeitung von nicht charakterisierten Proben menschlicher und tierischer Herkunft wie auch für Arbeiten zur Instandhaltung und Reinigung an oder in kontaminierten Anlagen und Einrichtungen. Arbeitsanweisungen enthalten eine detaillierte Beschreibung der einzelnen bei Durchführung der Tätigkeiten anfallenden Arbeitsschritte.

Anhand der Betriebs- und Arbeitsanweisungen ist das Personal vor Aufnahme der Tätigkeiten und danach in regelmäßigem Turnus, mindestens einmal jährlich, über möglicherweise auftretende Gefahren und Schutzmaßnahmen arbeitsplatzbezogen zu unterweisen. Dis gilt für alle Beschäftigten einschließlich Handwerker und Reinigungspersonal von Fremdfirmen.

Wirksamkeitsprüfung

Funktion und Wirksamkeit der getroffenen Schutzmaßnahmen sind ebenfalls regelmäßig zu überprüfen. Kontaminationen eines Arbeitsplatzes und Exposition der Beschäftigten gegenüber biologischen Arbeitsstoffen können auf diese Weise langfristig erkannt und ausgeschlossen werden. Ziel ist es, Gefährdungen für die Mitarbeiter so weit wie möglich zu minimieren. Zu diesem Zweck ist bei Änderungen der Arbeitsbedingungen, die zu einer erhöhten Gefährdung der Beschäftigten führen können, und bei Feststellung einer Kontamination eines Arbeitsplatzes die Gefährdungsbeurteilung zu wiederholen, in jedem Falle jedoch spätestens nach Ablauf eines Jahres.

Kennzeichnung

Für Laboratorien ab der Schutz- bzw. Sicherheitsstufe 2 ist zudem eine Zutrittsregelung zu schaffen, die gewährleistet, dass nur entsprechend ausgebildetes und eingewiesenes Personal sicherheitsrelevante Arbeiten durchführt. Ferner ist der Arbeitsbereich dem Infektionsrisiko entsprechend mit dem darauf hinweisenden Symbol „Biologische Gefährdung" zu kennzeichnen. Gentechnische Anlagen und Laboratorien sind grundsätzlich als „Genlaboratorien" kenntlich zu machen.

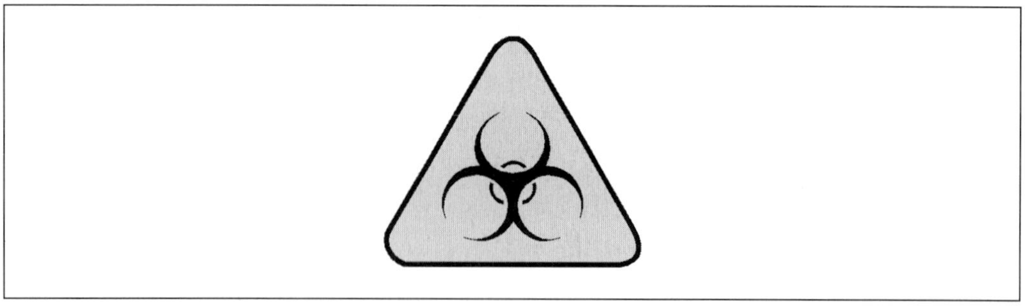

Abb. 14: Symbol „Biologische Gefährdung"

Notfallplan

Schließlich ist beim Umgang mit biologischen Arbeitsstoffen der Risikogruppen 3 und 4 zusätzlich die Erstellung eines Notfallplanes zwingend erforderlich. In diesem sind für den Fall der unbeabsichtigten Freisetzung von Biostoffen infolge Versagens sicherheitstechnischer Einrichtungen Notfallmaßnahmen festzulegen. Hierbei sind nicht nur innerbetriebliche, sondern auch außerbetriebliche Gefährdungen zu berücksichtigen.

2.4.6 Personenbezogene Schutzmaßnahmen

Personenbezogene Schutzmaßnahmen dienen, wie schon der Name verrät, dem individuellen Schutz der Beschäftigten. Geeignete Arbeitskleidung und eine persönliche Schutzausrüstung (PSA) sind hierbei von zentraler Bedeutung. Jedoch auch arbeitsmedizinische Vorsorgeuntersuchungen und die Beachtung hygienischer Regeln spielen eine wesentliche Rolle.

Hygienemaßnahmen

Beim Umgang mit lebenden und infektiösen Organismen sind für die individuelle Vorsorge allgemeine hygienische Maßnahmen von grundlegender Bedeutung. Sie sollen eine mittelbare Aufnahme biologischer Arbeitsstoffe aufgrund mangelhafter Sauberkeit oder unsachgemäßer Handhabung verhindern. Entsprechend hoch ist ihr Stellenwert.

„Gute Laborpraxis“

Die Hygienemaßnahmen in Laboratorien umfassen einfache Arbeits- und Verhaltensregeln bis hin zu spezifischen Desinfektions- und Dekontaminationsverfahren. Die Einhaltung der so genannten „Grundregeln guter mikrobiologischer Technik“ (siehe Kasten), auch „gute Laborpraxis“ genannt, ist bereits ab Schutzstufe 1 allgemein gültige Konvention. Das Konsum- und Aufbewahrungsverbot für Nahrungs- und Genussmittel und das Gebot zur getrennten Aufbewahrung von Arbeits- und Straßenkleidung zählen hierzu ebenso wie die regelmäßige Reinigung und Desinfektion von Arbeitsbereichen und Schutzausrüstung, die obligate Desinfektion der Hände vor Verlassen des Laborbereichs und die unverzügliche Dekontamination kontaminierter Materialien und Gerätschaften, um nur einige Beispiele zu nennen.

Grundregeln guter mikrobiologischer Technik – allgemeine Regeln

- Fenster und Türen sollen geschlossen sein.
- Es darf nicht getrunken, gegessen oder geraucht werden. Nahrungsmittel dürfen nicht aufbewahrt werden.
- Laborkittel oder andere Schutzkleidung muss getragen werden.
- Mundpipettieren ist untersagt, Pipettierhilfen sind zu benutzen.
- Spitzen und Kanülen sind nur, wenn unbedingt nötig, zu benutzen.
- Aerosolbildung ist, soweit möglich, zu vermeiden.
- Nach Beendigung der Arbeit und Vorlassen des Arbeitsbereiches müssen die Hände sorgfältig gewaschen, gegebenenfalls desinfiziert und rückgefettet werden.
- Arbeitsbereich sollen aufgeräumt und sauber gehalten werden. Auf den Arbeitstischen sollen nur die tatsächlich benötigten Geräte und Materialien stehen. Vorräte sollen nur in den dafür bereitgestellten Bereichen oder Schränken gelagert werden.
- Die Identität der benutzten biologischen Arbeitsstoffe ist regelmäßig zu überprüfen, wenn das für die Beurteilung des Gefährdungspotenzials erforderlich ist. Die zeitlichen Abstände richten sich nach dem Gefährdungspotenzial.
- Beim Umgang mit biologischen Arbeitsstoffen sind die Beschäftigten vor Aufnahme der Tätigkeit und danach mindestens einmal jährlich zu unterweisen.
- In der Mikrobiologie, Virologie oder Zellbiologie unerfahrene Mitarbeiter müssen besonders umfassend unterrichtet, angleitet und überwacht werden.
- Ungeziefer muss, wenn nötig, regelmäßig bekämpft werden.

Zur Desinfektion sind nur solche Desinfektionsmittel und -verfahren einzusetzen, die laut Listen des Robert-Koch-Instituts (RKI) oder der Deutschen Veterinärmedizinischen Gesellschaft (DVG), Zertifikaten der Deutschen Gesellschaft für Hygiene und Mikrobiologie (DGHM) oder der Deutschen Vereinigung zur Bekämpfung der Viruskrankheiten geprüft, für wirksam befunden und offiziell anerkannt sind.

Persönliche Schutzausrüstung (PSA)

Die persönliche Schutzausrüstung ist immer dann anzuwenden, wenn alternative technische und organisatorische Schutzmaßnahmen nicht zur Verfügung stehen oder nicht ausreichend wirksam sind. Sie ist auf Basis der Gefährdungsbeurteilung individuell festzulegen.

Zur Standard-PSA in mikrobiologischen Laboratorien gehören:

- Laborkittel aus Baumwolle
- Laborschuhe, vorne geschlossen, desinfektionsmittelbeständig (ab Schutzstufe 2)
- Schutzhandschuhe, möglichst Einweghandschuhe aus Latex, puderfrei und allergenarm (ab Schutzstufe 2)
- Schutzbrille bzw. Gesichtsschutz (z.B. bei Umgang mit Gefahrstoffen, UV-Strahlung)
- Mund- bzw. Atemschutz (ab Schutzstufe 3)

Im Normalbetrieb ist in einem Laboratorium bei Einhaltung der bestehenden Vorschriften und Einsatz der erforderlichen sicherheitstechnischen Ausrüstungen – potenziell gefährdende Arbeiten mit infektiösen Biostoffen dürfen nur in Sicherheitswerkbänken oder in geschlossenen Apparaturen durchgeführt werden – nicht mit dem Freiwerden von Bioaerosolen und infektiösen Stäuben zu rechnen. Demzufolge ist Mundschutz erst ab Schutzstufe 3 und Atemschutz ab Stufe 4 ständig zu tragen.

Für Notfälle, die eine Begehung kontaminierter Laborräume erforderlich machen können, sind ab Schutzstufe 2 Atemschutzmasken mit Partikelfiltern der Filterklasse P3 oder vergleichbare Halbmasken und für Schutzstufe 4 fremdbelüftete Vollschutzanzüge bereitzustellen.

Arbeitsmedizinische Vorsorge

Neben der PSA ist die arbeitsmedizinische Vorsorge beim Umgang mit infektiösen Biostoffen für den einzelnen Beschäftigten vor allem unter dem Aspekt der Prävention von großer gesundheitlicher Relevanz. Wegen der besonderen Gefährdungen am Arbeitsplatz sind arbeitsmedizinische Vorsorgeuntersuchungen rechtlich vorgeschrieben (BioStoffV, GenTSV).

Vor Aufnahme der Tätigkeiten ist eine den Status quo erhebende Erstuntersuchung durchzuführen, danach sind in regelmäßigen Abständen Nachuntersuchungen erforderlich. Sie dienen dem präventiven Schutz der Gesundheit der Beschäftigten. Darüber hinaus hat der Arbeitsmediziner im Rahmen dieser Vorsorgemaßnahme den Beschäftigten über seinen Gesundheitszustand und die von seiner Tätigkeit ausgehenden Gesundheitsbelastungen aufzuklären und zu beraten. Zusätzlich sind für einige ausgewählte Organismen oder, wenn nach dem Stand wissenschaftlicher Erkenntnisse ein begründeter Verdacht auf mögliche gesundheitliche Spätfolgen vorliegt, nach Beendigung der Tätigkeit in definierten zeitlichen Intervallen wiederholte nachgehende Untersuchungen durchzuführen (GenTSV, § 12 (8), Anhang VI).

Diese Verpflichtung zur Durchführung von Vorsorgeuntersuchungen bei gezielten und nicht gezielten Tätigkeiten gilt prinzipiell ab Schutzstufe 2, generell jedoch erst ab Schutzstufe 3. Bei ungezielten Tätigkeiten der Schutzstufe 2 kann im Einzelfall von dieser Pflicht abgewichen werden. Voraussetzung ist, dass aufgrund einer durchgeführten Gesamtgefährdungsbeurteilung und der daraus abgeleiteten Schutzmaßnahmen trotz der Schutzstufe nicht mit Gesundheitsschäden der Beschäftigten zu rechnen ist.

Pflichtuntersuchungen

Tätigkeiten in Verbindung mit biologischen Arbeitsstoffen, bei denen diese Untersuchungen ausnahmslos gefordert werden, listet Anhang IV der BioStoffV im Detail auf. Es handelt sich hierbei im Wesentlichen um Tätigkeiten im Bereich der Human- und Tiermedizin, bei denen die Beschäftigten häufig in Kontakt mit Blut und Körperausscheidungen kommen. Häufigste vorkommende Krankheitserreger sind Hepatitis-Viren (HAV, HBV, HCV), Viren, die Kinderkrankheiten auslösen, wie das Masern- und Mumpsvirus, sowie Mykobakterien. Hepatitisviren gehören ebenso wie Mykobakterien der Risikogruppe 3 an, Masern- und Mumpsvirus sind der Risikogruppe 2 zugeordnet.

Bei den Vorsorgeuntersuchungen wird zwischen Pflichtuntersuchungen und Angebotsuntersuchungen unterschieden. Diese Unterscheidung ergibt sich aus der Sicht der Beschäftigten. Pflichtuntersuchungen sind Vorsorgeuntersuchungen, denen sich die Beschäftigten in jedem Falle unterziehen müssen. Angebotsuntersuchungen dagegen sind Untersuchungen, welche die Beschäftigten nach Wahl annehmen oder ablehnen können. Der Arbeitgeber hat die erforderlichen Vorsorgeuntersuchungen den Beschäftigten in jedem Falle anzubieten.

Personen, die in biotechnischen und/oder gentechnischen Laboratorien und Produktionsstätten Tätigkeiten mit natürlich vorkommenden oder gentechnisch veränderten humanpathogenen Organismen der Risikogruppen 2, 3 oder 4 durchführen, müssen speziellen arbeitsmedizinischen Vorsorgeuntersuchungen unterzogen werden.

Berufsgenossenschaftliche Grundsätze

Pflichtuntersuchungen beim Umgang mit humanpathogenen biologischen Arbeitsstoffen sind im Wesentlichen die Vorsorgeuntersuchungen nach den berufsgenossenschaftlichen Grundsätzen G 42 „Infektionskrankheiten“ und G 43 „Biotechnologie“. G 42 regelt die arbeitsmedizinischen Vorsorgemaßnahmen bei Tätigkeiten mit Infektionsgefährdung im Gesundheitsdienst, in der Forstwirtschaft, bei der Abfallbeseitigung und in der Wertstoffgewinnung, also überwiegend bei ungezielten Tätigkeiten. G 43 dagegen ist auf alle Personen anzuwenden, die entsprechende gezielten Tätigkeiten in biotechnischen und/oder gentechnischen Laboratorien und Produktionsstätten durchführen.

Einzelheiten zu Art, Umfang und Anwendungsbereich dieser Untersuchungen sind in den jeweiligen Grundsätzen beschrieben. Die genannten Vorsorgeuntersuchungen sind von einem arbeitsmedizinisch qualifizierten und durch die jeweils zuständige Behörde ermächtigten Arzt – Arbeits- oder Betriebsmediziner – durchzuführen.

Impfprophylaxe

Präventiver Gesundheitsschutz ist am besten durch eine Impfung zu erreichen. Als weiteres wichtiges Element der Prävention kommt daher zur arbeitsmedizinischen Vorsorgeuntersuchung die Impfprophylaxe in Form von aktiven Immunisierungen hinzu. Diese Präventivmaßnahmen setzen allerdings voraus, dass gegen die in Frage kommenden Mikroorganismen wirksame Impfstoffe verfügbar sind.

Eine generelle Impfverpflichtung für den Beschäftigten besteht nicht, wenn auch für einzelne Tätigkeiten Impfungen gesetzlich vorgeschrieben sind. Auch hier besteht für den Arbeitgeber eine Angebotsverpflichtung.

2.4.7 Biologische Sicherheitsmaßnahmen

Biologische Sicherheitsmaßnahmen finden vorwiegend in der Gentechnik Anwendung. Es handelt sich um Maßnahmen, die eine Ausbreitung von Organismen wirksam verhindern. Einfaches und typisches Beispiel einer biologischen Sicherheitsmaßnahme bei Tieren und Pflanzen ist die Sterilisation.

Sicherheitsstämme und -vektoren

In der Gentechnik versteht man darunter die Verwendung von Sicherheitsstämmen und -vektoren, die aufgrund ihrer genetischen Eigenschaften über keinerlei krank machende Faktoren (mehr) verfügen und darüber hinaus eine ungehinderte Ausbreitung der hergestellten, gentechnisch veränderten Organismen verhindern. In Fachkreisen spricht man von so genannten anerkannten Vektoren und Empfängerorganismen. Bekanntestes Beispiel eines anerkannten Vektor-Empfänger-Systems ist der Sicherheitsstamm *Escherichia coli* K12 und das Plasmid pBR322. Sowohl der Bakterienstamm als solcher als auch sein resultierender Klon mit Plasmid sind aufgrund von Defekt- und Mangelmutationen nicht infektiös und nur unter Laborbedingungen lebens- und vermehrungsfähig. Der Stamm benötigt hierfür Nährmedienbestandteile – essenzielle Bausteine – in einer Konzentration, wie sie natürlicherweise nicht vorkommen. Werden dem Bakterium diese lebensnotwendigen Bausteine entzogen, stirbt es ab. Bei Verwendung entsprechender Sicherheitsstämme im Kombination mit Vektoren, die eine Verbreitung von Fremdgenen verhindern, wird von einer umfassenden biologischen Sicherheitsmaßnahme gesprochen.

Abweichung möglich

Die beschriebenen Maßnahmen stellen die Anforderungen für den Regelfall dar. Im Einzelfall kann im Hinblick auf besondere sicherheitsrelevante Aspekte von ihnen abgewichen werden. Mit anderen Worten: Können vorgegebene Schutzziele auch auf andere Weise erreicht werden, kann von bestimmten Sicherheitsmaßnahmen abgesehen werden. Falls erforderlich, können jedoch auch zusätzliche Sicherheitsmaßnahmen festgelegt werden. Generell gilt: je höher die Sicherheitsstufe, desto umfangreicher die Sicherheitsmaßnahmen. Dabei werden grundsätzlich die Anforderungen der niedrigeren Stufe von den höheren Stufen mit eingeschlossen.

2.4.8 Welche sonstigen Pflichten hat ein Unternehmer zu erfüllen?

Aufzeichnungs- und Unterrichtungspflichten

Neben den ausführlich beschriebenen betriebsspezifischen Schutz- und Sicherheitsmaßnahmen hat der Unternehmer gemäß den rechtlichen Vorschriften gegenüber zuständigen Behörden (Staatliche Gewerbeaufsichtsämter) und Versicherungsträgern (Berufsgenossenschaften) zusätzlich eine Reihe von Aufzeichnungs- und Unterrichtungspflichten zu erfüllen, auf die an dieser Stelle nicht näher eingegangen werden soll.

Erlaubnispflichten

Eine Anmelde- oder Erlaubnispflicht für gezielte und nicht gezielte Tätigkeiten mit biologischen Arbeitsstoffen besteht nach BioStoffV nicht. Jedoch setzt das Bundesseuchengesetz (BSeuchG) gemäß § 19 eine entsprechende Erlaubnis für Arbeiten mit vermehrungsfähigen auf den Menschen übertragbaren Krankheitserregern, also für den Umgang mit Erregern der Risikogruppen 2 und höher, voraus.

Das Gentechnikrecht geht hier noch einen Schritt weiter. Gemäß GenTG §§ 8 und 9 fordert es die Anmeldung bzw. Genehmigung gentechnischer Anlagen (Anlagengenehmigung) wie auch gentechnischer Arbeiten. Erst ein rechtskräftiger Anmeldungs- bzw. Genehmigungsbescheid berechtigt den Unternehmer, die darin genannten gentechnischen Arbeiten respektive die gezielten Tätigkeiten mit gentechnisch veränderten Organismen in der gentechnischen Anlage durchzuführen. Die Durchführung weiterer, bisher nicht angemeldeter gentechnischer Arbeiten der Sicherheitsstufe 1 ist zudem aufzeichnungspflichtig, die der höheren Sicherheitsstufen in jedem Falle wiederum einzeln anmeldepflichtig.

2.4.9 Fazit: Wie wird Biologische Sicherheit gewährleistet?

Konzept der Biologischen Sicherheit

Das Konzept der Biologischen Sicherheit geht qualitativ und quantitativ über den reinen Arbeits- und Gesundheitsschutz deutlich hinaus. Es definiert als Schutzziele Arbeitssicherheit, Umweltsicherheit und nicht zuletzt auch Produktsicherheit. Unter Berücksichtigung sämtlicher damit verbundener Aspekte wird das Gefährdungsrisiko für den Menschen im Allgemeinen und für die Beschäftigten im Speziellen, für die gesamte Umwelt wie auch für die zu produzierenden Stoffe und Verfahren umfassend analysiert und bewertet. Basierend auf den Ergebnissen wird eine von vier Schutz- bzw. Sicherheitsstufen festgelegt. Entsprechend den Erfordernissen werden schließlich Sicherheitsmaßnahmen technischer, organisatorischer, personenbezogener und biologischer Art getroffen. Die bestehenden und potenziellen Gefährdungen werden dadurch auf ein Mindestmaß reduziert. Ein Maximum an möglicher Sicherheit wird letztlich gewährleistet, indem die getroffenen Vorkehrungen und Schutzmaßnahmen regelmäßig auf ihre Wirksamkeit überprüft und dem fortschreitenden Stand von Wissenschaft und Technik kontinuierlich angepasst werden. Insofern ist Biologische Sicherheit Teil eines integrierten Arbeits-, Umwelt- und Qualitätsmanagementkonzepts. Erst dessen konse-

1. Festlegung der Schutzziele ■ Arbeitssicherheit ■ Umweltsicherheit ■ Produktsicherheit
2. Bewertung des Gefährdungsrisikos (Kriterium: Risikogruppe) ■ Risikobewertung gemäß – gesetzlicher Vorschriften – berufsgenossenschaftlicher Regelungen ■ Dokumentation
3. Treffen der Sicherheitsmaßnahmen (Kriterium: Sicherheitsstufe) ■ technische Maßnahmen ■ organisatorische Maßnahmen ■ personenbezogene Maßnahmen ■ biologische Maßnahmen
4. Überprüfung der Wirksamkeit der Sicherheitsmaßnahmen

Abb. 15: Biologisches Sicherheitskonzept

quente Umsetzung gewährleistet umfassenden Schutz und Sicherheit im Umgang mit biologischen Arbeitsstoffen.

Rechtlicher Rahmen

BioStoffV und GenTSV verleihen dem Sicherheitskonzept den rechtlichen Rahmen. Zentrales Element ist die individualisierte Gefährdungsanalyse. Sie räumt dem Arbeitgeber aufgrund ihrer flexibeln Konzeption bei der Ausgestaltung von Schutz und Sicherheit Freiräume ein. Dieser Gestaltungsspielraum erlaubt es einerseits, im Sinne des Unternehmers die betrieblichen Erfordernisse zu berücksichtigen, andererseits ist damit ein hohes Maß an Eigenverantwortlichkeit verbunden.

3 Verantwortung im Arbeits- und Gesundheitsschutz

3.1 Delegation von Unternehmerpflichten auf betriebliche Führungskräfte

RA Dr. Jürgen Schliephacke

3.1.1 Unternehmerverantwortung

Der Unternehmer hat die oberste Verantwortung für die Sicherheit im Betrieb. Das gilt sowohl für Arbeitssicherheit als auch Anlagensicherheit und Umweltschutz sowie Produktsicherheit.

Umfang der Unternehmerverantwortung

Es ist eine wesentliche Aufgabe jeder Unternehmensleitung, eine funktionierende betriebliche Organisation zu schaffen und aufrechtzuerhalten. Sie soll zum einen bewirken, dass sich betriebliche Abläufe reibungslos vollziehen. Zum anderen soll sie verhindern, dass durch den Betrieb des Unternehmens eigene Mitarbeiter oder Dritte geschädigt werden. Ist die Organisation mangelhaft und hat jemand aus diesem Grund einen Schaden erlitten, so kann das Unternehmen unmittelbar wegen so genannten Organisationsverschuldens schadensersatzpflichtig gemacht werden. Ist eine Unterlassung von Unternehmerpflichten mit Strafe oder Geldbuße bedroht, sind die Unternehmensleitung und auch die in der Hierarchie eingesetzten Führungskräfte persönlich betroffen.

Der Kreis der für den Unternehmer verantwortlichen Personen ist im Ordnungswidrigkeitengesetz (§§ 9, 30) und im Strafgesetzbuch (§ 14) sowie speziell für Sicherheit und Gesundheitsschutz im Arbeitsschutzgesetz (§ 13) bezeichnet. Dazu gehören außer den gesetzlichen Vertretern einer juristischen Person (Personenhandelsgesellschaft, Unternehmer bzw. AG) alle in leitender Stellung eingesetzten Funktionsträger, die eigenverantwortlich handeln und auch über Sicherheit und Gesundheitsschutz entscheiden können.

Auch beim Einsatz von Fremdfirmen wird die Unternehmerverantwortung keineswegs ausschließlich auf den Auftragnehmer verlagert, also „fortdelegiert“. Der Auftraggeber bleibt in der Verantwortung. Er ist beispielsweise verantwortlich für die Auswahl eines geeigneten Auftragnehmers und für die erforderlichen Maßnahmen zur Wahrnehmung seiner Verkehrssicherungspflichten. Hierzu gehören die Einweisung in den Gefahrenbereich und die Pflicht zur ergänzenden Sicherheitsüberwachung durch den Auftraggeber.

3.1.2 Organisations- und Aufsichtspflichten der Unternehmensleitung

Aufgaben der Unternehmensleitung

Welche Pflichten der Unternehmensleitung im Einzelnen obliegen, ist in gesetzlichen Vorschriften nicht detailliert festgelegt. Auch das Arbeitsschutzgesetz beschränkt sich hierzu auf grundsätzliche Feststellungen. Die Unfallverhütungsvorschriften enthalten einige weiter gehende spezielle Regelungen.

Eine wichtige umfassende Aussage macht hierzu § 130 Ordnungswidrigkeitengesetz (OWiG):

(1) Wer als Inhaber eines Betriebes oder Unternehmens vorsätzlich oder fahrlässig die Aufsichtsmaßnahmen unterlässt, die erforderlich sind, um in dem Betrieb oder Unternehmen Zuwiderhandlungen gegen Pflichten zu verhindern, die den Inhaber als solchen treffen und deren Verletzung mit Strafe oder Geldbuße bedroht ist, handelt ordnungswidrig, wenn eine solche Zuwiderhandlung begangen wird, die durch gehörige Aufsicht verhindert oder wesentlich erschwert worden wäre. Zu den erforderlichen Aufsichtsmaßnahmen gehören auch die Bestellung, sorgfältige Auswahl und Überwachung von Aufsichtspersonen.

Rechtsgrundlagen

Die grundsätzlichen Anforderungen an die Unternehmensleitungen lassen sich insbesondere aus der Rechtsprechung zum Organisationsverschulden ableiten. Danach kommt es entscheidend darauf an, eine durchgängig transparente betriebliche Organisation zur bestmöglichen Gefahrenabwehr zu schaffen. Die Organisation muss gegebenenfalls einer gerichtlichen Überprüfung standhalten. Man nennt eine solche klare und auch dokumentierte Unternehmensstruktur eine „gerichtsfeste Organisation".

Eine Unternehmensorganisation – auch wenn der Unternehmensaufbau und die Abläufe präzise geregelt und dokumentiert sind – ist nur so gut, wie sie in der Praxis funktioniert. Deshalb sind Kontrollmaßnahmen schon aus rechtlichen Gründen unverzichtbar.

3.1.3 Delegation von Unternehmeraufgaben

Umfang der delegierten Pflichten

Durch Delegation von Unternehmerpflichten werden Führungskräfte im Rahmen der ihnen zugewiesenen Aufgaben und Kompetenzen in die Gesamtverantwortung des Unternehmens einbezogen. Die Verantwortung wird somit auf mehrere im Unternehmen eingesetzte Personen verteilt. Aufgaben und Kompetenzen müssen jedoch präzise festgelegt und abgegrenzt sein, damit die Verantwortung der einzelnen Führungskraft feststeht und die Überwachung sichergestellt ist (Aufbauorganisation). Fehlt diese Voraussetzung, bleibt die gesamte Verantwortung der einzelnen Führungskraft beim delegierenden Leiter der Organisationseinheit sowie bei jeder Führungskraft, die ihrerseits delegiert. Für diese gilt dann für ihren Zuständigkeitsbereich ebenfalls § 130 OWiG.

Geeignete Mitarbeiter einsetzen

Die für bestimmte Verantwortungsbereiche eingesetzten Mitarbeiter müssen für ihre jeweiligen Aufgaben qualifiziert und persönlich geeignet sein. Sie müssen angeleitet (unterwiesen) sein, und es muss in geeigneter Form Aufsicht geführt werden. Schließlich müssen Dienstanweisungen, Arbeits- und Kontrollanweisungen erlassen uns aktualisiert werden. Die Einhaltung dieser Anweisungen müssen überwacht werden (Ablauforganisation).

Die Unternehmensleitung und die Leiter von Organisationseinheiten behalten auch bei der Delegation von Aufgaben und Verantwortung immer „die Fäden in der Hand". Sie tragen die Gesamtverantwortung für ihren jeweiligen Zuständigkeitsbereich und müssen die „Oberaufsicht" führen.

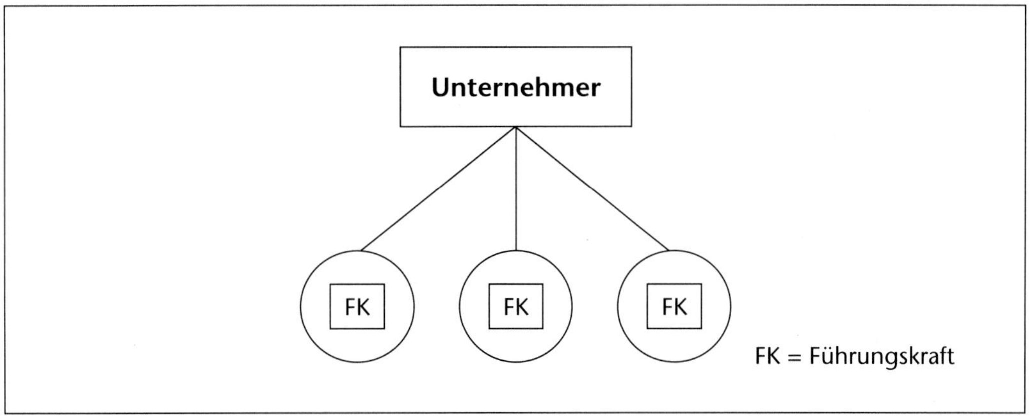

Abb. 1: Delegation

Über mehrere hierarchische Stufen verteilt werden „Delegationsketten" gebildet, die mit abgestuften Verantwortungsbereichen beispielhaft dargestellt so aussehen:

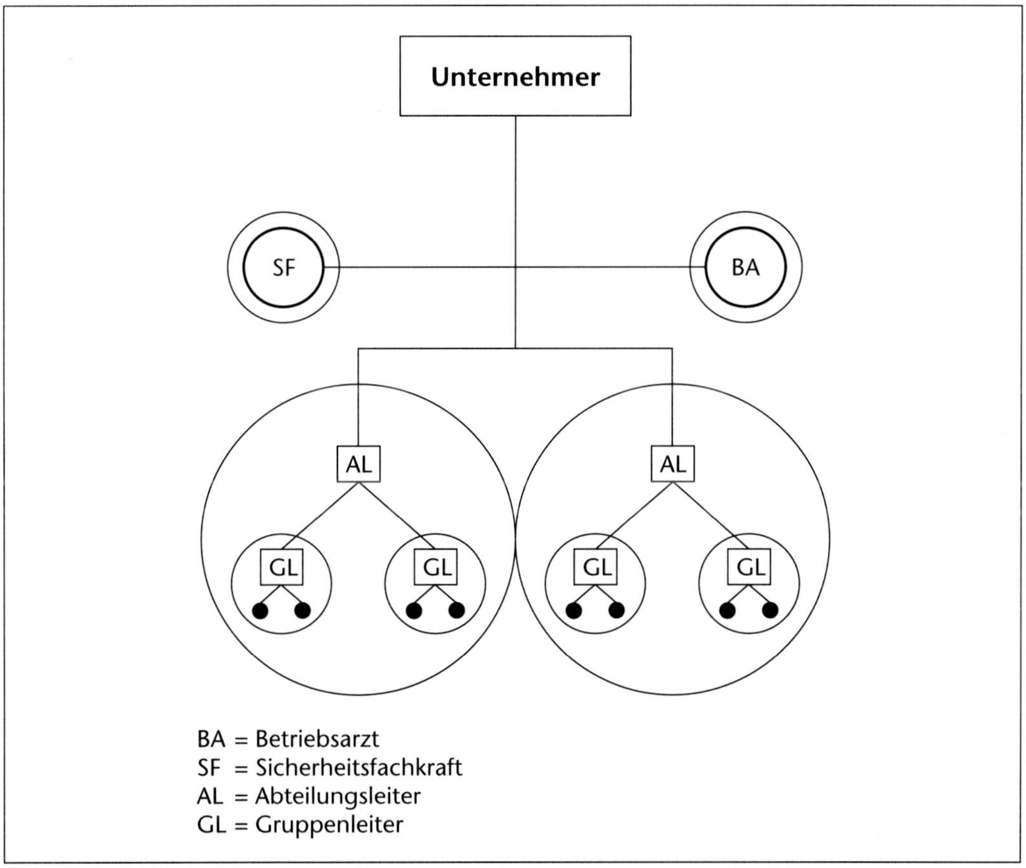

Abb. 2: Delegationskette mit abgestuften Verantwortungsbereichen

3.1.4 Führungspflichten im Arbeitsschutz

Die Führungsverantwortung für Arbeitssicherheit ergibt sich sowohl aus dem Privatrecht wie auch aus dem öffentlichen Recht. Rechtsgrundlagen für die Unternehmerpflichten sind insbesondere geregelt:

- im Privatrecht im Bürgerlichen Gesetzbuch,
- im öffentlichen Recht in diversen (staatlichen) Arbeitsschutzvorschriften, Gewerbeordnung, Unfallverhütungsvorschriften und Ordnungswidrigkeitengesetz und jetzt im Arbeitsschutzgesetz und den darauf basierenden Verordnungen.

Grundlagen der Führungspflichten

Grundlagen für die Führungsverantwortung sind in diversen gesetzlichen Vorschriften enthalten. Darüber hinaus ergeben sie sich bereits aus allgemeinen Rechtsgrundsätzen der

Organisations-
Auswahl-
Aufsichts- } Pflichten (Verantwortung).

Diese werden auch von der Rechtsprechung der Gerichte immer wieder herausgestellt.

Bei diesen Führungspflichten handelt es sich – vereinfacht ausgedrückt – um die Pflichten zur Unterweisung, zum richtigen Einsatz der Mitarbeiter, zur Kontrolle sowie zur Meldung.

3.1.5 Privatrechtlich begründete Führungspflichten

Fürsorgepflicht

Unternehmerpflichten gegenüber Mitarbeitern

Aufgrund des Arbeitsvertrages übernimmt der Unternehmer Fürsorgepflichten gegenüber dem Mitarbeiter (§ 618 BGB). Jede Führungskraft (Vorgesetzter), die ein Unternehmer einsetzt, übernimmt für diesen im Rahmen des zugewiesenen Aufgaben- und Kompetenzbereichs einen Teil dieser Fürsorgepflichten. Sie werden beim Vorgesetzten automatisch („originär“) begründet. Die Schriftform ist hierfür nicht vorgeschrieben. Es empfiehlt sich jedoch aus Gründen der Klarheit für beide Seiten, diese Pflichten schriftlich „zu bestätigen“.

Dass eine rechtliche Verantwortlichkeit einer Führungskraft automatisch und nicht erst durch einen schriftlichen Übertragungsakt entsteht, wird deutlich, wenn es um die Beurteilung der strafrechtlichen Verantwortung wegen Unterlassung von Führungspflichten in „Garantenstellung“ (§13 StGB) geht. So setzen z.B. die Tatbestände der fahrlässigen Körperverletzung und Tötung nicht die schriftliche Übertragung voraus! Das Gleiche gilt auch für zivilrechtliche Schadensersatzansprüche. Dies stellt auch die Durchführungsanweisung zu § 12 BGV A1 (VBG 1)/GUV 0.1 klar heraus:

> Vorgesetzte und Aufsichtsführende sind auf Grund ihres Arbeitsvertrages verpflichtet, im Rahmen ihrer Befugnisse die zur Verhütung von Arbeitsunfällen erforderlichen Anordnungen und Maßnahmen zu treffen und dafür zu sorgen, dass sie befolgt werden. Insoweit trifft sie eine zivilrechtliche und strafrechtliche Verantwortlichkeit; diese besteht unabhängig von einer Verantwortung aus § 9 Abs. 2 Nr. 2 OWiG.

Die in Unfallverhütungsvorschriften enthaltenen allgemeinen Verhaltungsregeln haben bei der rechtlichen Beurteilung der Schuldfrage (Fahrlässigkeit) maßgebliche Bedeutung, unabhängig davon, ob die Pflichten schriftlich übertragen wurden.

Verkehrssicherungspflichten

Pflichten gegenüber „Dritten"

Zugleich mit den „originären" Fürsorgepflichten für eigene Mitarbeiter wird einer Führungskraft auch die allgemeine Verkehrssicherungspflicht des Unternehmers für den ihr zugewiesenen Verantwortungsbereich delegiert. Jede Führungskraft übt somit eigene „Hausherrenpflichten" in ihrem Verantwortungsbereich aus. Im Rahmen ihrer Kompetenzen muss sie sicherstellen, dass „Dritte" (Fremdfirmen, Besucher, Passanten, auch Mitarbeiter anderer Werksbereiche) vor ihnen unbekannten Gefahren geschützt sind. Die Pflichten richten sich nach dem Ausmaß der möglichen Gefährdung. Sie reichen von einfachen Warnschildern bis hin zum Einsatz eines Sicherungspostens oder Betreuers.

3.1.6 Öffentlich-rechtliche Unternehmerpflichten

Besondere gesetzliche Pflichten

Das Arbeitsschutzgesetz enthält in den §§ 3 ff. spezielle Unternehmerpflichten. Die Unfallverhütungsvorschriften enthalten aber noch über die allgemeinen Führungspflichten und Verhaltensregeln für Mitarbeiter hinausgehende bedeutende Sicherheitsforderungen.

Das Arbeitsschutzgesetz und die Unfallverhütungsvorschriften wenden sich an den Unternehmer (auch Arbeitgeber pp.) als so genannten „Normadressat". Sie enthalten ganz gezielte Vorgaben, die dazu dienen, ein möglichst hohes Maß an Sicherheit zu erreichen.

Um diesen Forderungen mehr Nachdruck zu verleihen, sind Verstöße gegen viele dieser gesetzlichen Vorschriften als verwaltungsrechtliche („ordnende") Regelungen mit Bußgeldandrohungen ausgestattet. Besonders klar (und allgemein verständlich) ist die Regelung der Organisationspflichten des Unternehmers/Arbeitgebers in der Unfallverhütungsvorschrift „Allgemeine Vorschriften" BGV A1(VBG1)/GUV 0.1:

> § 2 Der Unternehmer hat ... Einrichtungen, Anordnungen und Maßnahmen zu treffen ...
> § 13 Der Unternehmer hat die Verantwortungsbereiche der von ihm zu bestellenden Aufsichtspersonen abzugrenzen und dafür zu sorgen, dass diese ihren Pflichten auf dem Gebiet der Unfallverhütung nachkommen ...

Diese Delegation von Unternehmerpflichten in den Unfallverhütungsvorschriften, die so genannte „Pflichtenübertragung", ist im § 12 BGV A1 (VBG 1)/GUV 0.1 in Verbindung mit dem Ordnungswidrigkeitengesetz geregelt:

> Hat der Unternehmer ihm hinsichtlich der Unfallverhütung obliegende Pflichten übertragen, so hat er dies unverzüglich schriftlich zu bestätigen.
>
> Die Bestätigung ist von dem Verpflichteten zu unterzeichnen; in ihr sind der Verantwortungsbereich und die Befugnisse zu beschreiben. Eine Ausfertigung der schriftlichen Bestätigung ist dem Verpflichteten auszuhändigen.

§ 9 OWiG, Handeln für einen anderen

(1) Handelt jemand

1. als vertretungsberechtigtes Organ einer juristischen Person oder als Mitglied eines solchen Organs,
2. als vertretungsberechtigter Gesellschafter einer Personenhandelsgesellschaft oder
3. als gesetzlicher Vertreter eines anderen, so ist ein Gesetz, nach dem besondere persönliche Eigenschaften, Verhältnisse oder Umstände (besondere persönliche Merkmale) die Möglichkeit der Ahndung begründen, auch auf den Vertreter anzuwenden, wenn diese Merkmale zwar nicht bei ihm, aber bei dem Vertretenen vorliegen.

(2) Ist jemand von dem Inhaber eines Betriebes oder einem sonst dazu Befugten

1. beauftragt, den Betrieb ganz oder zum Teil zu leiten, oder
2. ausdrücklich beauftragt, in eigener Verantwortung Aufgaben wahrzunehmen, die dem Inhaber des Betriebes obliegen,

und handelt er auf Grund dieses Auftrages, so ist ein Gesetz, nach dem besondere persönliche Merkmale die Möglichkeit der Ahndung begründen, auch auf den Beauftragten anzuwenden, wenn diese Merkmale zwar nicht bei ihm, aber bei dem Inhaber des Betriebes vorliegen. Dem Betrieb im Sinne des Satzes 1 steht das Unternehmen gleich. Handelt jemand auf Grund eines entsprechenden Auftrages für eine Stelle, die Aufgaben der öffentlichen Verwaltung wahrnimmt, so ist Satz 1 sinngemäß anzuwenden.

(3) Die Absätze 1 und 2 sind auch dann anzuwenden, wenn die Rechtshandlung, welche die Vertretungsabbefugnis oder das Auftragsverhältnis begründen sollte, unwirksam ist.

Die Regelung der Übertragung von Unternehmerpflichten aus dem Arbeitsschutzgesetz auf „Verantwortliche Personen" (§ 13 ArbSchG) ist im Ansatz gegenüber bisherigem Recht nicht neu:

§ 13 ArbSchG, Verantwortliche Personen

(1) Verantwortlich für die Erfüllung der sich aus diesem Abschnitt ergebenden

Pflichten sind neben dem Arbeitgeber

1. sein gesetzlicher Vertreter
2. das vertretungsberechtigte Organ einer juristischen Person
3. der vertretungsberechtigte Gesellschafter einer Personenhandelsgesellschaft
4. Personen, die mit der Leitung eines Unternehmens oder eines Betriebes beauftragt sind, im Rahmen der ihnen übertragenen Aufgaben und Befugnisse.

(2) Der Arbeitgeber kann zuverlässige und fachkundige Personen schriftlich damit beauftragen, ihm obliegende Aufgaben nach diesem Gesetz in eigener Verantwortung wahrzunehmen.

Pflichtenübertragung

Die Pflichtenübertragung nach BGV A1 (VBG 1)/GUV 0.1 wird durch das Arbeitsschutzgesetz nicht angetastet. Im Gegenteil: In Anlehnung an entsprechende Regelungen im Bergrecht (auch Sprengstoffrecht) führt die Übertragung von Unternehmerpflichten aus dem Arbeitsschutzschutzgesetz auf „Verantwortliche Personen" zu einer Erweiterung des Kreises der Normadressaten. Somit können die Überwachungsbehörden bei allen Verstößen gegen das Arbeitsschutzgesetz Anordnungen unmittelbar an die bestellten „verantwortlichen Personen" richten, nicht nur bei Vorschriften, die eine Bußgeldandrohung enthalten. Überwachungsbehörden und Aufsichtsdienste können auch unmittelbar Weisungen an jede „Verantwortliche Person" erteilen, ohne zuvor den Weg über die Unternehmensleitung zu gehen. Davon wird auch der Personenkreis erfasst, dem Unternehmerpflichten zur Unfallverhütung nach § 12 BGV A1 (VBG 1)/GUV 0.1 übertragen worden sind (§ 13 Abs.1 Ziff. 5 ArbSchG).

3.2 Rechtliche Konsequenzen bei Nichterfüllung von Führungsaufgaben

RA Dr. Jürgen Schliephacke

3.2.1 Unmittelbare Risiken für die Unternehmensleitung

Unternehmensleitung in der rechtlichen Verantwortung

Nach deutschem Recht ist jede Führungskraft (Vorgesetzter) in ihrem Zuständigkeitsbereich im Rahmen der jeweils übertragenen Befugnisse rechtlich verantwortlich. In der Vergangenheit konzentrierten sich die Strafverfolgungsbehörden auf die Führungskräfte in den unteren Führungsebenen. In letzter Zeit jedoch neigen die Gerichte verstärkt dazu, eine Unternehmerhaftung mit Organisationsverschulden zu begründen. In diesem Fall wird das Unternehmen nicht nur für ein Fehlverhalten seiner Mitarbeiter verantwortlich gemacht (wobei es sich unter Umständen von der Haftung befreien kann), sondern für eigenes Unterlassen.

Damit geraten – neben den Führungskräften in der Linie bis zum Vorgesetzten „vor Ort“ – auch die „Chefetagen“ unmittelbar in die Schusslinie. Das kann neben den Haftungsfolgen für das Unternehmen auch persönliche Konsequenzen für die obere Führungsebene haben, z.B. Bußgeld und Strafe. Bei größeren Schäden, insbesondere im Falle der Verletzung oder Tötung von Personen, ist nämlich nicht auszuschließen, dass Ermittlungen wegen des Verdachts einer strafbaren Handlung auch gegen den Vorstand, Geschäftsführer oder Werkleiter eingeleitet werden. Es gibt also gewichtige Gründe im Interesse des Unternehmens und aller Führungskräfte, der Unternehmensorganisation auf allen Führungsebenen größte Aufmerksamkeit zu schenken.

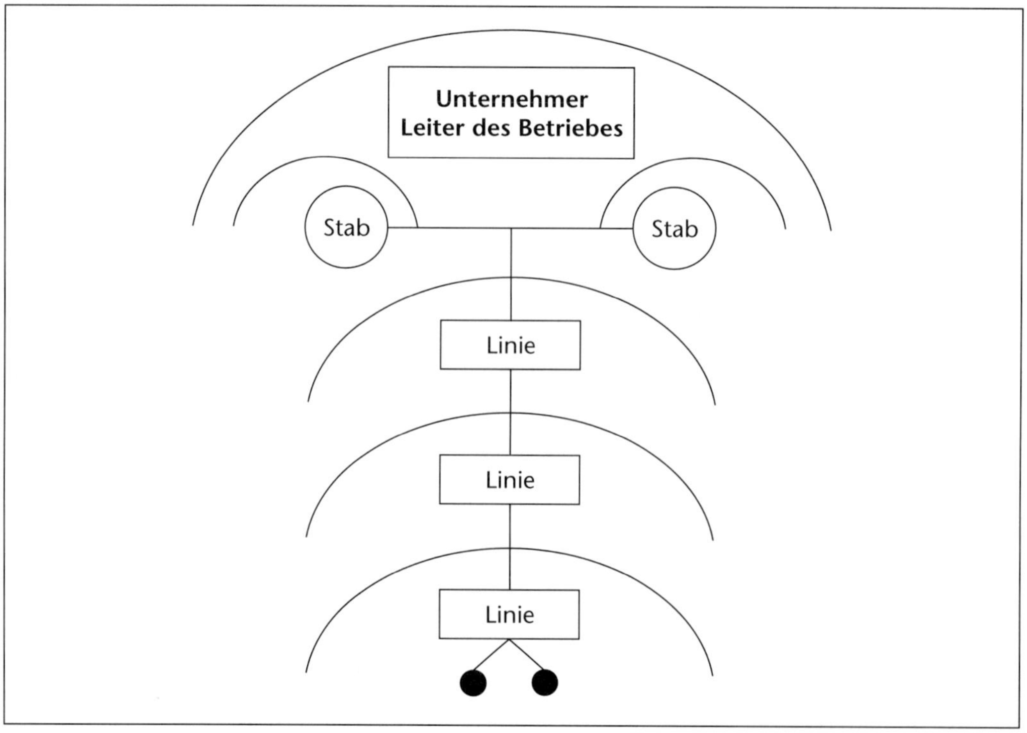

Abb. 3: Verantwortungsbereich im Überblick

Verteilung der Verantwortungsbereiche durch Delegation

Der Unternehmer hat die umfassende Verantwortung für die Sicherheit. Da er diese Aufgabe nicht allein erfüllen kann, muss er durch Delegation andere in die Mitverantwortung einbeziehen.

Delegation bedeutet

- Zuständigkeitsbereiche zu schaffen,
- verantwortliche Führungskräfte einzusetzen,
- Aufgaben und Kompetenzen zuzuteilen und
- für klare Abgrenzung zu sorgen.

Ein allgemeiner Auftrag mit den Worten „Kümmern Sie sich mal darum" reicht nicht für eine wirksame Delegation aus. Es müssen klar und unmissverständlich Aufgaben und Kompetenzen festgelegt werden, um eine Verantwortung zu begründen.

Fürsorge- und Verkehrssicherungspflicht

Führungskräfte nehmen im delegierten Verantwortungsbereich die Stelle des Unternehmers ein. Eine Führungskraft ist daher in ihrem Zuständigkeitsbereich verantwortlich für die Arbeitssicherheit der ihr anvertrauten Mitarbeiter (Fürsorgepflicht). Zugleich hat die Führungskraft in ihrem Verantwortungsbereich auch die so genannte Verkehrssicherungspflicht gegenüber betriebsfremden Personen übernommen.

Bei Delegation von Aufgaben und Kompetenzen überträgt der Verantwortliche aus seinem Verantwortungsbereich heraus die Handlungsverantwortung. Die Aufsichtsverantwortung bleibt immer beim Delegierenden. Der Umfang der Verantwortung der einzelnen Führungskraft auf den jeweiligen hierarchischen Stufen leitet sich aus den ihr übertragenen Organisations-, Aufsichts-, Durchführungs- bzw. „Veranlassungs"pflichten innerhalb des betrieblichen Zuständigkeitsbereiches ab.

3.2.2 Rechtliche Verantwortung für Fehlverhalten

Verantwortung für Tun und Nichttun

Das deutsche Recht kennt nicht nur Rechtsfolgen wegen eines falschen Tuns, sondern auch wegen eines „Nichttuns" (Unterlassen), wenn jemand eine „Garantenstellung" (mit Garantenverantwortung) innehat. Dann muss er in seinem jeweiligen Aufgaben- und Kompetenzbereich nicht nur für eine richtige Handlungsweise (Tun), sondern auch für ein Unterlassen einstehen. Eine derartige Rechtspflicht zum Handeln ist gegeben, wenn eine „Schutzpflicht für bestimmte Rechtsgüter" oder eine „Verantwortlichkeit für bestehende Gefahrenquellen" begründet ist. Diese Garantenpflichten werden für Unternehmer und Führungskräfte (Vorgesetzte, Aufsichtsführende) in gesetzlichen Vorschriften mit den Begriffen wie „Gewähr leisten", „sicherstellen", „veranlassen", „durchführen", meistens jedoch mit „sorgen" bezeichnet.

Weisungsbefugnis

Somit haben Unternehmer und Führungskräfte im Rahmen dieser Pflichten Weisungsbefugnis. Als „Garanten" müssen sie alles in ihrer Macht Stehende tun, um Unfall- und Gesundheitsgefahren von Mitarbeitern fernzuhalten. Bei Verletzung ihrer Führungs- (Aufsichts-)pflicht müssen sie für diese Vernachlässigung ihrer „Garantenverantwortung" einstehen und gegebenenfalls die rechtlichen Konsequenzen tragen.

Garantenstellung

Die „Garantenverantwortung" erfasst

- die Aufsichtspflicht im Rahmen der Fürsorgepflicht gegenüber Mitarbeitern und Leiharbeitnehmern sowie anvertrauten Sachen (Anlagen, Einrichtungen),
- die ergänzende Sicherheitsüberwachung des Auftraggebers gegenüber Fremdfirmen,
- die „Verkehrssicherungspflicht" gegenüber „Fremden" wonach jeder Verantwortliche (als „Hausherr") in seinem Herrschaftsbereich geeignete, für ihn auch wirtschaftlich zumutbare Schutzmaßnahmen zu treffen hat.

Garantenverantwortung wird nicht erst durch Beauftragung (Delegation) begründet. In Garantenstellung kann auch jeder andere „hineinwachsen": durch ein vorangegangenes Tun (z.B. Schaffen einer Gefahrensituation) sowie durch freiwillige Gewährsübernahme (zum Schutz von Personen oder Sachen) oder durch das Begründen eines besonderen Vertrauensverhältnisses. Letzteres kann auch stillschweigend, ja unbewusst erfolgen.

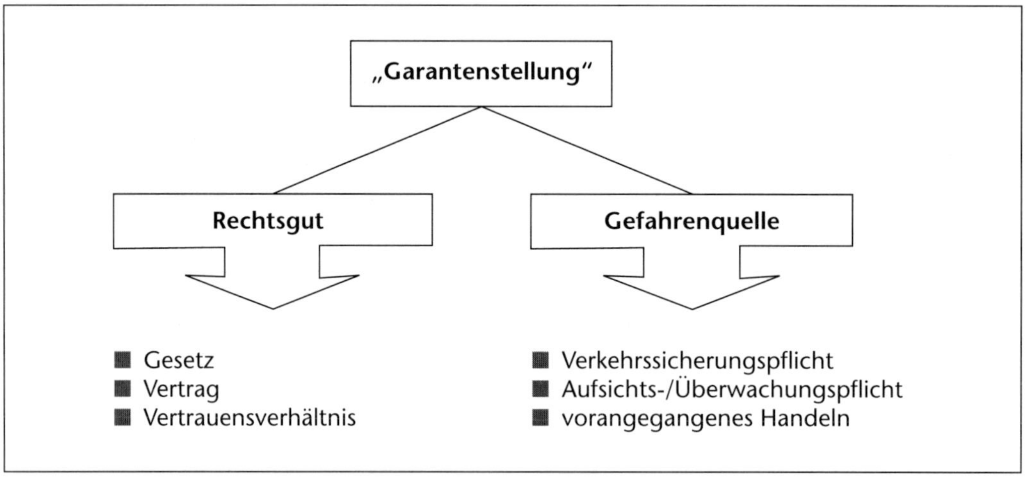

Abb. 4: Garantenverantwortung

3.2.3 Schuldformen

Das deutsche Recht kennt folgende Schuldformen:

- Vorsatz in Form der Absicht oder des direkten oder auch bedingten Vorsatzes („Eventualvorsatz")
- Fahrlässigkeit als einfache (leichte bis mittlere) und grobe Fahrlässigkeit

Zum Begriff der Fahrlässigkeit

Besondere Bedeutung hat die Schuldform der Fahrlässigkeit. Im Klartext bedeutet dies: Nicht pflichtgemäßes Verhalten und somit einfache Fahrlässigkeit liegt vor, wenn der Schaden vorhersehbar und vermeidbar war. Man unterscheidet auch zwischen unbewusster und bewusster Fahrlässigkeit. Fahrlässig handelt also derjenige, der den Schaden nicht voraussieht, ihn aber bei Anwendung der verkehrsüblichen Sorgfalt eigentlich hätte voraussehen müssen (unbewusste Fahrlässigkeit). Bewusst fahrlässig handelt der, der den rechtswidrigen Erfolg (Schaden) zwar voraussieht, aber hofft, er werde nicht eintreten.

Die grobe Fahrlässigkeit unterscheidet sich von der einfachen Fahrlässigkeit dadurch, dass bei einem Handeln die „erforderliche Sorgfalt" in besonders grobem Maße verletzt, also einfachste, jedem einleuchtende Überlegungen nicht angestellt wurden. Der Begriff der groben Fahrlässigkeit entspricht im Wesentlichen dem Begriff des bedingten Vorsatzes (Eventualvorsatz). Der Täter hat zwar den (negativen) „Erfolg" seiner Tat nicht gewollt, ihn jedoch für möglich gehalten. Er hat ihn einkalkuliert und sich damit unverantwortlich verhalten.

Einfache und grobe Fahrlässigkeit

Die *einfache* Fahrlässigkeit ist die normale Schuldform. Sie reicht zum Verhängen einer Geldbuße (Ordnungswidrigkeit) oder einer Strafe (strafbare Handlung) bereits aus. Im Ordnungswidrigkeiten- und Strafrecht wird der Grad der Fahrlässigkeit bei der Bemessung der Höhe des Bußgeldes bzw. der Strafe berücksichtigt. Hingegen ist die *grobe* Fahrlässigkeit Voraussetzung für einen Regress durch die Unfallversicherungsträger. Der Grad der Fahrlässigkeit ist auch bei Rückgriffen des Arbeitgebers von Bedeutung.

Der Begriff der Fahrlässigkeit hat im Zivilrecht (bei Schadensersatz- oder Regressansprüchen) eine andere Bedeutung als im Straf- und Ordnungswidrigkeitenrecht (bei Verhängung von Strafen und Geldbußen).

- Zivilrechtlicher Bereich (bei Schadensersatz, Regress):
  Fahrlässigkeit liegt vor, wenn der Verantwortliche „die im Verkehr erforderliche Sorgfalt" (die den Umständen nach geboten ist) außer Acht gelassen hat". Der zivilrechtliche Fahrlässigkeitsbegriff orientiert sich an *objektiven Maßstäben* die nach den Anforderungen im engeren Umfeld der Beteiligten zu berücksichtigen sind.

- Sanktionsrechtlicher Bereich (Strafrecht, Ordnungswidrigkeitenrecht):
  Fahrlässigkeit liegt vor, wenn Unternehmer und Führungskräfte „die Sorgfalt außer Acht gelassen haben, zu der sie situationsbedingt – nach ihren *persönlichen* Verhältnissen, Kenntnissen und Fähigkeiten – verpflichtet und imstande waren". Der strafrechtliche Fahrlässigkeitsbegriff orientiert sich nach *subjektiven* Gesichtspunkten, ist also personenorientiert.

3.2.4 Rechtliche Beurteilungsmaßstäbe zum Schuldvorwurf

Kriterien zur Beurteilung der Fahrlässigkeit

Folgende Beurteilungskriterien lassen sich aus der Rechtsprechung der Gerichte ableiten:

- War der Schaden vorhersehbar und vermeidbar?
- Gab es Vorschriften, Regeln und Erfahrungssätze zur Gefahrenabwehr?
- Wurde die Gefahr richtig eingeschätzt und wurden die erforderlichen Maßnahmen getroffen?
- Wie hätte sich ein pflichtbewusster Fachmann oder Vorgesetzter mit gleichen Kenntnissen und Erfahrungen in der gleichen Situation verhalten?

Damit gewinnen (zwingend vorgeschriebene) Sicherheitsvorschriften und „Allgemein anerkannte Regeln der Technik" auch für die richterliche Beurteilung in Straf- und Zivilprozessen maßgebliche Bedeutung.

Oft wird ein Sachverständiger zu Wort kommen, um dem Gericht die zur Entscheidung erforderlichen technisch-fachlichen Erläuterungen zu den Ursachen und dem Hergang des Unfall- bzw. Schadensablaufs zu geben. Wenn man Sicherheitsvorschriften und Regeln nicht beachtet, muss man damit rechnen, dass das Gericht unterstellen wird, dass der Schaden oder Unfall vorhersehbar und vermeidbar war. Dann steht fahrlässiges Handeln (in Form eines Tuns oder Unterlassens) fest.

Einige grundsätzliche Feststellungen aus der Rechtsprechung bei der Beurteilung des Schuldvorwurfs:

- Unfallverhütungsvorschriften sind Mindestnormen für die Sicherheit; wer Unfallverhütungsvorschriften nicht beachtet, handelt fahrlässig.
- Wer sich nur auf Unfallverhütungsvorschriften verlässt und darüber hinaus keine sich aus der Situation heraus ergebende weiter gehende Sicherheitsmaßnahmen trifft, kann trotzdem fahrlässig handeln.
- Mitverschulden des verletzten Mitarbeiters oder eines anderen „Dritten" entlastet den Verantwortlichen nicht vom Vorwurf der Fahrlässigkeit, es kann ihn nur einschränken.
- Der falsche Rat eines Fachmannes entlastet die Führungskraft nicht von dem Vorwurf der fahrlässigen Unterlassung, wenn es sich um einen erkennbar falschen Rat gehandelt hat.
- Hat der übergeordnete Vorgesetzte Kenntnis von Missständen und schreitet er nicht ein, ist das kein „Freibrief" zur Duldung oder Untätigkeit durch die unterstellte Führungskraft; das beiderseitige Verschulden wird voneinander getrennt rechtlich gewertet.
- Die Beachtung der „Allgemein anerkannten Regeln der Technik" begründet die (widerlegbare) Vermutung dafür, den Sorgfaltspflichten genügt, also nicht fahrlässig gehandelt zu haben.

3.2.5 Verhaltenstipps

Richtiges Verhalten verhindert rechtliche Konsequenzen

Den Schuldvorwurf kann jeder, der Verantwortung trägt, erheblich einschränken oder sogar ausschließen, wenn er sich pflichtgemäß verhält und verantwortungsbewusst richtig handelt (oder in Garantenstellung nicht unterlässt zu handeln):

pflichtgemäßes Handeln
↓
keine Fahrlässigkeit
↓
keine Strafe
keine Haftung

Pflichtgemäß handeln

Pflichtgemäß handelt – vereinfacht ausgedrückt –, wer in seinem jeweiligen Aufgaben- und Verantwortungsbereich folgenden Pflichten nachkommt:

- als Fachkraft, indem sie sich fach- und sicherheitsgerecht verhält,

- als Führungskraft, indem sie
  - ihre Mitarbeiter richtig einsetzt („richtiger Mann am richtigen Ort"),
  - die richtigen Anweisungen gibt („sagen wo es langgeht"),
  - sich durch Kontrollen überzeugt, ob anweisungsgemäß gehandelt wird, und
  - rechtzeitig Meldung an den nächsten Vorgesetzten macht („wenn die eigenen Kompetenzen ausgeschöpft sind und man nicht weiterweiß").

Anhaltspunkte für pflichtgemäße Erfüllung der Fach- und Führungsaufgaben gibt die Faustregel, sich so zu verhalten, „wie es ein verantwortungsbewusster Familienvater seiner Familie und seinem Eigentum gegenüber tun würde".

3.2.6 Rechtliche Konsequenzen für Führungskräfte aller Ebenen

Anhaltspunkte für richtiges Verhalten

Da die Verantwortung für die Erfüllung der Führungsaufgaben auf allen Ebenen im Rahmen der jeweils zugewiesenen Aufgaben und Kompetenzen begründet ist, kann auch „im Ernstfall" jede Führungskraft rechtlich verantwortlich gemacht werden. Es gelten die folgenden Grundsätze:

- keine Haftung (Strafe) bei pflichtgemäßem Verhalten (Erfüllung der Führungsaufgaben)
- Haftung (Strafe) bei schuldhaftem Tun (Handeln) oder Nichttun (Unterlassen) als Garant (in beiden Fällen werden Führungsaufgaben falsch bzw. nicht erfüllt)
- wer sich verhält, wie ein pflichtbewusster Unternehmer oder Vorgesetzter
  - mit gleichen Aufgaben und Mitteln
  - in gleicher Position und Situation,

  handelt verantwortungsbewusst; er kommt seiner Verantwortung in vollem Umfang nach.

WAS	BEI	DURCH
Geldbuße	Vorsatz Fahrlässigkeit (Tun/Unterlassen)	Unfallversicherungsträger und/oder Behörde
Strafe		Staatsanwaltschaft
Schadensersatz (Sachen)		Mitarbeiter Unternehmer Außenstehende
Schadensersatz (Personen)		~~Mitarbeiter~~ ~~Unternehmer~~ } BG-Leistung Außenstehende
arbeitsrechtliche Konsequenzen		Arbeitgeber
Regress	Vorsatz grobe Fahrlässigkeit	Unfallversicherungsträger
	„vorwerfbare" Fahrlässigkeit	Arbeitgeber

Abb. 5: Haftung und Sanktion im Überblick

Mögliche rechtliche Konsequenzen

Es folgen nun einige Beispiele rechtlicher Konsequenzen bei vorsätzlichem oder fahrlässigem Handeln:

- Auch ohne dass es zum Unfall kommt, kann eine Geldbuße festgesetzt werden (Verstoß gegen Arbeitsschutz- und Unfallverhütungsvorschriften).
- Bei Körperschaden oder gar Tod durch einen Unfall ist die Staatsanwaltschaft zur Stelle (Anklage, Strafgerichtsverfahren).
- Bei Sachschäden und nicht von dem gesetzlichen Unfallversicherungsträger entschädigten Personenschäden kann eine Haftung bei schuldhaftem Verursachen eines Schadens in Betracht kommen.
- Bei einem Arbeitsunfall tritt in der Regel der Träger der gesetzlichen Unfallversicherung ein.
- Wer gegen Sicherheitsvorschriften verstößt, muss mit arbeitsrechtlichen Konsequenzen rechnen: von der Abmahnung über die Versetzung bis zur eventuellen Kündigung.
- Bei grober Verletzung der Führungs- und Sorgfaltspflichten kann der Unfallversicherungsträger gegen den Schädiger Regress nehmen.
- Für Rückgriffsansprüche des Arbeitgebers gegen den Arbeitnehmer wegen verursachter Schäden ist die Arbeitnehmerhaftung stark eingeschränkt. Es gelten die Grundsätze der Interessenabwägung: steuerbare Risiken (Arbeitgeber), Grad des Verschuldens (Arbeitnehmer).

3.3 Einsatz von Fremdfirmen aus rechtlicher Sicht

RA Dr. Jürgen Schliephacke

3.3.1 Probleme beim Einsatz von Fremdpersonal

Konkurrenzdruck zwingt viele Unternehmen aus Kostengründen zum Personalabbau. Reduktion der Fertigungstiefe, Lean Production und Outsourcing sind Begriffe, die jedem Manager und jeder Führungskraft vertraut sind. „Stille" Personalreserven kann sich kaum ein Unternehmen mehr leisten. Die Lösung bietet das Leihen von Arbeitskräften oder die Auftragsvergabe in Form von Werkverträgen.

Mit dem Gewinn an Flexibilität sind jedoch auch Risiken verbunden. Der Einsatz von fremden Mitarbeitern stellt besondere Anforderungen an die Organisation des Unternehmens:

Eingliederung im Betrieb

- Leiharbeitnehmer (LAN), auch wenn sie nur kurze Zeit im Unternehmen sind, müssen eingewiesen und in die Abteilung oder das Team voll integriert werden. Sie werden eigene Mitarbeiter „auf Zeit".

Selbstständigkeit

- Fremdfirmen (FF) müssen selbstständig ihren Auftrag erfüllen können, ohne „Sand ins Getriebe" einer sonst gut funktionierenden Unternehmensorganisation zu bringen. Deshalb müssen sie in die „betriebsspezifischen Verhältnisse" beim Auftraggeber eingewiesen werden. Es muss Vorsorge getroffen werden, dass
  - der eigene hohe Sicherheitsstandard nicht gefährdet wird,
  - das Unternehmen und die einzelnen Führungskräfte persönlich nicht rechtlichen Konsequenzen ausgesetzt sind und
  - das Renommee nicht geschädigt wird, wenn es durch fremde Mitarbeiter zu Störfällen oder Unfällen kommt.

Eine Fremdfirma muss als selbstständig handelndes Unternehmen den Werk- oder selbstständigen Dienstvertrag eigenverantwortlich erfüllen. Sie muss für fachlich richtige Arbeit und zugleich sicheres Arbeitverhalten ihrer Mitarbeiter geradestehen. Zum anderen muss gewährleistet sein, dass die Mitarbeiter der Fremdfirma gegen Betriebsgefahren aus dem Verantwortungsbereich des Auftraggebers geschützt sind (Verkehrssicherungspflichten des Auftraggebers).

Sicherheitsrisiken

Sicherheitsrisiken beim Einsatz von Fremdfirmen ergeben sich insbesondere, wenn

- die Fremdfirma nicht die Umgebungsgefahren beim Auftraggeber kennt und sich selbst überlassen bleibt,
- die betroffenen Bereiche im Unternehmen des Auftraggebers keine Kenntnis davon erhalten, dass Mitarbeiter einer Fremdfirma tätig werden,
- den Führungskräften des Auftraggebers nicht gesagt wurde, wie sie und ihre Mitarbeiter sich Mitarbeitern der Fremdfirma gegenüber zu verhalten haben.

3.3.2 Führungspflichten von Auftraggeber und Auftragnehmer

Auftraggeber (AUG) und Auftragnehmer (AUN) haben als Unternehmer die Führungsverantwortung für die Sicherheit ihrer jeweiligen Betriebe. Daraus resul-

AUG und AUN mit jeweils eigener Führungsverantwortung

tieren die Fürsorgepflicht gegenüber eigenen Mitarbeitern und die allgemeine Verkehrssicherungspflicht „Dritten“ (Fremden) gegenüber. Es handelt sich um Organisations-, Auswahl-, Aufsichtsaufgaben mit entsprechender Verantwortung. Die vom Auftraggeber und Auftragnehmer eingesetzten Führungskräfte (und Aufsichtsführende) haben als so genannte „Garanten“ für die richtige Erfüllung ihrer Führungspflichten einzustehen.

Auf die Führungsverantwortung für den jeweils eigenen Zuständigkeitsbereich – Fürsorge- und Verkehrssicherungspflichten – hat es keinen Einfluss, wenn der Auftragnehmer aufgrund eines Werk-/selbstständigen Dienstvertrages im Betrieb des Auftraggebers tätig wird. Er trägt die Verantwortung mit sich.

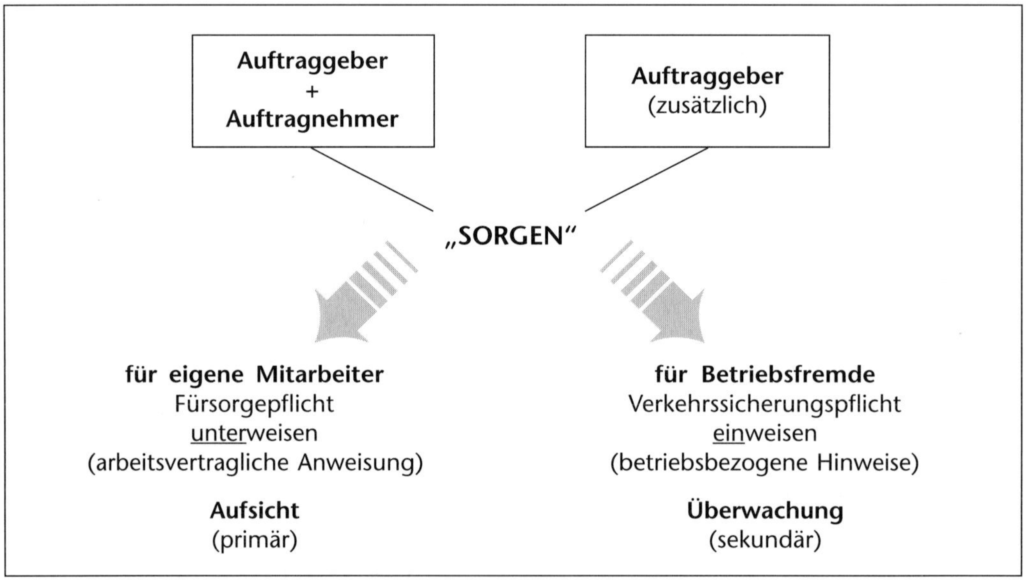

Abb. 6: Führungsverantwortung von Auftraggeber und Auftragnehmer

Pflichten des Auftragnehmers

AUN als „Gast“ im fremden Unternehmen

Der Auftragnehmer muss als „Gast“ im fremden Unternehmen insbesondere folgende vertraglich übernommene Pflichten erfüllen:

- Zum einen muss er die staatlichen Arbeitsschutzvorschriften, Regelwerke und die für sein Unternehmen geltenden Unfallverhütungsvorschriften beachten; zum anderen muss er aber auch die für den Auftraggeber geltenden Unfallverhütungsvorschriften und sonstige Sicherheitsregeln befolgen.
- Er muss sicherstellen, dass ein kompetenter (eigener) Aufsichtsführender bzw. Ansprechpartner ständig „vor Ort“ ist.
- Der Auftragnehmer darf nur Mitarbeiter einsetzen, die zuvor über sicherheitsgerechtes Arbeitsverhalten und über die Umgebungsgefahren am Einsatzort von ihm bzw. seiner Führungskraft unterwiesen wurden.
- Beim Einschalten von Subunternehmern ist der Auftragnehmer gegenüber dem Auftraggeber der allein verantwortliche Hauptunternehmer. Vertragliche Beziehungen bestehen lediglich zwischen ihm und seinen Subunternehmern.

- Der Auftragnehmer muss die gegenüber dem Aufraggeber vertraglich übernommenen Pflichten in den Verträgen mit seinen Subunternehmern verankern und auch insoweit seinerseits als Hauptunternehmer Überwachungspflichten (in Form einer „zusätzlichen ergänzenden Sicherheitsüberwachung") ausüben.

Pflichten des Auftraggebers

- Der Auftraggeber muss darauf achten, dass die Fremdfirma ein selbstständiges Unternehmen ist, das auf der Basis eines Werk- oder selbstständigen Dienstvertrages tätig wird.

Fremdfirma einweisen

- Der Auftraggeber hat dafür zu sorgen, dass die Fremdfirma vor Beginn der Arbeiten in die Umgebungs- und Betriebsgefahren eingewiesen ist. Die Einweisung richtet sich an die Adresse des Auftragnehmers. Dieser muss seine Mitarbeiter dann entsprechend unterweisen.
- Der Auftraggeber kann der Fremdfirma zwar alle Anweisungen geben, die Art und Umfang (Spezifikation) der werkvertraglich vereinbarten Leistung („was" und „wo") bestimmen (hierzu gehören auch betriebsspezifische Hinweise, insbesondere im Hinblick auf Betriebssicherheit und Sicherheitsverhalten). Er darf jedoch keine Arbeitsanweisungen (arbeitsvertragliche, personalrechtliche Weisungen) geben, die Art und Weise („wie und wer") der Durchführung der Arbeit betreffen; diese sind dem Auftragnehmer vorbehalten. In der Praxis sind die Grenzen oft fließend. Um ein unbeabsichtigtes Übergleiten in eine ungewollte Arbeitnehmerüberlassung auszuschließen, sollte der Auftraggeber darauf achten, dass Weisungen jeglicher Art an den Aufsichtsführenden der Fremdfirma zur Weitergabe an seine Mitarbeiter zu richten sind.

Pflicht zur „ergänzenden Sicherheitsüberwachung"

- Gegenüber der eigenverantwortlich tätig werdenden Fremdfirma hat der Auftraggeber die Pflicht zur „ergänzenden Sicherheitsüberwachung" (eine Art Zusatzaufsicht). Unabhängig von der vorrangigen Verantwortung des Auftragnehmers für seine Mitarbeiter muss der Auftraggeber bei „offensichtlich erkennbaren" (ins Auge springenden) Sicherheitsverstößen ebenfalls eingreifen. Er lässt die Arbeiten stoppen, bei Gefahr in Verzug unmittelbar, sonst über den Aufsichtsführenden der Fremdfirma oder den Auftragnehmer selbst.

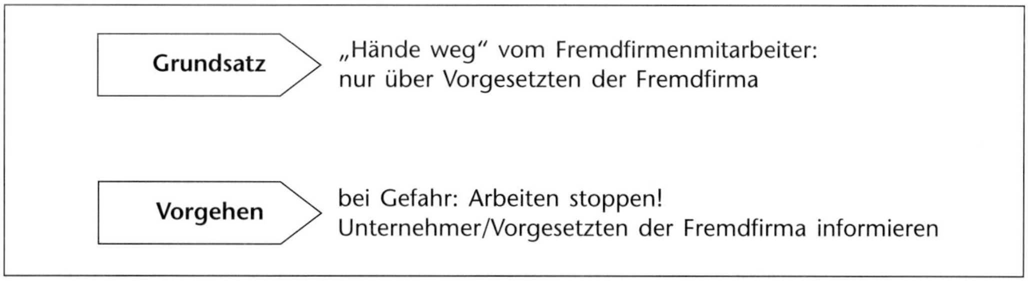

Abb. 7: Eingriffsmöglichkeiten des Auftraggebers

3.3.3 Bestimmungen des Arbeitsschutzgesetzes

Schon bisher nach deutschem Recht geltende allgemeine Unternehmerpflichten zur Gewährleistung von Sicherheit und Gesundheitsschutz werden näher präzisiert und präventiv festgeschrieben:

Spezielle Regelung für die ergänzende Sicherheits-überwachung

§ 8 Arbeitsschutzgesetz

(1) Werden Beschäftigte mehrerer Arbeitgeber an einem Arbeitsplatz tätig, sind die Arbeitgeber verpflichtet, bei der Durchführung der Sicherheits- und Gesundheitsbestimmungen zusammenzuarbeiten. Soweit dies für die Sicherheit und den Gesundheitsschutz der Beschäftigten bei der Arbeit erforderlich ist, haben die Arbeitgeber je nach Art der Tätigkeit insbesondere sich gegenseitig und ihre Beschäftigten über die mit den Arbeiten verbundenen Gefahren für Sicherheit und Gesundheit der Beschäftigten zu unterrichten und Maßnahmen zur Verhütung dieser Gefahren abzustimmen.

(2) Der Arbeitgeber muss sich je nach Art der Tätigkeit vergewissern, dass die Beschäftigten anderer Arbeitgeber, die in seinem Betrieb tätig werden, hinsichtlich der Gefahren für ihre Sicherheit und Gesundheit während ihrer Tätigkeit in seinem Betrieb, angemessene Anweisungen erhalten haben.

Im Klartext bedeutet dies:

Information und Abstimmung

Die Arbeitgeber (Auftraggeber und Auftragnehmer) haben zur Gewährleistung von Sicherheit und Gesundheitsschutz zusammenzuarbeiten und sich über die von ihren jeweiligen Tätigkeiten ausgehenden Gefahren zu informieren sowie sich gegenseitig abzustimmen, das heißt erforderliche Maßnahmen zu vereinbaren. Eine ähnliche Regelung enthält auch § 6 Abs. 2 Unfallverhütungsvorschrift „Allgemeine Vorschriften“ BGV A1 (VBG1)/GUV 0.1.

Die Arbeitgeber (Auftraggeber und Auftragnehmer) haben jeweils ihre eigenen Mitarbeiter über die mit den Arbeiten verbundenen Gefahren für Sicherheit und Gesundheit zu unterrichten (zu unterweisen) und gleichzeitig die erforderlichen Maßnahmen zu ergreifen und die Einhaltung sicherzustellen (insbesondere durch Anordnungen und Aufsichtsführung). Die oben angeführte Unfallverhütungsvorschrift verpflichtet den Auftraggeber zu einer Maßnahme besonderer Art: Soweit es „zur Vermeidung einer möglichen gegenseitigen Gefährdung erforderlich ist“, hat er für die Bestellung eines Sicherheitskoordinators zu sorgen (§ 6 Abs. 1).

Zusätzlich „vergewissern“

Der Auftraggeber muss sich – unabhängig von der beim jeweiligen Auftragnehmer begründeten Aufsichtspflicht über die eigenen Mitarbeiter – zusätzlich „vergewissern“: Sind die Fremdfirmenmitarbeiter von „ihrem Chef“ über die Gefährdungen ausreichend unterrichtet worden und verhalten sie sich auch entsprechend?

Vergewissern bedeutet so viel wie neben der vorrangigen Aufsichtspflicht des Auftragnehmers über seine Mitarbeiter „ergänzend“, also zusätzlich, auf deren Sicherheit zu achten, sie „nicht aus den Augen zu verlieren“, „ein Auge darauf zu haben“. Vergewissern bedeutet jedoch nicht, dass damit der Auftragnehmer von seiner – viel umfangreicheren – Aufsichtspflicht über seine eigenen Mitarbeiter entbunden ist. Das würde unter rechtlichen Aspekten den Anforderungen an den (selbstständigen) Werkvertrag widersprechen.

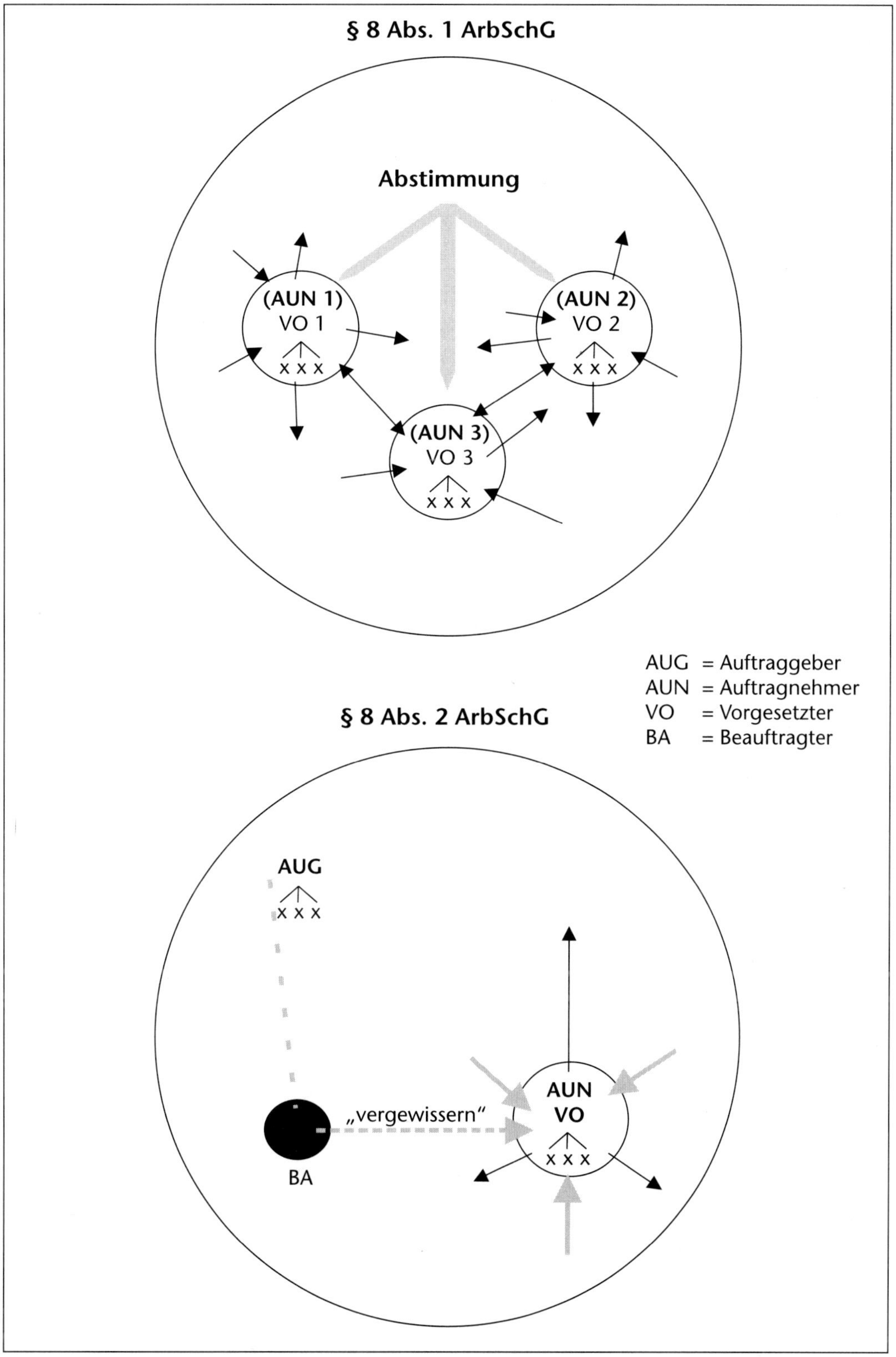

Abb. 8: Bestimmungen des Arbeitsschutzgesetzes

3.3.4 Rechtliche Konsequenzen für den Auftraggeber

Die Verletzung der Verkehrssicherungspflichten (als „Hausherr"), der Pflicht zur ergänzenden Sicherheitsüberwachung („Vergewissern" nach § 8 Abs. 2 ArbSchG), aber auch der vom fest umrissenen Inhalt des Werkvertrages abweichende Arbeitseinsatz eines Fremdfirmenmitarbeiters, den eine Führungskraft des Auftraggebers veranlasst hat, können folgende rechtliche Konsequenzen haben:

- Regressanspruch der Berufsgenossenschaft,
  die für den Arbeitsunfall des Fremdfirmenmitarbeiters einstehen muss.
- Schadensersatzanspruch des Geschädigten
  in Höhe des von der Berufsgenossenschaft nicht abgedeckten Teils der Kosten für Körperschaden (eventuell auch Schmerzensgeld) sowie für entstandenen Sachschaden.
- Schadensersatzansprüche von „Dritten" (außenstehenden Personen)
  durch eine Handlung, die ein Fremdfirmenmitarbeiter auf eine (falsche) Weisung einer Führungskraft des Auftraggebers hin ausführt. Der Mitarbeiter des Auftragnehmers gilt dann als „Verrichtungshilfe" (§ 831 BGB) des Auftraggebers.
- Ausschluss eventueller Gewährleistungsansprüche
  aus dem Werk- bzw. (selbstständigen) Dienstvertrag. Der Auftragnehmer könnte behaupten, dass die beanstandete mangelhafte Ausführung auf die (unzulässigen) und noch dazu falschen, ungenauen oder missverstandenen Anweisungen des Auftraggebers oder dessen Führungskräfte zurückzuführen sei.
- Bußgeld nach dem Ordnungswidrigkeitenrecht,
  wenn die Führungskraft des Auftraggebers gegen Arbeitsschutz- und Unfallverhütungsvorschriften verstoßen hat.
- Anklageerhebung durch die Staatsanwaltschaft
  mit möglicher Verurteilung (Geld- oder Freiheitsstrafe), wenn der Führungskraft des Auftraggebers ein Schuldvorwurf bei Eintritt eines tödlichen Unfalls oder „nur" einer schweren Körperverletzung gemacht werden kann.
- Rechtsnachteile aus dem Arbeitnehmerüberlassungsgesetz,
  wenn der Fremdfirmenmitarbeiter durch (unzulässige) Eingriffe des Auftraggebers kraft gesetzlicher Fiktion die Rechtstellung eines Mitarbeiters seines Betriebes erlangt hat.

Praktische Durchführung entscheidend

Wird der Fremdfirmenmitarbeiter nicht in Erfüllung des mit dem Auftragnehmer geschlossenen Werk- bzw. selbstständigen Dienstvertrages tätig, sondern vom Auftraggeber wie ein Leiharbeitnehmer eingesetzt, gelten die Bestimmungen des Arbeitnehmerüberlassungsgesetzes. Der Werkvertrag steht nur auf dem Papier. Bei der rechtlichen Beurteilung kommt es aber entscheidend auf die praktische Durchführung und nicht auf die Formulierung des Vertrages an. Das kann bedeuten:

- Kraft gesetzlicher Fiktion kommt ein Arbeitsverhältnis zwischen dem Auftraggeber und dem Fremdfirmenmitarbeiter zustande (§ 10 Abs.1 S.1 AÜG). Zwischen ihm und dem Auftraggeber werden alle Rechte und Pflichten eines ordentlichen Arbeitsverhältnisses einschließlich Kündigungsschutz begründet.

- Der Auftraggeber haftet somit auch für eventuell vom Auftragnehmer nicht gezahlten Lohn/nicht gezahltes Gehalt sowie für nicht abgeführte Sozialabgaben und Lohnsteuer.
- Da der Auftraggeber unerlaubte Arbeitnehmerüberlassung betrieben hat, kann er gegebenenfalls mit einem Bußgeld belegt werden.
- Ist der Fremdfirmenmitarbeiter Ausländer und hat er keine Arbeitserlaubnis, verstößt der Auftraggeber gegen das Ausländergesetz. Auch hierfür kann ein Bußgeld verhängt werden. Außerdem kann er zur Übernahme eventueller Abschiebungskosten verpflichtet werden.

Handlungsvorschläge für den Auftraggeber:

- Festlegen auf Fremdfirmeneinsatz oder Arbeitnehmerüberlassung – und Spielregeln beachten
- Verhaltensregeln für Fremdfirmenmitarbeiter und Gewährleistung der Aufsichtsführung durch den Auftragnehmer im Vertrag festlegen
- Fremdfirma in die Betriebsgefahren und daraus resultierendes Sicherheitsverhalten *ein*weisen und sich davon überzeugen („vergewissern"), dass der Auftragnehmer seine Mitarbeiter entsprechend *unter*weist
- durch gezielte organisatorische Maßnahmen (Anweisung an eigene Führungskräfte, Einsatz von Beauftragten) zusätzliche Kontrollen gewährleisten
- zur Vermeidung gegenseitiger Gefährdung Sicherheitskoordinatoren (§ 6 BGV A1/VBG 1/GUV 0.1) bestellen
- Aufgaben der Koordinatoren und Beauftragten festlegen und Kompetenzen abgrenzen (z.B. Sicherheitsüberwachung, Sachkontrolle, diverse besondere Pflichten)

4 Organisation des Arbeits- und Gesundheitsschutzes

4.1 Einbindung des Arbeits- und Gesundheitsschutzes in die betriebliche Organisation

RA Dr. Jürgen Schliephacke

Arbeitssicherheit wird vom Unternehmer und seinen Führungskräften im Rahmen der auf sie delegierten Aufgaben und Verantwortung gewährleistet. Verantwortung für Produktion und für Arbeitssicherheit bilden eine Einheit. Deshalb kann die Verantwortung für Produktion einerseits sowie für Arbeitssicherheit andererseits nicht unterschiedlich geregelt werden.

Grundsätze der Unternehmensorganisation

Da gesetzliche Vorschriften die Organisation eines Betriebes nach den Grundsätzen der Delegation von Aufgaben und Verantwortung vorgeben, bietet es sich an, einem organisatorischen Aufbau die Form des Linien- und Stabssystems mit seinen unterschiedlichen Varianten zu geben.

Jeder Unternehmer wird sich also für ein Organisationssystem entscheiden, das der Größenordnung seines Betriebes entspricht und das er für geeignet hält, um seinen Betrieb mit der bei ihm verbleibenden Gesamtverantwortung am besten führen zu können. Er will ein qualitativ gutes und zugleich sicheres Produkt (Arbeitsergebnis) erzeugen und seinen Mitarbeitern Sicherheit am Arbeitsplatz gewährleisten (der gesetzlichen Forderung nach Arbeitssicherheit entsprechen).

Einbindung von Sicherheitsspezialisten

Der Unternehmer erhielt mit zunehmender Technisierung und wirtschaftlicher Entwicklung ein immer komplexeres Aufgabengebiet vom Gesetzgeber zugewiesen. Aus diesem Grund stellt der Gesetzgeber dem Unternehmer und den Führungskräften Fachleute zur Seite. Sie sollen ihm an maßgeblicher Stelle dabei helfen, die Gesamtverantwortung für die Arbeitssicherheit und den Gesundheitsschutz der Mitarbeiter leichter zu tragen. Fachkraft für Arbeitssicherheit und Betriebsarzt erhielten einen anspruchsvollen Aufgabenkatalog, und ihnen wurde fachliche Weisungsfreiheit garantiert. Sie tragen Fachverantwortung. Sie sollen Unternehmer und Führungskräfte beraten, können aber Führungskräften keine Anweisung geben und auch keine Aufsicht führen. Das ist Aufgabe des Unternehmers und der nachgeordneten Führungskräfte. Zu ihrer weiteren Hilfe gibt es die Institutionen Sicherheitsbeauftragter, Betriebsrat und Arbeitsschutzausschuss.

Die spezielle Arbeitsschutzorganisation fügt sich in die allgemeine Unternehmensorganisation so ein, dass Unternehmer und Führungskräfte bei der Erfüllung der Führungsaufgabe Arbeitssicherheit unterstützt werden.

Der Gesetzgeber hat die Fachkraft für Arbeitssicherheit und den Betriebsarzt in der betrieblichen Hierarchie ganz oben angesiedelt. Sie unterstehen als Stabsstellen für Arbeitssicherheit bzw. als betriebsärztlicher Dienst unmittelbar der Unternehmensleitung (dem „Leiter des Betriebes"). Wie eine Arbeitsschutzorganisation aussieht, zeigt die (stark vereinfacht dargestellte) hierarchische Gliederung eines Großunternehmens auf der nächsten Seite.

Sicherheitsorganisation im Unternehmen

Der Vorstand steht an der Spitze. Ihm zur Seite – auf einer so genannten „Stabsstelle" – steht der Hauptsicherheitsingenieur (den der Vorstand einsetzen kann, jedoch nicht muss). Unter ihm steht der Werkleiter (Direktor). Er ist für eine nach Aufgabenbereich und Organisation weitgehend selbstständige Unternehmenseinheit zuständig (der Werkleiter ist Leiter des Betriebes im Sinne des § 8 ASiG). Dem Werkleiter (Direktor) unterstehen jeweils auf „Stabsstellen" Fachkraft für

Arbeitssicherheit und Betriebsarzt (oder die Sicherheitsabteilung). Unter dem Werkleiter stehen sämtliche Vorgesetzten in „Linienfunktion" (Fertigungsleiter, Abteilungsleiter und Gruppenleiter).

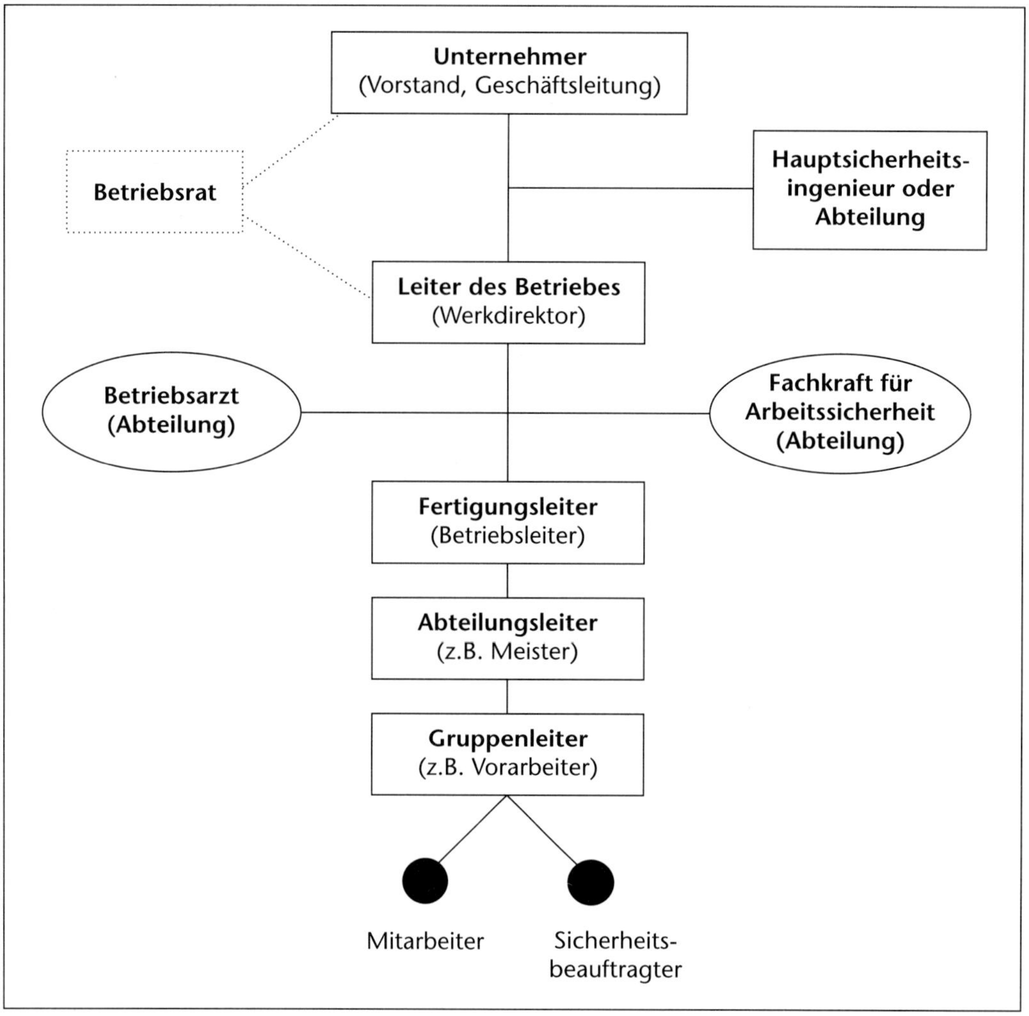

Abb. 1: Arbeitsschutzorganisation im Großunternehmen

Der Betriebsrat hat eigene Aufgaben für Arbeitssicherheit auf Unternehmerebene und an der „Basis" (nach §§ 80 ff. BetrVG). Die Mitarbeiter an der „Basis" stellen die Sicherheitsbeauftragten (nach § 20 SGB VII). Daneben haben in größeren Unternehmen auch Stabsstellen innerhalb ihrer jeweiligen Aufgabenbereiche durch geeignete Maßnahmen darauf hinzuwirken, dass die Arbeitssicherheit gewährleistet ist. Das betrifft besonders die

- Personalabteilung,
- Rechtsabteilung,
- Organisationsabteilung, Informationsabteilung
- sowie die Abteilung Aus- und Weiterbildung.

Mittel- oder Kleinbetriebe

In Mittel- oder Kleinbetrieben gilt im Prinzip das Gleiche, nur ist die Hierarchie entsprechend verkürzt. Hier ist die Fachkraft für Arbeitssicherheit oft „nebenamtlich" eingesetzt. So kann z.B. eine betriebliche Führungskraft Vorgesetzter, Aufsichtführender und daneben auch Fachkraft für Arbeitssicherheit sein. Anstelle einer eigenen Fachkraft für Arbeitssicherheit kann auch eine freiberuflich tätige Fachkraft für Arbeitssicherheit oder ein sicherheitstechnischer Dienst beauftragt werden. Das Gleiche gilt für den Betriebsarzt. Auch hier kann ein „außenstehender" Arzt, aber auch ein arbeitsmedizinischer Dienst in Anspruch genommen werden.

Verteilung der Aufgaben

Die Aufgaben für Arbeitssicherheit sind Führungskräften (Linienvorgesetzten) und Spezialisten (Stabsleuten) sowie sonstigen Mitarbeitern wie in Abbildung 2 auf der folgen Seite zuzuordnen:

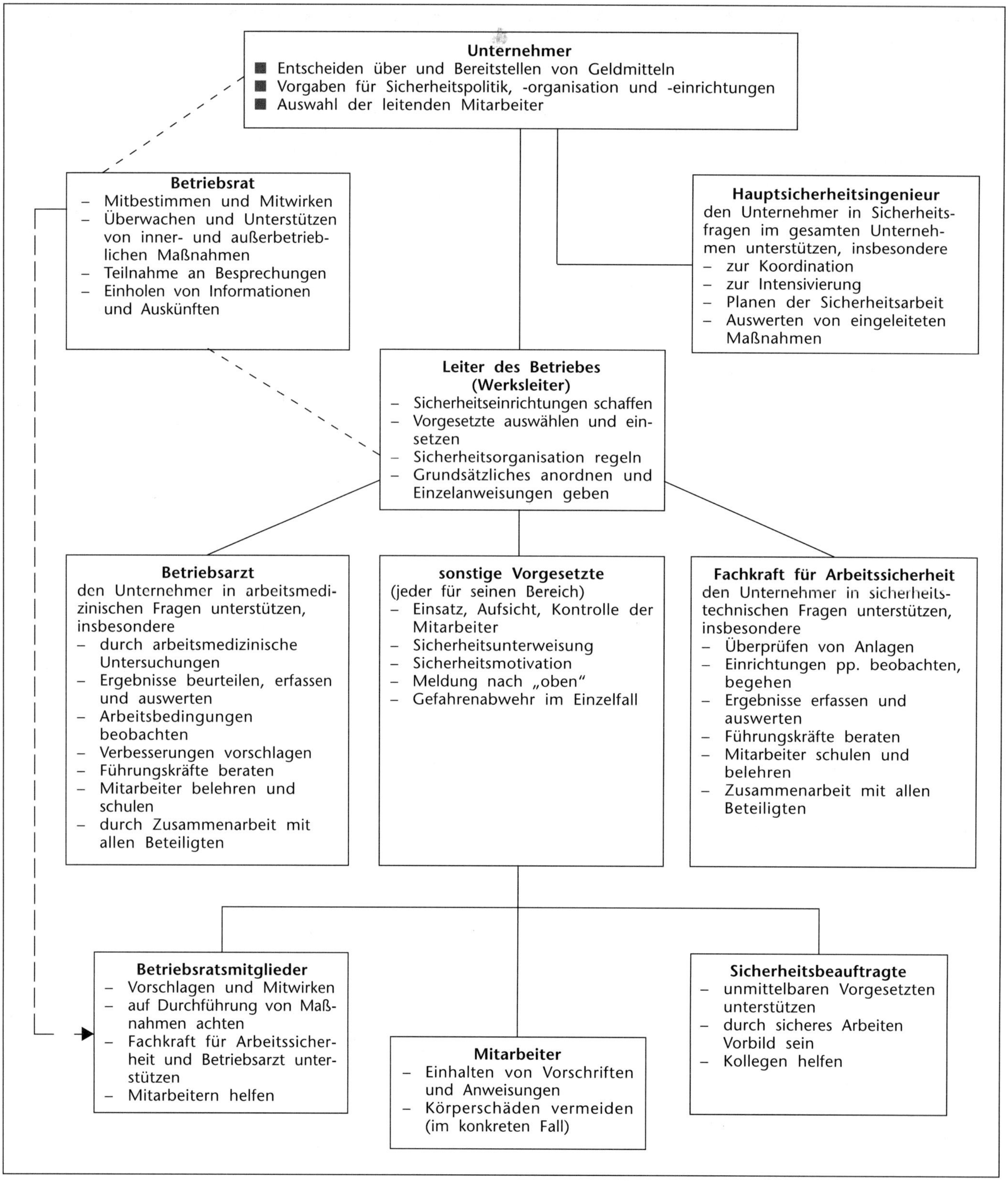

Abb. 2: Die wesentlichen Aufgaben im Arbeitsschutz

4.2 Stellung und Aufgaben der Sicherheitsspezialisten und sonstiger Personen

RA Dr. Jürgen Schliephacke

4.2.1 Fachkraft für Arbeitssicherheit

Aufgabenbereich auf gesetzlicher Grundlage

Die umfassende Verantwortung des Arbeitgebers und der Führungskräfte für die Arbeitssicherheit und den Gesundheitsschutz im Betrieb bleibt unverändert bestehen. Mit der Bestellung der Fachkraft für Arbeitssicherheit soll erreicht werden, dass

- die Arbeitsschutz- und Unfallverhütungsvorschriften den besonderen Betriebsverhältnissen entsprechend angewandt werden,
- gesicherte arbeitsmedizinische und sicherheitstechnische Erkenntnisse zur Verbesserung des Arbeitsschutzes und der Unfallverhütung verwirklicht werden,
- die Maßnahmen, die dem Arbeitsschutz und der Unfallverhütung dienen, einen möglichst hohen Wirkungsgrad erreichen.

Zur Fachkraft für Arbeitssicherheit muss eine andere Person als der Unternehmer bestellt sein. Die vom Gesetz gewollte objektive Beratung wäre sonst nicht realisierbar. Bei der Ausübung weiterer Tätigkeiten der Fachkraft für Arbeitssicherheit (insbesondere als Führungskraft in Personalunion) darf es nicht zu Interessenkollisionen kommen. Ihre Stellung, Aufgaben und Kompetenzen und damit auch die rechtliche Verantwortung leiten sich aus dem Arbeitssicherheitsgesetz (§§ 5 ff.) ab. Bei der Anwendung ihrer Fachkunde ist die Fachkraft für Arbeitssicherheit weisungsfrei. Sie trägt jedoch die Fachverantwortung für ihre Beratungstätigkeit (sicherheitstechnische Unterstützungspflichten).

Rechtliche Fachverantwortung

Das Arbeitssicherheitsgesetz (§ 6) umreißt die Aufgaben der Fachkraft für Arbeitssicherheit so:

> „... den Arbeitgeber beim Arbeitsschutz und bei der Unfallverhütung in allen Fragen der Arbeitssicherheit, einschließlich der menschengerechten Gestaltung der Arbeit, zu unterstützen."

Die Beratung und Information der Führungskräfte und der sonst für den Arbeitsschutz und die Unfallverhütung verantwortlichen Personen bezieht sich insbesondere auf

- die Planung, Ausführung und Unterhaltung von Betriebsanlagen und von sozialen und sanitären Einrichtungen;
- die Beschaffung von technischen Arbeitsmitteln und der Einführung von Arbeitsverfahren und Arbeitsstoffen;
- die Auswahl und Erprobung von persönlichen Schutzausrüstungen und Körperschutzmitteln;
- die Gestaltung der Arbeitsplätze, des Arbeitsablaufs, der Arbeitsumgebung und sonstigen Fragen der Ergonomie;

- die Beteiligung bei der sicherheitstechnischen Überprüfung der Betriebsanlagen und der technischen Arbeitsmittel und der Arbeitsverfahren, insbesondere vor ihrer Inbetriebnahme bzw. Einführung;
- das Beobachten der Durchführung des Arbeitsschutzes und der Unfallverhütung:
  - Begehungen der Arbeitsstätten in regelmäßigen Abständen und Mitteilungen zu festgestellten Mängeln sowie Vorschläge zur Beseitigung dieser Mängel an den Arbeitgeber oder die sonst für den Arbeitsschutz und die Unfallverhütung verantwortlichen Personen
  - Beachten der Benutzung von persönlichen Schutzausrüstungen und Körperschutzmitteln
  - Untersuchungen der Ursachen von Arbeitsunfällen, Erfassung und Auswertung der Untersuchungsergebnisse und Erarbeiten von Vorschlägen für die Führungskräfte bezüglich der Maßnahmen zur Verhütung dieser Arbeitsunfälle
  - Hinwirken darauf, dass sich alle im Betrieb Beschäftigten den Anforderungen des Arbeitsschutzes und der Unfallverhütung entsprechend verhalten
  - Belehrung der Beschäftigten über die Unfall- und Gesundheitsgefahren, denen sie bei der Arbeit ausgesetzt sind, sowie über die Einrichtung von Maßnahmen zur Abwendung dieser Gefahren
  - Pflege des Kontaktes zur Berufsgenossenschaft und zum Amt für Arbeitsschutz (Gewerbeaufsichtsamt) im Rahmen ihrer Aufgaben
  - Zusammenarbeit mit Betriebsarzt und Betriebsrat, Sicherheitsbeauftragten
  - Mitwirken im Rahmen von Arbeitsschutzausschüssen und Arbeitskreisen

4.2.2 Betriebsarzt

Aufgabenbereich auf gesetzlicher Grundlage

Der Betriebsarzt hat die gleiche Stellung, die entsprechenden Rechte und Pflichten wie die Fachkraft für Arbeitssicherheit, jedoch auf dem Sektor der „Arbeitsmedizin“. Er trägt auf seinem Fachgebiet durch im Arbeitssicherheitsgesetz und in sonstigen Arbeitsschutzbestimmungen näher bezeichnete Maßnahmen zum Gesundheitsschutz der Mitarbeiter und damit zur Arbeitssicherheit bei. Seine Stellung, Aufgaben, Kompetenzen und damit auch die rechtliche Verantwortung leiten sich aus dem Arbeitssicherheitsgesetz (§§ 3 ff.) ab. Er trägt Fachverantwortung für seine Beratungstätigkeit (arbeitsmedizinische Unterstützungspflichten). Auch der Betriebsarzt ist in der Anwendung seiner Fachkunde weisungsfrei.

Rechtliche Fachverantwortung

Das Arbeitssicherheitsgesetz (§ 3) umreißt die Aufgaben des Betriebsarztes so:

> „... den Arbeitgeber beim Arbeitsschutz und bei der Unfallverhütung in allen Fragen des Gesundheitsschutzes zu unterstützen.“

Die Zusammenarbeit mit den für den Arbeitsschutz und die Unfallverhütung verantwortlichen Personen bezieht sich insbesondere auf

- die Planung, Ausführung und Unterhaltung von Betriebsanlagen und von sozialen und sanitären Einrichtungen;

- die Beschaffung von technischen Arbeitsmitteln und der Einführung von Arbeitsverfahren und Arbeitsstoffen;
- die Auswahl und Erprobung von persönlichen Schutzausrüstungen und Körperschutzmitteln;
- die Gestaltung von Arbeitsplätzen und Arbeitsabläufen, arbeitsphysiologischen, arbeitspsychologischen sowie in sonstigen ergonomischen und arbeitshygienischen Fragen der Arbeitszeitgestaltung;
- Fragen zu Arbeitsplatzwechsel und der Beschäftigung von Behinderten;
- Unterstützung der Fachkräfte für Arbeitssicherheit sowie des Betriebsrats;
- Mitarbeit bei der Organisation der ersten Hilfe im Betrieb;
- Beobachtung des Arbeitsschutzes und der Unfallverhütung:
  - eigenverantwortliche Begehungen der Arbeitsstätten in regelmäßigen Abständen bzw. Teilnahme an Sicherheitsbegehungen, Berichten zu festgestellten Mängeln an die für den Arbeitsschutz und die Unfallverhütung verantwortlichen Personen mit Vorschlägen zu Maßnahmen zur Beseitigung dieser Mängel
  - Untersuchungen zu Ursachen von arbeitsbedingten Erkrankungen, Erfassung und Auswertung der Untersuchungsergebnisse und Vorschläge gegenüber dem Arbeitgeber bezüglich der Maßnahmen zur Verhütung dieser Erkrankungen
  - Hinwirken darauf, dass sich alle im Betrieb Beschäftigten den Anforderungen des Arbeitsschutzes und der Unfallverhütung entsprechend verhalten
  - Untersuchungen und arbeitsmedizinische Beurteilung und Beratung der Arbeitnehmer sowie die Erfassung und Auswertung der Untersuchungsergebnisse und die Information des Arbeitgebers
  - Führen und Verwalten der medizinischen Vorsorgedatei
  - Unterstützen der Fachstellen für Arbeitsschutz bei der Untersuchung von Unfallursachen
  - Mitwirken bei Schulungen und Informationsveranstaltungen zum Arbeitsschutz
  - Beratung bei Suchtproblemen

4.2.3 Sicherheitsbeauftragter

Aufgabenbereich auf gesetzlicher Grundlage

Der Sicherheitsbeauftragte ist ein Mitarbeiter – möglichst an der Basis –, der weiß, wie es „vor Ort" aussieht. Er wird in dem Bereich tätig, dem er zugeteilt ist. Für ihn ist der unmittelbare Vorgesetzte zuständig. Dessen Weisungen muss er in seinem Arbeitsgebiet – wie jeder andere Mitarbeiter auch – Folge leisten.

Nach § 22 Sozialgesetzbuch VII haben

> „die Sicherheitsbeauftragten den Unternehmer bei der Durchführung des Unfallschutzes zu unterstützen, insbesondere sich von dem Vorhandensein und der ordnungsgemäßen Benutzung der vorgeschriebenen Schutzvorrichtungen fortlaufend zu überzeugen."

Sicherheitsbeauftragte sind demnach „Führungshelfer" der Vorgesetzten bei der Gewährleistung von Unfallverhütung und Arbeitsschutz. Sie sind auch „Auge und Ohr" des Unternehmers. Ihre Unterstützung gilt gleichermaßen für die Fachkraft für Arbeitssicherheit, den Betriebsarzt und den Betriebsrat. Gleichzeitig sollen sie als Vertrauenspersonen ihre Kolleginnen und Kollegen auf sicheres Arbeiten und Maßnahmen zur Unfallverhütung hinweisen.

Den Sicherheitsbeauftragten muss die erforderliche Zeit für Sicherheitsarbeit zur Verfügung stehen. Sie müssen rechtzeitig erfahren, wann und wo und wie sich Gefahren auswirken können. Deshalb haben sie auch das Recht auf Information. Ein Sicherheitsbeauftragter kann auch erwarten, dass ihm der Unternehmer, vor allem seine unmittelbare Führungskraft, Verständnis und Hilfsbereitschaft entgegenbringt und ihn unterstützt.

Keine rechtliche Fachverantwortung

Sicherheitsbeauftragte haben keine rechtliche Verantwortung – weder Führungs- noch Fachverantwortung. Sie können nur in gleichem Maße rechtlich verantwortlich gemacht werden wie jeder andere Mitarbeiter.

Somit unterscheidet sich ein Sicherheitsbeauftragter grundlegend von der Fachkraft für Arbeitssicherheit, die nach dem Arbeitssicherheitsgesetz zu bestellen ist. Sicherheitsbeauftragte

- beobachten die Arbeitsabläufe und das Verhalten der Kollegen unter dem Gesichtspunkt Sicherheit am Arbeitsplatz aus dem Blickwinkel des Mitarbeiters „vor Ort";
- melden ihrer zuständigen Führungskraft festgestellte Mängel und Verstöße gegen Arbeitsschutz- und Unfallverhütungsvorschriften;
- machen Vorschläge, wie man festgestellte Mängel beheben und dadurch den Arbeitsplatz sicherer machen kann;
- unterstützten ihre Führungskraft, indem sie ihr mit Rat und Tat zur Seite stehen; sie geben jedoch keine Anweisungen und können der Führungskraft auch nicht die Verantwortung abnehmen;
- helfen Kollegen, insbesondere auch ausländischen Mitarbeitern, Neulingen und Jugendlichen dabei, sicherer zu arbeiten;
- wirken mit überzeugenden Argumenten auf ihre Kollegen ein, auf Sicherheit am Arbeitsplatz zu achten.

4.2.4 Betriebssanitäter und Ersthelfer

Aufgabenbereich auf gesetzlicher Grundlage

Die Unfallverhütungsvorschrift „erste Hilfe" BGV A 5 (VBG 109) verpflichtet den Unternehmer nicht nur zum Bereitstellen der erforderlichen Einrichtungen, sondern auch zur Regelung der organisatorischen Maßnahmen zum Einsatz von Betriebssanitätern und Ersthelfern.

Betriebssanitäter

ist, wer eine Fachausbildung für den Sanitätsdienst durch eine vom Unfallversicherungsträger anerkannte Stelle erhalten hat. Ein Betriebssanitäter hat folgende Aufgaben wahrzunehmen:

- Betreuung von Verletzten und Erkrankten am Arbeitsplatz über die erste Hilfe hinaus in Abstimmung mit dem zuständigen Betriebsarzt
- Erste-Hilfe-Maßnahmen
- Ausgabe von nicht rezeptpflichtigen Arzneien und Führen der Verbrauchslisten und des Sanitätstagebuches
- Durchführung einzelner medizinischer Maßnahmen in Abstimmung mit dem zuständigen Betriebsarzt
- Kontrolle über die Verfügbarkeit von Verbandsstoffen und Arzneimittel vor Ort

Ersthelfer

ist, wer bei einer für die Ausbildung in erster Hilfe von der Berufsgenossenschaft anerkannten Stelle als Ersthelfer ausgebildet wurde. Er hat folgende Aufgaben wahrzunehmen:

- Einleitung und Durchführung notwendiger Erste-Hilfe-Maßnahmen am Unfallort bzw. bei Notfällen bis zum Eintreffen des Rettungsdienstes oder des Fachpersonals sowie die Erstversorgung von Verunglückten
- Teilnahme an Aus- und Fortbildungsmaßnahmen

4.2.5 Betriebsrat

Aufgabenbereich auf gesetzlicher Grundlage

Keine rechtliche Fachverantwortung

Der Betriebsrat leistet einen wichtigen Beitrag zur Arbeitssicherheit. Nach dem Betriebsverfassungsgesetz ist er hierzu verpflichtet. Seine Möglichkeiten, Rechte und Pflichten sind vielfältig. Neben vielen anderen sind die Aufgaben des Betriebsrats für die Arbeitssicherheit im Betriebsverfassungsgesetz und auch im Arbeitssicherheitsgesetz geregelt. Der Betriebsrat trägt für seine Tätigkeit keine rechtliche Verantwortung.

Der Betriebsrat hat insbesondere folgende Rechte und Pflichten (keine abschließende Aufzählung):

- Überwachung (Arbeitsschutz und Unfallverhütung), § 80 Abs. 1 Nr. 1 BetrVG
- Gestaltung (Regelung, generelle Maßnahmen, Betriebsvereinbarung), §§ 88 Nr. 1, 89 Abs. 1 BetrVG
- Beteiligung, Unterstützung (durch Anregung, Beratung, Auskunft), § 89 Abs. 1 BetrVG
- Mitbestimmung (Unfallverhütungs- und Gesundheitsschutzregelungen, Bestellung und Abberufung der Fachkraft für Arbeitssicherheit und Betriebsarzt, Sicherheitsbeauftragte), § 87 Abs. 1 Nr. 7 BetrVG, § 9 Abs. 3 ASiG, § 22 Abs. 1 SGB VII
- Informationspflicht und Beratung (Durchführung seiner Aufgaben, Arbeitsplatzplanung, Angelegenheiten des Arbeitsschutzes), §§ 80 Abs. 2, 90 BetrVG, § 9 Abs. 2 ASiG
- Anhörung bzw. Beteiligung (bei allen Maßnahmen zur Arbeitssicherheit, Arbeitsbesprechungen, Arbeitsschutzausschuss-Sitzungen, Anordnungen der Gewerbeaufsicht), §§ 11, 12 Abs. 2 Nr. 1 ASiG

4.2.6 Arbeitsschutzausschuss

Aufgabenbereich auf gesetzlicher Grundlage

Der Arbeitsschutzausschuss ist nach dem Arbeitssicherheitsgesetz eine Pflichteinrichtung. Im Arbeitsschutzausschuss kommen Unternehmer („Leiter des Betriebes" oder ein von ihm „oben angesiedelter" Beauftragter), Fachkraft für Arbeitssicherheit, Betriebsarzt, zwei Mitglieder aus dem Betriebsrat und ein Sicherheitsbeauftragter in regelmäßigen Abständen zusammen. Zweck dieser gesetzlich geforderten Einrichtung ist es, im Arbeitsschutzausschuss den für die Arbeitssicherheit maßgeblichen Personenkreis in regelmäßigen Abständen „an einen Tisch zu bringen", um zu beraten, wie die Arbeitssicherheit im Betrieb verbessert werden kann, und um Regelungen zu erarbeiten.

Keine Entscheidungsbefugnis

Der Arbeitsschutzausschuss ist kein Beschlussorgan. Er besitzt keine Entscheidungsbefugnis und kann nur Empfehlungen aussprechen. Der Unternehmer entscheidet unter Beteiligung des Betriebsrates über die vom Arbeitsschutzausschuss erarbeiteten und vorgeschlagenen Maßnahmen. Die typischen Aufgaben des Arbeitsschutzausschusses sind insbesondere:

- Beratung über Grundsatzfragen, Schwerpunktprogramme, aktuelle Maßnahmen der Ausbildung, Schulung und Sicherheitsbeeinflussung
- Erarbeitung von Regelungen und Maßnahmen zur Vorlage an den Unternehmer
- Koordinierung von Maßnahmen, z.B.
  - jährliche Aufstellung eines Sicherheitsprogramms
  - Auswertung der Sicherheitsarbeit des vergangenen Jahres
  - Bildung von Schwerpunkten
  - Erarbeitung von Maßnahmen der Ausbildung, Schulung und Sicherheitsbeeinflussung
  - Erörterung der Unfälle und Berufskrankheiten im abgelaufenen Zeitabschnitt (Ursachen, Folgen, Schuldfragen, wirksame Gegenmaßnahmen)
  - Auswertung der Jahresunfallstatistik
  - Beratung über Belobigungen an Mitarbeiter für sicheres Verhalten und Gewahrung von Pramien an Mitarbeiter, die sich besonders um Arbeitssicherheit und Gesundheitsschutz verdient gemacht haben
  - Erarbeitung von innerbetrieblichen Maßnahmen und Anweisungen für Arbeitssicherheit und Gesundheitsschutz
  - Koordinierung dieser Maßnahmen in den einzelnen Bereichen

Es empfiehlt sich, zu Arbeitsschutzausschuss-Sitzungen (in bestimmten Abständen) Führungskräfte aller Ebenen als Gäste einzuladen. Führungskräfte können so für die Arbeitssicherheit interessiert und aktiviert werden. Da Arbeitsschutzausschuss-Sitzungen von der obersten Führungsebene geleitet werden (sollten), erfahren Führungskräfte „aus erster Hand", welchen Stellenwert die Arbeitsicherheit im Unternehmen hat.

4.3 Der Arbeitsschutzausschuss

Dipl.-Ing. Jens-Christian Voss

Der Begriff „Arbeitsschutzausschuss“ wird durch das Arbeitssicherheitsgesetz (ASiG) vom Dezember 1973 erstmals in die Terminologie des Arbeitsschutzrechts offiziell eingeführt. So hat der Arbeitgeber in Unternehmen mit mehr als 20 Mitarbeitern gemäß § 11 dieses Gesetzes einen Arbeitsschutzausschuss zu bilden, der mindestens quartalsmäßig zu tagen hat.

Betriebliche Gesprächsplattform

Durch diese rechtsverbindliche Verpflichtung wird die Zusammenarbeit der im Unternehmen mit dem Arbeits- und Gesundheitsschutz befassten Stellen organisiert und durch die verpflichtende Bildung des Ausschusses institutionalisiert. Es handelt sich dabei um ein Gremium festgelegter Zusammensetzung mit der Funktion der betrieblichen Gesprächsplattform für Fragen des Arbeits- und Gesundheitsschutzes.

4.3.1 Verpflichtung der Bildung

Die Verpflichtung zur Bildung eines Arbeitsschutzausschusses (ASA) besteht für Betriebe mit mehr als 20 Beschäftigten. Für das Erreichen der Anzahl sind die durchschnittlich innerhalb eines Jahres im Betrieb beschäftigten Arbeitnehmer maßgebend. So sind kurzfristig eingesetzte Saisonarbeiter (z.B. Werkstudenten im Sommer) anteilig auf das gesamte Jahr „hochzurechnen“.

Bei der Ermittlung der Beschäftigtenzahl werden Vollzeitarbeitnehmer mit dem Faktor 1, Teilzeitarbeitnehmer mit reduziertem Faktor zur Berechnung herangezogen:

> „ ... bei der Feststellung der Zahl der Beschäftigten sind Teilzeitbeschäftigte mit einer regelmäßigen wöchentlichen Arbeitszeit von nicht mehr als 10 Stunden mit 0,25, nicht mehr als 20 Stunden mit 0,5 und nicht mehr als 30 Stunden mit 0,75 zu berücksichtigen ... “

Der Unternehmer und Leitende Angestellte sind bei der Ermittlung der Zahl nicht mitzuzählen.

Da über 90% der deutschen Unternehmen weniger als 20 Beschäftigte haben, entfällt dort die Verpflichtung zur Bildung des ASA. Es können aber auch Betriebe mit einer geringeren Anzahl von Mitarbeitern einen solchen Ausschuss gründen, wenn z.B. erkannt wird, dass der ASA eine interessante Gesprächplattform für die Betriebsbelange im Arbeits- und Gesundheitsschutz bildet.

Rechtliche Verpflichtung

Liegen die gesetzlichen Voraussetzungen zur Bildung eines ASA vor, so kann der Betriebsrat gegen den Arbeitgeber einen Anspruch auf Einrichtung des Ausschusses geltend machen (LAG Hessen 1996).

4.3.2 Teilnehmer

Für die Berufung und Abberufung der Ausschussmitglieder zeichnet der Arbeitgeber verantwortlich. Die Teilnehmer des Arbeitsschutzausschusses sind ebenfalls im

Gesetz über Betriebsärzte, Sicherheitsingenieure und andere Fachkräfte für Arbeitssicherheit (Arbeitssicherheitsgesetz) genau festgeschrieben. Der Ausschuss setzt sich zusammen aus

- dem Arbeitgeber oder einem von ihm Beauftragten
- zwei vom Betriebsrat bestimmten Betriebsratsmitgliedern
- Betriebsärzten
- Fachkräften für Arbeitssicherheit und
- Sicherheitsbeauftragten nach § 22 SGB VII (siehe auch Kapitel 4.2)

Die Anzahl der teilnehmenden Sicherheitsbeauftragten ist nicht konkret beschrieben; sie ist individuell vom Betrieb festzulegen und hängt dabei von Faktoren wie Betriebsgröße, Betriebsorganisation, flächenmäßigen Ausdehnung/Anzahl von Außenstellen und dem Unfallgeschehen ab. Im Interesse der Arbeitsfähigkeit des ASA sollte die Anzahl der Ausschussmitglieder aber beschränkt werden, damit der Ausschuss effektiv arbeiten kann.

Weitere Teilnehmer

Zu den Sitzungen des Arbeitsschutzausschusses können – falls erforderlich oder gewünscht – weitere Personen hinzugezogen werden. Dies können Spezialisten aus dem innerbetrieblichen Bereich sein (z.B. Brandschutzbeauftragter, Leiter der Werksfeuerwehr, Strahlenschutzbeauftragter, Gefahrgutbeauftragter), auch sind Fachleute aus dem außerbetrieblichen Bereich – auch zur einmaligen Teilnahme – möglich: Gewerbeaufsicht, Berufsgenossenschaft, Technische Überwachungsvereine, Anonyme Alkoholiker, externe freiberufliche Berater. Somit wird die Idee des Arbeits- und Gesundheitsschutzes an die entscheidenden Stellen verbreitet – und umgekehrt können von dort praktikable Hilfen und Ideen einfließen.

Auch haben deutsche Unternehmen immer wieder Vorteile daraus abgeleitet, bei Arbeitsschutzausschuss-Sitzungen externe Fachleute einmalig einen Vortrag zu bestimmten, auch den Betrieb betreffenden Problemen halten zu lassen: Thema „Umgang mit Alkohol“ durch Berater der Anonymen Alkoholiker, Thema „Aspekte der Gesundheitsförderung“ durch die Krankenkassen, Thema „Idee, Sinn und Umsetzung der Gefährdungsanalyse“ durch einen externen Berater.

4.3.3 Aufgaben des Arbeitsschutzausschusses

Multiplikationsorgan

Die Aufgaben des Arbeitsschutzausschusses, der aufgrund seiner Zusammensetzung auch als „Multiplikationsorgan für SGU (Sicherheit – Gesundheit – Umweltschutz)“ bezeichnet werden kann, sind es, Anliegen des Arbeitsschutzes, der Unfallverhütung und des Gesundheitsschutzes zu beraten. Auch ist es zweckmäßig, wenn irgendwelche Probleme des Arbeits- und Gesundheitsschutzes anliegen, diese im Arbeitsschutzausschuss zu behandeln.

Zu den Aufgaben des Arbeitsschutzausschusses gehören im Einzelnen:

- Koordination des innerbetrieblichen Arbeits- und Gesundheitsschutzes
- Beratung betrieblicher Sicherheitsprogramme/Schwerpunktprogramme (z.B. Ordnung und Sauberkeit, Heben und Tragen von Lasten, Innerbetrieblicher Verkehr, „Null Unfall“, Alkohol)

- regelmäßige Auswertung betrieblichen Sicherheitsgeschehens (melde- und nicht meldepflichtige Unfälle, arbeitsbedingte Erkrankungen, Verdachtsanzeigen von Berufskrankheiten, Sach- und Umweltschäden)
- Beratung der Ergebnisse sicherheitstechnischer Analysen (z.B. der Gefährdungsbeurteilung nach ArbSchG, Einführung und Umsetzung eines Arbeitsschutzmanagementsystems)
- Beratung von Maßnahmen für besondere Personengruppen (z.B. Neulinge im Betrieb, ausländische Mitarbeiter, Schwerbehinderte)
- Erörterung von betrieblichen Investitionen für den Arbeits- und Gesundheitsschutz
- Beteiligung an der Durchführung und Auswertung der regelmäßigen Betriebsbegehungen und -besichtigungen
- Unterbreitung von Vorschlägen zur Belobigung von Mitarbeitern, die sich für den Arbeits- und Gesundheitsschutz im Betrieb besonders verdient gemacht haben
- Erfahrungs- und Informationsaustausch

4.3.4 Durchführung des Arbeitsschutzausschusses

Geschäftsordnung von Vorteil

Die Praxis zeigt, dass ein neu einberufener Arbeitsschutzausschuss meistens ein Instrument mit stumpfen Krallen ist; die Teilnehmer sitzen aufgrund der Einladung durch den Arbeitgeber zusammen und wissen zuerst gar nicht, was sie konkret besprechen sollen und warum sie zusammengerufen worden sind. Eine Geschäftsordnung (siehe auch Kapitel 4.3.5) kann hier von Vorteil sein und den ASA direkt in die richtigen Bahnen lenken.

Feste Spielregeln

Der Arbeitsschutzausschuss muss nach festen Spielregeln eingeladen, geleitet/durchgeführt und schriftlich in Protokollen festgehalten werden. Als Vorsitzender tritt der Arbeitgeber selbst (verantwortlich für den Arbeits- und Gesundheitsschutz in seinem Betrieb) bzw. ein von ihm Beauftragter in Erscheinung, der mit den erforderlichen Vollmachten auszustatten ist. Dieser Beauftragter kann nicht die sowieso im ASA tätige Fachkraft für Arbeitssicherheit sein. Auch ist es wenig effektiv, wenn der Arbeitgeber ständig neue Beauftragte als Vorsitzende einsetzt. Für ein effektives Arbeitsergebnis ist eine homogene, dauerhafte Zusammensetzung des Ausschusses erforderlich.

Der Arbeitsschutzausschuss tritt mindestens einmal vierteljährlich zusammen.

4.3.5 Geschäftsordnung für den Arbeitsschutzausschuss

Um die Abläufe des Arbeitsschutzausschusses zu regeln, ist eine Geschäftsordnung sinnvoll und von vielen deutschen Unternehmen auch in ähnlicher Form im Organisationshandbuch in Kraft gesetzt worden.

Die Geschäftsordnung eines ASA könnte dabei wie folgt aussehen:

Beispiel einer Geschäftsordnung

§ 1 Aufgabe des ASA

Der Arbeitsschutzausschuss hat die Aufgabe, Anliegen des Unternehmens hinsichtlich Arbeits- und Gesundheitsschutz zu beraten und Entscheidungen für die Geschäftsleitung vorzubereiten.

§ 2 Zusammensetzung des ASA

Der Arbeitsschutzausschuss setzt sich nach der gesetzlichen Forderung des Arbeitssicherheitsgesetzes (ASiG) vom Dezember 1973 wie folgt zusammen:

- Arbeitgeber oder sein Beauftragter
- (Leitende) Fachkraft für Arbeitssicherheit
- Betriebsarzt (auch extern)
- zwei Mitglieder des Betriebs- oder Personalrates
- Sicherheitsbeauftragte(r)

Weitere ständige Teilnehmer sind beim ASA-Vorsitzenden schriftlich mit Begründung anzuzeigen und bedürfen der Zustimmung von Arbeitgeber und Betriebsrat.

Der Arbeitsschutzausschuss ist beratungsfähig, wenn über die Hälfte der genannten Teilnehmer anwesend ist.

Die Namen der derzeitigen Teilnehmer sind der Anlage zu entnehmen.

§ 3 Vorsitz des ASA

Den Vorsitz des ASA führt der Arbeitgeber oder sein Beauftragter, der Leiter der Technik.

§ 4 Schriftführer

Die Schriftführung übernimmt im

1. Quartal: Arbeitgeber
2. Quartal: Fachkraft für Arbeitssicherheit
3. Quartal: Betriebsrat
4. Quartal: Betriebsarzt

§ 5 Sitzungsprotokolle

Über jede Sitzung des Arbeitsschutzausschusses ist eine Niederschrift zu fertigen, die spätestens mit der Einladung zur nächsten Ausschusssitzung zu versenden ist. Das Sitzungsprotokoll führt die anwesenden und abwesenden (mit Begründung) Teilnehmer namentlich auf und enthält sämtliche in der Sitzung besprochenen Punkte.

Jeder Teilnehmer enthält ein eigenes Sitzungsprotokoll.

Das Sitzungsprotokoll wird auf der darauf folgenden Ausschusssitzung als Tagesordnungspunkt durchgesprochen und verabschiedet.

§ 6 Sitzungstermine

Die Ausschusssitzungen finden mindestens vierteljährlich statt und werden im Voraus festgelegt. Die Termine für die Ausschusssitzungen des folgenden Kalenderjahres werden bei der Ausschusssitzung im 4. Quartal vom Arbeitgeber festgelegt und bekannt gegeben.

Aufgrund besonderer Vorkommnisse können weitere außerordentliche Sitzungen auch kurzfristig anberaumt werden.

§ 7 Einladung

Die Einladung erfolgt mindestens 14 Tage vor der Sitzung durch den Ausschussvorsitzenden und wird mit der Tagesordnung und dem Sitzungsprotokoll der letzten Arbeitsschutzausschuss-Sitzung zusammen an die Teilnehmer persönlich versandt.

§ 8 Tagesordnung

Vorschläge zur Tagesordnung sind mindestens 14 Tage vor der Sitzung an den Ausschussvorsitzenden zu richten. Anträge auf Ergänzungen oder Änderungen der Tagesordnung können von allen Mitgliedern des Ausschusses schriftlich gestellt werden.

§ 9 Arbeitsunterlagen

Arbeitsunterlagen zu den Tagesordnungspunkten werden mit der Einladung versandt.

§ 10 Einladung von Sachverständigen

Zu den Sitzungen des Arbeitsschutzausschusses können im Einzelfall weitere inner- und außerbetriebliche Fachleute zu spezifischen Fragen und für Vorträge eingeladen werden.

§ 11 Betriebsbesichtigung

Im Anschluss an die Sitzung wird gemeinsam ein besonders exponierter Bereich begangen. Erforderliche Schutzmaßnahmen, die dort als erforderlich erkannt werden, sind ins Protokoll mit aufzunehmen.

Anlage

- namentliche Auflistung der Teilnehmer am Arbeitsschutzausschuss (Stand: März 2001)
- Termine der Ausschusssitzungen im Jahre 2001

4.3.6 Kontrolle der Durchführung

Verprflichtung des Arbeitgebers

Normadressat der Verpflichtung der Bildung und Durchführung des ASA ist der Arbeitgeber. Er ist für die Erfüllung dieser Pflicht verantwortlich und steht in Rechenschaft gegenüber dem Staat, repräsentiert durch die zuständigen staatlichen Aufsichtsbehörden (z.B. dem Staatlichen Amt für Arbeitsschutz oder Gewerbeaufsichtsamt). Dabei ist der Arbeitgeber nicht nur für die Bildung eines ASA verantwortlich; nach § 3 des ArbSchG („Grundpflichten des Arbeitgebers“) hat er sich auch von der Wirksamkeit seiner Maßnahmen zu überzeugen und gegebenenfalls sich ändernden Gegebenheiten anzupassen. Sein Ziel muss dabei die ständige Verbesserung des Arbeits- und Gesundheitsschutzes in seinem Betrieb sein.

Kommt der Arbeitgeber seinen Verpflichtungen nicht nach, kann die staatliche Aufsichtsbehörde die erforderlichen Maßnahmen anordnen und im Wege des Verwaltungszwangs durchsetzen. Der Bund und die Bundesländer haben hierfür die so genannten Verwaltungs-Vollstreckungsgesetze (VwVG) erlassen. Zwangsmittel sind hierbei die Ersatzvornahme, Zwangsgeld und unmittelbarer Zwang, wobei das Mittel in einem angemessenen Verhältnis zu seinem Zweck stehen muss. Im Regelfall wird sich die zuständige Behörde des Mittels eines Zwangsgeldes bedienen, wenn der Arbeitgeber einer Anordnung nicht freiwillig nachkommen wird.

Verstößt der Arbeitgeber gegen eine vollziehbare Anordnung, so kann die zuständige Behörde – wenn ihr aufgrund einer landesrechtlichen Bestimmung auch die Aufgabe der Verwaltungsbehörde nach Ordnungswidrigkeitengesetz (OWiG) zugewiesen ist – Zwangsgeld auferlegen. Eine Bußgeldbewehrung der Arbeitgeberverpflichtung fehlt im ASiG, so dass ein Verstoß des Arbeitgebers gegen § 11 nicht mit einem Bußgeld geahndet werden kann.

Die zuständige Behörde wird durch die im ASiG aufgenommene Zusammenarbeitsverpflichtung auch den gesetzlichen Unfallversicherer des betroffenen Unternehmens (BG) mit zu Rate ziehen. Die staatlichen Überwachungsbehörden können nach § 70 SGB X mit den Berufsgenossenschaften sogar untereinander personenbezogene Daten austauschen, wenn dies zur Erfüllung der gesetzlichen Aufgaben erforderlich wird.

4.3.7 Rechtliche Grundlage

ASiG und ArbSchG

Rechtliche Grundlage für den Arbeitsschutzausschuss bildet der wiederholt erwähnte § 11 des Arbeitssicherheitsgesetzes (ASiG), die behördlichen Anordnungen sind in § 12 beschrieben.

Unterstrichen werden die Verpflichtungen des Arbeitgebers durch §§ 3 und 4 des Arbeitsschutzgesetzes (ArbSchG): § 3 Grundpflichten des Arbeitgebers, § 4 Allgemeine Grundsätze.

5 Sicherheitsmanagement

5.1 Arbeitsschutzmanagement – Hintergründe und wirtschaftliche Entwicklungen

Dr.-Ing. Klaus Scheuermann

Strategisches Management

In einer Zeit, da das Arbeitsschutzmanagement in den Fokus der Arbeitsschutzpolitik rückt, ist es notwendig, diese Entwicklung nicht alleine im Raum stehend zu betrachten, sondern auf die Hintergründe und die wirtschaftlichen Entwicklungen einzugehen. Allein die Frage, ob die Diskussion um ein Arbeitsschutzmanagement einem modischen Trend folgt oder als Teilsystem der heutigen wirtschaftlichen Gesamtsicht gesehen werden muss, macht die Aufhellung des theoretischen Hintergrundes erforderlich. Fest steht, dass heute die wirtschaftlichen Zusammenhänge – egal ob für kleine Unternehmen oder für den Konzern – in einen Gesamtzusammenhang gestellt werden und den strategischen Herausforderungen des Marktes folgen. Gefragt ist also ein umfassendes strategisches Management.

5.1.1 Anforderungen an Unternehmen

Einfluss der Unternehmensumwelt

Das strategische Management ist auf die Gestaltung des Unternehmens und seiner Beziehungen zur Umwelt ausgerichtet. Die aus dieser Grundaufgabe abzuleitenden Einzelmaßnahmen richten sich auf die Modifikation von Strategien, die Gestaltung der Organisation, der Unternehmenskultur und der übrigen Subsysteme des Unternehmens. Sie stellen demzufolge das Objekt des strategischen Managements dar. Ursache für die Herausbildung dieses Objektes wiederum sind die Veränderungen der Unternehmensumwelt.

Die Gesellschaft betrachtet die Wirtschaft und damit die Unternehmen als Teil ihrer selbst. So sind beispielsweise Störfälle in Chemieunternehmen oder Forschungsaktivitäten biologisch und medizinisch ausgerichteter Unternehmen keine ausschließlich unternehmerische Angelegenheit mehr, sondern sie werden im selben Maße auch zum Gegenstand öffentlicher Diskussionen gemacht. Die Komplexität von Umweltveränderungen hat also zugenommen; die Unternehmen geraten in starkem Maße in die Abhängigkeit von der Umwelt.

Die daraus erwachsenden Anforderungen an die Unternehmen lassen sich unterteilen in:

Außen- und Binnenorientierung

- Anforderungen an die Beziehungen zur Umwelt (Außenorientierung)
- Anforderungen an die Binnenstruktur des Unternehmens (Binnenorientierung)

Eine stärkere Außenorientierung ist deshalb geboten, weil auf die Dynamik der Umweltveränderungen grundsätzlich und schnell reagiert werden muss. Diese Fähigkeit setzt eine Umweltsensibilität voraus, die ein Unternehmen in die Lage versetzt, Veränderungen in einem Stadium geringer Konkretisierung wahrzunehmen.

Eine starke Umfeldsensibilität verlangt als Äquivalent eine entsprechende Binnenorientierung, die sich auf die Felder der Flexibilität, der Kreativität und der Innovationsfähigkeit und -bereitschaft richtet. Diese Anforderungen an das Fähigkeitsprofil eines Unternehmens sind die Konsequenz eines Mangels an Voraussetzungen für eine rationale Durchdringung künftiger Entwicklungen, also der Planbarkeit der Zukunft. In einer instabilen und unsicheren Umwelt muss Ex-ante-Rationalität durch Ex-post-Flexibilität und -Kreativität ersetzt werden.

5.1.2 Der ungestörte Betrieb

Arbeitsschutz ist Führungsaufgabe

Veränderte Arbeitsbedingungen, neue Technologien und immer komplexer werdende Arbeitsabläufe, die mit neuen Gefährdungen für die Beschäftigten verbunden sind, erfordern einen neuen umfassenden Ansatz für die Sicherheit und den Gesundheitsschutz in den Betrieben. Eine Antwort auf die Herausforderungen der Gesellschaft hat der Rat der Gemeinschaft recht frühzeitig durch einen globalen Ansatz in der Sozial- und Arbeitspolitik erkannt und entsprechende Richtlinien durch die Europäische Kommission erarbeiten lassen.

Die Richtlinie des Rates über die Durchführung von Maßnahmen zur Verbesserung der Sicherheit und des Gesundheitsschutzes der Arbeitnehmer bei der Arbeit, die so genannte „Rahmenrichtlinie“ (89/391/EWG), legt dazu in Artikel 5 Absatz 1 fest: „Der Arbeitgeber ist verpflichtet, für die Sicherheit und den Gesundheitsschutz der Arbeitnehmer in Bezug auf alle Aspekte, die die Arbeit betreffen, zu sorgen.“ In Artikel 6 dieser Richtlinie wird hierzu angeführt: „Im Rahmen seiner Verpflichtungen trifft der Arbeitgeber die für die Sicherheit und den Gesundheitsschutz der Arbeitnehmer erforderlichen Maßnahmen, einschließlich der Maßnahmen zur Verhinderung berufsbedingter Gefahren, zur Information und zur Unterweisung sowie der Bereitstellung einer geeigneten Organisation und der erforderlichen Mittel.“

Arbeitsschutzgesetz

Diese Vorgaben sind im Gesetz über die Durchführung von Maßnahmen des Arbeitsschutzes zur Verbesserung der Sicherheit und des Gesundheitsschutzes der Beschäftigten bei der Arbeit (Arbeitsschutzgesetz – ArbSchG) im Wesentlichen im § 3 Absatz 1 umgesetzt. Die allgemeinen Grundsätze zur Verfolgung dieses Zieles sind in § 4 dargelegt. Dabei ist der Kernansatz eines modernen Arbeitsschutzes durch die Verpflichtung des Unternehmers gegeben, durch eine Beurteilung der für die Beschäftigten mit ihrer Arbeit verbundenen Gefährdungen zu ermitteln, um daraus die erforderlichen Maßnahmen ableiten zu können (§ 5 Abs. 1 ArbSchG).

Neuorientierung des Schutzes der Beschäftigten

Die angeführten Auszüge aus den Bestimmungen der Rahmenrichtlinie und des Arbeitsschutzgesetzes machen deutlich, dass ein umfassender Ansatz für Sicherheit und Gesundheitsschutz angestrebt wird. Diese Neuorientierung des Schutzes der Beschäftigten verlangt vom Arbeitgeber zweckmäßige Maßnahmen und ein methodisches Vorgehen, um den Zielsetzungen des Arbeitsschutzes auf allen betrieblichen Ebenen und den Erfordernissen von Sicherheit und Gesundheit der Arbeitnehmer bei allen Tätigkeiten im Betrieb ausreichend entsprechen zu können. Der bereits seit jeher bestehende Grundsatz „Arbeitsschutz ist Führungsaufgabe“ bekommt dadurch eine wesentlich erweiterte Bedeutung und mehr Gewicht. Er muss geradezu als Leitsatz für die Umsetzung der Arbeitsschutzvorschriften im Betrieb angewendet werden.

5.1.3 Geplanter Arbeitsschutz – ein Managementsystem

Arbeitsschutz muss also auf der obersten betrieblichen Führungsebene gewollt sein und geplant werden, wenn diesen Grundsätzen wirksam entsprochen werden soll. Es ist daher richtig, von einem Sicherheits- und Gesundheitsschutzmanagement, also von einem Arbeitsschutzmanagement (ASM) als Notwendigkeit im Betrieb zu sprechen, ebenso wie man von Produkt- oder Qualitätssicherungsmanagement spricht.

Arbeitsschutzmanagement (ASM)

Arbeitsschutz stellt hierbei die Begriffe „Arbeitssicherheit" und „Gesundheitsschutz" in einen übergeordneten Zusammenhang. Maßnahmen des Arbeitsschutzes sind Maßnahmen zur Verhütung von Unfällen bei der Arbeit, Berufskrankheiten und arbeitsbedingten Gesundheitsgefahren einschließlich Maßnahmen der menschengerechten Gestaltung der Arbeit. Dieser systematische Ansatz ist im Kern das hier beschriebene Arbeitsschutzmanagement (ASM). Der Begriff Management beschreibt die Methoden, Strukturen und Strategien, welche noch mit konkreten Inhalten gefüllt werden müssen.

Großbetriebe

In Großbetrieben wird dieses ASM am besten durch Erstellung formaler Konzepte und deren systematischen Einbau auf allen Führungs- und Entscheidungsebenen realisiert werden, so dass der Arbeitsschutz bei allen betrieblichen Maßnahmen integrativ einbezogen ist. In solchen Fällen wird man von einem Sicherheits- und Gesundheitsschutzmanagementsystem sprechen können. Beschrieben wird derjenige Aspekt der Gesamtführungsaufgabe, welcher die Arbeitsschutzpolitik, die Ziele und Verantwortlichkeiten festlegt, die konkreten Risiken in Gestalt von Arbeitssicherheitsdefiziten identifiziert und eliminiert sowie alle geplanten und systematischen Tätigkeiten initiiert, welche notwendig sind, um die öffentlich-rechtlichen Verpflichtungen zu erfüllen.

Kleinbetriebe

In kleineren Betrieben wird sich ein großer Teil dieser Managementaufgaben in der Gedankenwelt des Unternehmers oder Betriebsleiters abspielen, und nur in bestimmten Bereichen wird es möglich und notwendig sein, formale Konzepte für die Integration der Erfordernisse des Arbeitsschutzes in die betrieblichen Abläufe und Entscheidungen festzulegen. Trotzdem wird das Ziel einer integrativen Einbindung des Arbeitsschutzes in das Betriebsgeschehen und in die betrieblichen Entscheidungen in allen Betrieben in gleicher Weise und umfassend anzustreben sein. Auch in kleineren Betrieben kann man also im weitesten Sinne von der Anwendung eines Arbeitsschutzmanagements sprechen. Der Unterschied besteht im Wesentlichen nur in den dazu vorhandenen und nutzbaren Ressourcen.

Während im Großbetrieb umfassende Konzepte erstellt, verwirklicht und auf allen Ebenen des Betriebes und bei allen Entscheidungen laufend auf ihre Effizienz überprüft und erforderlichenfalls angepasst werden müssen, kommt es im Kleinbetrieb im Wesentlichen darauf an, dass die Verantwortlichen, vor allem der Betriebsleiter, im Sinne und in der Anwendung dieses Managementdenkens umfassend informiert und geschult sind. Die Kontrolle, ob dadurch im Kleinbetrieb der Arbeitsschutz tatsächlich effizient und integrativ in allen betrieblichen Belangen berücksichtigt wird, kann in diesem Fall aber nur durch die unmittelbare Beteiligung der betroffenen Arbeitnehmer oder durch die im Betrieb tätigen Präventivfachkräfte erfolgen.

Wirtschaftlicher Vorteil

Wird Arbeitsschutz, sei es im Großbetrieb durch entsprechende Konzepte oder im Kleinbetrieb durch entsprechende Sensibilisierung und Schulung der Verantwortlichen, in dieser Form umgesetzt, so wird dies für die Qualität des Arbeitsschutzes im Betrieb einen großen Sprung nach vorn bedeuten. Die Beschäftigten werden die verbesserten Arbeitsbedingungen eines ungestörten Betriebes mit erhöhter Leistungsmotivation für den Betrieb beantworten, und Störungen, Unfälle und Krankenstände werden somit zum wirtschaftlichen Vorteil des Unternehmens minimiert.

Arbeitsschutzmanagementsysteme (AMS)

Zusammenfassend kann also festgehalten werden, dass Arbeitsschutzmanagement – vor dem Hintergrund der rechtlichen Verpflichtungen des Arbeitgebers angewendet – in jedem Betrieb eine moderne Notwendigkeit darstellt. Dieses Management kann in jedem Betrieb entsprechend seiner Größe systematisch durch Konzepte und als Bestandteil der Unternehmenskultur oder durch Herausbildung einer bestimmten mentalen Einstellung der einzelnen Verantwortlichen realisiert werden. Die Entwicklung und Realisierung solcher Arbeitsschutzmanagementsysteme (AMS) trägt wesentlich zur Verbesserung der Arbeitsbedingungen und zur Gewährleistung eines umfassenden Gesundheitsschutzes für die Beschäftigten im Betrieb bei und ist daher als Schlüssel des wirtschaftlichen Erfolges zu sehen – insbesondere von kleinen und mittleren Unternehmen.

5.1.4 Tendenzen und Entwicklungen

Sicherheits-Certificat-Contraktoren-System (SCC)

Über die konkreten Wege zur Realisierung derartiger Managementsysteme wurde noch nicht gesprochen. Für die Großbetriebe existiert dazu bereits ein umfangreiches Anbot an Methoden, nach denen vorgegangen werden kann. Diese Methoden orientieren sich einerseits an den Normenreihen zur Qualitätssicherung (ISO 9000) oder für das Umweltschutzmanagement (ISO 14000) und berücksichtigen andererseits bestimmte branchenbezogene bzw. unternehmensbezogene praktische Erfahrungen. Hierzu zählen beispielsweise das so genannte „Sicherheits-Certificat-Contraktoren-System" (SCC) oder die von der Arbeitsschutzverwaltung (Staatliche Gewerbeaufsicht) entwickelten oder unterstützten Systeme ASCA (Arbeitsschutz und Sicherheitstechnik in Chemieanlagen) oder OHRIS (Occupational Health- and Risk-Managementsystem). In einigen Ländern sind derartige Methoden auch bereits in Normen festgehalten (z.B. British Standard 8800).

Selbstzertifizierung

Für Kleinbetriebe gibt es noch kein so breites Anbot an Empfehlungen oder Rezepten, wie vorzugehen ist. Es bieten sich jedoch die vom Hauptverband der deutschen Berufsgenossenschaften herausgegebenen Empfehlungen „5 Bausteine für einen gut organisierten Betrieb – auch in Sachen Arbeitsschutz" als Leitfaden für das Arbeitsschutzmanagement in Kleinbetrieben an. Auch die Tiefbau-Berufsgenossenschaft hat sich dieses Problems angenommen und empfiehlt in Zusammenhalt mit von ihr angebotenen Führungskräfteschulungen eine eigenverantwortliche Dokumentation der für den Betrieb gewählten Methoden und – sofern als notwendig erachtet – gestützt auf DIN 66066, Teil 3, eine eigenverantwortlich erstellte Bescheinigung über die Konformität der im Betrieb angewendeten Methoden mit den oben genannten Systemen (Selbstzertifizierung).

Viele Methoden anwendbar

Diese Vielfalt anwendbarer Methoden ist zu begrüßen, da jeder Betrieb nach seinen jeweiligen speziellen Erfordernissen und entsprechend der Betriebsgröße und der vorhandenen Entscheidungsebenen die jeweils geeignetste Methode auswählen und gegebenenfalls auch nach spezifischen Gegebenheiten anpassen oder sogar eine eigene Methode betriebsspezifisch selbst entwickeln kann. Das Ziel einer Verbesserung der Arbeitsbedingungen und des Gesundheitsschutzes wird weitgehend unabhängig von der gewählten Methode in jedem Fall erreicht werden können, wenn nur die oberste Managementebene des Betriebes sich voll hinter diese Ziele stellt. Aus dieser Perspektive können daher alle entwickelten Methoden gleichermaßen als zielführend angesehen werden.

Gerade an dieser Stelle ergibt sich aber ein Denkansatz, der die bisher positive Entwicklung zu einem negativen Trend umfunktionieren könnte. Immer öfter

Ruf nach Normierung

wird der Ruf laut, Arbeitsschutzmanagement – und damit eine bestimmte Methode – zu normieren, um die Vielfalt durch eine in der Anwendung leicht vergleichbare Standardmethode zu ersetzen. Es ist dabei interessant, dass diese Forderung weniger aus den Betrieben kommt, denen die Vielfalt der Methoden es ermöglicht, nach dem Grundsatz der „best practic“ auszuwählen oder selbst zu entwickeln, sondern dass diese Gedanken einer Normierung vor allem von den Normungsorganisationen und insbesondere von Interessenvertretern der Zertifizierungsstellen vehement vertreten werden. Unterstützt wird die Forderung nach einer Norm indirekt und ungewollt von Großkonzernen, die von ihren Zulieferfirmen immer häufiger neben dem Nachweis eines Qualitätssicherungssystems auch den Nachweis über ein Arbeitsschutzmanagement fordern und diesen Nachweis der Einfachheit halber durch ein Zertifikat belegt haben wollen.

Einschränkung der Vielfalt

Sowohl auf der Ebene der ISO als auch bei CEN hat es bereits mehrfach den Versuch der Ausarbeitung einer entsprechenden Norm gegeben. Sofern diese Bemühungen zu einer europäischen Norm führen, würde dies eine Einschränkung der Vielfalt der bestehenden Möglichkeiten auf eine bestimmte, der Norm entsprechende Methode bedeuten. Für die Großbetriebe würde dies maximal eine Umstellung ihrer Konzepte auf diese Methode bedeuten. Für Kleinbetriebe kann dies eine Palette von bürokratischem und beachtlichem finanziellem Aufwand (Dokumentationspflichten, Auditierungen etc.) zur Folge haben, der in keinem Verhältnis zum erreichbaren Erfolg steht und wodurch nur erreicht würde, dass die für den Kleinbetrieb wesentlichste Voraussetzung für die Verbesserung der Arbeitsbedingungen und des Gesundheitsschutzes, nämlich die Motivation der Verantwortlichen, geschwächt wird.

Trotz dieser absehbaren nachteiligen Folgen und trotz der Tatsache, dass einige Normungsorganisationen wie Deutschland oder Österreich gegen diese Vorhaben Stellung beziehen, ist es absehbar, dass es unter dem Druck bestimmter Lobbys früher oder später zu einer derartigen Norm kommen wird. Dabei wird meist mit Absicht übersehen, dass für die oft als Vorbild herangezogene Normung auf den Gebieten der Qualitätssicherung und des Umweltschutzes ganz andere Randbedingungen gelten. Während Produktqualität und Umweltschutzmaßnahmen allein nach unternehmenspolitischen Gesichtspunkten vom Unternehmer entschieden werden können, sind beim Arbeitsschutz die Beteiligungs- und Mitwirkungsrechte der Belegschaft zu berücksichtigen, eine Komponente, die keinesfalls durch eine Norm geregelt werden kann und soll.

Auftrieb durch staatliche Vorschriften

Auf der anderen Seite wird dem Gedanken des Arbeitsschutzmanagements durch staatliche Vorschriften Auftrieb gegeben. In der Verordnung über die Sicherheit von Anlagen steht zu erwarten, dass wenn der Arbeitnehmer über ein Arbeitsschutzmanagement verfügt, welches für die Planung, Durchführung und Kontrolle der erforderlichen Arbeitsschutzmaßnahmen sorgt und den Anforderungen an die Sicherheit und den Gesundheitsschutz entspricht, in der Regel davon ausgegangen werden kann, dass die erforderlichen Maßnahmen getroffen sind. Es ist zu erwarten, dass ein Managementsystem in der vorgeschriebenen Art als Grundlage von Prämiengewährung durch die Unfallversicherer angesehen werden kann.

Im Einzelnen wären folgende Anforderungen an ein Managementsystem im Arbeitsschutz zu stellen:

Anforderungen an ein Managementsystem

- Ein Arbeitsschutzmanagementsystem soll mindestens folgende Aufgaben erfüllen: Es soll
  - den Arbeitsschutz weiter verbessern,
  - die Prävention als vorrangiges Ziel im Unternehmen festschreiben,
  - die Eigenverantwortung der Unternehmer fördern,
  - die Einbeziehung der Beschäftigten und ihrer betrieblichen Interessenvertretungen verbessern,
  - die Motivation der Unternehmensleitungen und aller Beschäftigten erhöhen und damit auch die Qualität der Produkte und Dienstleistungen und die betrieblichen Umweltbedingungen verbessern helfen,
  - die betriebswirtschaftlichen Kosten verringern,
  - Synergien mit anderen Führungssystemen nutzbar machen,
  - zu einer verbesserten Transparenz im Unternehmen und gegenüber Externen führen.
- Das Konzept muss umfassend sein; das bedeutet, dass alle Führungselemente und Elemente der Aufbau- und Ablauforganisation des Unternehmens hinsichtlich ihrer normativen, strategischen und operativen Funktionen sowie ihre Wirkungsweise im Sinne einer Verifikation beschrieben werden.
- Das System muss ganzheitlich und kompatibel zu bestehenden Managementsystemen wie Umwelt- und Qualitätsmanagementsystemen sein und die Übernahme in ein universelles Führungssystem (Generic-Management-System) ermöglichen; die Schnittstellen zu anderen Systemen müssen festgelegt und Überschneidungen beschrieben sein.
- Es sind spezifische Arbeitsschutzelemente zu entwickeln, die dem umfassenden Präventionsansatz Rechnung tragen und den speziellen Anforderungen bezüglich der Führungselemente und der Elemente der Aufbau- und Ablauforganisation genügen.
- Arbeitsschutzmanagementsysteme müssen gewährleisten, dass Defizite bei der Planung und Durchführung des Arbeitsschutzes und Schwachstellen der Arbeitsschutzorganisation erkannt und die Ursachen derartiger Defizite beschrieben werden sowie die Durchführung der erforderlichen Maßnahmen und die Kontrolle ihrer Wirksamkeit gewährleistet sind (selbstständige Regelkreise).
- Arbeitsschutzmanagementsysteme müssen von ihrer Struktur, der Umsetzung und den Ergebnissen her anhand vorgegebener Parameter bewertbar sein.
- Arbeitsschutzmanagementsysteme müssen die eigenverantwortliche innerbetriebliche Überwachungspflicht auf allen Ebenen berücksichtigen.
- Die für die Systembewertung und -kontrolle erforderlichen Informationen sind in geeigneter Weise zu dokumentieren.
- Arbeitsschutzmanagementsysteme müssen die Möglichkeit der Systemkontrolle bieten; damit sind wesentliche Voraussetzungen gegeben, die Eigenkontrolle sowie die Aufsichtstätigkeit der zuständigen Behörden/Aufsichtsdienste zu optimieren.

5.2 Einführung von Arbeitsschutzmanagementsystemen

Dipl.-Ing. Josef Merdian

5.2.1 Problemstellung

Arbeitsschutz als Wettbewerbsfaktor

Durch die zunehmende Globalisierung und die sich dadurch ändernden wirtschaftlichen, politischen und rechtlichen Rahmenbedingungen wird der Nachweis des aktiven Arbeitsschutzes in den Unternehmen sowie die Sicherheit der hergestellten Produkte und Dienstleistungen zu einem immer wesentlicheren Wettbewerbsfaktor. Unternehmen, die sich diesem Wettbewerb nicht stellen, werden es in der Zukunft schwer haben, sich auf dem Markt zu behaupten. Althergebrachte und fest verwurzelte Strukturen sind in Frage gestellt und müssen einem immer stärkeren Flexibilisierungsprozess angepasst werden.

Bekannterweise steht uns für den Bereich des Arbeitsschutzes in Deutschland ein umfassendes Regelwerk zur Verfügung. Somit stellt sich die Frage: „Ist es überhaupt notwendig, über ein Arbeitsschutzmanagement nachzudenken; brauchen wir ein ASM-System?“ Die Antwort hierauf kann mit einer Gegenfrage beantwortet werden:

„Wie setzen wir die vielfältigen öffentlich-rechtlichen Verpflichtungen der Arbeitssicherheit und des Gesundheitsschutzes in das betriebliche Handeln um?“

Oder:

„Wie können die Sicherheit und der Gesundheitsschutz bei der Arbeit so in die Führung und Organisation des Unternehmens eingebunden werden, dass Arbeitsunfälle vermieden, die Beschäftigten in ihrer Gesundheit nicht gefährdet, die Arbeitsbedingungen menschengerecht gestaltet und dabei die wirtschaftlichen Interessen gewahrt werden?“

Ist-Zustand des betrieblichen Arbeitsschutzes

Erfüllung von Einzelvorschriften

Bis dato beschränkte sich der Arbeitsschutz häufig auf einen Soll-Ist-Vergleich der öffentlich-rechtlichen Vorgaben mit der realen Situation im Unternehmen. Unter Arbeitsschutz wurde selbst häufig von Arbeitsschutzexperten nur die Erfüllung von Einzelvorschriften verstanden, ohne das Gesamtsystem zu betrachten. Des Weiteren ist kennzeichnend für die derzeitige Situation im Arbeitsschutz, dass der technische Sicherheitsstandard hoch entwickelt ist und von den Unternehmen in der Regel erfüllt wird, dass aber mit der technischen Ausrichtung des Arbeitsschutzes allein eine signifikante und nachhaltige weitere Verbesserung des Arbeitsschutzes nicht mehr zu erwarten ist. Grobanalysen der Arbeitsunfälle zeigen, dass menschliches oder technisches Versagen scheinbar oft die unmittelbare Ursache für Unfälle, Erkrankungen und Störfälle ist. Die eigentlichen Ursachen ergeben sich jedoch in der Regel aus organisatorischem Versagen und fallen in die Verantwortungsbereiche der Organisationsleitung und der Führungskräfte.

Neuorientierung notwendig

Soll sich also die Situation des betrieblichen Arbeitsschutzes spürbar verbessern, muss durch ein etabliertes ASM-System sichergestellt werden, dass die notwendigen Arbeitsschutzmaßnahmen bei allen Tätigkeiten und Abläufen beachtet werden. Dabei sind für alle betrieblichen Abteilungen, welche direkt oder indirekt von den externen und internen Anforderungen des Arbeitsschutzes betroffen bzw.

Betrachtung des Gesamtsystems

tangiert sind, die Aufgabenwahrnehmung sowie die Verantwortlichkeiten und Kompetenzen der Aufgabenträger eindeutig festzulegen. Zunehmend komplexe Arbeitsprozesse, veränderte Arbeitsbedingungen und neuartige Gefährdungen verlangen eine Orientierung hin zu einem umfassenden Ansatz, um Sicherheit und Gesundheitsschutz bei der Arbeit zu gewährleisten. Gefragt sind somit intelligente methodische Lösungen, die es dem Unternehmer ermöglichen, den Gedanken des Arbeitsschutzes in alle betrieblichen Organisationsebenen wirksam hineinzutragen, bei allen Tätigkeiten zu berücksichtigen und durch geeignete Maßnahmen des Arbeitsschutzes umzusetzen. Diese Maßnahmen müssen verstärkt der Gestaltung der Arbeitsbedingungen, der Optimierung von Betriebs- und Verfahrensabläufen und der Beeinflussung von Verhaltensweisen dienen, um so die Abwehr arbeitsbedingter Gesundheitsgefahren sicherzustellen und die betriebliche Gesundheitsförderung weiterzuentwickeln.

Das Arbeitsschutzmanagement will unter anderem die abstrakten, für sich isolierten, aber konkreten öffentlich-rechtlichen Verpflichtungen den betrieblichen Organisationseinheiten und deren Aufgabenträger zuweisen bzw. die betrieblichen Bereiche, Abteilungen und Funktionen vernetzen. Jede betriebliche Organisationseinheit und jeder Einzelne trägt eine Verantwortung im Arbeitsschutz. Der Umfang und die Tiefe der Verantwortung sind den Betroffenen häufig nicht bekannt.

Soll-Zustand des betrieblichen Arbeitsschutzes

Strukturierung und Vernetzung

Die punktuellen Arbeitsschutzmaßnahmen müssen also systematisch in ihrem Gesamtspektrum vernetzt, nachvollziehbar geordnet und strukturiert werden. Deswegen werden unter anderem ASM-Systeme diskutiert, entwickelt oder bereits in der betrieblichen Praxis angewendet. Arbeitsschutz muss in seiner interdisziplinären Gesamtheit im Unternehmen durchgängig, also auf allen Organisationsebenen und bei allen Tätigkeiten, integriert werden. Diese Integration kann und darf nicht dem Zufall überlassen sein. Sie muss vielmehr im Sinne des Arbeitsschutzgesetzes organisiert werden, das heißt, Arbeitsschutz muss „gemanagt" werden. In § 3 Abs. 2 ArbSchG wird die Bereitstellung einer geeigneten Organisation verlangt, um die Maßnahmen des Arbeitsschutzes sachgerecht zu planen und durchführen zu können. Nur so kann der Verpflichtung für die Sicherheit und den Gesundheitsschutz der Beschäftigten in besonders geeigneter Weise nachgekommen werden. Des Weiteren haben die Erfahrungen mit Qualitätsmanagementsystemen gezeigt, dass in Unternehmen insbesondere die organisatorischen Strukturen, also die gezielte Organisation von Abläufen, Zuständigkeiten und Verantwortlichkeiten, zu optimieren sind. Diese positiven Erfahrungen lassen sich natürlich auch auf den betrieblichen Arbeitsschutz übertragen. Es muss als eine zentrale Zukunftsaufgabe angesehen werden, den betrieblichen Arbeitsschutz ebenso zu organisieren, dass er unmittelbar und mittelbar in diese Kernprozesse des Unternehmens eingebunden wird.

Aufgaben des Arbeitsschutzmanagements

Das Arbeitsschutzmanagement ist Teil eines Führungssystems, das der Unternehmensleitung eine optimale Führung des Unternehmens in Bezug auf die Arbeitssicherheit und den Gesundheitsschutz ermöglicht. Es umfasst die Festlegung von Organisationsstrukturen, Verantwortlichkeiten, Methoden, Verfahren, Prozessen und Mitteln zur Entwicklung, Aufrechterhaltung, Bewertung und Verbesserung von Strukturen, Verhalten und Aktivitäten. Bei einem Arbeitsschutzmanagement geht es somit um die systematische, planmäßige und zielorientierte Bearbeitung der betrieblichen Kernprozesse sowie der externen und internen Schnittstellen.

Grundpflichten des Arbeitgebers

§ 3 ... für eine Organisation zu sorgen ...; Mittel bereitzustellen ... Beachtung der Schutzmaßnahmen betriebsweit zu gewährleisten.

§ 7 ... auf personelle Befähigung zu achten.

§ 8 ... Koordination mit anderen Arbeitgebern ...; für Anweisungen an Fremdpersonal zu sorgen und sich vergewissern ...

§ 9 ... Maßnahmen gegen besondere Gefahren treffen (Fluchtwege, Unterrichtungen ...) ...

§ 10 ... Notfallmaßnahmen treffen ... (erste Hilfe, Brandbekämpfung ...)

§ 11 ... Arbeitsmedizinische Vorsorge ermöglichen.

§ 12 ... Personal regelmäßig unterweisen ...

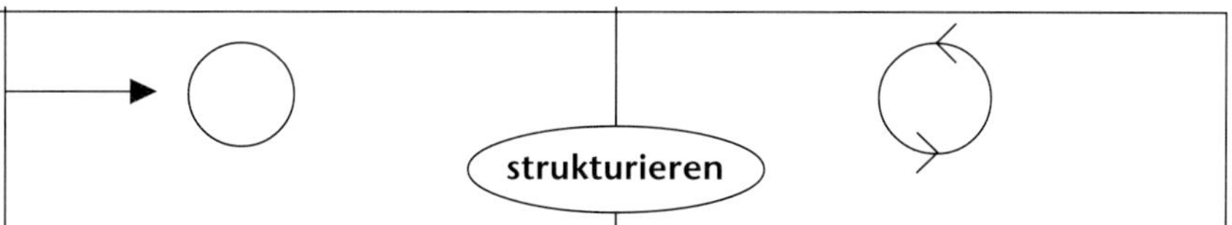

	kontrollieren	systematisieren
Qualität	Qualitätskontrolle nach Fertigstellung des Produktes	Qualitätsmanagementsystem
Arbeitsschutz	Sicherheitskontrolle der Betriebseinrichtungen	Arbeitsschutzmanagementsystem
Umweltschutz	Grenzwertkontrollen der der Emission	Umweltmanagementsystem

Abb. 1: Managementsysteme

Arbeitsschutz ist gleichrangiges Unternehmensziel

Der Arbeitsschutz ist neben Wirtschaftlichkeit, Qualität und Umweltschutz ein gleichrangiges Unternehmensziel. Bekannterweise wird die Qualität der Produkte als ein Unternehmensziel z.B. nur dann gewährleistet sein, wenn die Qualität der Leistung (Arbeit, Prozesse, Material) gegeben ist. Die Qualität der Arbeit wird bestimmt von der Qualität der Arbeitsabläufe und Verfahren (Prozessorientierung, Gestaltung der Arbeitsmittel) sowie von der Qualität der Arbeitsbedingungen (Tätigkeitsorientierung, Zusammenarbeit, Mitwirkungsmöglichkeiten, Qualifizierungsmöglichkeiten). Die Arbeitsqualität, welche maßgeblich durch den Arbeitsschutz definiert wird, ist ein unverzichtbares Element der Prozessqualität und liefert letztlich einen nachweisbaren Beitrag zur Wirtschaftlichkeit. Die durch die Integration des Arbeitsschutzes in die betriebliche Organisationsstrukturen erreichten Verbesserungen tragen nicht nur zur Senkung der unfall- und krankheitsbedingten Ausfalltage bei, sondern mittelbar auch zu einer Verbesserung der Wirtschaftlichkeit und der Qualität der Produkte.

Betriebliche Organisationsstrukturen

5.2.2 Interpretation der Managementbegriffe

Was ist Management?
Management ist eine moderne Bezeichnung für geplantes Führen. Unternehmen werden stets auf der Grundlage mehr oder weniger formalisierter und installierter Führungssysteme geleitet. Diese Führungssysteme differieren nach Unternehmensgrößen, Branchen oder Organisationsformen. Sie werden in der Regel mit zunehmender Größe der Unternehmen komplexer. Die Rahmenbedingungen für solche Systeme werden außer durch ökonomische Zielsetzungen insbesondere durch Rechtsvorschriften und durch Markt- bzw. Kundenanforderungen bestimmt.

Was ist Arbeitsschutzmanagement?
Derjenige Aspekt der Gesamtführungsaufgabe, welcher die Arbeitsschutzpolitik, die Ziele und Verantwortlichkeiten festlegt, die konkreten Risiken in Gestalt von Arbeitssicherheitsdefiziten identifiziert und eliminiert sowie alle geplanten und systematischen Tätigkeiten initiiert, welche notwendig sind, um die öffentlich-rechtlichen Verpflichtungen zu erfüllen.

Was sind Managementsysteme?
Managementsysteme sind formalisierte und installierte Führungssysteme, die von der Unternehmensleitung in allen betrieblichen Hierarchie- und Organisationsebenen eingeführt und bei allen Tätigkeiten – insbesondere zur Optimierung von Betriebs- und Verfahrensabläufen – zugrunde gelegt werden können. Sie legen Verantwortung, Zuständigkeiten und Aufgaben fest und dienen dazu, die konsequente betriebliche Umsetzung der unternehmenspolitischen Ziele sowie der oben genannten Anforderungen auch im Hinblick auf eine kontinuierliche Verbesserung dauerhaft zu gewährleisten. Managementsysteme enthalten darüber hinaus Selbstüberwachungs- und Bewertungselemente, mit denen organisatorische Schwachstellen ermittelt und Verbesserungsprozesse eingeleitet werden. Ein Unternehmen kann nur ganzheitlich, also unter Einbeziehung aller Strukturen und Tätigkeiten, „gemanagt" werden. Das heißt, die organisatorischen Führungselemente und -methoden für Personalwesen, Entwicklung, Produktion, Logistik, Service, Marketing und andere müssen kompatibel und zu einer umfassenden Managementstruktur verknüpfbar sein. Dies dient nicht nur der Optimierung der Aufbau- und Ablauforganisation im Unternehmen, sondern führt auch zu Synergieeffekten. Die Grundsatzentscheidung über die Einführung eines Managementsystems ist aber letztlich die freie Entscheidung des Unternehmers. Ein Management im Allgemeinen formuliert *keine* neuen Anforderungen, sondern stellt einen Ordnungsrahmen dar bzw. beschreibt Strukturen. Diese müssen mit konkreten Inhalten gefüllt werden. Im Mittelpunkt stehen also die betrieblichen Strukturen und Abläufe.

Organisatorische Führungselemente

Was sind Arbeitsschutzmanagementsysteme?
Eine auf die jeweilige Organisation bezogene Verfahrensbeschreibung eines ASM, das die Handhabung der arbeitsschutzbezogenen Risiken, die mit der Geschäftstätigkeit der Organisation in Verbindung stehen, erleichtert und Gewähr dafür bietet, dass die öffentlich-rechtlichen Verpflichtungen eingehalten werden. Dazu zählen Organisationsstruktur, Planungstätigkeiten, Verantwortlichkeiten, Methoden, Verfahrensweisen, Prozesse, Mittel und Ressourcen zur Entwicklung, Implementierung, Erfüllung, Bewertung und Aufrechterhaltung der Arbeitsschutzpolitik der Organisation.

5.2.3 Der Deming-Kreis als Modell eines Managementsystems

PDCA-Kreis

W. Edwards Deming hat in den 50er Jahren vorgeschlagen, Geschäfts-, Herstellungs- und Arbeitsprozesse ständig zu analysieren und zu bewerten, um so negative Einflussfaktoren zu erkennen. Er empfahl, all diese Prozesse dauernd rückzukoppeln (feed-back) um so festzustellen, ob und wo Änderungen notwendig bzw. Optimierungspotenziale vorhanden sind. Er kreierte den so genannten Deming-Kreis, um diesen ständigen Rückkopplungsprozess bildhaft darzustellen. Dieser Deming-Kreis ist allgemein auch als PDCA-Kreis bekannt. Er hat für die Managementprozesse im Arbeitsschutz ebenso Gültigkeit.

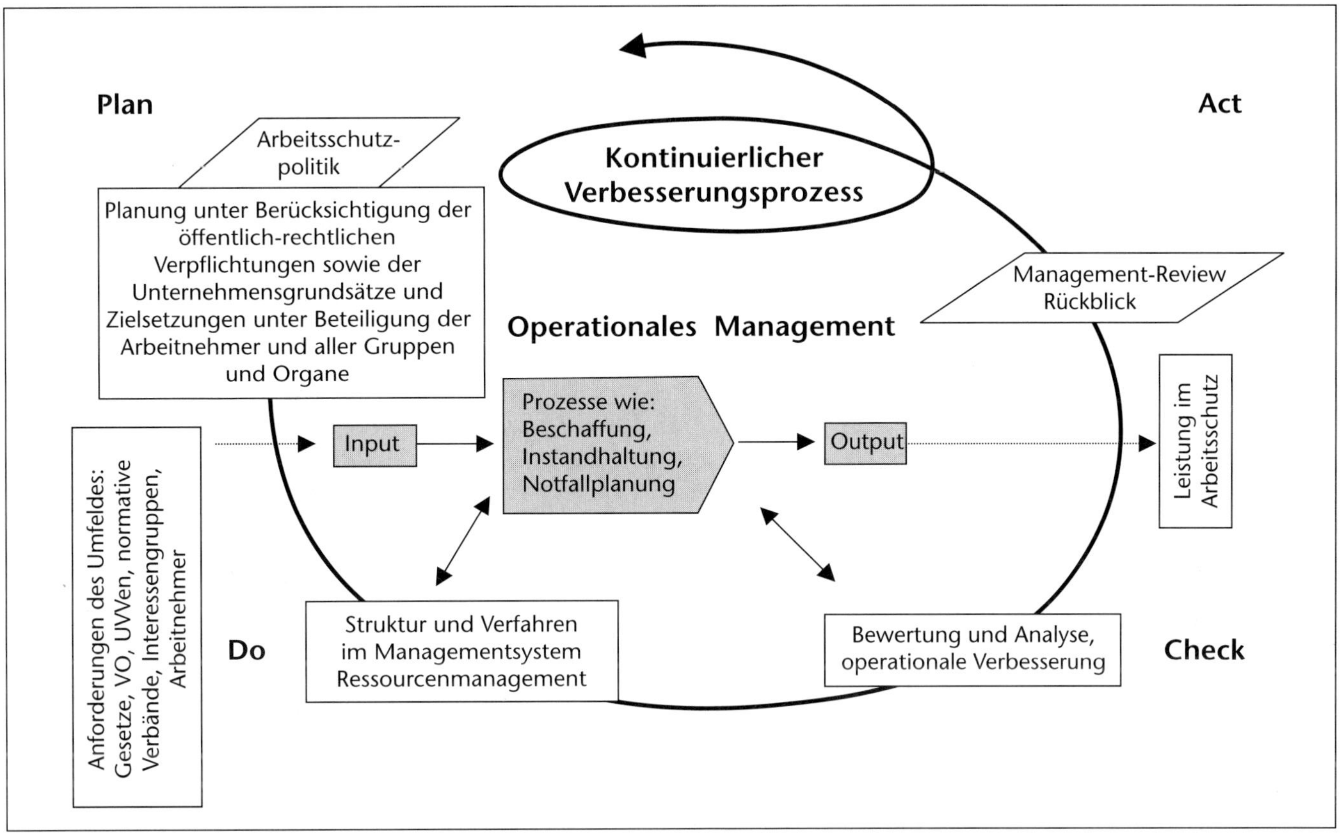

Abb. 2: Modell eines Managementsystems (PDCA)

PDCA steht für:

Plan: Planen von Komponenten eines Prozesses, um dessen Ergebnisse zu verbessern

Do: Ausführen der notwendigen Aktionen entsprechend der getroffenen Maßnahmen der Planung

Check: Prüfen anhand festgelegter Kriterien (Messen, Beobachten, ...), wobei deren Resultate den Entscheidungsträgern mitzuteilen sind

Act: Entscheidung über notwendige Veränderungen, um den Prozess zu optimieren

Der Deming-Kreis hat nicht nur Gültigkeit für das Management des Arbeitsprozesses (operative Ebene), sondern ebenso für das strategische Management. Diese Differenzierung liegt darin begründet, dass ein Management verschiedene Zeitzyklen hat.

Regelmäßige Bewertung

Auf der Ebene des strategischen Managements stellt sich beispielsweise die Frage, ob ein formales Managementsystem vorliegt oder nicht, wie die Politik formuliert ist, ob und wie die Ziele verfolgt werden und wie der Managementrückblick (Review) ausgeführt wird. Diese Betrachtung kann in langfristigen Zeitzyklen geschehen. Demzufolge ist die regelmäßige Bewertung auf die fortdauernde Eignung, Angemessenheit und Wirksamkeit im ASM-System ein zentrales Element der ASM-Führungselemente, wie im Darlegungsmodell beschrieben.

Auf der operativen Ebene hingegen werden die Durchführung der Prozesse sowie die erforderlichen durchzuführenden Kontrollen und Inspektionen auf bestimmte Kriterien hin in kurzen Zeitzyklen, z.B. täglich, notwendig werden.

Strategisches Management **wirkt** auf das System **ein**, während das durchführende Management **im** System arbeitet. Die obere Managementebene macht sich Gedanken darum, „die richtigen Dinge zu tun“, während die durchführende Ebene sich Gedanken darum macht, „die Dinge richtig zu tun“.

5.2.4 Darlegungsmodell

Systematische, betriebliche Organisationsformen sind ein wichtiger Bestandteil für wirtschaftliches Handeln. Standardisierte Managementsysteme, wie sie in der Normenfamilie der ISO 9000 ff. für das Qualitätsmanagement und der EN 14000 für das Umweltschutzmanagement beschrieben sind, gibt es für das Arbeitsschutzmanagement noch nicht. Es sind hingegen verschiedene Vorstellungen und auch Normenentwürfe veröffentlicht.

Umorientierung ist notwendig

Wie aber bereits beim Qualitätswesen erfolgt, ist auch beim Arbeitsschutz ein Umorientieren notwendig, um in die häufig statisch angelegte Arbeitssicherheitsorganisation bewegende Elemente zu implizieren. Hierzu gehören Motivationstechniken ebenso wie die Psychologie der Arbeitssicherheit und ein systematischer Arbeitsschutz. Nicht die Technik darf in der Betrachtung im Vordergrund stehen. Vielmehr sind die Schwachstellen auch in den Bereichen Mensch, Arbeitsumwelt und in den entsprechenden organisatorischen Strukturen gleichrangig zu analysieren, wobei die Interaktionen besonders wichtig sind, da es an den Schnittstellen zu den Gefährdungen kommt.

Betriebsstrukturen und -abläufe betrachten

Ein ASM-System aufbauen heißt daher, sich intensiv mit den Schnittstellen zwischen Abteilungen, Gruppen und Personen zu beschäftigen, welche die erforderlichen Prozesse durchführen. Somit müssen die Prozesse in ihrer Komplexität strukturiert und die Interaktionen beschrieben sein. Änderungen in einen Prozess bzw. Element des Darlegungsmodells können Rückkopplungen auf andere Prozesse haben. Ein Managementsystem im Allgemeinen formuliert keine neuen Anforderungen, sondern beschreibt lediglich die Strukturen, stellt einen Ordnungsrahmen der Organisation dar. Ein Arbeitsschutzmanagementsystem im Besonderen bietet die Gewähr dafür, dass die vielfältigen öffentlich-rechtlichen Verpflichtungen sowie die internen Anforderungen des Arbeitsschutzes sachgerecht verknüpft und in der betrieblichen Aufbau- und Ablauforganisation umgesetzt werden. Im Mittelpunkt stehen also die betrieblichen Strukturen und Abläufe.

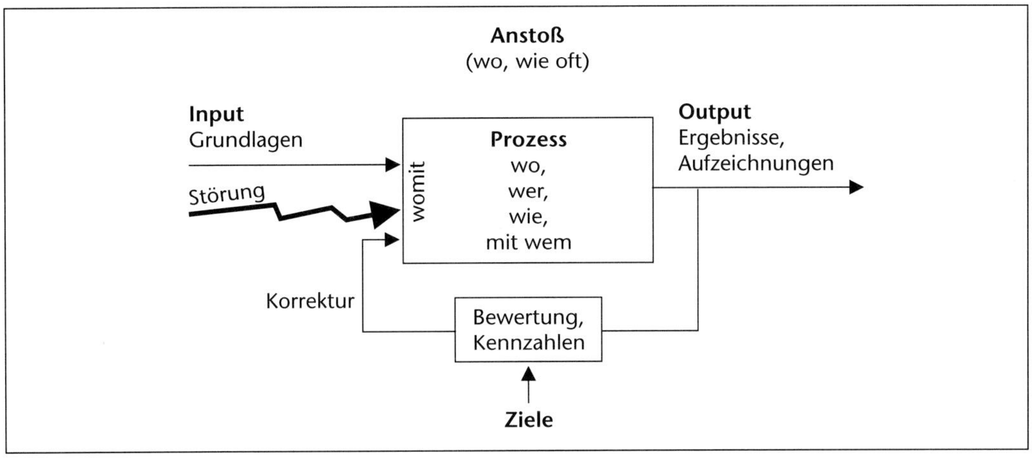

Abb. 3: Prozesse und Schnittstellen

Noch ohne Norm

So wie das Qualitätsmanagementsystem nach der ISO 9001 dargelegt werden kann, muss auch das betriebliche ASM-System dargelegt werden, muss in seinem Aufbau anhand eines Darlegungsmodells (wie im QM-System) strukturiert werden. Eine Norm darüber gibt es noch nicht; Normungsaktivitäten sind jedoch im Gange.

1 Aufgaben und Verantwortung der Unternehmensleitung

- 1.1 Arbeitsschutzpolitik
- 1.2 Bewertung
- 1.3 Dokumentation des ASM-Systems
- 1.4 Verknüpfbarkeit im Managementsystem
- 1.5 Interne und externe Kommunikation
- 1.6 Bereitstellung von Personal und Mitteln

2 Aufbauorganisation

- 2.1 Festlegung der organisatorischen Strukturen
- 2.2 Systemkoordinator für das ASM-System
- 2.3 Organisationseinheit Arbeitsschutz
- 2.4 Innerbetriebliche Ausschüsse und Arbeitskreise
- 2.5 Mitwirkung und Mitbestimmung

3 Ablauforganisation	
3.1	Lenkung und Analyse von Regelwerken
3.2	Ermittlung von Gefährdungen/Bewertung von Risiken
3.3	Minimierung von Gefährdungen und Risiken
3.4	Regelungen für den Notfall
3.5	Vertragsprüfung
3.6	Lenkung der ASM-Dokumente
3.7	Planung
3.8	Beschaffung
3.9	Instandhaltung/Überwachungsbedürftige Anlagen
3.10	Lenkung der Aufzeichnungen und Auflagen
3.11	Überprüfung, Überwachung
3.12	Unfalluntersuchung und Korrekturmaßnahmen
3.13	Aktionsprogramme/Gesundheitsförderung
4	**Personal**
4.1	Rechte der Beschäftigten
4.2	Pflichten der Beschäftigten
4.3	Arbeitsmedizinische Vorsorge
4.4	Unterweisung der Beschäftigten
4.5	Fortbildungs- und Qualifizierungsmaßnahmen

Abb. 4: Darlegungsmodell zum Arbeitsschutzmanagementsystem

ASM-Elemente für jeden Betrieb anwendbar

Da das ASM-System immer anwendungsspezifisch ausgerichtet sein muss, gibt das Darlegungsmodell nur vor, was und anhand welcher ASM-Elemente geregelt werden soll, aber nicht wie. Das „Wie“ bleibt dem Unternehmen vorbehalten. Die ASM-Elemente sind so strukturiert geordnet und dem Grundsatz nach beschrieben, dass sie zweckmäßig, wirtschaftlich, nachvollziehbar und anwendbar sind. Die ASM-Elemente dieses Darlegungsmodells, die hier neutral beschrieben sind, sind für jeden Betrieb und jede Branche anwendbar.

Der Umfang der Nachweisführung eines betrieblichen ASM-Systems wird in Übereinstimmung mit folgenden Gesichtspunkten zu bringen sein:

- Arbeitschutzpolitik des Unternehmens
- Komplexität des Unternehmens
- Art des Fertigungsprozesses
- Art der durchzuführenden Tätigkeiten
- Komplexität der herzustellenden Produkte bzw. der zu erbringenden Dienstleistungen
- Arten der analysierten Risiken

- Unfallgeschehen
- Stand der Sicherheitstechnik und des Gesundheitsschutzes

Ein ASM-System aufbauen heißt:

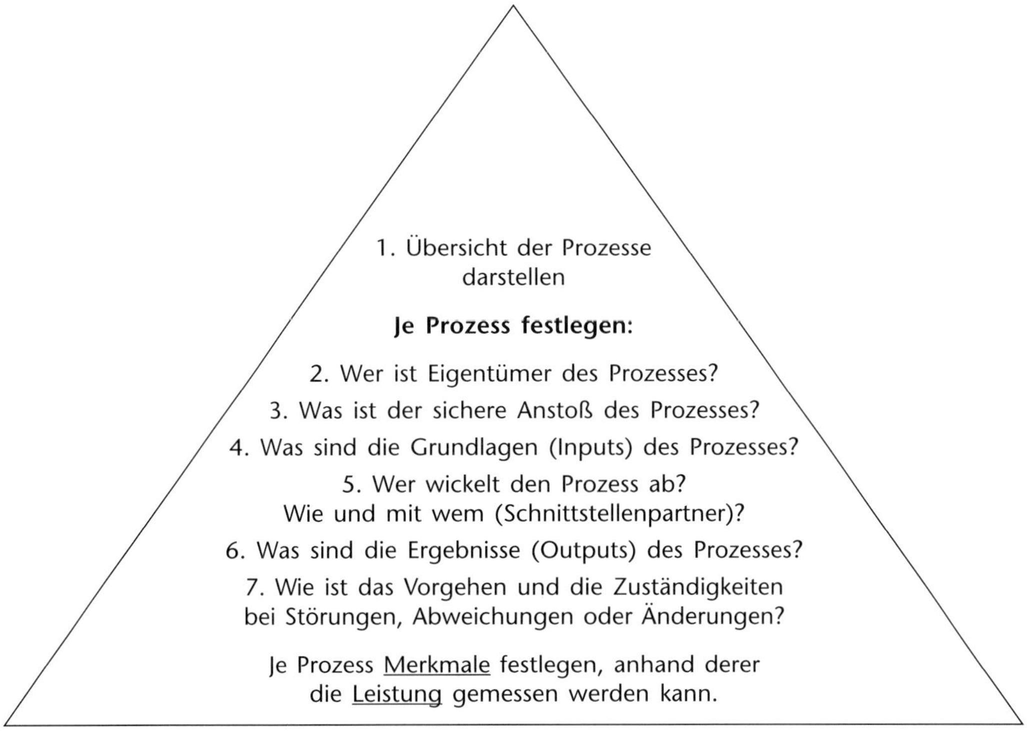

Abb. 5: Aufbau eines Arbeitsschutzmanagementsystems

5.2.5 Aufbau- und Ablauforganisation

Organisation eines Unternehmens

Unter der Organisation eines Unternehmens versteht man ein System von Regelungen, das die Aufgaben, Funktionen, Tätigkeiten und Vorgänge der Aufgabenträger und ihrer Arbeitsleistungen auf die zu lösende Aufgabe des Unternehmens bezweckt.

Die Organisation legt einen Ordnungsrahmen fest, innerhalb dessen die Bereiche, Abteilungen, Gruppen und Personen sowie deren Aufgaben und Kompetenzen sinnvoll miteinander vernetzt sind. Des Weiteren sind die Kommunikationswege festgelegt.

Organisation ist somit ein vielschichtiger Prozess, bei dem eine Vielzahl untereinander bestehender Beziehungen und Bedingungen zu regeln ist. Durch die Organisation werden zum einem die betrieblichen Hierarchien beschrieben, zum andern wird festgelegt, wie die Funktions-, Kommunikations- und Informationsstrukturen bestimmt sind.

Eine Ideallösung gibt es nicht

Eine einzige Ideallösung für die Organisation eines Unternehmens im Allgemeinen und seines Arbeitsschutzes im Besonderen gibt es nicht. Jedes Unternehmen muss für sich den optimalen Ordnungsgrad finden, der seiner Struktur, seiner Größe und seiner unternehmerischen Zielsetzungen am besten entspricht.

Jede Organisation eines Unternehmens lässt sich in die Aufbau- und Ablauforganisation aufteilen.

Die **Aufbauorganisation** beinhaltet

- das Organigramm,
- die Festlegung der Kompetenzen,
- die Regelung der Verantwortlichkeiten, und

die **Ablauforganisation** regelt

- die dispositiven sowie
- die operativen Prozesse.

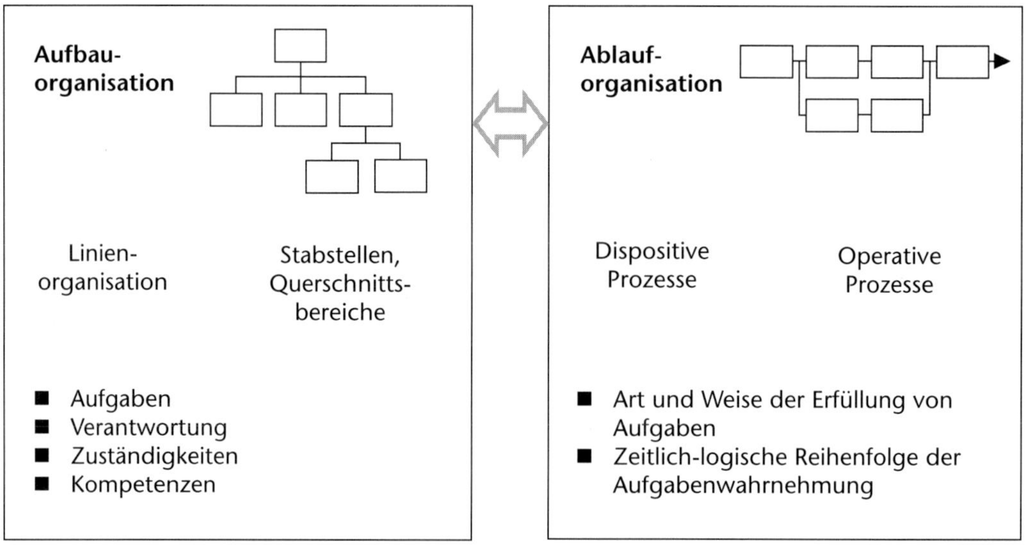

Abb. 6: Integration des Arbeitsschutzes in die betriebliche Aufbau- und Ablauforganisation

5.2.6 Organisationseinheit Arbeitsschutz

ASM-System als Ordnungsrahmen

Die Organisationseinheit Arbeitsschutz hat mit einer Vielzahl von betrieblichen Bereichen und Funktionen ständig zu tun. Daraus ergibt sich, dass nur ein Ordnungsrahmen die Strukturen vorgibt, wie diese Bereiche, Abteilungen und Funktionen mit dem Arbeitsschutz zu vernetzen sind. Dieser Ordnungsrahmen kann als ein ASM-System beschrieben werden.

Schlüsselfaktor Mitarbeiter

Die Organisationseinheit Arbeitsschutz initiiert und überwacht lediglich die geplanten und systematischen Tätigkeiten und Maßnahmen im Arbeitsschutz, sie ist jedoch nicht für den Erfolg dieser Maßnahmen zuständig. Arbeitsschutz ist vielmehr das Ergebnis der praktizierten Bemühungen eines jeden Einzelnen im gesamten Betriebsablauf. Der Durchbruch zu einer effizienten Sicherheitsleistung liegt bekanntermaßen überwiegend im menschlichen Bereich. Jeder Mitarbeiter muss erkennen und akzeptieren, dass Arbeitssicherheit und Gesundheitsschutz in seine

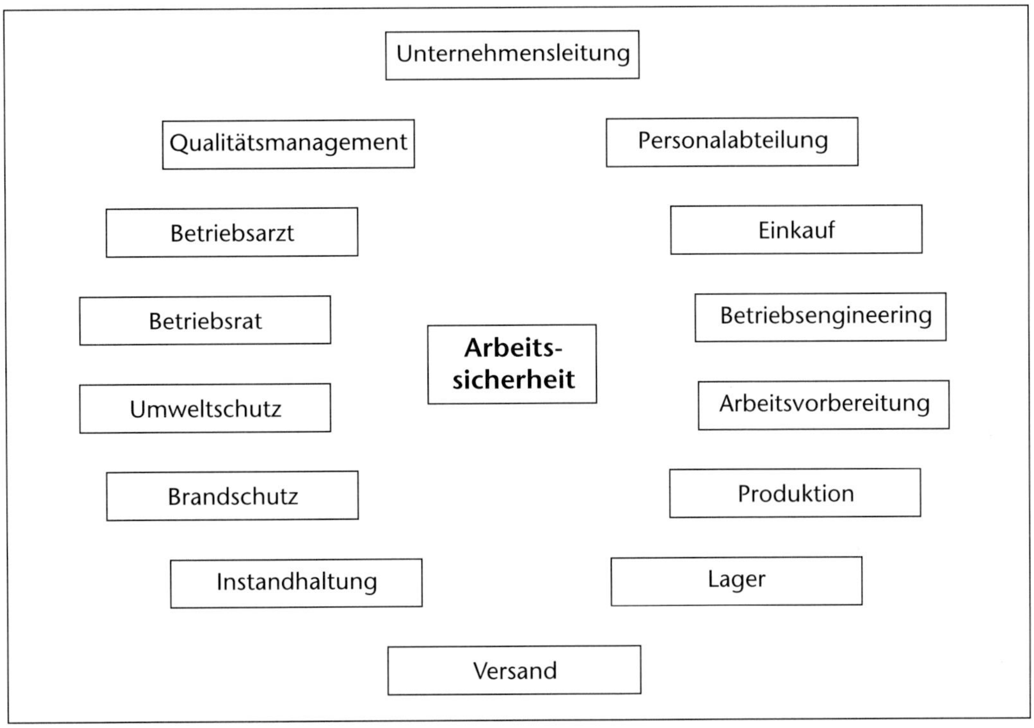

Abb. 7: Einflussbereiche des Arbeitsschutzes

ureigene Verantwortung fällt, dass er sich entsprechend zu verhalten hat. Die Verwirklichung des Arbeitsschutzmanagements bezieht alle Mitglieder der Organisation mit ein mit der Maßgabe, dass alle Führungskräfte und Beschäftigten in ihren Zuständigkeitsbereichen zur Einhaltung öffentlich-rechtlicher Verpflichtungen des Arbeitsschutzes und damit zur Gewährleistung der Sicherheit und des Gesundheitsschutzes am Arbeitsplatz als unternehmenspolitisches Ziel verpflichtet werden. Jeder Mitarbeiter muss wissen und verstehen, dass das Management ihm vertraut, dass es ihn in seinen Anstrengungen, sicher zu arbeiten, unterstützt und fördert. Die Mitarbeiter sind der Schlüssel zum Erfolg. Somit hat der praktizierte Arbeitsschutz auch viel mit Mitarbeitermotivation zu tun. Mit einem ASM-System wird der betriebliche Arbeitsschutz effizienter gestaltet und die humanitäre und soziale Verantwortung wird erfüllt.

Die Unternehmensleitung benennt bzw. bestellt entsprechend den gesetzlichen bzw. berufsgenossenschaftlichen Vorschriften (ASIG, BGV A 1, BGV A 6, BGV A 7) Sicherheitsfachkräfte, Sicherheitsbeauftragte, Betriebsärzte oder externe Dienste.

Die Aufgaben der Organisationseinheit Arbeitsschutz im ASM-System sind alle geplanten und systematischen Tätigkeiten, die innerhalb des Arbeitsschutzmanagements verwirklicht und so wie erforderlich dargelegt sind.

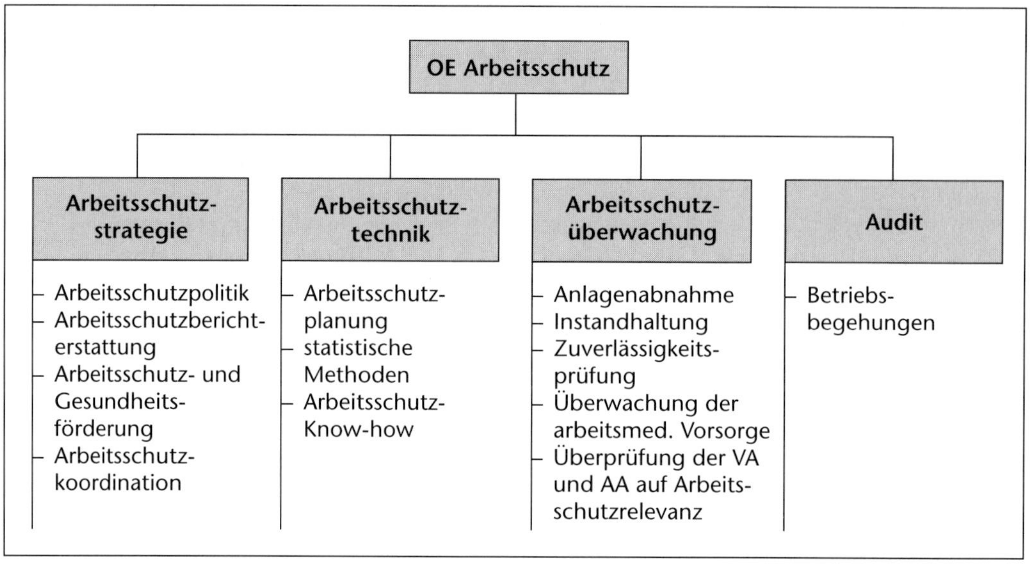

Abb. 8: Aufgaben der Organisationseinheit Arbeitsschutz

Neben den im ASiG beschriebenen Aufgaben sind dies insbesondere:

1. Arbeitsschutzstrategie
2. Arbeitsschutztechnik
3. Arbeitsschutzüberwachung

Arbeitsschutzstrategie

Unter Arbeitsschutzstrategie fallen z.B.

- Mitwirkung bei der Formulierung der Arbeitsschutzpolitik
- Mitwirkung bei der Aufstellung der jährlichen Arbeitsschutzziele, der Definition und der zu definierenden Kennzahlen
- Messen des erreichten Standards
- Koordination im Arbeitsschutz (Abgleichen und Einordnen der Arbeitsabläufe mehrerer Abteilungen und der Arbeitsleistung mehrerer Mitarbeiter auf das gemeinsame Ziel Arbeitsschutz)
- Mitwirkung bei der Einführung von Arbeitsschutzzirkeln
- Beiträge leisten zum Umweltschutz-, Risiko- und Krisenmanagement

Arbeitsschutztechnik

Unter die Arbeitsschutztechnik fallen z.B.

- ständige Anpassung der Ablauforganisation für arbeitsschutzrelevante Aspekte (Erstellen von ASM-Arbeits- und ASM-Verfahrensanweisungen bzw. Integration des Arbeitsschutzes in vorhandene Arbeits- und Verfahrensanweisungen)
- Durchführung von Analysen (Unfallanalysen, Gefährdungsermittlung, Risikobeurteilungen, ...)
- Darstellung des Unfall- und Krankheitsgeschehens

- Interpretation und Analyse von neuen rechtlichen und normativen Anforderungen
  - Definieren der Prozessqualität (Qualität des Arbeitslebens: Arbeitsstättengestaltung, Arbeitsplatzgestaltung, Arbeitszeitgestaltung, Arbeitsaufgaben- und Arbeitsablaufgestaltung)
  - Know-how-Zentrum für Arbeitsschutzfragen (Dies bedeutet eine Qualitätssicherung innerhalb des Arbeitsschutzes. Eine richtige, zielgerichtete, aktuelle Beratung der betrieblichen Funktionen und Organisationseinheiten ist Voraussetzung für einen optimalen Arbeitsschutz.)
- Führen von Katastern (Lärm-, Gefahrstoffkataster, ...)
- Einhaltung der Kennzeichnungspflichten
- Terminverfolgung (prüfpflichtige Anlagen, Unterweisungen, ...)
- Berichtswesen
- Fachliche Unterstützung bei der Aufstellung und Durchführung von Schulungs- und Motivationsprogrammen
- Zusammenarbeit mit Rettungsorganisationen (erste Hilfe, Feuerwehr, ...)
  Wie die Abgrenzung der Zuständigkeiten zwischen den beiden Funktionen (Systemkoordinator, Organisationseinheit Arbeitsschutz) festgelegt wird, hängt von den betrieblichen Faktoren und Gegebenheiten der einzelnen Unternehmen ab und kann somit nicht prinzipiell entschieden werden.

Arbeitsschutzüberwachung

Zur Arbeitsschutzüberwachung zählen z.B.

- Überwachung der technischen/organisatorischen Voraussetzungen für eine sichere und schädigungsfreie Ausführung der übertragenen Arbeitsausführung
  - Beseitigung der vorhandenen Arbeitsschutzdefizite
  - rechtzeitiges Anfordern von externen Arbeitsschutzexperten
  - Sicherheitsbegehungen

5.2.7 Ein Beitrag zur Wirtschaftlichkeit

Nutzen eines ASM-Systems

Der Nutzen eines betrieblichen ASM-Systems ergibt z.B.

- einheitliche Grundsätze für die Durchführung des Arbeitsschutzes und der Notfallvorsorge
- Integration bestehender, betriebsinternen Regelungen
- eindeutige Festlegung von Zuständigkeiten und Verantwortungen
- Regelungen der Zusammenarbeit
- Schärfen des Gefahren-/Risikobewusstseins
- Schaffung gerichtsfester Nachweise

Verschiedene Managementbereiche eines Unternehmens sind prinzipiell und methodisch systemverwandt. So lassen sich die Anforderungen an ein ASM-System in die Strukturen eines bestehenden Qualitäts- und Umweltschutzmanagements

Synergieeffekte nutzen

integrieren. Dies führt zu einem Synergieeffekt. Der Synergieeffekt basiert z.B. auf dem Umstand, dass ein Managementaspekt in mehr als einem Bereich relevant sein kann. Durch das Nutzen von Synergieeffekten werden Managementaktivitäten als Ganzes effektiver und produktiver.

5.2.8 Zusammenfassung

Die öffentlich-rechtlichen Verpflichtungen müssen sinnvoll analysiert, entsprechend den betrieblichen Gegebenheiten durch die Aufbau- und Ablauforganisation strukturiert und in einem ASM-System zusammengefasst werden. Die Einführung von ASM-Systemen eröffnet dem Arbeitsschutz neue Wege, in die betriebliche Wirklichkeit einzugreifen. Dies führt zu einer nachhaltigen Verbesserung des Arbeitsschutzes und liefert einen wertvollen Beitrag zur Wirtschaftlichkeit.

5.3 Das Managementsystem SCC – Inhalte, Bedeutung, Zukunft

Dipl.-Ing. Jens-Christian Voss

5.3.1 Arbeitsschutzmanagementsysteme als Mittel der Prävention

Umfassende Einbindung

Zur Verbesserung der Arbeitssicherheit, Unfallverhütung und Gesundheitsförderung in den Betrieben bekommen organisatorische Maßnahmen zunehmend stärkere Bedeutung. Dabei geht es nicht mehr allein um die organisatorischen Maßnahmen des betrieblichen Arbeitsschutzes im Sinne des Arbeitssicherheitsgesetzes von 1973, sondern um eine umfassende Einbindung des Arbeitsschutzes in alle betrieblichen Abläufe auf allen Ebenen. Wie dieses konkret aussehen kann, darüber gehen die Meinungen sehr weit auseinander. Wie viel Systemvorgaben von außen braucht ein Unternehmen und wie viel Systemvorgaben verträgt das Unternehmen?

Ganzheitliche Sichtweise

Vielfältige Firmenstrukturen, Betriebsgrößen und Unternehmensziele erschweren die Normierung der Vorgaben für die Einbindung des Arbeitsschutzes. Neue Wege werden zukünftig in den deutschen Unternehmen beschritten werden müssen, um den Arbeitsschutz sachgerecht und seiner Bedeutung entsprechend in die betrieblichen Abläufe und Strukturen globaler einzubinden. Er ist Teil eines funktionierenden Arbeitssystems und muss an neue Entwicklungen und Rahmenbedingungen auch angepasst werden. Moderner Arbeitsschutz kann in den Unternehmen zukünftig nur ganzheitlich gesehen und angelegt werden, damit es weder als konservativ oder unwichtig abgestempelt wird noch mangels Anpassungsfähigkeit an neue Entwicklungen und äußere Rahmenbedingungen an Akzeptanz verliert.

Das Grundlagendokument aller weltweit entwickelten Normen zu Arbeitsschutzmanagementsystemen AMS ist der vom Health and Safety HSE herausgegebene Leitfaden „**Successful Health & Safety Management**" von 1992. In Großbritannien wurde unter Leitung des Health and Safety Environment Sector Board auch die erste europäische Normenvorlage zu Arbeitsschutzmanagementsystemen in Form eines ausführlichen „**Leitfadens zur Errichtung von Arbeitsschutzmanagementsystemen**" erstellt.

Diese **Britische Norm BS 8800** wurde im Mai 1996 veröffentlicht. Im Vorwort wird in der British Standard 8800 darauf hingewiesen, dass sie weder als Spezifikation angeführt noch zu Zertifizierungszwecken herangezogen werden darf. Die betriebliche Praxis zeigt uns in Großbritannien jedoch etwas anderes. Die Anwendung der Norm entbindet den Unternehmer nicht von der Erfüllung seiner gesetzlichen Pflichten für den betrieblichen Arbeits- und Gesundheitsschutz.

Grundlegende Leitlinien eines Arbeitsschutzmanagementsystems sollen branchenübergreifend ausgerichtet sein und es gestatten, branchenspezifisch weiterentwickelt zu werden, um den individuellen Bedürfnissen im Einzelnen nachzukommen.

Internationale Vorschläge

Internationale Vorschläge zu Arbeitsschutzmanagementsystemen und deren Normung sind vielfältig und kommen aus aller Welt. Als Beispiele seien genannt:

Australien	SAA HB 53 „Handbuch – Managementsysteme für Arbeitsschutz und Rehabilitation in der Bauindustrie" (1994)

Australien und Neuseeland	Projekt Nr. SF/001-0020 C Entwurf Australische/neuseeländische Norm „Arbeitsschutzmanagementsysteme – Allgemeine Leitlinien zu Prinzipien, Systemen und unterstützenden Verfahren“ (1996)
Irland	„Entwurf für den Leitfaden eines Arbeitsschutzmanagementsystems“ (1997)
Norwegen	Vorschlag für eine Norwegische Norm „Arbeitsschutzmanagementsystem – allgemeine Managementprinzipien“ (1995)
Spanien	UNE 81 900 „Allgemeine Regeln für die Umsetzung von Arbeitsschutzmanagementsystemen“ (1996) UNE 81 901 „Allgemeine Regeln für die Beurteilung von Arbeitsschutzmanagementsystemen“

In den letzten Jahren hat es wiederholt Ansätze gegeben, neben der Normenreihe für Qualitätsmanagementsysteme (Normenreihe ISO 9000) und für Umweltmanagementsysteme (Normenreihe ISO 14000) auch eine Normenreihe für Arbeitsschutzmanagementsyteme zu erstellen. Im Jahre 1996 war dies vorerst eine Initiative auf ISO-Ebene (Normenreihe ISO 17000), die zunächst abgelehnt wurde.

Daraufhin hat das Spanische Normungsinstitut AENOR einen Antrag mit konkreten Vorschlägen (s.a. oben) für eine CEN-Normenreihe eingebracht. Im Oktober 1997 hat das Technische Büro der CEN beschlossen, dass auf europäischer Normungsebene kein solches Projekt aufgegriffen und aktiv umgesetzt werde. Im Bereich des Qualitäts- und Umweltmanagements gelten andere Rahmenbedingungen als im Arbeitsschutzmanagement: Während QM und UM ausschließlich in der Verantwortung des Unternehmers liegen, sind beim Arbeits- und Gesundheitsschutz Beteiligungsrechte und Mitwirkungspflichten der Arbeitnehmer zwingend zu berücksichtigen. Dieser Bereich ist aber nicht einheitlich normierbar.

Das Bundesarbeitsministerium, die Arbeitsschutzbehörden der Länder, Unfallversicherungsträger und Sozialpartner haben einen gemeinsamen Standpunkt zu Managementsystemen im Arbeitsschutz verabschiedet, aus welchem Leitlinien entwickelt werden sollen, die den deutschen Betrieben Hilfestellung zur zielgerichteten Einbindung des Arbeitsschutzes in die bestehenden Unternehmensstrukturen geben sollen. Es bleibt das Arbeitsergebnis abzuwarten und danach auf seine Effektivität zu überprüfen.

Beispiele dafür sind

Beispiele für Länderinitiativen

- ASCA (Hessen),
- OHRIS (Bayern).

Diese Systeme sind eher als Abfragesysteme für die Einhaltung bestehender gesetzlicher Auflagen zu verstehen.

Der vor Jahren kaum für möglich gehaltene Erfolgszug des SCC zeigt aber, das großer Bedarf an zertifizierbaren, normierbaren Arbeitsschutzmanagementsystemen besteht. Die hohe Anzahl der bereits zertifizierten Unternehmen spricht für sich.

5.3.2 Was ist SCC?

Deutliches Absenken der Unfallquoten

Durch verstärktes Engagement im Arbeitsschutz haben chemische und petrochemische Unternehmen – Unternehmen aus zwei Branchen, die bezüglich ihres Arbeits- und Umweltschutzes in der öffentlichen Meinung nicht immer auf den ersten Plätzen gestanden haben – in den letzten Jahrzehnten ihre Unfallquoten deutlich senken können. Diese Bemühungen werden mittlerweile auch von den Partnerfirmen (sprich Kontraktoren) erwartet, die technische Dienstleistungen auf den Betriebsgeländen der Chemie- und Mineralölfirmen durchführen bzw. durchführen lassen.

Der Aufbau effektiver Sicherheits- und Umweltmanagementsysteme gewinnt gerade in der Großindustrie immer mehr an Bedeutung. Nicht nur Imageaspekte, sondern auch latente Risiken durch die Arbeit begründen dies. Funktionierende Managementsysteme müssen hierbei so konzipiert sein, dass Dienstleister und Produktlieferanten angemessen und nach einheitlichen Maßgaben mit eingebunden werden.

SCC – sprich Sicherheits-Certifikat-Contractoren – stellt ein solches Arbeitsschutzmanagementsystem unter Berücksichtigung von relevanten Gesundheits- und Umweltaspekten dar. Daher stoßen wir in diesem Zusammenhang auch immer wieder auf den Begriff SGU-Managementsystem, wobei die Buchstaben SGU für Sicherheit, Gesundheits- und Umweltschutz stehen.

Geschichte des SCC

Zertifizierungssystem für einheitliche Standards

Nachdem zuvor Auftraggeber ihren Partnerfirmen unterschiedliche Auflagen in den Bereichen Arbeits-, Gesundheits- und Umweltschutz gemacht hatten, wurde 1989 von einer niederländischen Firmengruppierung ein Zertifizierungssystem für Arbeitsschutz entwickelt, um einheitliche Standards zu erreichen. Vier Jahre später wurde das System vom niederländischen Akkreditierungsrat bereits zugelassen. Die Forderungen mehrerer Mineralölfirmen im Rotterdamer Europort haben mittlerweile dazu geführt, dass heute dort keine Fremdfirma mehr ohne Zertifikat tätig ist. So ist SCC als neue Formel für Sicherheit im Unternehmen zu verstehen.

Seit 1994 in Deutschland

1994 wurde die Idee des SCC nach Deutschland übertragen und den hiesigen Verhältnissen angepasst. Es dauerte noch einmal weitere zwei Jahre, bevor im April 1996 das SCC-Verfahren durch die Trägergemeinschaft für Akkreditierung (TGA) anerkannt wurde und seither als Zertifizierungsgrundlage dient. Im Juli 1996 wurde das erste Zertifikat in Deutschland nach diesen Regeln vergeben. Mittlerweile sind in Deutschland mehrere Zertifizierer zugelassen. Als Beispiele seien der TÜV Unternehmensgruppe Süddeutschland, Lloyds Register Quality Assurance, die DQS, SGS und Det Norske Veritas genannt.

SCC-Zertifikat

Heute gibt es auch in Deutschland Großkunden, die nur noch mit Fremdfirmen zusammenarbeiten, die das SCC-Zertifikat vorweisen können. Diese Fremdfirmen haben in der Zertifizierung bewiesen, dass sie über einen systematischen und hohen Arbeitsschutzstandard verfügen, denn genau der wird in den Checklisten kontinuierlich abgefragt. Im Herbst 2000 sind mittlerweile 450 deutsche Unternehmen nach SCC zertifiziert, in Europa insgesamt 5000 Unternehmen. Der unaufhaltsame Siegeszug von SCC als Arbeitsschutzmanagementsystem hat begonnen!

Inhalte des SCC-Systems

Planung ...

Planung von Arbeitssicherheit und Gesundheitsschutz durch

- Festlegung der entsprechenden Prioritäten und Ziele für das Unternehmen
- Planung der Jahresaktivitäten

... und Organisation

Organisation von Arbeitssicherheit und Gesundheitsschutz durch

- Ermittlung und Bewertung der Risiken am Arbeitsplatz und Festlegung von erforderlichen Schutz- und Kontrollmaßnahmen
- zielgerichtete Auswahl von Personal, Betriebsmittel und Schutzeinrichtungen
- Festlegen der Aufgaben für Unternehmer und betriebliche Führungskräfte
- arbeitsmedizinische Vorsorgeuntersuchungen
- regelmäßige Prüfung von Betriebsmitteln und -einrichtungen
- planmäßige Inspektionen von Arbeitsbereichen durch das Management
- Vorbereitung auf Notsituationen
- Dokumentation der Aktivitäten
- Schulungen und Unterweisungen von Führungskräften und Personal
- Meldung, Erfassung und Untersuchung von Unfällen und Vorfällen

Fragen- und Prüfliste

Die SCC-Zertifizierung basiert auf einer Fragen- und Prüfliste aus den Themenbereichen Arbeitssicherheit, Gesundheitsschutz und Umwelt-Management. Die SCC-Checkliste wurde von der europäischen Industrie übergreifend erstellt und wird von den zuständigen europäischen Akkreditierungsstellen als verbindliche Basis der SCC-Zertifizierung verwendet.

Die umfassenden Organisations- und Planungskriterien machen das SCC-System dabei bei den Unternehmen immer attraktiver, da nahezu alle Aspekte des Arbeits- und Gesundheitsschutzes und mehrere Teilbereiche des Umweltschutzes angesprochen werden.

5.3.3 SCC-Checkliste

SCC ist im Gegensatz zur ISO 9000 und ISO 14000 nicht als Norm gefasst. Wichtigstes Dokument für die Umsetzung des SCCs ist die Checkliste, die nachfolgend näher dargestellt wird. Die vom zu zertifizierenden Kontraktor zu erfüllenden Anforderungen sind hier in einem Fragenkatalog festgelegt. Im Gegensatz zu einer unter Umständen interpretationsbedürftigen Norm stellt die Checkliste gleichzeitig einen Forderungskatalog und eine Handlungsanweisung dar. In insgesamt zehn Elementen werden 64 Fragen an das Unternehmen gestellt. Jede beantwortete Frage wird mit Punkten bewertet.

Zehn Elemente

Die zehn Elemente der SCC-Checkliste sind:

1. Element SGU-Politik und Organisation, Engagement des Managements
2. Element Gefährdungsermittlung und -bewertung

3. Element	Personalauswahl
4. Element	Information und Ausbildung
5. Element	Sicherheits-, Gesundheits- und Umweltschutzkommunikation
6. Element	Regeln, Vorschriften, Projektsicherheitsplan
7. Element	Sicherheits-, Gesundheits- und Umweltschutzinspektionen/ Beobachtungen
8. Element	Betriebliches Gesundheitswesen
9. Element	Einkauf und Prüfung der Materialien, Geräte und Leistungen
10. Element	Meldung, Registrierung und Untersuchung von Unfällen/ Zwischenfällen und unsicheren Situationen

Die Elemente zeigen bereits, dass alle wesentlichen Aspekte des Arbeits-, Gesundheits- und Umweltschutzes hinterfragt werden – und das logisch aufbauend.

Mittelständische Betriebe haben sich für die Erstellung eigener Sicherheitsmanagementsysteme und Sicherheitshandbücher wiederholt am SCC-System orientiert.

SCC* und SCC**

Eingeschränkte und uneingeschränkte Zertifizierung

Die SCC-Zertifizierung bildet die normative Grundlage für die eingeschränkte Zertifizierung (SCC*) und die uneingeschränkte Zertifizierung (SCC**). Das „große“ SCC-Zertifikat (SCC**) benötigen Unternehmen mit 35 und mehr Mitarbeitern und solche, die als Hauptkontraktoren (Generalunternehmer) auftreten und weitere Subkontraktoren beauftragen. Das „kleine“ SCC-Zertifikat (SCC*) ist für Unternehmen gedacht, die weniger als 35 Mitarbeiter beschäftigen.

Bedingungen für das SCC-Zertifizierungsverfahren

Mit der Zertifizierung wird bestätigt, dass das Unternehmen ein Sicherheitssystem (auf hohem Standard) eingeführt hat und betreibt, das die Forderungen der SCC-Checkliste erfüllt und somit dem Auftraggeber die Gewähr für eine sicherheits- und umwelttechnisch korrekte Auftragsausführung gibt. An die Zertifikatsvergabe werden strenge Bewertungsmaßstäbe gestellt. Ein Bewertungskriterium ist z.B. die Unfallhäufigkeit.

Drei Jahre gültig

Das Zertifikat hat eine Gültigkeitsdauer von drei Jahren, wobei jährliche Überwachungsaudits durchgeführt werden müssen. Für die Verlängerung des Zertifikats ist ein Wiederholungsaudit nach drei Jahren durchzuführen.

Um das „kleine“ SCC-Zertifikat (SCC*) zu erlangen, muss ein Unternehmen folgende Bedingungen erfüllen:

- Kernfragen, die in der SCC-Checkliste mit „ * “ gekennzeichnet sind, haben Ausschlusscharakter und müssen zu 100% erfüllt werden
- vor Beginn der Zertifizierung muss die Unfallhäufigkeit UH < 50 und
- am Ende der Gültigkeitsdauer des Zertifikats nach drei Jahren < 40 sein

Unfallhäufigkeit

Die Unfallhäufigkeit ergibt sich dabei als Quotient der Anzahl der Arbeitsunfälle multipliziert mit einer Millionen Stunden und den tatsächlich geleisteten Arbeitsstunden. Als Arbeitsunfälle werden nur Unfälle mit einer Ausfallzeit größer gleich einem Tag berücksichtigt. Damit muss der Betrieb eine besondere Statistik führen, da die „üblichen meldepflichtigen" Unfälle an die Berufsgenossenschaften nur die sind, die zu Abwesenheiten von mehr als drei Kalendertagen führen. Wegeunfälle werden beim SCC nicht berücksichtigt. Als Berechnungszeitraum für die Unfallhäufigkeit werden die letzten drei Jahre zugrunde gelegt.

Wegeunfälle sind dabei nicht zu berücksichtigen.

Um das „große" SCC-Zertifikat (SCC**) zu erlangen, muss ein Unternehmen nachfolgende Bedingungen erfüllen:

- Kernfragen der SCC-Checkliste müssen zu 100 % erfüllt werden
- vor Beginn der Zertifizierung muss die Unfallhäufigkeit UH < 50 und am Ende der Gültigkeitsdauer des Zertifikats nach drei Jahren < 40 sein
- eine Mindestzahl der Punkte der SCC-Checkliste müssen erreicht werden

Die Anzahl der Kernfragen im SCC** ist natürlich größer, da von einem größeren Unternehmen auch mehr Arbeitsschutz verpflichtend gefordert werden kann.

Auszüge aus der Checkliste

Anhand des ersten Elementes „SGU-Politik und Organisation, Engagement des Managements" sei die hohe Wertigkeit des SCC-Fragenkatalogs dargestellt. „SGU" steht dabei für Sicherheit-Gesundheitsschutz-Umweltschutz. Die eigentliche Frage ist durch Fettdruck hervorgehoben, die mögliche Bewertung der Frage mit den Sternen bedeutet, ob sie eine (obligatorisch zu beantwortende) Kernfrage im *- oder **-System ist. Werden diese Fragen nicht ausreichend beantwortet, ist das Zertifizierungsaudit vorbei – und das Unternehmen nicht zertifizierbar.

1.1 Grundsatzerklärung (*/**)

Frage 1.1 (*/): Verfügt das Unternehmen im Zusammenhang mit SGU über eine Grundsatzerklärung, welche vom Vorstand bzw. der Geschäftsleitung unterzeichnet ist?**

Die Grundsatzerklärung zu Sicherheit, Gesundheit und Umweltschutz (SGU) spiegelt die positive Einstellung, das Engagement und die nach außen erklärte Verantwortung der Unternehmensleitung wider.

Inhalte

Die Grundsatzerklärung enthält mindestens folgende Inhalte

- Festlegung der SGU-Prioritäten in der Betriebsausübung
- Streben nach kontinuierlicher Verbesserung im Bereich SGU
- Verhinderung von Personenschäden
- Gewährleistung der Sicherheit Dritter
- Verhinderung von Sachschäden

Der Inhalt der Grundsatzerklärung sollte eindeutig sein. Die Erklärung ist den Mitarbeitern zugänglich zu machen und zu erläutern (z.B. zusätzlich Ausgeben mit dem Arbeitsvertrag oder bei der nächsten Mitarbeiterunterweisung) und sollte im Unternehmen in verschiedenen Bereichen aushängen. Die Grundsatzerklärung ist vom Vorstand zu unterschreiben und zu datieren. Die Erklärung muss mindestens alle drei Jahre überarbeitet werden.

Leitgedanke der betrieblichen Sicherheitspolitik: Anzahl der Arbeitsunfälle reduzieren!

1.2 SGU-Struktur

Frage 1.2.1 (**): Gibt es in der Organisation eine SGU-Struktur und enthält diese zumindest die Aufgaben und Verantwortlichkeiten aller Führungskräfte hinsichtlich SGU?

Organisationsstruktur

Von allen Führungsebenen (Geschäftsführung – Abteilungsleiter – Meister/Vorarbeiter) müssen die Aufgaben und Verantwortlichkeiten bezüglich Sicherheit, Gesundheits- und Umweltschutz festgelegt sein.

Fragen sind z.B.

- Inhalte und Wiederholungszyklen von Sicherheitskurzgesprächen (z.B. monatlich)
- Durchführung von Inspektionen an den Arbeitsplätzen
- Durchführung von Unterweisungen, Erteilung von Anweisungen
- Untersuchung von Unfällen, Sach- und Umweltschäden

Die SGU-Zuständigkeiten in den einzelnen Hierachieebenen müssen dabei im Einzelnen festgelegt sein (Organigramm, Arbeitsanweisung etc.). In Stabsfunktion ist dabei beratend und unterstützend auch die Fachkraft für Arbeitssicherheit vorzusehen. Diese hat dabei unmittelbar Zugang zur höchsten Führungsebene, die sich durch direktes Vorspracherecht beim Vorstand und z.B. einem Monatsgespräch mit den Führungskräften unterstreicht.

Frage 1.2.2: Ist eine Fachkraft für Arbeitssicherheit bestellt
– für den Betrieb?
– für das Projekt?

Bestellung von Beauftragten

Durch die Bestellung einer Fachkraft für Arbeitssicherheit soll der Arbeitgeber in allen Fragen der Arbeitssicherheit und des Gesundheitsschutzes einschließlich der menschengerechten Gestaltung der Arbeit Unterstützung erhalten.

Achtung: bei der Bestellung einer Fachkraft für Arbeitssicherheit hat der Betriebsrat das Recht auf Mitbestimmung nach § 87 des Betriebsverfassungsgesetz (BetrVG).

Rechtliche Grundlage: Arbeitssicherheitsgesetz (ASiG) §§ 5–7 Berufsgenossenschaftliche Vorschrift BGV A 6

Frage 1.2.3: Ist ein Umweltschutzbeauftragter bestellt?

Der Umweltschutzbeauftragte ist schriftlich mit Angabe seines Namens und seiner Funktion zu benennen. Zusätzlich ist eine Funktionsbeschreibung vorzusehen.

Zusätzlich zum Umweltschutzbeauftragten können im Einzelfall erforderlich werden:

- Abfallbeauftragte
- Gewässerschutzbeauftragte
- Immissionsschutzbeauftragte
- Störfallbeauftragte
- Gefahrgutbeauftragte

Diese sind ebenfalls schriftlich zu bestellen. Für diese Funktionen ist jeweils eine Fachkunde erforderlich, die im Allgemeinen eine Woche Schulung umfasst und unter anderem von den TÜV-Akademien vorgenommen wird.

1.3 Engagement des oberen und mittleren Managements (**)

Frage 1.3.1 (**): Ist das obere und mittlere Management aktiv am SGU-Programm beteiligt und zählen dazu regelmäßige SGU-Arbeitsplatzinspektionen?

Engagement der Führungskräfte

Inspektionen bezüglich SGU sind periodisch, mindestens jedoch zweimal jährlich, in allen Arbeitsbereichen (in Werkstätten, auf Baustellen, bei Projekten etc.) durchzuführen. Das soll einen hohen Standard im Bereich Sicherheit, Gesundheit und Umweltschutz gewährleisten und die Bedeutung unterstreichen, welches das Management einem sicheren, gesunden und umweltverträglichen Arbeitsplatz und Arbeitsumgebungsbedingungen zumisst.

Sinnvoll erscheint dabei die Verwendung von Checklisten, die sich das Unternehmen individuell nach ihren Bedürfnissen zusammenstellt oder von der Berufsgenossenschaft abfordert.

Über die durchgeführten Inspektionen sind schriftliche Berichte zu erstellen, aus denen

- die Teilnehmer,
- Ort und Datum der Inspektionen,
- Feststellungen (auch positive), mögliche Gefährdungen, Belastungen, Probleme,
- vorgeschlagene Maßnahmen,
- Termin für nächste geplante Inspektion

ersichtlich werden.

So ist der Inspektionsplan eng mit einem Maßnahmenplan verbunden, wenn dieser nicht automatisch beinhaltet ist.

Frage 1.3.2: Nimmt das obere und mittlere Management zusammen mit dem Personal an SGU-Veranstaltungen teil?

Alle Mitarbeiter – einschließlich des oberen und mittleren Managements – sind verpflichtet, mindestens einmal jährlich an SGU-Veranstaltungen teilzunehmen.

Über die Veranstaltungen ist ein schriftliches Protokoll zu erstellen, aus dem

- Datum und Ort der Veranstaltung,
- Inhalte,
- Teilnehmer (mit Unterschrift)

ersichtlich werden.

SGU-Veranstaltungen spiegeln das SGU-Engagement des Unternehmens wider und behandeln daher auch aktuelle und informative Themenbereiche der Sicherheit, des Gesundheits- und Umweltschutzes. Die Veranstaltungen können für das gesamte Personal gemeinsam oder bereichsweise durchgeführt werden, um den jeweiligen Ansprüchen individuell Genüge zu tun.

1.4 Beurteilung der Führungskräfte

Frage 1.4: Werden Führungskräfte mindestens jährlich nach SGU-Kriterien beurteilt?

Jährliche Beurteilung

Bei der Beurteilung der Führungskräfte durch die Unternehmensleitung sind auch dessen SGU-Leistungen zu berücksichtigen. Dafür sind dem unternehmenseigenen Beurteilungssystem SGU-Inhalte zu integrieren. Kriterien können dabei sein:

- persönliches Engagement für SGU
- mindestens halbjährlich Durchführen von SGU-Inspektionen (nach 1.3.1)
- eigene regelmäßige Teilnahme an SGU-Veranstaltungen des Unternehmens, auch Teilnahme an zusätzlichen Seminaren und Veranstaltungen z.B. der Berufsgenossenschaften und des TÜV
- Anzahl der aufgetretenen Unfälle und Beinaheunfälle
- Anzahl und Aussage von Meldungen und Verbesserungsvorschlägen aus der Abteilung
- Höhe aufgetretener oder verhinderter Sachschäden

1.5 Aktionsplan (**)

Frage 1.5.1 (**): Gibt es im Zusammenhang mit SGU einen Aktionsplan?

Mögliche Inhalte des Aktionsplanes

Die geplanten Aktivitäten im Bereich Sicherheit, Gesundheit und Umweltschutz müssen jedem Mitarbeiter in der Organisation bekannt sein. Die Inhalte des Aktionsplanes müssen festgelegt werden, z.B.

- Gesundheitswoche, alkoholfreie Arbeitswoche
- Posteraktionen
- Vorträge von externen Institutionen und Fachleuten (Berufsgenossenschaft, Anonyme Alkoholiker, Gewerbeaufsicht, TÜV)
- Rückenschulen

Der Aktionsplan ist jährlich zu aktualisieren und neuen Gegebenheiten und Erfordernissen anzupassen. Prüfbare Ziele (Rufen die Aktionen das Interesse und auch Bewusstseinsveränderung bei unseren Mitarbeitern hervor? Gehen die Unfallzahlen zurück?) sind festzulegen. Die Mitarbeiter sind in den Informations- und Kommunikationsprozess zu integrieren (Welche Interessen bestehen von Seite der Arbeitnehmerschaft?).

Frage 1.5.2 (**): Findet regelmäßig (mindestens einmal pro Jahr) eine Prüfung des SGU-Aktionsplans statt?

Prüfen des SGU-Aktionsplans

Der SGU-Aktionsplan ist hinsichtlich seiner Ziele und deren Umsetzung und Erreichung zu überprüfen. Über die Prüfung ist ein Bericht zu verfassen, der enthält

- Ziele der Aktionspläne und deren Umsetzung
- Benennung der Person oder Stelle, welche die Prüfung durchgeführt hat

Die Fragen des ersten Elementes lassen erkennen, dass das Managementsystem SCC nicht nur rechtliche Grundlagen des Gesetzgebers und der gesetzlichen Unfallversicherer hinterfragt, sondern einen Schritt weitergeht und praxisnahe Organisationselemente und Werkzeuge anspricht. Ziel muss es sein, Unfälle/Zwischenfälle und unsichere Situationen zu vermeiden. Nur durch das präventive Hinterfragen der möglichen Unfallursachen (technisch, organisatorisch und personenbezogen) können genau diese erfolgreich ausgeschaltet werden – und das tut das SCC-Managementsystem. Zu den möglichen Unfallursachen lesen Sie bitte in diesem Jahrbuch auch Kapitel 6.1 „Unfallstatistiken und Unfallursachen – und was sich daraus ableiten lässt".

6 Wirtschaftliche Aspekte

6.1 Unfallstatistiken und Unfallursachen – und was sich daraus ableiten lässt

Dipl.-Ing. Jens-Christian Voss

Rechtliche Grundlagen

Der Gesetzgeber verpflichtet neuerdings den Unternehmer mit dem § 6 „Dokumentation" nach Arbeitsschutzgesetz, Unfallstatistiken führen zu müssen:

> § 6.2 Arbeitsschutzgesetz
>
> Unfälle in seinem Betrieb, bei denen ein Beschäftigter getötet oder so verletzt wird, dass er stirbt oder für mehr als drei Tage völlig oder teilweise arbeits- oder dienstunfähig wird, hat der Arbeitgeber zu erfassen.

Auch die Berufsgenossenschaften verpflichten den Unternehmer nach § 193 des Siebten Buches Sozialgesetzbuch (SGB VII), meldepflichtige Unfälle in seinem Betrieb anzuzeigen.

Die Dreitagesfrist beginnt stets am Tag *nach* dem Unfall und umfasst alle Kalendertage, auch Samstage, Sonntage und Feiertage.

6.1.1 Einführung

Unsere aktive Sicherheitsarbeit gilt dem Verhindern von Unfällen (Arbeits- bzw. Wegeunfall) und dem Verhindern von arbeitsbedingten Erkrankungen und Berufskrankheiten.

Als Unfall bezeichnet man das zeitliche und räumliche Zusammentreffen des Menschen mit verletzungsbewirkenden, schädigenden Energien.

Arbeitsunfall

Der Arbeitsunfall wird nach § 8 des Sozialgesetzbuches VII gekennzeichnet durch

- plötzliches, von außen einwirkendes Ereignis
- Folge: Körperschaden
- versicherte Tätigkeit
- versicherte Person

Die eindeutige Kennzeichnung des Arbeitsunfalls zeigt, dass Unfallereignisse

- nicht geplant sind,
- plötzlich auftreten,
- zeitlich begrenzt sind,
- unterschiedliche Folgen haben.

Trifft bereits ein Aspekt nicht zu, handelt es sich nicht um einen durch die Berufsgenossenschaft entschädigungspflichtigen Arbeitsunfall. Liegt ein Arbeitsunfall vor, hat die Berufsgenossenschaft als gesetzlicher Unfallversicherer die dann erforderliche Heilbehandlung und die Berufshilfe zu gewährleisten.

Bereits bei einem nicht anzeigepflichtigen Arbeitsunfall, sprich einem Arbeitsunfall, bei dem der Mitarbeiter drei oder weniger Kalendertage dienst- oder arbeitsunfähig ist, kommt die Berufsgenossenschaft für die Arztkosten auf, während der Arbeitgeber die Lohnfortzahlung gewährleistet.

Wie kommt es zum Unfall?

Der Unfall ist das letzte Glied einer Kette von verschiedenen, teilweise ganz unterschiedlich gelagerten Punkten:

- Hintergrund (z.B. Einflüsse aus dem Privatleben)
- fehlende persönliche Voraussetzungen (z.B. etwas nicht wissen, nicht können, nicht wollen)
- sicherheitswidriger Zustand und/oder sicherheitswidrige Handlungen
- Unfallereignis
- Unfallfolge (Verletzung und/oder Sachschaden)

Der Unfall ist nicht immer (nur) durch sicherheitswidrige Verhaltensweisen der Mitarbeiter gekennzeichnet!

Sicherheitswidrig

Der Begriff „sicherheitswidrig" stellt dabei weder eine Schuldzuweisung dar noch beinhaltet er persönliche Kritik. Sicherheitswidrig kennzeichnet sachlich einen Zustand oder eine Verhaltensweise, die geeignet ist, die Sicherheit am Arbeitsplatz zu vermindern.

Grundlegende Voraussetzung für den Unfalleintritt ist das Vorhandensein einer Gefährdung, die technisch, organisatorisch und personenbezogen bedingt sein kann. Konkrete Unfallursachen sind in Kapitel 6.1.5 zusammengestellt. Selten führt eine Ursache allein zu einem Unfall, meistens treffen mehrere Ursachen zusammen. Nur eine systematische Sicherheitsarbeit kann Unfallursachen rechtzeitig erkennen lassen und durch entsprechende Gegenmaßnahmen künftige Unfälle verhindern – oder bereits den „ersten Unfall" präventiv ausschalten. Die wirksamste Methode zur Verhütung von Unfällen ist die Gefahrenbeseitigung.

Unterweisung und Motivation

Zusätzlich sollten die Mitarbeiter unterwiesen und zum aktiven Mitmachen im Arbeits- und Gesundheitsschutz motiviert werden. Anweisungen und Maßnahmen, die angeordnet worden sind, sollten fortgesetzt kontrolliert werden. Die Rangfolge zur Festlegung von Schutzmaßnahmen ist eindeutig: zuerst technische Maßnahmen, dann organisatorische Maßnahmen, dann der Einsatz von persönlicher Schutzausrüstung oder eine Unterweisung.

Die Maßnahmen (T-O-P) sind nicht als gleichartig anzusehen. Diese Rangfolge von Maßnahmen sollte im Interesse der effektiven Prävention für den Betrieb und der Zufriedenheit der Belegschaft eingehalten werden. Die individuellen Schutzmaßnahmen (personenbezogen) sieht auch der Gesetzgeber im § 4 des Arbeitsschutzgesetzes als nachrangig an.

6.1.2 Unfallhäufigkeiten

Werden Unfälle und kritische Situationen nach ihren Auswirkungen auf den Menschen bzw. nach der Unfallschwere unterschieden, so kann die Häufigkeitsverteilung dieser Unfallarten in einer Pyramide dargestellt werden (Unfallpyramide):

Unfall mit tödlichem Verlauf oder sehr schweren Verletzungen	1
Unfälle mit schweren Verletzungen	30
Unfälle mit mittleren Verletzungen und Arbeitsunfähigkeit	300
Beinaheunfälle und Unfälle mit leichten Verletzungen	3.000
Arbeiten mit Gefährdungen	30.000

Eisbergtheorie

In der Praxis wird häufig auch von der Eisbergtheorie gesprochen: Von einem Eisberg ist nur die aus dem Wasser herausragende Spitze zu erkennen – der größte Teil befindet sich nicht erkennbar unter der Wasseroberfläche. Der Blick für das Wesentliche ist damit erschwert.

Dieses Phänomen lässt sich auf das Unfallgeschehen in deutschen Unternehmen übertragen: Auf einen tödlichen Unfall – Spitze des Eisberges – kommen statistisch gesehen unter anderem 30.000 Gefährdungen durch sicherheitswidriges Arbeiten und sicherheitswidrige Situationen – Unterteil des Eisbergs. Und das sind die bedenklichen Gefährdungen, die häufig nicht erkannt, falsch bewertet, verschwiegen oder fahrlässig hingenommen werden.

Die Eisbergtheorie soll uns zeigen, dass die relativ geringe Anzahl tatsächlicher ereigneter Unfälle trügerisch täuschend ist. Unsere Sicherheitsarbeit setzt bei der erheblich höheren Anzahl von Gefahren an, die vielleicht bereits morgen zu einem schweren Unfall führen könnte!

Als Instrumente, leichte Unfälle und unsichere Situationen rechtzeitig zu erkennen und zukünftig zu verhindern, dienen

- die Beurteilung der Arbeitsbedingungen („**Gefährdungsanalyse**") nach Arbeitsschutzgesetz und
- das Erstellen von internen **Unfallvermerken** (in Form einer vereinfachten Unfallanzeige) bei Arbeitsunfähigkeiten kleiner gleich drei Kalendertag für die Einleitung weiterer innerbetrieblicher Maßnahmen (siehe auch Kapitel 6.1.7).

6.1.3 Unfallrente – Tödliche Unfälle

Minderung der Erwerbstätigkeit

Ist die Folge eines Unfalles besonders schwerwiegend, kann es auch zu einer Unfallrente kommen. Voraussetzung für eine derartige Leistung der Berufsgenossenschaft ist eine Minderung der Erwerbstätigkeit (MdE) des betroffenen Mitarbeiters von mindestens 20% über die 26. Woche nach dem Unfall hinaus oder der tödliche Unfallausgang. Die Leistung kann von dem gesetzlichen Unfallversicherer in Form einer Rente, einer Abfindung oder einer Sterbegeldzahlung erfolgen. Im Durchschnitt führen etwa 3% der meldepflichtigen Unfälle zu einer neuen Unfallrente. Jedes Jahr werden etwa 35.000 neue Unfallrenten angezeigt, die zu 77% von Arbeitsunfällen, zu 23% von Wegeunfällen herrühren.

6.1.4 Konkrete Unfallzahlen

Für 1997 ergaben sich nachfolgende, sicherlich bedenklich stimmenden Zahlen:

- auf 1.000 meldepflichtige Arbeitsunfälle entfallen 23 neue Arbeitsunfallrenten
- auf 1.000 neue Arbeitsunfallrenten entfallen 36 tödliche Arbeitsunfälle

- jeder 47. meldepflichtige Arbeitsunfall hat so schwere Folgen, dass eine neue Unfallrente zu leisten ist
- mit zunehmender Unfallschwere, ausgehend von den meldepflichtigen Unfällen über die neuen Unfallrenten bis zu den Todesfällen, steigt der Anteil der Wegeunfälle von 13% über 23% auf 42%
- von 1.000 Verletzten, die einen meldepflichtigen Unfall erlitten haben, werden
  - 973 so erfolgreich wiederhergestellt, dass eine neue Unfallrente nicht erforderlich wird
  - 36 Verletzte werden zu Rentenbeziehern (vielfach jedoch nur zeitweise)
  - 1 Verletzter stirbt an den Unfallfolgen
- auf 1.000 Vollarbeiter entfallen 39 meldepflichtige Arbeitsunfälle und 0,9 neue Unfallrenten

Arbeits- und Wegeunfälle in der gewerblichen Wirtschaft 1997 (1996)

<u>Meldepflichtige</u>		
Arbeitsunfälle	1.228.635	(1.266.458, - 3,0%)
Wegeunfälle	180.078	(196.517, - 8,4%)
<u>Neue Unfallrenten</u>		
Arbeitsunfälle	28.216	(33.966, - 16,9%)
Wegeunfälle	8.358	(10.141, - 17,6%)
<u>Tödliche</u>		
Arbeitsunfälle	1.004	(1.120, - 10,4%)
Wegeunfälle	726	(748, - 2,9%)

Überproportionale Schwere der Wegeunfälle

Die Statistiken zeigen die überproportionale Schwere der Wegeunfälle. Auch wenn sich ein deutscher Arbeitnehmer durchschnittlich nur etwa 42 Minuten täglich eines Verkehrsmittels bedient, ist die Anzahl der Unfälle mit tödlichem Ausgang ähnlich hoch wie die der tödlichen Arbeitsunfälle.

Ein Wegeunfall ist – wenn er stattfindet – statistisch 15-mal eher tödlich verlaufend als ein Arbeitsunfall. Hier rufen die Berufsgenossenschaften auch neuerdings alarmierend auf, dass diese Zahlen wieder steigen (z.B. aufgrund höherer Risikobereitschaft gerade jüngerer Fahrer).

Inhalte von Unfallstatistiken

Aus Unfallstatistiken können weiterhin interessante Hintergründe wie

- Alter des Verunfallten,
- Geschlecht,
- Unfallmonat und -wochentag,
- Unfallstunde,
- verletzte Körperpartie,
- Art des Unfalls

abgeleitet und in zukünftigen Präventionsstrategien des Unternehmens berücksichtigt werden.

Alter der Verunfallten

Bei 35% aller meldepflichtigen Unfälle waren die Betroffenen unter 30 (!) Jahre alt. In der benannten Altersgruppe treten Unfälle leichterer Natur überproportional häufig auf. Jüngere Mitarbeiter sind weniger routiniert und risikobereiter – zwei Gründe, die zum hohen Anteil dieser Altersgruppe führen.

Altersgruppe	meldepflichtige Unfälle
unter 20	9%
20–24	12%
25–29	14%
30–34	15%
35–39	13%
40–44	10%

Mit besonders schweren Unfällen, die zu einer neuen Unfallrente führten, tritt die Altersgruppe dagegen kaum in Erscheinung. Hiervon besonders betroffen ist die Altergruppe der 40- bis 59-Jährigen, welche die Hälfte der neuen Arbeitsunfallrenten bei sich vereinigten. Die Unfälle der älteren Kollegen treten also nicht so häufig auf, haben aber relativ schwere Folgen. Ähnlich verhält es sich auch bei den Arbeitsunfällen mit Todesfolge.

Geschlecht

Frauen weniger betroffen

Frauen machen bei den meldepflichtigen Arbeitsunfällen einen Anteil von etwa 16% aus (deutsche Versicherte tragen dabei zu 17%, ausländische Frauen zu 12% zum Unfallgeschehen bei), erleiden aber nur 5% der tödlichen Arbeitsunfälle.

Unfallmonat

Meldepflichtige Unfälle treten über das Jahr in unterschiedlicher Anzahl auf. Bedingt durch Ferienzeiten, Witterungseinflüsse etc. ergeben sich unterschiedliche Expositionszeiten, in denen Unfälle vermehrt auftreten. So sind die Monate Juli/August besonders von meldepflichtigen Unfällen betroffen, während im Dezember und Februar die Zahlen deutlich niedriger liegen.

Unfalltag

Montag besonders unfallträchtig

Tendenziell ist an den berufsgenossenschaftlichen Auswertungen des Unfallgeschehens zu erkennen, dass an Montagen eine höhere Zahl von Unfällen festzustellen ist als an anderen Wochentagen. Im Laufe der Woche fallen die Unfallzahlen von Montag bis Freitag, so dass am Freitag ein Tiefstand zu verzeichnen ist. Bei tödlichen Arbeitsunfällen lässt sich dieses Bild kaum erkennen.

Unfallstunde

Die Unfallzahlen der 10. und 11. Arbeitsstunde sind im Vergleich zu den restlichen Tagesstunden am unfallhäufigsten: Jeweils etwa 11% der meldepflichtigen Unfälle werden dort gemeldet, in der 14. und 15. Arbeitsstunde passieren etwa jeweils 8% der Unfälle.

Körperpartien

Laut statistischer Auswertung der Berufsgenossenschaften sind nachfolgende Körperpartien bei Arbeitsunfällen am häufigsten von Verletzungen betroffen: Hände mit 500.000 meldepflichtigen Unfallanzeigen pro Jahr (40%), Füße (20%) und Kopf (10%). Besonders tragisch treten dabei Augenverletzung in Erscheinung. Relativ häufig zu neuen Unfallrenten führten neben Hand- und Fußverletzungen auch die Unterarm- und Unterschenkelverletzungen mit jeweils etwa 10% der erfassten Fälle.

6.1.5. Unfallarten

Stolper-, Rutsch- und Sturzunfälle

Häufigste Unfälle

Die häufigsten Unfälle sind Stolper-, Rutsch- und Sturzunfälle. Sich aus dem Fortbewegen des Mitarbeiters ergebend, treffen wir in allen Branchen und Tätigkeiten auf diese Unfallgefahr. Mit fast 250.000 meldepflichtigen Arbeitsunfällen ist sie die am häufigsten vorkommende Unfallart; jeder fünfte meldepflichtige Arbeitsunfall ist hierzu zu rechnen. Typisch für die betrachteten Unfälle ist, dass der verletzte Mitarbeiter seinen Halt/sein Gleichgewicht durch Stolpern, Ausrutschen oder Umknicken verliert und zu Boden stürzt oder hinfällt.

Eine Vielzahl von Unfällen dieser Art passiert in Baustellenbereichen (18%), an Treppen und Leitergängen (15%), an Be- und Entladestellen von Fahrzeugen (5%) und in Lagerbereichen (4%). Äußere Einflüsse und Umgebungsbedingungen (z.B. Witterungseinflüsse) haben hier wesentliche Auswirkungen auf das Unfallgeschehen. Durch Unterweisung und anschauliche Schulungen kann hier aktiv eingegriffen werden.

Von den Sturzunfällen ereigneten sich die mit Abstand meisten in der Baubranche, aber auch die Verwaltung, die Metallbranche und der Verkehr weisen relativ hohe Zahlen von meldepflichtigen Absturzunfällen auf. Fast jeder zweite schwere Arbeitsunfall mit Folge einer neuen Unfallrente wird im Wirtschaftszweig Bau durch Absturz hervorgerufen.

Die branchenübergreifende Bewertung der meldepflichtigen Absturzunfälle zeigt, dass sich 40% aller Absturzunfälle von Leitern, 20% vom Gerüst und knapp 10% von Lkw ereignen.

Gerüstunfälle

25.000 Gerüstunfälle jährlich

Jedes Jahr werden etwa 25.000 Gerüstunfälle angezeigt, 1.500 Fälle sind davon so schwer, dass eine neue Unfallrente zu zahlen ist – für 50 Mitarbeiter endet es sogar tragischer. In Zusammenhang mit Gerüsten wird eine verhältnismäßig hohe Anzahl an schweren Unfällen angezeigt. So wird etwa jede siebzehnte neue Unfallrente durch Gerüstunfälle verursacht.

System- und Modulgerüste machen mit über der Hälfte der Gerüsttypen den Schwerpunkt dabei aus, von Tragkonstruktionen passieren etwa 10% aller Gerüstunfälle, von Bockgerüsten etwa 5%. Einzelne Gerüstbauteile wie z.B. der Gerüstbelag zeichnen für drei Viertel der Unfälle. Ein Drittel der Gerüstunfälle sind Abstürze. Abstürze führen sogar zu 80% der schweren Gerüstunfälle.

Typische Berufszweige, die Gerüstunfälle erleiden, sind Maurer und Betonbauer mit zusammen fast 30% sowie Gerüstbauer und Maler mit jeweils etwa 10%.

Treppenunfälle

Etwa 50.000 meldepflichtige Unfälle sind durch Treppenunfälle bedingt: Nichtbenutzen des Handlaufs, glatter Boden, unzureichende Beleuchtung, Hektik werden als Unfallursachen immer wieder genannt. 85% der Unfälle mit Treppen spielten sich so ab, dass der Mitarbeiter ausrutschte oder stolperte und hinfiel. Bei weiteren 10% hat der Mitarbeiter beim Herauf- oder Heruntergehen Gegenstände getragen, die ihn den Handlauf nicht benutzen lassen konnten oder seine Aufmerksamkeit anderweitig beeinträchtigt haben. Frauen spielen bei den Treppenunfällen mit über 40% eine bedeutsame Rolle. Als Begründung wird der Damenschuh mit ungeeignetem Absatz benannt.

Verbrennungen

Explosionen, Verpuffungen, plötzliche Flammbildung, heiße spritzende Flüssigkeiten und heiße wegfliegende Teilchen (z.B. Schweißperlen) sind typische Auslöser von Verbrennungen.

Jedes Jahr werden etwa 30.000 meldepflichtige Arbeitsunfälle durch Verbrennung/Verbrühung verursacht – das sind 2,5% der angezeigten Arbeitsunfälle. Etwa 20 Fälle enden jährlich tödlich.

Verbrennungsfälle mit großflächigen, gravierenden Körperschädigungen haben häufig den Tod zur Folge.

Über die Hälfte der meldepflichtigen Verbrennungsunfälle im Betrieb sind Verbrennungen der Hand oder des Unterarms.

Weitere Unfallschwerpunkte

Innerbetrieblicher Verkehr

Der innerbetriebliche Verkehr stellt ebenfalls einen unfallträchtigen Schwerpunkt dar: Fast jeder achte Arbeitsunfall ereignet sich auf innerbetrieblichen Verkehrswegen. Begründet ist dies

- in der Unachtsamkeit der Nutzer der Verkehrswege
- in ungeeigneten innerbetrieblichen Verkehrswegen (nicht wintersicher, schlecht beleuchtet, starke Unebenheiten etc.)
- in zu hohen gefahrenen Geschwindigkeiten der Verkehrsteilnehmer (Maßgaben wie „Schrittgeschwindigkeit fahren“ werden nicht eingehalten)

Jedes Jahr ereignen sich etwa 150.000 meldepflichtige Arbeitsunfälle in Bereichen der innerbetrieblichen Verkehrswege. Über 2% dieser Unfälle sind so folgenschwer, dass eine neue Unfallrente gezahlt werden muss. Auch sind etwa 100 tödliche Arbeitsunfälle, und damit 10% des tödlichen Unfallgeschehens in der gewerblichen Wirtschaft, darauf zurückzuführen. Eindeutiger Unfallschwerpunkt ist dabei der Fußgängerverkehr mit über 80% der meldepflichtigen Arbeitsunfälle, etwa 15% entfallen auf den gleislosen Fahrzeugverkehr, 1% auf den schienengebundenen Verkehr.

Unfälle im Fußgängerbereich

Von den Unfällen im Fußgängerbereich werden etwa 40% im Freien, 30% auf Treppen und Leitergängen in Gebäuden, 15% in Fußgängerbereichen auf Baustellen ausgewiesen. Weiterhin werden jährlich etwa 14.000 Personen bei betrieblichen Tätigkeiten angefahren, wovon etwa 70 versterben. Stapler, Hubwagen, Handkarren und Rollcontainer stellen häufige Auslöser dar. Die typische Verletzung ist dabei die Fußverletzung.

Werkzeuge und Maschinen

300.000 Unfälle durch Werkzeuge und Maschinen werden bei betrieblichen Tätigkeiten jährlich meldepflichtig angezeigt. Maschinenunfälle und Handwerkzeugunfälle stellen mit jeweils 40% den Auslöser dar, wobei durch Maschinen aber fünfzigmal mehr Betroffene tödlich verletzt werden.

Durch spezielle betriebsinterne Aktionen sollten die Mitarbeiter hinsichtlich der Unfallschwerpunkte unterwiesen und gegebenenfalls geschult werden.

6.1.6 Unfallursachen

Ein Unfall ist nicht Schicksal, er wird verursacht. Es ist wichtig, jeden Unfall gründlich zu analysieren, um zukünftige, ähnlich gelagerte Unfälle und unsichere Situationen zu verhindern.

Für die Unfallanalyse und -rekonstruktion, aber auch die Präventionsarbeit unterscheiden wie zwischen technischen, organisatorischen und personenbezogenen Unfallursachen. Im Einzelnen ergeben sich die Ursachen in der Praxis wie folgt:

Technische Unfallursachen

- fehlende/unzureichende Schutzeinrichtungen
- Konstruktionsmängel von Arbeitsmitteln
- Mängel von baulichen Einrichtungen
- schlechte ergonomische Gestaltung von Arbeitsmitteln
- technische Störungen im Arbeitsablauf
- Eigenschaften von Werk-/Arbeitsstoffen
- Ursachen durch Licht, Lärm, Klima

Organisatorische Unfallursachen

- fehlende Unterweisung
- ungeeignete Personalauswahl
- fehlende Aufsicht/Überprüfung
- fehlende Kenntnis der Vorschriften
- mangelnde Übermittlung von Anweisungen
- fehlende Ordnung
- Fehlen von vorschriftsmäßigen Arbeitsmitteln
- Fehlen persönlicher Schutzausrüstung
- mangelnde Prüfungen/Wartung/Instandsetzung
- Zeitdruck, schlechte Arbeitsablaufgestaltung

Persönliche Unfallursachen

- Unachtsamkeit, mangelnde Sorgfalt
- Nichtbeachten von Vorschriften
- Nichtbenutzung/Fehlbenutzung persönlicher Schutzausrüstung
- Missbrauch/Fehlbedienung von Arbeitsmitteln
- psychische Überforderung
- Ermüdung, mangelnde Aufmerksamkeit
- Alkohol- und Drogenkonsum
- Spielen, Leichtsinn

Der Unfall ist häufig ein Zusammenspiel aus mehreren Aspekten (z.B. Unachtsamkeit unter Einfluss von Alkohol, Mitarbeiter wurde außerdem nicht durch seinen Vorgesetzten ausreichend unterwiesen).

Als Hauptunfallursache treten die persönlichen Unfallursachen mit etwa 45% besonders häufig in Erscheinung („Rote Karte für den Arbeitnehmer“). 33% der Arbeitsunfälle finden ihre Hauptbegründung im Organisatorischen („Rote Karte für den Vorgesetzten“). 22% – und damit nur jeder fünfte Unfall – passieren aufgrund technischer Ursachen. Bei vier von fünf Unfällen ist es also der Mensch (Vorgesetzter oder Mitarbeiter), der für den Unfall verantwortlich zeichnet!

Durch das kontinuierliche Hinterfragen und systematische Ausschalten der genannten Unfallursachen werden sich auch Ihre Unfallzahlen reduzieren lassen. Erkennen Sie Ihre Unfallursachen und beheben Sie diese präventiv. Dabei ist es erforderlich, die möglichen Schutzmaßnahmen gegen Gefährdungen und Belastungen nach dem Modell „TOP“ auszuwählen: erst technische, dann organisatorische Schutzmaßnahmen. Werden diese nicht ausreichend wirksam und ist mit gesundheitlichen Problemen der Mitarbeiter zu rechnen, hat der Arbeitgeber persönliche Schutzausrüstung zur Verfügung zu stellen und diese gebrauchsbereit zu erhalten. Der Mitarbeiter selbst muss die ihm zur Verfügung gestellte PSA wiederum tragen; das Nichttragen von PSA ist im Wiederholungsfall Kündigungsgrund (mit Rechtssprechung belegt).

Aspekte der Unfalluntersuchung

Aspekte Ihrer Unfalluntersuchung sind:

- Untersuchung der Unfallstelle (Fotos, Skizzen)
- Sicherstellung und Aufbewahrung von Beweismaterial (Probenahme an der Unfallstelle)
- Befragung des Betroffenen und von Zeugen
- Analyse der Ermittlungsergebnisse (Rekonstruktion, Ursachenermittlung)
- Schlussbericht (Schlussfolgerungen und Empfehlungen)

Der Analyse kommt bei der Unfalluntersuchung eine besondere Bedeutung zu – sie wird auch von allen Aspekten die zeitintensivste sein. Dazu gehören

- Rekonstruktion des Unfallherganges (unter Berücksichtigung äußerer Einflüsse wie Witterungsverhältnisse, Stress/Monotonie der vorher verrichteten Arbeit, Alkoholkonsum) und

- Ursachenermittlung (Klärung der kausalen Zusammenhänge unter Berücksichtigung von Ursachenketten).

Leitgedanken

Ihre Motivation sollte von folgenden Leitgedanken geprägt sein:

- Gesundheit ist das höchste Gut im Unternehmen („Was ist uns die Gesundheit der Mitarbeiter wert?")
- Arbeits- und Gesundheitsschutz ist Garant für störungsfreie Arbeitsabläufe
- Arbeits- und Gesundheitsschutz ist ein Mittel zur Kostensenkung
- Arbeits- und Gesundheitsschutz lässt auf gute Produkte schließen
- Arbeits- und Gesundheitsschutz spiegelt eine positive Betriebsstruktur wider

6.1.7 Idee des Unfallvermerks

Um die hohe Anzahl der Arbeitsunfälle zu reduzieren, ist es erforderlich, die Unfallursachen richtig zu analysieren und systematisch für das eigene Unternehmen nach und nach auszuschalten.

Eine wirkungsvolle Bewertung anhand der Unfallanzeigen und der auch neuerdings gesetzlich geforderten Dokumentation der Unfallstatistik nach § 6 des Arbeitsschutzgesetzes (ArbSchG) ist hier nicht ausreichend – beides ist erst bei einer Arbeitsunfähigkeit von größer als drei Kalendertagen erforderlich. Denn auch wenn jährlich 1,2 Millionen meldepflichtige Arbeitsunfälle (größer drei Kalendertage) in deutschen Betrieben passieren – die einfacheren Unfälle mit einer Arbeitsunfähigkeit kleiner oder gleich drei Kalendertage passieren zehnmal häufiger. Diese werden von der üblichen Unfallstatistiken nicht erfasst und wiegen das Unternehmen in „falscher Sicherheit".

Inhalte des Unfallvermerks

Für diese Arbeitsunfälle sollte betriebsintern ein Unfallvermerk (fester Vordruck) erfolgen, in dem

- Name des Verunfallten
- Unfallzeitpunkt und Unfallort
- Unfallhergang
- Unfallursache

genau benannt werden. Der Unfallvermerk dient dem internen Erkennen von Unfallschwerpunkten und soll ähnlich gelagerte Unfälle zukünftig verhindern. Wichtig dabei ist das ehrliche Benennen der Unfallursache – werden hier die wirklichen Ursachen verschleiert, dient es der Aufklärung des Sachverhaltes nicht. Gegebenenfalls können keine sinnvollen Maßnahmen daraus abgeleitet werden.

Der Unfallvermerk wird durch den direkten, vom Unfall betroffenen Vorgesetzten ausgefüllt (am Unfalltag, damit die Eindrücke noch „frisch" sind) und muss

- der Konzernleitung (zur Kenntnisnahme des Unfalls und Einleitung weiterer firmeninterner Schritte und Maßnahmen) und
- dem Betriebsrat (Mitbestimmungsrecht im Arbeits- und Gesundheitsschutz)

direkt zugeführt werden.

Die Konzernleitung beauftragt daraufhin den direkten Vorgesetzten, zusammen mit der fachlichen Unterstützung der Fachkraft für Arbeitssicherheit *jedem* Unfall und dessen Ursache nachzugehen. Ziel muss es dabei sein, ähnliche Unfälle zukünftig wirkungsvoll zu vermeiden.

Der aktive Betriebsrat, der nach § 80 Betriebsverfassungsgesetz (BetrVG) darüber zu wachen hat, dass alle Gesetze, Verordnungen und Unfallverhütungsvorschriften eingehalten werden, wird sich konstruktiv an der Unfallrekonstruktion/Unfalluntersuchung beteiligen oder eigenständig Ermittlungen anstellen. Auch sein Ziel wird es sein, die Unfallursache eindeutig zu benennen und verbesserte Schutzmaßnahmen abzuleiten.

Wirkungsvolle Maßnahmen

Weitere Maßnahmen, um Unfälle systematisch auszuschließen:

- **Unfallschwerpunkte** ermitteln („Hitliste") und zu Unterweisungs- und Schulungszwecken heranziehen
- Sicherheitsbeauftragte durch die Fachkraft für Arbeitssicherheit betriebsintern **schulen** (Halbtagsschulungen) und mit Checklisten versehen
- regelmäßiges **Thematisieren** der Unfallzahlen und Erläuterung jedes einzelnen Unfalls in der Arbeitsschutzausschuss-Sitzung (durch die Fachkraft für Arbeitssicherheit) und auf Betriebsversammlungen
- regelmäßiges Vortragen der Unfallzahlen bei der **Geschäftsleitung** (durch Fachkraft für Arbeitssicherheit) mit schriftlichen Vorschlägen zur Vermeidung ähnlicher Vorfälle
- **Vorträge für Führungskräfte** durch Sicherheitsfachkraft/externen Trainer bezüglich
  - juristischer Verantwortung
  - fürsorglicher Verantwortung
  - betriebswirtschaftlicher Verantwortung
- regelmäßige **interne Sicherheitsaudits** mit Bewertung des Arbeits- und Gesundheitszustands in den einzelnen Abteilungen (mit fest vorgegebenem Protokoll)
- **Aushang** der Unfallvermerke (geschwärzter Name) mit Benennung der Unfallursache und der daraus zukünftig abzuleitenden Maßnahmen in den betroffenen Abteilungen, um die Mitarbeiter zu sensibilisieren und zum Nachdenken anzuregen
- **Benennung von Sauberkeitsverantwortlichen** in den Arbeitsbereichen (wöchentlich wechselnd): Erstens werden die einzelnen Mitarbeiter in eine Mitverantwortung gezogen, zweitens sind mangelnde Sauberkeit und Ordnung wiederholt unfallbeeinträchtigende Faktoren
- Abrufen von **Verbesserungsvorschlägen** bei den Mitarbeitern (und Ausloben von guten Vorschlägen)
- Einklagen der **Mitarbeiterpflichten** nach ArbSchG §§ 15, 16 durch Information/Unterweisung und Kontrolle vor Ort
  - Weisung des Vorgesetzten Folge leisten
  - für eigene Sicherheit und Gesundheit Sorge tragen
  - persönliche Schutzausrüstung bestimmungsgemäß verwenden

  - Schutzeinrichtungen bestimmungsgemäß verwenden
  - Mängel und Defekte unverzüglich dem direkten Vorgesetzten melden

- verunfallte Mitarbeiter werden zukünftig für Unterweisungen in den einzelnen Abteilungen zum aktiven Mitmachen herangezogen („aus Fehlern lernen", die Mitarbeiter vor den Gefahren aus der eigenen Erfahrung warnen und zum sicherheitsgerechten Verhalten anhalten)
- jeder Unfall ist beim Betriebssanitäter **persönlich anzuzeigen** (Erziehungseffekt für den Verunfallten; Sicherheit, dass die richtigen Maßnahmen eingeleitet werden; Versicherungsschutz des betroffenen Mitarbeiters, da die meisten Unfälle nicht ins Verbandbuch eingetragen werden)
- **Monatsthemen** im Arbeits- und Gesundheitsschutz (orientiert an den Unfallschwerpunkten) im Betrieb übergreifend festlegen und durch die Abteilungen aktiv mit den Mitarbeitern thematisieren lassen, z.B. durch Aushänge, Unterweisung, Sicherheitskurzgespräche, Vorträge (Beispiel: Oktober - PSA, November - erste Hilfe, Dezember - Gefahrstoffe, Januar - Maschinensicherheit)
- **Bewertung der Vorgesetztenqualitäten** auch anhand ihres bestehenden und gelebten Arbeitsschutzes (Anzahl aller Arbeitsunfälle, Anzahl der Verbesserungsvorschläge, Ergebnis interner Sicherheitsaudits)

Weitergehende Informationen zu der Thematik können Sie neben den regelmäßigen Berichten Ihrer Berufsgenossenschaft auch entnehmen:

- BGZ-Report 2/99 Arbeitsunfallstatistik
- HVBG Jahrbuch der gewerblichen Berufsgenossenschaften
- Voss, J.Chr. SCC-Handbuch (2000) TÜV Süddeutschland, München

6.2 Wie wird der betriebliche Gesundheitsschutz zum Wettbewerbsfaktor?

Dr. Rainer Thiehoff

Globalisierung

Die prognostizierten Wirkungen der Globalisierung auf die Arbeitswelt lassen uns die Haare zu Berge stehen: Nur noch 25% der Erwerbstätigen werden in Normalarbeitsverhältnissen beschäftigt sein (ein Job/Vollzeit), der gleiche Prozentsatz wird auf eine Randarbeitnehmerschaft entfallen (arbeitslos mit geringen Beschäftigungschancen) und 50% auf gelegentlich unter anderem bei Verleihern oder Subunternehmern – dann aber vornehmlich selbständig – Beschäftigte.[1] Hinzu kommt, dass auch bei der Anzahl der nebeneinander ausgeübten Jobs, bei ihrer tages- und lebensarbeitszeitlichen Verteilung Stabilität eher die Ausnahme als die Regel sein wird. Der Wettbewerbsdruck für Arbeitnehmer und Arbeitgeber wird zudem steigen, wir werden mit sinkendem verfügbarem Einkommen auskommen und uns auf eine zunehmend „kreativere" Gestaltung der Arbeitsbedingungen einstellen müssen.

Ohne die positiven Wirkungen der Globalisierung z.B. auf wachsende Handlungs- und Endscheidungsspielräume gering zu achten, bedeutet dies für den Arbeits- und Gesundheitsschutz der Zukunft doch mindestens eine gigantische Herausforderung. Wie soll auf die zunehmende „Entbindung" der Beschäftigten und damit einhergehend auf die Individualisierung der Verantwortung für Sicherheit und Gesundheit reagiert werden? Die neuen, immer mehr verdichteten und flexibilisierten Arbeitsformen erzeugen neue Belastungs- und Beanspruchungsformen. Welche Konsequenzen hat diese Schwerpunktverlagerung von physischen zu psychischen Belastungen und Beanspruchungsfolgen? Dynamik und Komplexität psychophysiologischer Beanspruchungen stellen schon heute viele Unternehmen und Arbeitsschützer vor fast unlösbare Probleme. Davon bleibt auch das Selbstverständnis des Arbeits- und Gesundheitsschutzes nicht unberührt.

Durch Anreize unterstützte Selbststeuerung

Damit das weit verbreitete Fehlverhalten „Reparatur statt Prävention" unsere Zukunft nicht weiter bedroht, sind tief greifende Verhaltensänderungen dringend erforderlich. Die zukünftigen kleinen, dezentralen, schwer zugänglichen Arbeits- und Organisationsformen werden nur dann überhaupt erreichbar sein, wenn sich der Arbeits- und Gesundheitsschutz in Richtung Prävention erweitert und mit stärkerem Bezug auf die individuelle Motivation grundlegend erneuert. Das heißt aber auch, dass sich die Schwerpunkte verschieben müssen. Nicht die Androhung von Sanktionen bei Verstößen gegen Vorschriften und Gesetze, sondern die durch Anreize unterstützte Selbststeuerung der Individuen und der Unternehmen wird für den Arbeits- und Gesundheitsschutz der Zukunft maßgeblich werden.

Einzelne Hinweise auf die Richtigkeit dieser Zukunftsprognosen zeigen sich heute bereits im betrieblichen Gesundheitsschutz der Unternehmen. Auf breiter Front sind Anstrengungen zu beobachten, zumindest das stark an das Unternehmen gebundene qualifizierte Stammpersonal fit, gesund und munter zu halten. Die Investitionen in die höhere Leistungsfähigkeit der Mitarbeiter entspringen dabei selten allein einer menschenfreundlichen Einstellung, sondern sie sind wohl vor allem wirtschaftlich motiviert. Denn die Informations- und Wissensgesellschaft

1 Vgl. Hacker, W., Neue Arbeitsformen – neue Beanspruchungsformen? in: Kastner 1999, S. 80 ff.

beansprucht den Produktionsfaktor Humankapital speziell psychisch besonders stark.

Durch diese intensive Beanspruchung wird er einerseits zum Engpassfaktor, durch den das Risiko von Betriebsstörungen steigt, andererseits wird die Gesundheit der Mitarbeiter für den wirtschaftlichen Erfolg des Unternehmens immer wichtiger. Das bedeutet: Unfälle, Fehlzeiten und gesundheitliche Beeinträchtigungen verringern die Wettbewerbsfähigkeit der Unternehmen. Ihre möglichst weit gehende Vermeidung, Bekämpfung und die Gesundheitsförderung sind folglich positive Wettbewerbsfaktoren mit zukünftig weiter steigender Bedeutung.

Wirtschaftlicher Nutzen

Bis hierhin sind sich häufig alle einig. Doch offen bleibt die Frage: Worin genau liegt der wirtschaftliche Nutzen des betrieblichen Gesundheitsschutzes, wie ist er in der Praxis messbar und wie sollte er organisiert sein, damit die entsprechenden betrieblichen Maßnahmen auch *nachhaltigen* Erfolg entfalten? Wie könnte für den betrieblichen Gesundheitsschutz die dauerhaft funktionierende Balance zwischen humanen und wirtschaftlichen Zielen bzw. der Interessenausgleich zwischen Kunden, Eignern und Mitarbeitern eines Unternehmens aussehen?

6.2.1 Wirtschaftlicher Nutzen des betrieblichen Gesundheitsschutzes

Die Frage nach dem wirtschaftlichen Nutzen hat immer zwei Dimensionen: eine betriebs- und eine volkswirtschaftliche. Die betriebswirtschaftliche bestimmt das Handeln der Menschen direkt, die volkswirtschaftliche Seite ist demgegenüber häufig ein indirekt wirkender Indikator dafür, dass irgendetwas auf der Ebene der einzelwirtschaftlich Handelnden nicht stimmt. So auch hier.

Volkswirte interessieren sich speziell für die Kosten, die durch Ressourcenausfälle und die Wiederherstellung des ursprünglichen Zustandes hervorgerufen werden. Für die Arbeits- und Wegeunfälle des Jahres 1994 wurde dies ermittelt.[2] Danach entstanden in Deutschland Reproduktions- und Ressourcenausfallkosten in Höhe von 34,8 Mrd. DM (17,8 Mrd. €). Die gesamten volkswirtschaftlichen Verluste (einschließlich humanitärer Kosten sowie Ausfällen bei Schattenwirtschaft und Hausarbeit) werden auf ca. 60,5 Mrd. DM (30,9 Mrd. €) per anno beziffert.

Volkswirtschaftliche Gesamtbetrachtung

Arbeits- und Wegeunfälle sind neben arbeitsbedingten und „arbeitsmitbedingten" Erkrankungen nur der kleinere Teil des gesamten Arbeitsunfähigkeitsgeschehens. Wegen erheblicher datentechnischer und -theoretischer Probleme gibt es bis heute noch keine einigermaßen verlässliche volkswirtschaftliche Gesamtbetrachtung. Daher sind wir auf einzelne Ausschnitte und analog interpretierbare Daten angewiesen.

- Für die **Entgeltfortzahlung** wenden die deutschen Unternehmen im langjährigen Durchschnitt ca. 60 Mrd. DM (ca. 30,7 Mrd. €) auf.
- Der **Produktionsausfall** aufgrund von Arbeitsunfähigkeit belief sich nach einem von mir entwickelten Schätzmodell 1998 auf ca. 81 Mrd. DM (ca. 41,3 Mrd. €). In den vorhergehenden sieben Jahren schwankte er um 90 Mrd. DM (ca. 46 Mrd. €).
- Für **Behandlung und Rehabilitation** ist noch einmal mehr als der gleiche Betrag aufzuwenden – für die fünf größten Krankheitsgruppen nach Angaben von 1995: über 90 Mrd. DM.

2 Vgl. Baum/Heibach/Höhnscheid, 1998.

- 20 bis 30% davon gelten – nach skandinavischen Forschungsergebnissen – als arbeitsbedingt. Doch es ist gar nicht nötig, diesen manchmal problematischen Ursache-Wirkungs-Zusammenhang exakt zu beziffern. 30 bis 40 Prozent der Arbeitsunfähigkeitszeiten sind nach Expertenschätzungen durch Maßnahmen des betrieblichen Arbeits- oder Gesundheitsschutzes *vermeidbar*. Aus der Sicht der Unternehmen ist einzig und allein das relevant: Ist der Nutzen der Vermeidung größer, als es die Kosten der Prävention sind?
- Nach Daten der Bundesanstalt für Arbeitsschutz und Arbeitsmedizin kann auch die Verteilung der Produktionsausfälle nach Krankheitsarten ermittelt werden. Danach machen die Muskel- und Skeletterkrankungen (1999) mit 26,8% oder 34,5 Mrd. DM den größten Anteil aus.

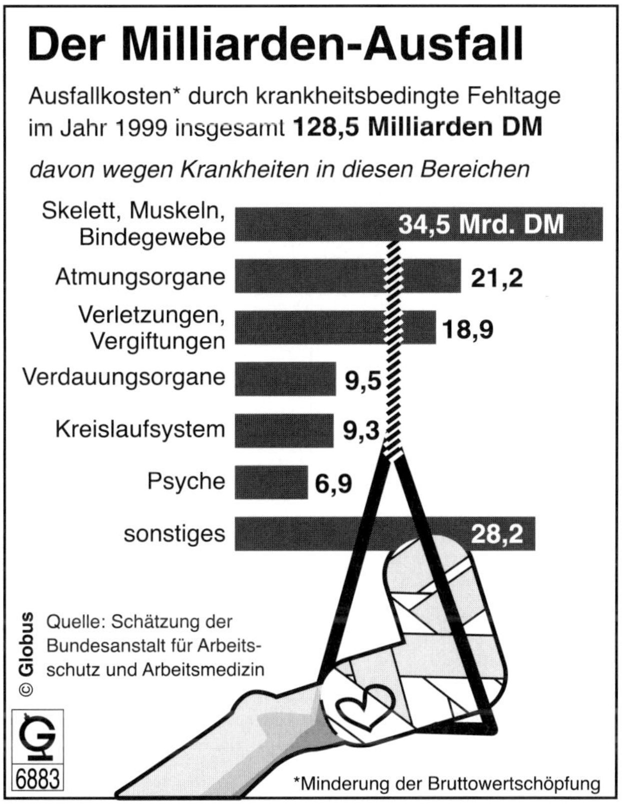

Abb. 1: Teure Fehlzeiten

Selbst wenn man nach den Expertenschätzungen annehmen kann, dass durch Gesundheitsförderung etwa ein Drittel aller Arbeitsunfähigkeitszeiten vermeidbar wären, so sagt dies noch nichts über den möglichen wirtschaftlichen Nutzen. Denn völlig unbekannt ist immer noch, welche Präventionsaufwendungen zu tätigen wären, um tatsächlich fast 30 Mrd. DM (ca. 15 Mrd. €) Produktionsausfall (in Deutschland) zu verhindern. Denn aus der Sicht der Unternehmen ist eine Maßnahme (Investition) erst dann wirtschaftlich, wenn sie einen höheren Nutzen erbringt, als sie an Kosten verursacht. Dies muss für jeden Einzelfall geprüft werden.

Unfall- und Ausfallkostenrechnung

Ein dafür entwickeltes betriebliches Verfahren existiert in Deutschland seit mindestens 30 Jahren: die so genannte Unfall- oder – bei Arbeitsunfähigkeiten – die Ausfallkostenrechnung. Ein typisches Praxisbeispiel stellt dieser aus der Zeitschrift „Sicher arbeiten" (1992) zitierte Fall dar. Üblicherweise werden alle mit einem Unfall verbundenen Kosten, hier aus dem Bereich innerbetrieblicher Transport und Verkehr, den geringen Ausgaben gegenübergestellt, die eine geeignete Schutzmaßnahme verursacht hätte – wenn sie denn vorher installiert worden wäre. Typisch ist zudem, dass mit hochgerechneten Durchschnittswerten kalkuliert wird. Der Tagessatz von 1.000 DM wird mit 323 Ausfalltagen multipliziert. Im Ergebnis ergibt sich eine Rentabilität von über zehntausend Prozent – für gewinnmaximierende Unternehmen ein extrem gutes Geschäft. Warum ignorieren die Unternehmen eine solche Wettbewerbschance?

Fundstelle:	Zeitschrift SICHER ARBEITEN (1/1992)
Titel:	„Kosten senken durch Unfallverhütung"
Beschreibung:	Unfall mit Personenschaden im Bereich innerbetrieblicher Transport und Verkehr
Berechnung:	323 AU-Tage x 1000 DM ergibt Unfallkosten in Höhe von 323.000 DM
Kosten Verhütungsmaßnahme:	3.000 DM für ein Schutzgitter
Rentabilität (Gewinn x 100/Kapitaleinsatz):	10.666 Prozent!!!
Kommentar:	Wie ist das möglich? Industrielle Rentabilitäten liegen günstigstenfalls zwischen 10 und 30 Prozent

Abb. 2: Praxisbeispiel Unfallkostenrechnung

6.2.2 Probleme der Unfall- und Ausfallkostenrechnungen

Der Teufel steckt wie immer im Detail. Natürlich weiß man nachträglich (fast) immer genau, welche Präventionsmaßnahme an welcher Stelle einen Unfall verhindert hätte. Doch zur Verhinderung eines Unfalls hätte nicht nur an dieser, sondern an *jeder* potenziellen Gefahrenstelle *vorher* die geeignete Maßnahme ergriffen werden müssen – beispielsweise die Anbringung passender Schutzgitter an möglicherweise mehr als hundert Orten im Unternehmen des gewählten Praxisbeispiels. Hinzu kommt, dass schwere Arbeitsunfälle glücklicherweise seltene Ereignisse sind. Potenzielle Kosten hätten also auf mehrere Jahre verteilt werden müssen. Darüber hinaus macht es betriebswirtschaftlich einen enormen Unterschied, wer einen Arbeitsunfall erleidet. Der Ausfall eines hoch spezialisierten Anlagenführers ist wesentlich schwerer zu kompensieren als das unfallbedingte Fehlen eines ungelernten Fließbandarbeiters.

Bei der Definition der so genannten Unfallkosten wurden zudem Wirkung und Ursache vermischt. Der Ressourcenausfall als Folge von Unfällen wurde zu den Präventionsaufwendungen addiert, die ein Unternehmen zur Vorbeugung gegen Ausfälle vornimmt. Informations- und Steuerungsfunktionen können Unfallkosten daher nicht ausüben: Je sicherer der Betrieb wird, desto „teurer" werden seine Ausfälle – ein unsinniges Ergebnis.

Ursache-Wirkung-Zusammenhang

Die unausgesprochene Reduzierung des Ursache-Wirkung-Zusammenhangs auf einen einzigen Grund ist in der Praxis nicht haltbar. Bei Unfällen und Erkrankungen spielen regelmäßig mehrere, von einander beeinflusste Faktoren eine Rolle. Die wirtschaftliche Bewertung einer Einzelmaßnahme durch Unfallkosten ist schon daher nicht möglich. Unfallkostenrechnungen scheiterten außerdem, weil sie die betriebswirtschaftliche Systematik missachteten. Unfälle oder Ausfälle können nicht als Kostenträger umdefiniert werden. Kostenträger sind vielmehr die Produkte oder Leistungen des Unternehmens. Die störungsbedingten Auswirkungen auf diese Kostenträger wurden jedoch gar nicht betrachtet.

Fasst man alle vorliegenden Untersuchungsergebnisse zusammen, so konnte die Hypothese, dass durch einzelne Maßnahmen des betrieblichen Gesundheitsschutzes der Gewinn gesteigert werden kann – abgesehen von sehr seltenen Einzelbeispielen –, durch die Praxis nicht bestätigt werden.[3] Für diesen Fehlschlag zum Nachweis der Wettbewerbswirkungen gibt es viele Gründe. Einer liegt im Argumentationsnotstand der innerbetrieblichen Träger des Arbeitsschutzes. Sie müssen ihre Existenzberechtigung mit verhinderten Ereignissen nachweisen, dem verhinderten Unfall oder der vermiedenen Erkrankung. Doch verhinderte Ereignisse kann man nicht sehen. Schlimmer noch: Je seltener etwas passiert, desto negativer wird der einzelne „Störfall" bemerkt. Daher rührt wohl das Interesse an möglichst großen Geldbeträgen.

Unserer oft übertriebenen Datenorientierung ist es wohl zuzuschreiben, dass wir Erfolge gerne in Mark und Pfennig ausdrücken. Es reicht uns nicht, den Arbeits- und Gesundheitsschutz als humanitären oder psychologischen Unterstützungsprozess für die Leistungsfähigkeit des Unternehmens zu akzeptieren. Wir wollen zusätzlich möglichst den Nachweis erbringen, dass sich unsere Anstrengungen auch noch betriebswirtschaftlich rechnen.

Optimierung aller Unternehmensziele

Dieser Wunsch führt nicht selten zu „Verrenkungen", die dem Ansehen des betrieblichen Gesundheitsschutzes mehr schaden als nutzen. Allzu häufig fehlt nämlich das Verständnis für betriebswirtschaftliche Steuerungsinstrumente. Denn diese sind nicht auf Kostensparen ohne „Rücksicht auf Verluste", sondern auf die Optimierung *aller* Unternehmensziele gerichtet. Ein mögliches Einsparungspotenzial ist darüber hinaus nicht die ganze Wahrheit. Moderner betrieblicher Gesundheitsschutz geht weit über das reine Verhindern von unerwünschten Ereignissen hinaus.

3 Vgl. Krüger/Meis, 1991.

6.2.3 Effizienzoptimierung des Gesundheitsschutzsystems

Nutzen

Das Desaster der Unfallkostenrechnungen hatte aber auch positive Auswirkungen für die Entwicklung des Gesundheitsschutzes als Wettbewerbsfaktor. Statt der aussichtslosen wirtschaftlichen Einzelbewertung von Maßnahmen rückte nun der Nutzen des gesamten betrieblichen Gesundheitsschutzsystems in den Vordergrund. Damit waren neue Fragen verbunden. Woraus setzt sich der Nutzen zusammen, den ein Unternehmen durch ein funktionierendes betriebliches Gesundheitsschutzsystem erwarten darf? Welche konkrete Maßnahmenkombination ist dabei besonders wirtschaftlich oder wirtschaftlicher als eine andere?

Vorsorge gegen Betriebsstörungen

Neben die direkten geldlichen Auswirkungen des betrieblichen Gesundheitsschutzes auf Personal- und Personalnebenkosten treten zunehmend die indirekten *weichen* Nutzenindikatoren, die aber häufig über Erfolg oder Misserfolg einer Investition oder gar eines ganzen Unternehmens entscheiden. Ungeplante Unterbrechungen der Produktion oder des Leistungserstellungsprozesses durch Unfälle oder Arbeitsunfähigkeit erhöhen die Kosten, führen zu Produktions- und Erlösausfällen oder gar zu Konventionalstrafen – vor allem aber können sie das Vertrauen und die Zufriedenheit der Kunden nachhaltig stören. Schon deshalb trifft jedes Unternehmen Vorsorge gegen Betriebsstörungen und würde selbst dann betrieblichen Gesundheitsschutz betreiben, wenn es dafür gar keine gesetzliche Verpflichtung gäbe. Hier liegt das originäre wirtschaftliche Interesse der Unternehmen. Denn eine effiziente Sicherung der ungestörten Produktion wirkt als direkter Wettbewerbsfaktor.

Hohe Präsenz, Einsatzfähigkeit und Leistungsbereitschaft der Mitarbeiter lassen sich nur erreichen, wenn Unfällen, Berufskrankheiten und arbeitsbedingten Erkrankungen entschieden und wirksam vorgebeugt wird. Damit werden gleichzeitig die Voraussetzungen für eine Erhöhung der Arbeitszufriedenheit verbessert und die für eine hohe Produktivität notwendige Motivation der Mitarbeiter gestärkt. Positiv wirkt sich auch die Förderung individueller Gesundheitskompetenzen bei den Mitarbeitern aus. Denn Kenntnisse über gesundheitliche Zusammenhänge erhöhen nicht nur das Gesundheitspotenzial und verbessern das Bewältigungsverhalten, sie wirken sich auch auf die Zusammenarbeit und die Kommunikation im Unternehmen aus. So dürfte z.B. allein die Vermeidung von Mobbing enorme Auswirkungen auf die Produktivität besitzen.

Die durch die Globalisierung beschleunigt zunehmende Durchsetzung schlanker Produktions- und Dienstleistungskonzepte zielt auf das Reduzieren von verzichtbaren Personalpuffern und Kapazitäten. Damit werden Produktionskosten gesenkt. Doch bei minimierten oder auch nur verringerten Personal- und Produktionspuffern wird die zuverlässige Einsatzfähigkeit und -bereitschaft des verbleibenden Mitarbeiterstamms immer wichtiger. Ohne präventiven betrieblichen Gesundheitsschutz wäre das Unternehmen unfall- und krankheitsbedingten Störungen des Leistungserstellungsprozesses in hohem Maße ausgeliefert.

Optimierung des betrieblichen Gesundheitsschutzsystems

Mit der Anerkennung des betrieblichen Gesundheitsschutzes als Wettbewerbsfaktor ist es jedoch nicht getan. Die Steuerung von Volumen und Struktur der konkreten Maßnahmenauswahl ist für fast alle Unternehmen Neuland, denn im betrieblichen Rechnungswesen werden solche Daten üblicherweise nicht erfasst. Hinzu kommt, dass ein Großteil der Indikatoren für die Optimierung des betrieblichen Gesundheitsschutzsystems nicht monetärer Art ist. Denn auch die Einflussgrößen, die nur indirekt auf den wirtschaftlichen Erfolg des Unternehmens einwirken, dürfen wegen ihrer Bedeutung nicht vernachlässigt werden. Das macht unternehmensindividuelle Lösungen erforderlich.

Am besten kann man sich den Optimierungsprozess des betrieblichen Gesundheitsschutzsystems als Black Box vorstellen, in die Maßnahmen (Inputs) eingehen und Zielgrößenveränderungen (Outputs) erreicht werden. Der Prozess der Produktion oder Leistungserstellung im Betrieb bzw. im einzelnen Arbeitssystem bildet die Wirkungsebene, auf der Arbeitsschutz- oder Gesundheitsförderungsmaßnahmen zur Zielerreichung des Unternehmens beitragen. Das Verhältnis von eingesetzten Ressourcen zu erreichten Zieleffekten kann als Aufwand-Ertrags- oder Kosten-Nutzen-Relation dargestellt werden. Die Verhältnisse der Maßnahmekosten zu den Zieleffekten – in Geld, indirekt monetär bestimmt oder lediglich quantifiziert – messen die Effizienz.

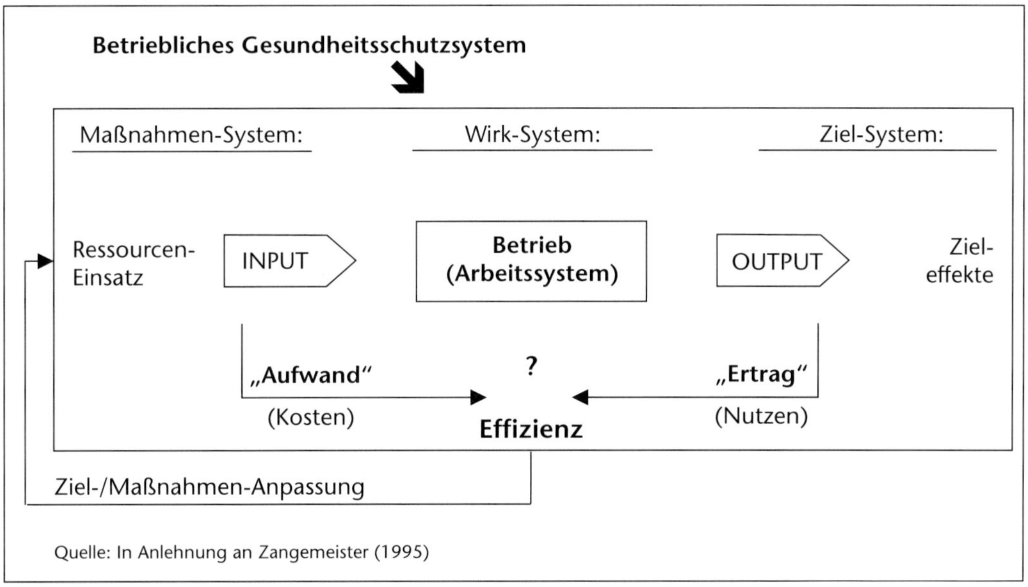

Abb. 3: Prinzip der Effizienzbestimmung

Betriebliches Gesundheitsschutzmanagement

Die Nutzbarmachung des betrieblichen Gesundheitsschutzes als Wettbewerbsfaktor erfordert eine in betriebswirtschaftliche Abläufe und Ereignisse integrierte Effizienzsteuerung. Dazu ist es notwendig, dass Entscheidungen im Arbeits- und Gesundheitsschutz genauso vorbereitet und überprüft werden, wie es im Rahmen der betriebswirtschaftlichen Steuerung üblich ist. Geeignete Instrumente hierfür sind die Verfahren der erweiterten Wirtschaftlichkeitsrechnung, die Effizienzsteuerung mit Hilfe von einzelnen Kennzahlen (z.B. den „Kosten der ungestörten Arbeitsstunde") und das betriebliche Gesundheitsschutzcontrolling. Dies sind die Bausteine für ein betriebliches Gesundheitsschutzmanagement.[4]

6.2.4 Erweiterte Wirtschaftlichkeitsverfahren

Erweiterte Wirtschaftlichkeitsverfahren geben dem Planer Hilfen für die systematische Aufdeckung von Schwachstellen und die Berücksichtigung von nicht mo-

4 Vgl. Thiehoff, 2000.

netarisierbaren oder quantifizierbaren Zielbeiträgen bei der Beurteilung von Investitionsalternativen. Die größere Transparenz des Planungsergebnisses durch Offenlegung des Bewertungsprozesses und die nachträgliche Kontrollierbarkeit der prognostizierten Nutzwerte verleiht dem Entscheidungsvorbereiter in der Praxis größere Kompetenz.

Erweiterte Wirtschaftlichkeitsrechnungen

Neben eine detaillierte konventionelle Investitions- oder Kostenvergleichsrechnung stellen erweiterte Wirtschaftlichkeitsrechnungen, als die am weitesten entwickelte Variante ganzheitlicher Investitionsplanungsverfahren, eine speziell angepasste Nutzwertanalyse für schwer oder nicht monetarsierbare Bewertungskriterien. Durch gewichtete Punktwerte lassen sich die Zielerreichungsgrade unterschiedlicher menschen- und gesundheitsgerechter Gestaltungslösungen miteinander vergleichen.

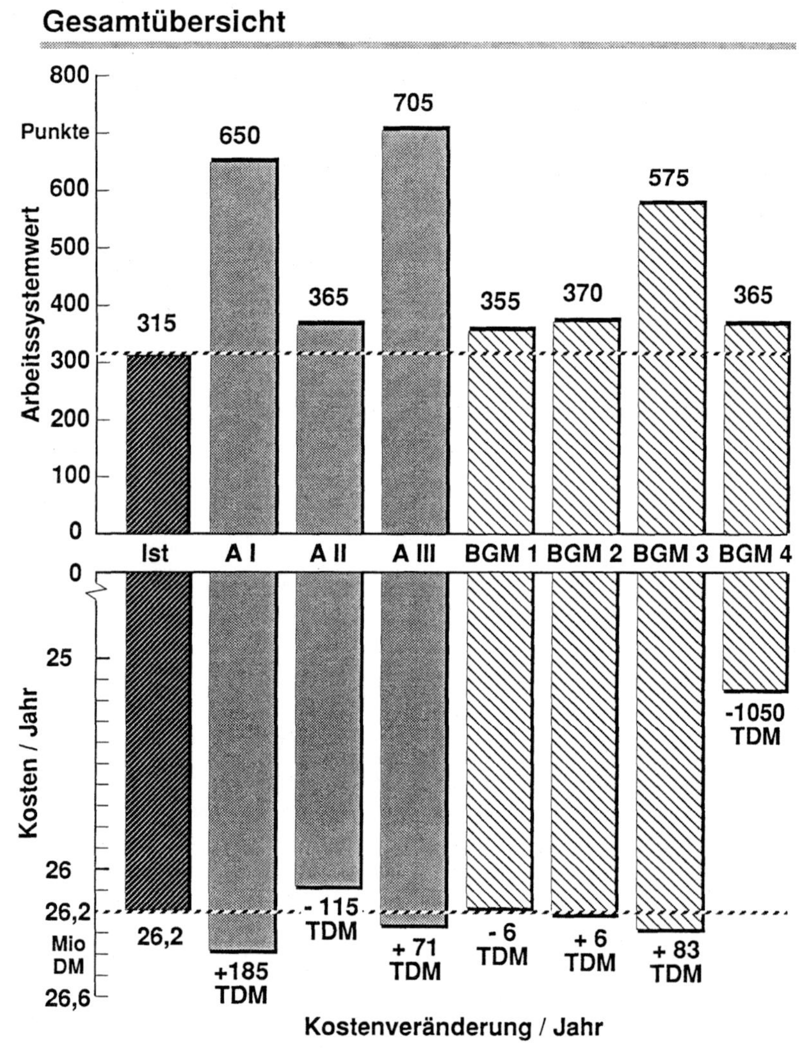

Abb. 4: Ergebnisdarstellung Arbeitssystemwertanalyse (Beispiel: Zusammenlegung von Werkfeuerwehr und Werkschutz)

Ganzheitliche Investitionsplanungen finden nicht regelmäßig, sondern nur anlassbezogen statt. Daher werden kontinuierlich einsetzbare Instrumente benötigt, um stetige Effizienzverbesserungen des betrieblichen Gesundheitsschutzsystems zu erreichen. Voraussetzung dafür sind laufende Vergleiche von wirtschaftlichen Inputs und Outputs, um die wirtschaftlichste Verwendung der Gesundheitsschutzmaßnahmen herausfinden zu können. Eine solche Steuerung benötigt indes ein leistungsfähiges Controlling, das heute konzeptionell und praktisch erst in Ansätzen vorliegt. Doch einige Beispiele zeigen, dass sowohl die Steuerung einzelner Zielindikatoren als auch die Steuerung eines Gesamtbudgets für alle Arbeits- und Gesundheitsschutzmaßnahmen möglich ist.[5]

6.2.5 Betriebliches Gesundheitsschutzcontrolling

Arbeitsschutzkostencontrolling

Ein erster Schritt für die praktische Umsetzung solcher Verfahren war das von der Bundesanstalt für Arbeitsschutz und Arbeitsmedizin entwickelte Arbeitsschutzkostencontrolling. Für das betriebliche Arbeitsschutzsystem ist die wirtschaftliche Leistung eine möglichst hohe Verfügbarkeit des Produktionsprozesses, also der weitgehend störungsfreie Betriebsablauf. Dieser Nutzen lässt sich nicht direkt quantifizieren, sondern nur indirekt durch Indikatoren darstellen, z.B. durch die Zahl der ungestörten Arbeitsstunden (ermittelt als Differenz von eingekauften Arbeitsstunden abzüglich Ausfallstunden durch Unfall). Werden die Kosten des Arbeitsschutzsystems durch die ungestörten Arbeitsstunden dividiert, erhält man einen Effizienzindikator, der die Veränderungen von Input und Output betriebswirtschaftlich bewertet und darstellt.

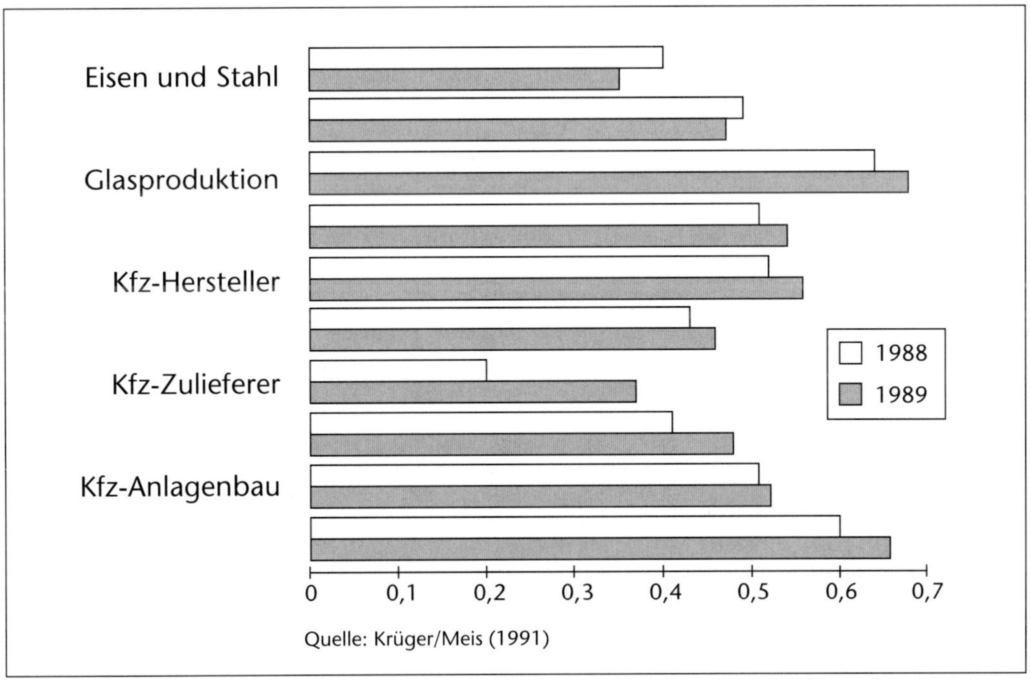

Abb. 5: Branchenvergleich Kosten der ungestörten Arbeitsstunde (DM/Stunde, in je zwei Unternehmen)

5 Vgl. Zangemeister/Nolting, 1997.

Regelkreis

Effizienzsteuerung ist ein Prozess, der im Sinne eines Regelkreises kontinuierlich Maßnahmenauswahl und -intensität mit dem Grad der Zielerreichung vergleicht. Ergebnis der regelmäßigen Vergleiche sind Bewertungen des gewählten Maßnahmenmixes, um bei festgestellten Zielabweichungen oder Defiziten Steuerungsmaßnahmen durchführen zu können. Damit wird eine kontinuierliche Verbesserung des Systemzustandes und die Anpassung an die (notwendigen) Zielvorgaben erreicht. Wie ein solches Ablaufkonzept für den gesamten betrieblichen Gesundheitsschutz aussehen könnte, zeigt Abbildung 6. Dabei sind drei Komponenten für das Funktionieren des betrieblichen Gesundheitsschutzcontrollings unverzichtbar:

(1) **Der betriebliche Gesundheitsbericht**
Praktisch jeder betriebliche Einstieg in das Problem des Arbeits- und Gesundheitsschutzes beginnt mit einer Analyse. Das dafür geeignete Instrument ist der betriebliche Gesundheitsbericht. Dieser kann zum Einstieg möglicherweise auch durch einen Externen, z.B. durch eine Krankenkasse, erarbeitet werden.

(2) **Die betrieblichen Gesundheitszirkel**
Ergebnis des betrieblichen Gesundheitsberichtes ist eine Erfassung der Arbeits- und Gesundheitsschutzdefizite und Problemlagen. Diese bildet die Grundlage der Erarbeitung von Maßnahmemöglichkeiten, die zweckmäßigerweise durch Gruppenarbeit z.B. in Gesundheitszirkeln erfolgt. Auch der Arbeitsschutzausschuss ist hierfür ein geeigneter Ansprechpartner. Auf jeden Fall sollten in die vorgeschlagenen Maßnahmen auch die Merkmale und Bedingungen der Arbeitssysteme einfließen, um praktikable Voraussetzungen für die Durchführung zu schaffen.

(3) **Kosten-Nutzen-/Kosten-Wirksamkeits-Analysen**
Die Bewertung der vorgeschlagenen Gesundheitsförderungsmaßnahmen erfolgt durch Kosten-Nutzen- bzw. Kosten-Wirksamkeits-Analysen. Sie bilden die Entscheidungsgrundlage für die Unternehmensführung. Sie müssen daher Abschätzungen des Verhältnisses der Kosten des vorgeschlagenen Maßnahmenpaketes zu den erwarteten Nutzeneffekten beinhalten. Wie weit die Zielerreichung gehen soll, ist jedoch den betrieblichen Entscheidungsträgern vorbehalten. Die periodische Evaluierung der Maßnahmenumsetzungen dient zur Optimierung des Maßnahmenmixes. Die Ergebnisse werden an die betrieblichen Gesundheitszirkel weitergeleitet und münden in neue Maßnahmenoptionen.

Betriebliches Gesundheitsschutzcontrolling

Die Steuerung durch ein betriebliches Gesundheitsschutzcontrolling beinhaltet sowohl monetäre als auch nicht monetäre Kennzahlen. Ihre Veränderungen zeigen die Wirksamkeit der gewählten Maßnahmen an. Für die monetären Indikatoren werden dazu neuere betriebswirtschaftliche Erkenntnisse herangezogen, wie sie sich aus der Kritik der Unfall- und Ausfallkostenrechnungen ergaben. So ist der Rückgang der Arbeitsunfähigkeit nicht einfach durch die Höhe der zurückgegangenen Lohnfortzahlung zu bewerten. Bei gleichem Output und unverändertem Personalstand hätte das Unternehmen nämlich noch gar nichts eingespart. Stattdessen wird die Theorie der Betriebsunterbrechung zur Ermittlung der betriebswirtschaftlichen Konsequenzen unfall- oder krankheitsbedingter Abwesenheit herangezogen.

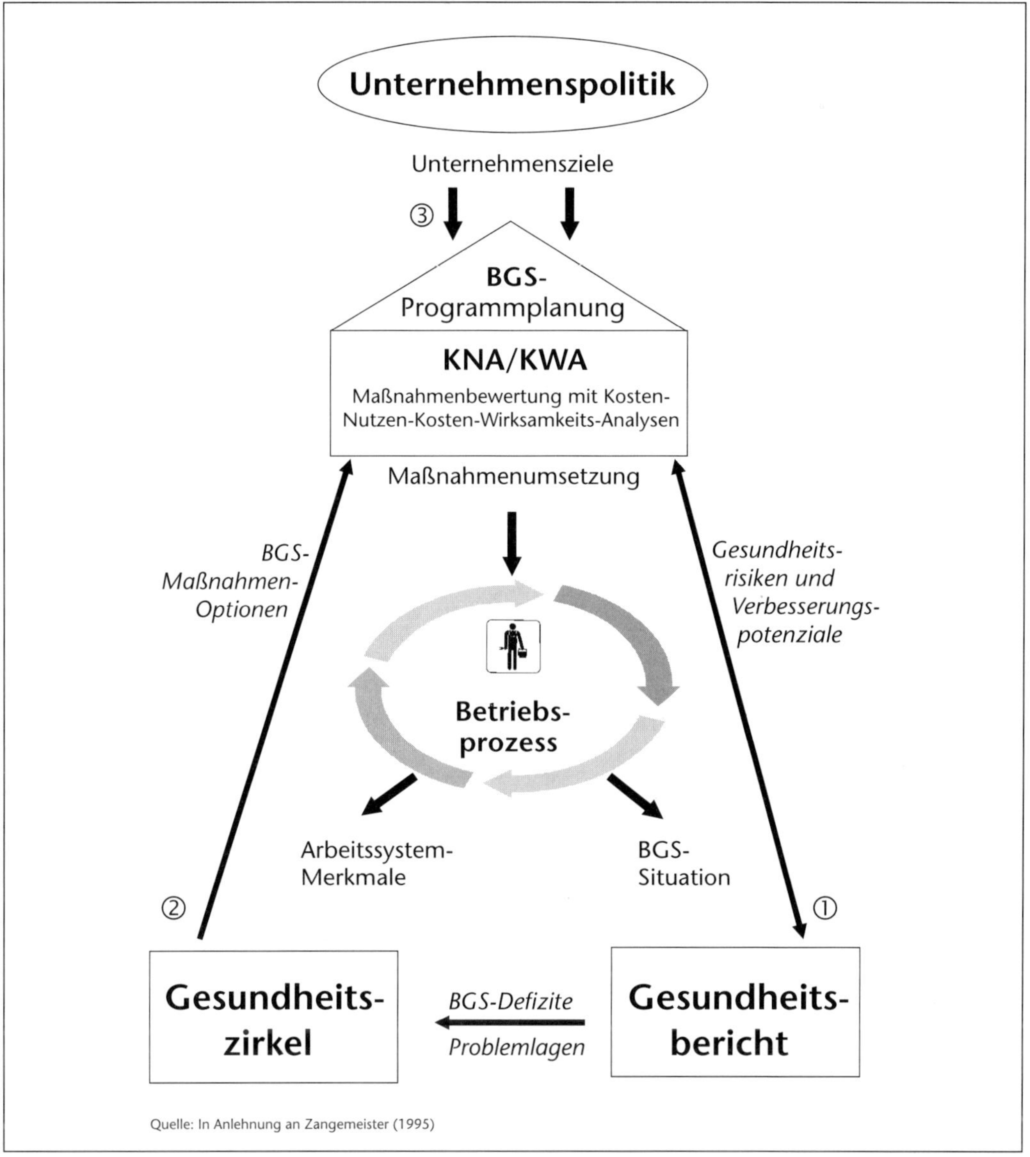

Abb. 6: Regelkreis des betrieblichen Gesundheitsschutzcontrollings

Betriebswirtschaftlicher Schaden

Bei der Lohnfortzahlung handelt es sich betriebwirtschaftlich gesehen um neutralen Aufwand, der keinen betrieblichen Leistungsverzehr und damit keine Kosten darstellt. Demgegenüber verursacht die abwesenheitsbedingte Störung der betrieblichen Produktions- oder Leistungserstellung sehr wohl auch einen betriebswirtschaftlichen Schaden. Dieser liegt in der Höhe des durch die Arbeitsunfähigkeit tatsächlich ausfallenden Umsatzes zuzüglich derjenigen Mehrkosten, die bei ungestörtem Betriebsablauf nicht entstanden wären. Doch selbst wenn es gar nicht zu einer Betriebsstörung kommt, können Kosten angefallen sein. Diese verbergen sich in den Produktionspuffern (personelle oder technische Überkapazitäten), deren Existenz mögliche Umsatzausfälle verhindert. Nimmt die Störungssicherheit durch betrieblichen Gesundheitsschutz zu, so kann auf Teile dieser Produktionspuffer verzichtet werden oder die Produktion wird ausgeweitet. Darin liegt der monetäre Nutzen.

Geeignete Software hilfreich

Zu den Umsetzungsproblemen eines betrieblichen Gesundheitsschutzcontrollings in der betrieblichen Praxis gehört die Beschränkung auf eine handhabbare Zahl von Kenngrößen. Zudem muss die Darstellung der Ergebnisse so anschaulich wie möglich sein, um Veränderungen leichter erkennen zu können und trotzdem einen Gesamtüberblick zu behalten. Dies gelingt heute nur mit DV-technischer Hilfe. Eine dafür geeignet gestaltete Software existiert bereits.[6]

6.2.6 Praxisbeispiel Kreissektordiagramm

Abbildung 7 zeigt die Bewertungsergebnisse aller Kriterien des Kennzahlensystems eines fiktiven Beispielunternehmens. Im so genannten Kreissektordiagramm wird die Gesamtheit aller Kennzahlen über einen Kreisbogen von 360° dargestellt. Jeder Kreisabschnitt repräsentiert Gewicht und Bewertung eines Kriteriums. Die operationalisierten Bewertungskriterien der nachfolgenden Ebene sind entsprechend aufsummiert.

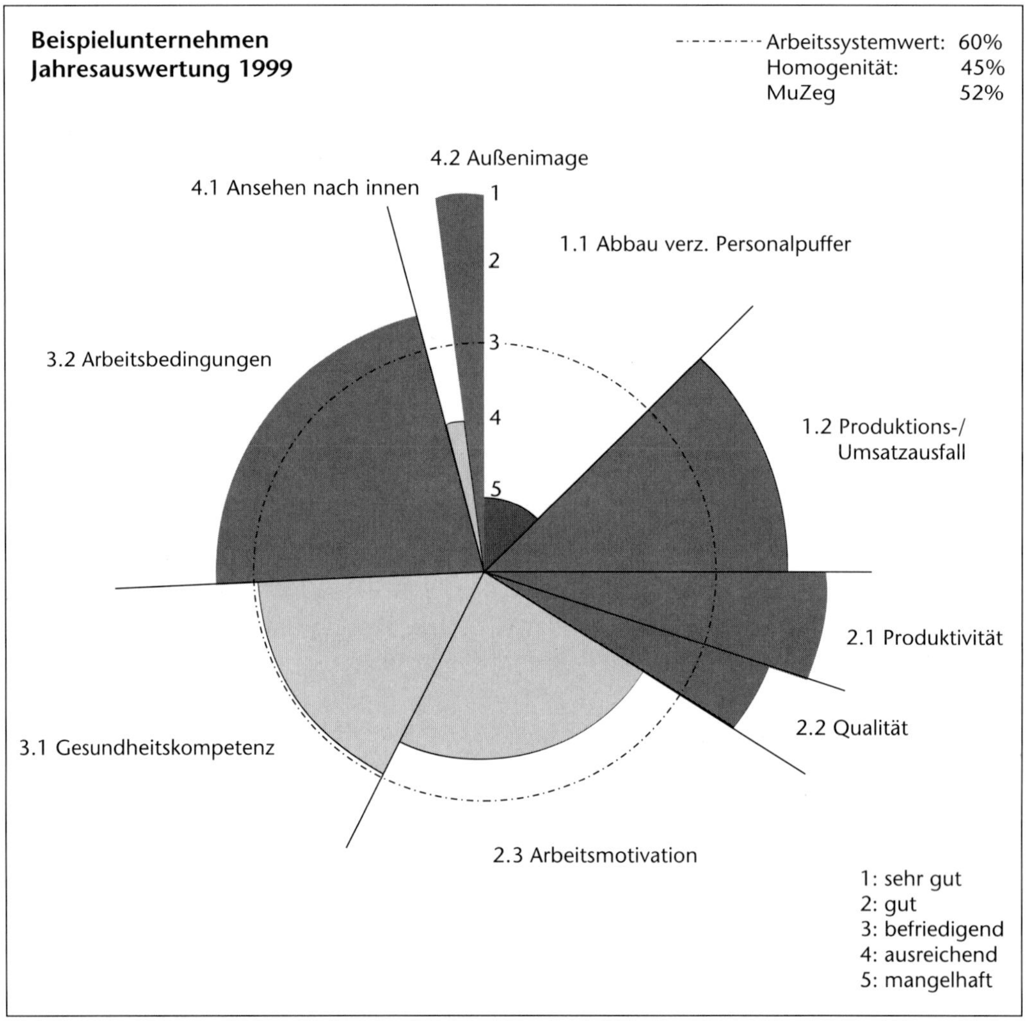

Abb. 7: Kreissektordiagramm

6 Vgl. Schweres/Sengotta/Roesler, 1999.

Die Öffnungswinkel der jeweiligen Sektoren veranschaulichen die absolute Gewichtung und die Radien die Bewertung des dargestellten Kriteriums. Eine hohe Gewichtung führt zu großen Öffnungswinkeln und eine gute Bewertung zu großen Radien. Die Unterkriterien bestimmen jeweils die Öffnungswinkel und die Radien der Oberkriterien.

Nutzwerte aller Kriterien

Die Summe der erreichten Nutzwerte aller Kriterien (in Prozent) werden als Arbeitssystemwert bezeichnet. Seine Veränderungen geben bereits einen guten Überblick über die Gesamtentwicklung. Doch gegenläufige Veränderungen von Kriterien können sich so auswirken, dass trotz starker struktureller Verschiebungen die Nutzwertsumme unverändert bleibt. Entwicklungen werden in diesem Fall möglicherweise verschleiert. Durch die graphische Darstellung im Rahmen von Kreissektordiagrammen wird diese Schwäche jedoch aufgefangen.

Die Homogenität der Kriterienausprägung ist ein Maß für die Streuung der Bewertungen. Es kann als Vernachlässigungs- oder Einheitlichkeitsfaktor interpretiert werden. Steigende Werte zeigen größere Homogenität an und damit eine größere Stabilität des Arbeitssystemwertes bei möglichen Veränderungen von Gewichtungen. In unserem Beispielunternehmen liegt die Homogenität fast im Mittel bei 45%.

Multidimensionaler Zielerfüllungsgrad

Der multidimensionale Zielerfüllungsgrad (MuZeg) setzt sich aus dem Arbeitssystemwert und der Homogenität zusammen. Auf diese Weise wird auch die Einheitlichkeit der Kriterienerfüllung mit abgebildet. Nur wenn die Zielerreichungsgrade aller Kriterien mehr als mittlere Werte annehmen, wird der multidimensionale Zielerfüllungsgrad ebenfalls in Richtung 100% tendieren. Ein multidimensionaler Zielerfüllungsgrad, der wie im Praxisbeispiel mit 52% nur leicht über dem Mittel liegt, zeigt noch ein viel versprechendes Verbesserungspotenzial an.

Zur Beurteilung der unterschiedlichen Zielerreichung bei den einzelnen Kriterien ist die Aufteilung des Budgets auf die einzelnen Maßnahmen heranzuziehen. An einem Beispiel lässt sich das illustrieren. Angenommen, das Unternehmen des Praxisbeispiels aus Abbildung 7 hat für Maßnahmen zur Organisationsentwicklung, zum Führungsverhalten und zur Mitarbeiterzufriedenheit bisher nur geringfügige Mittel verwendet, obwohl diesem Ziel laut vorgenommener Gewichtung erhebliche Bedeutung zukommt, so dürfte eine Umverteilung der Budgetmittel zu Gunsten geeigneter Organisations- oder Personalentwicklungsmaßnahmen sehr lohnend sein und wahrscheinlich eine Verbesserung des multidimensionalen Zielerfüllungsgrades hervorrufen.

Durch den Vergleich von Kreissektordiagrammen und jeweils vorangegangener Budgetstruktur der Maßnahmen ergeben sich für die Unternehmen eine Reihe von Verbesserungshinweisen. Betriebliche Experten oder auch die Mitglieder eines eigens dafür gebildeten Steuerungsgremiums erhalten erste Grundlagen für die Beurteilung der Effizienz bereits realisierter bzw. noch zu schnürender Maßnahmenpakete. Doch erst die durch die periodischen Berichte des betrieblichen Gesundheitsschutzcontrollings gemachten Erfahrungen schaffen das angestrebte Know-how, um das Budget zunehmend effizienter zusammensetzen und gestalten zu können.

Darstellung der zeitlichen Entwicklung

Vereinfachend ausgedrückt kann mit dem Instrumentarium des Kreissektordiagramms abgebildet werden, wie sich ein betriebliches Gesundheitsschutzsystem im Zeitablauf entwickelt. Dazu werden die einzelnen Kreissektordiagramme – auf Papier oder mit DV-technischer Hilfe – aufeinander folgend angeordnet. Im Rückschluss lassen sich die verschiedenen Maßnahmenzusammensetzungen hinsichtlich ihrer monetären und nicht monetären Zielerreichung beurteilen. Die Steuerung im Rahmen des betrieblichen Gesundheitsschutzcontrollings dient damit Zug um Zug der Annäherung an einen Optimalzustand – also der effizientesten Verwendung der eingesetzten Mittel für Arbeits- und Gesundheitsschutzmaßnahmen.

Arbeitsschutz als positiver Wettbewerbsfaktor

Optimierungsprozesse benötigen Vorgaben. Eine geeignete Optimierungsbedingung in Rezessionszeiten wäre beispielsweise das Erreichen des höchstmöglichen Arbeitssystemwertes oder multidimensionalen Zielerfüllungsgrades bei unternehmensseitig vorgegebener Budgethöhe. In konjunkturell guten Zeiten könnte das Unternehmen auch einen bestimmten multidimensionalen Zielerfüllungsgrad als Benchmark setzen. Aufgabe des betrieblichen Gesundheitsschutzes wäre es dann, das definierte Ziel mit dem geringstmöglichen Mittelaufwand zu erreichen. In beiden Fällen stellt das Verfahren sicher, dass der Arbeits- und Gesundheitsschutz zu einem positiven Wettbewerbsfaktor wird, denn es richtet die Maßnahmen des betrieblichen Gesundheitsschutzes gleichzeitig in Richtung humanitärer *und* betriebswirtschaftlicher Ziele aus.

6.2.7 Betriebliches Gesundheitsschutzmanagement

Betriebswirtschaftliche Einbindung

Arbeitsschutz, Gesundheitsschutz und Gesundheitsförderung sind betriebliche Aufgaben, die sich auf die Wirtschaftlichkeit der Unternehmen auswirken. Ihr Management geht jedoch über den Aufwand hinaus, den uns Unfall- oder Ausfallkostenrechnungen suggerierten. Erst systematisches Controlling und Kosten-Nutzen-Analysen im betrieblichen Gesundheitsschutz liefern die betriebswirtschaftlich notwendigen Begründungen für ein Budget und die Steuerung seiner wirkungsvollsten Verwendung. Diese betriebswirtschaftliche Einbindung schafft demnach erst die Voraussetzung dafür, dass der betriebliche Gesundheitsschutz zum positiven Wettbewerbsfaktor werden kann.

Es ist kein Zufall, dass das Entstehen der Bausteine für ein betriebliches Gesundheitsschutzmanagement im Wesentlichen in die 90er Jahre des zu Ende gegangenen Jahrtausends fällt. In dieser Zeit fand auch die rasante Entwicklung der Globalisierung und die nicht weniger spektakuläre Transformation in eine Informations- und Wissensgesellschaft statt. Beide Veränderungen bewirkten, dass der Druck auf die Unternehmen größer wurde und neue Herausforderungen zu bewältigen waren. So nahm die bisher übliche Amortisationsdauer von Investitionen dramatisch ab, gleichzeitig stieg das Unsicherheitspotenzial konventioneller monetär-zentrierter Investitionsplanungsverfahren. Wie soll in einer immer dynamischer und komplexer werdenden Unternehmenswelt geplant und gesteuert werden?

Balanced Scorecard

Die betriebswirtschaftlichen Ideen dazu reichen von den schon etwas länger zurückliegenden Vorschlägen zum Performance Measurement bis zum ganzheitlichen Steuerungsansatz der aktuellen Balanced Scorecard. Diese ist nicht bloß ein betriebswirtschaftliches Kennzahlensystem zur besseren Information, sondern ein deduktiver Prozess. Durch Festlegung der Ziele aus Finanz-, Prozess-, Mitarbeiter- und Kundenperspektive werden ausgewogene Steuerungsgrößen abgeleitet. Diese erlauben es, eine geeignete Maßnahmenauswahl vorzunehmen, die regelmäßig steuernd verbessert wird. Entsprechend muss sich auch der betriebliche Gesundheitsschutz einordnen.

Humanressourcenmanagement

Das Ziel des Humanressourcenmanagements ist es, die Potenziale der Ressource Mensch freizusetzen und so den Unternehmenserfolg zu erhöhen. Die Wege, auf denen das Erfolg versprechend realisiert werden kann, sind beispielhaft und sehr anschaulich im Konzept der Systemverträglichen Organisationsentwicklung beschrieben.[7] Die drei „Logiken“: die Informations-, die ökonomische und die Psychologik sind in der Balance zu halten, damit der Prozess der schnellen Evolution gelingt. Ein entsprechendes Managementsystem beinhaltet also sowohl die richtigen Informationen, die geeignete Steuerung als auch die Verhaltensoptimierung der handelnden Menschen.

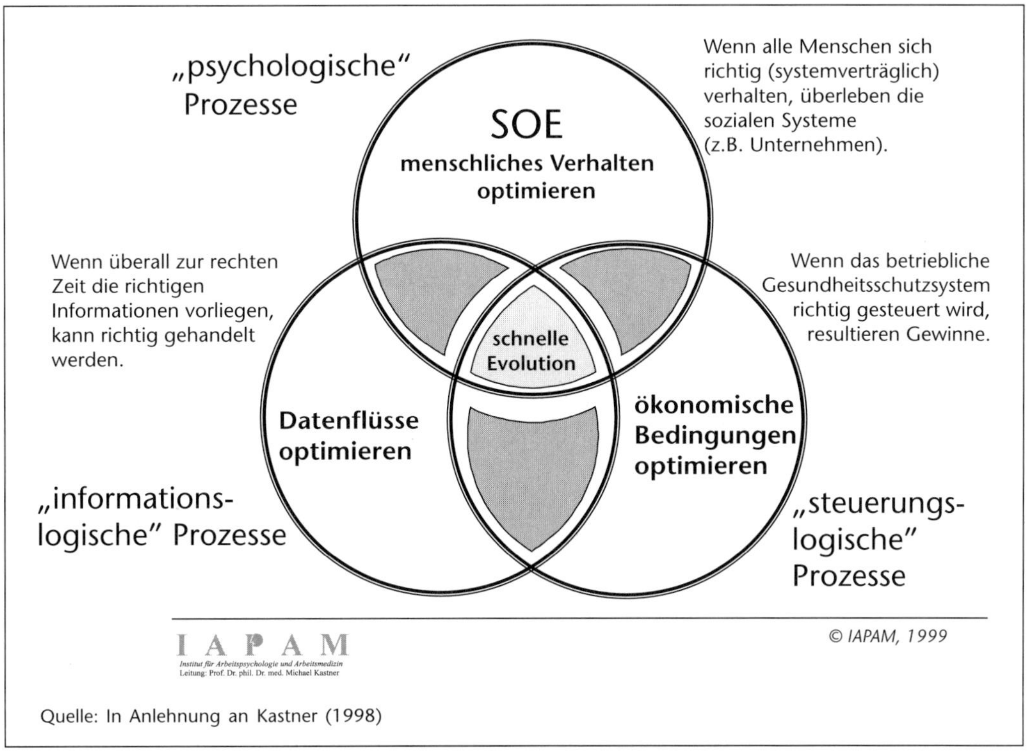

Abb. 8: Betriebliches Gesundheitsschutzmanagement: Informationslogik, Steuerungslogik und Psychologik im Modell der Systemverträglichen Organisationsentwicklung (SOE)

Abwesenheitsbedingte Umsatzausfälle und abbaubare Personalpuffer

Die benötigten Steuerungsinformationen lassen sich nicht durch Unfall- oder Ausfallkostenrechnungen gewinnen, sondern durch abwesenheitsbedingte Umsatzausfälle und abbaubare Personalpuffer. Es reicht zudem nicht, allein die monetären Belastungen zu erfassen. Die nicht monetären weichen Faktoren nehmen an Bedeutung zu und müssen mit geeigneten Kennzahlen Berücksichtigung finden. Voraussetzung dafür ist die Setzung, Ordnung, Gewichtung und Operationalisierung von Zielen. Dies gilt für alle vorgestellten betriebswirtschaftlichen Steuerungsinstrumente:

7 Vgl. Kastner 1998, S. 173ff.

- die erweiterten Wirtschaftlichkeitsverfahren
- das Controlling mit begrenzten Effizienzindikatoren (Arbeitsschutzkostencontrolling)
- das betriebliche Gesundheitsschutzcontrolling

Betriebliches Gesundheitsschutzmanagement

Das betriebliche Gesundheitsschutzmanagement ermöglicht letztlich einen Lernprozess, der den daran beteiligten Gruppen im Unternehmen ein Gespür dafür vermittelt, mit welchen Maßnahmen und in welcher Dosierung die höchsten Erfolge erzielt werden können. Gleichzeitig wird das Verständnis dafür gefördert, dass das Unternehmen durch Unfälle, Erkrankungen und gesundheitliche Einschränkungen belastet wird, aber auch, dass Präventionsmaßnahmen finanzielle Ressourcen beanspruchen, die möglichst effizient verwendet werden sollten. Das Interesse, auch für die eigene Gesundheit Verantwortung zu übernehmen, wird gestärkt. Denn erzielte Erfolge erhöhen durch ihre Wettbewerbswirkungen die Spielräume für weitere Verbesserungen des betrieblichen Gesundheitsschutzes. Man tut etwas für sich selbst.

Rollenänderung für Arbeitsschützer

Durch den entstehenden kontinuierlichen Regelkreis wird sowohl das Interesse der Unternehmensleitungen als auch die Motivation der beteiligten Mitarbeitergruppen immer wieder stimuliert. Die neue Ausrichtung des betrieblichen Gesundheitsschutzes in Richtung Optimierung und Integration statt Minimierung und Isolation zielt dabei auch auf eine Rollenänderung für Arbeitsschützer und Gesundheitsförderer. Ihr Verständnis, als defensiv handelnder und bremsend wirkender Bedenkenträger vornehmlich zu reagieren, wird aktiver Mitarbeit an der Optimierung betrieblicher Prozesse weichen müssen. Nur dann kann der betriebliche Gesundheitsschutz zum Bestandteil eines umfassenden Humanressourcenmanagements werden, das wiederum in eine ganzheitliche Unternehmenspolitik eingebettet ist. Prävention statt Reparatur wird zum Wettbewerbsvorteil.

6.2.8 Rationale Prinzipien richtigen Verhaltens

Nicht nur in der Praxis der Unternehmenssteuerung, sondern auch in der wissenschaftlichen Diskussion politischer Prinzipien in einer Demokratie stellt man an der Schwelle des neuen Jahrtausends überraschende Parallelen hinsichtlich der rationalen Prinzipien richtigen Verhaltens fest. Nachhaltige Kooperation, anreizkompatible Selbststeuerung und institutionalisierter Wettbewerb sind demnach der Kern erfolgreicher Interessenbalance – sowohl in den Unternehmen als auch in der Gesellschaft.[8] Mit der Zusammenarbeit zum wechselseitigen individuellen Vorteil ist das erste Prinzip charakterisiert. Das zweite stellt eine Konkretisierung des ersten dar: So kann dauerhaftes Handeln gegen eigene Interessen nicht ernsthaft erwartet werden. Zudem ist heute die Durchsetzung von Maßnahmen nicht mehr gegen, sondern nur noch in Übereinstimmung mit dem Willen der Betroffenen vorstellbar. Denn nur dann werden die Mitarbeiter eines Unternehmens ihre Fähigkeiten und ihr Wissen in den Dienst der gemeinsamen Sache stellen.

Sowohl Wettbewerb als auch Kooperation sind schädlich, wenn sie zu Lasten Dritter gehen. Das zeigen uns die Beispiele Mafia, Kartelle oder Korruption. Institutionalisierter Wettbewerb – also z.B. durch eine Marktordnung geregelte faire

8 Vgl. Suchanek, 1999.

Konkurrenz – geht nicht zu Lasten eines Dritten. Er ist im Gegenteil sogar als Mittel zum Zweck, das heißt als Instrument für die Erreichung nachhaltiger Kooperation anzusehen. Dies beinhaltet das dritte Prinzip. Institutionalisierter Wettbewerb erzwingt demnach den effizienten Umgang mit knappen Ressourcen.

Prozess kontinuierlicher Optimierung

Der Prozess kontinuierlicher Optimierung der Maßnahmenkombination im betrieblichen Gesundheitsschutz mit Hilfe des Controllings ist mit diesen drei Prinzipien vereinbar. Er fördert die Zusammenarbeit zum wechselseitigen Vorteil. Er bietet eine Möglichkeit anreizkompatibler Selbststeuerung und sorgt für den effizienten Umgang mit den knappen Ressourcen des Unternehmens, in dem ein Konsens für die konkurrierenden Verwendungsmöglichkeiten gefunden wird.

6.2.9 Literatur[9]

Baum, H.; Heibach, M.; Höhnscheid, K.-H.: Aktualisierung der volkswirtschaftlichen Ressourcenverluste durch Arbeits- und Wegeunfälle, Bd. 808 Schriftenreihe Forschung/Arbeitsschutz, hrsg. v. d. Bundesanstalt für Arbeitsschutz und Arbeitsmedizin. Dortmund/Berlin 1998.

Kastner, M. (Hrsg.): Verhaltensorientierte Prozeßoptimierung. Herdecke 1998.

Kastner, M. (Hrsg.): Gesundheit und Sicherheit in neuen Arbeits- und Organisationsformen. Herdecke 1999.

Kollerer, H.: Die betriebswirtschaftliche Problematik von Betriebsunterbrechungen – Planungsgrundlagen zur Berücksichtigung von Betriebsunterbrechungen im Rahmen der Unternehmenspolitik, Betriebswirtschaftliche Studien, Bd. 35. Berlin 1978.

Krüger, W.; Meis, S.: Probleme und Möglichkeiten der Effizienzkontrolle betrieblicher Arbeitsschutzaktivitäten, Bd. 640 Schriftenreihe Forschung, hrsg. v. d. Bundesanstalt für Arbeitsschutz. Dortmund 1991.

Lorenz, D.; Wurstner, K.; Fremerey, F.; Auch, M.: Modellhafte Anwendung der Arbeitssystemwertanalyse am Beispiel der Zusammenlegung der Leitstände von Werkfeuerwehr und Werkschutz bei der Hoesch Stahl AG, Abschlußbericht für die Bundesanstalt für Arbeitsschutz. Stuttgart 1991.

RKW (Hrsg.): Menschengerechte Arbeitsplätze sind wirtschaftlich, 6 Dokumentationen erweiterter Wirtschaftlichkeitsverfahren. Bonn 1985.

Schweres, M.; Sengotta, M.; Roesler, J.: Gesundheits- und Arbeitsschutz in der Investitionsplanung – DV-Unterstützung für erweiterte Wirtschaftlichkeitsrechnungen, Bd. 849 Schriftenreihe Forschung/Arbeitsschutz, hrsg. v. d. Bundesanstalt für Arbeitsschutz und Arbeitsmedizin. Dortmund/Berlin 1999.

9 Eine fortlaufend aktualisierte Zusammenstellung von Veröffentlichungen, Hinweisen auf Forschungsberichte, Vorträgen und Materialien – der so genannte Reader „Arbeitsschutz und Wirtschaftlichkeit" – kann bei der Bundesanstalt für Arbeitsschutz und Arbeitsmedizin, Friedrich-Henkel-Weg 1–25, D-44149 Dortmund, bei Frau Vondracek oder Herrn Dr. Thiehoff angefordert werden.

Suchanek, A.: Richtige Politik mit rationalen Prinzipien, FAZ Nr. 259 vom 6.11.1999, S. 15.

Thiehoff, R.: Bewertungsprobleme in der Arbeitswirtschaft, in: Arbeitswirtschaft, hrsg. v. Jungbluth, A.; Lück, G.; Schweres, M. Wiesbaden 1990, S. 111–130.

Thiehoff, R.: Betriebliches Gesundheitsschutzmanagement – Möglichkeiten erfolgreicher Interessenbalance. Berlin 2000.

Zangemeister, C.; Nolting, H.-D.: Kosten-Wirksamkeits-Analyse im Arbeits- und Gesundheitsschutz – Einführung und Leitfaden für die betriebliche Praxis, Bd. S 44 der Schriftenreihe Sonderschrift, hrsg. v. d. Bundesanstalt für Arbeitsschutz und Arbeitsmedizin. Dortmund/Berlin 1997.

6.3 Wirtschaftliche Anreize im Arbeits- und Gesundheitsschutz[1]

Karsten Stegemann

6.3.1 Einführung

Verpflichtung zur Prävention

Die Umsetzung der Arbeitsschutz-Rahmenrichtlinie (89/391/EWG) durch das Arbeitsschutzgesetz und die Erweiterung der Aufgaben der Berufsgenossenschaften im SGB VII hat auch vor dem Hintergrund der Gesundheitsreform 2000 die Unternehmen und Versicherungsträger zusätzlich zur Verhütung aller arbeitsbedingten Gesundheitsgefahren verpflichtet. Des Weiteren werden auch die Arbeitnehmer in die Pflicht genommen: „Die Beschäftigten sind verpflichtet, nach ihren Möglichkeiten sowie gemäß der Unterweisung und Weisung des Arbeitgebers für ihre Sicherheit und Gesundheit bei der Arbeit Sorge zu tragen. ..." (§ 15 Abs. 1 ArbSchG). Auf Grundlage bisheriger Forschungsergebnisse ist für solche Präventionsmaßnahmen in der Regel ein geringes einzelwirtschaftliches bzw. betriebswirtschaftliches Interesse zu vermuten, da die Wirkungen vorbeugender Maßnahmen – falls überhaupt akzeptiert und messbar – gegenüber arbeitsbedingten Gesundheitsgefahren zum großen Teil sehr langfristig sind.

Das wirtschaftliche Interesse der Betriebe an Maßnahmen der Prävention wird auch durch den hohen Stand der Unfallverhütung und der Prävention der (listenmäßig erfassten) Berufskrankheiten kaum gefördert: In Deutschland gehen im Durchschnitt nur noch etwa 0,3% der vertraglichen Arbeitszeit durch Unfälle verloren; da gleichzeitig eine allgemeine Unterauslastung der Produktionskapazitäten vorliegt, profitiert ein Unternehmen nur in Ausnahmefällen – wie etwa bei Engpassfaktoren, also etwa bei schwer ersetzbaren Spezialisten – von solchen Maßnahmen.

Verstärkung der Präventionsmaßnahmen

Wenn sich dieser geschilderte Zusammenhang belegen lässt und sich im Unternehmen keine wirtschaftlichen Eigeninteressen für die Verstärkung der Präventionsmaßnahmen ausmachen lassen, könnte der Anreiz eventuell aus dem bestehenden Versicherungssystem entstehen: Eine weitere Senkung der Unfallraten führt in der Regel zu Prämiensenkungen durch die gesetzliche Unfallversicherung.

Im Rahmen eines Forschungsprojektes im Auftrag der Bundesanstalt für Arbeitsschutz und Arbeitsmedizin – „Wirtschaftliche Anreize für betriebliche Maßnahmen zur Unfallverhütung und zur Verringerung arbeitsbedingter Gesundheitsgefahren" – wurden auf Grundlage theoretischer Analysen und den Ergebnissen einer umfangreichen Unternehmensbefragung Antworten auf die Kernfrage gesucht und gefunden, ob eine Verbesserung der Arbeitsumgebung über das gesetzlich vorgeschriebene Maß hinaus angestrebt wird bzw. angestrebt werden kann und woraus die hierzu notwendige Motivation stammt.

6.3.2 Wieso brauchen wir Anreize?

Vor wenigen Jahren haben wirtschaftliche Überlegungen im Arbeits- und Gesundheitsschutz (AuG) bzw. die wirtschaftliche Bedeutung des AuG überhaupt keine

1 Die nachfolgenden Ausführungen beruhen auf Erkenntnissen des Forschungsberichtes von Krüger/Hess/Müller/Stegemann (2000): Wirtschaftliche Anreize für betriebliche Maßnahmen zur Unfallverhütung und zur Verringerung arbeitsbedingter Gesundheitsgefahren, Dortmund.

Wirtschaftliche Bedeutung des AuG

Rolle gespielt – wenn auf diesem Gebiet in den Unternehmen irgendetwas unternommen wurde, dann zumeist aus humanitären Beweggründen und schließlich auch, um den gesetzlichen Anforderungen zu genügen. Forschungen, die sich mit dem wirtschaftlichen Stellenwert des AuG beschäftigen, werden in Deutschland seit den 80er Jahren betrieben und haben eindrucksvoll die wirtschaftliche Bedeutung des AuG nachweisen können. Die aktuellsten Forschungen auf diesem Gebiet beschäftigen sich mit der Entwicklung eines Betrieblichen Gesundheitsschutzmanagements (vgl. Thiehoff 2000).

In marktwirtschaftlichen Systemen ist eine Diskussion über wirtschaftliche Anreize eigentlich nicht erforderlich: Die Koordination der Wirtschaftspläne erfolgt über Informations- und Sanktionsmechanismen, die in der Marktwirtschaft durch den Preismechanismus wahrgenommen werden: Steigende Preise signalisieren dem potenziellen Anbieter aussichtsreiche Verdienstmöglichkeiten. Wäre der AuG also ein „normales" Wirtschaftsgut, würden die beteiligten Akteure entsprechende Angebote bereitstellen, solange sie sich „lohnen". AuG ist jedoch ein besonderer Typ Wirtschaftsgut, bei dem der Marktmechanismus ganz bzw. teilweise versagt: Wir reden in diesem Zusammenhang über externe Effekte und das Ausschlussprinzip. Das alles gehört zu grundlegenden Arbeiten, die bereits vor mehreren Jahren geleistet wurden und deren nähere Erläuterung an dieser Stelle verzichtbar ist.

6.3.3 Anforderungen an ein Anreizsystem

Zur Charakterisierung eines möglichst optimalen Anreizsystems sind zunächst konkrete Anforderungen an ein solches System zu formulieren. Ein System von Anreizen, das geeignet wäre, zusätzliche Präventionsaktivitäten anzuregen – dieser Aspekt steht im Vordergrund –, müsste demnach folgende grundsätzliche Anforderungen erfüllen:

Externe Anreize

Wie bereits erwähnt, sind die betriebswirtschaftlichen Vorteile auch der gelungenen Prävention inzwischen zu gering, um nennenswerte zusätzliche Aktivitäten anzuregen. Ein Problembewusstsein tritt in der Regel nur auf, wenn der „Produktionsfaktor Arbeit" überdurchschnittlich häufig und/oder lange ausfällt. Durch Unfälle fallen im Durchschnitt aller Betriebe weniger als 0,3% der vertraglichen Arbeitszeit aus. Hier sind Anstrengungen, die über die gesetzlichen oder satzungsrechtlichen Vorschriften hinausgehen, folglich nicht zu erwarten, zumal ein nennenswerter Teil der Ausfälle auf so genannte Wegeunfälle zurückzuführen ist, auf deren Prävention die Unternehmen fast keinen Einfluss haben. Das schließt selbstverständlich nicht aus, dass das eine oder andere Unternehmen auch im Bereich der Unfallverhütung noch Handlungsbedarf hat, aber das System, über das hier gesprochen wird, ist für das Durchschnittunternehmen gedacht.

Auch auf europäischer Ebene kam eine Forschergruppe um Stephen Bailey zu dem Ergebnis: „Sicherheit und Gesundheit lassen sich durch die normalen Mechanismen der Marktwirtschaft nicht ausreichend schützen. Unternehmen erzielen aus weiteren Verbesserungen bezüglich Gesundheit und Sicherheit nur unzureichenden finanziellen Nutzen und gehen daher über die gesetzlichen Mindestanforderungen nicht hinaus" (Bailey et al. 1995).

Hinsichtlich der Krankenstände lässt sich Ähnliches vermuten: Der durchschnittliche Krankenstand der Pflichtmitglieder der Gesetzlichen Krankenversicherung lag 1998 bei 4,1%. Wenn man zudem bedenkt, dass der bundesweite Durchschnittswert in den letzten Jahren um 5% lag und erst 1998 der beschriebene Tiefpunkt erreicht wurde, lässt sich aus der Perspektive der Unternehmen kein eindeutiger Handlungsbedarf ableiten. Auch zum jeweiligen Branchendurchschnitt lässt sich kein gravierender Unterschied, der einen Handlungsbedarf begründen könnte, feststellen. Des Weiteren muss der Anteil der beruflich bedingten Erkrankungen bzw. der Anteil der Erkrankungen, die mit betrieblichen Maßnahmen bekämpft werden können, betrachtet werden. Genaue Angaben zu einer Größenordnung liegen nicht vor – Schätzungen liegen bei maximal 30% des Krankenstandes. Da zudem die Gesundheitsförderungsmaßnahmen nur langfristig wirken, verlieren sich auch die positiven Wirkungen auf die Kostensituation, etwa durch Fluktuation. Die positiven Auswirkungen auf das Betriebsergebnis werden schon dadurch verringert, wenn nicht aufgehoben, dass die Kosten für die Präventionsmaßnahmen heute aufzubringen sind, während die später (eventuell) einsetzenden Erfolge durch die betriebswirtschaftlich angezeigte Abzinsung deutlich verringert werden. Auch hier hat der Betrieb in der Regel nur in akuten Notsituationen ein wirtschaftliches Eigeninteresse, beispielsweise bei (bevorstehenden) Grippeepidemien oder Ähnlichem.

Integration der Mitarbeiter

Eigenverantwortung der Mitarbeiter

Auch die Forderung nach Einbeziehung der *„agents"* findet ihre Entsprechung in der Rechtsentwicklung auf dem Gebiet des Arbeitsschutzes. Durch das ArbSchG und das SGB VII sind inzwischen die Mitarbeiter der Unternehmen verpflichtet, im Rahmen ihrer Aktionsmöglichkeiten für ihre eigene Sicherheit und für die ihrer Kollegen zu sorgen. Dementsprechend sollte auch ein Anreizsystem so ausgestaltet werden, dass den Vorgesetzten (und unter Umständen auch den Mitarbeitern) wirtschaftliche Vorteile durch Präventionsbemühungen in Aussicht gestellt werden.

Die Schwierigkeit, die hier besonders groß ist, besteht einmal mehr in der Messung der Präventionsanstrengungen und besonders in der Messung des Beitrags des Einzelnen zu diesen Präventionsbemühungen. Hinsichtlich der Messung wäre an die Verringerung der Risiken zu denken, die aufgrund der Gefährdungsanalyse nach dem ArbSchG dokumentiert worden sind. Der Beitrag des einzelnen Mitarbeiters wird sich kaum bestimmen lassen, vielmehr wird der *„agent"* für die Risikoreduzierung in seinem Verantwortungsbereich zu belohnen sein, wobei ein Teil dieser Belohnung an die Mitarbeiter weitergereicht werden müsste, ohne dass man deren konkreten Einzelbeitrag bestimmen kann.

Die Verbesserung der Arbeitsumwelt

Die Einbeziehung kleiner Unternehmen in ein Anreizsystem kann nicht gelingen, wenn man ausschließlich bei den Ergebnissen der Prävention, also bei Unfallraten und Krankenständen, ansetzt. Unabhängig von der zu wählenden Definition bzw. Abgrenzung klein- und mittelständischer Unternehmen muss eine Belohnung für die Senkung von Unfallraten bei einem Unternehmen ins Leere gehen, das mit seinen wenigen Mitarbeitern normalerweise überhaupt keine meldepflichtigen Unfälle aufweist – bei dem aber bereits ein einziger Unfall zu einer die Gesamtdurchschnitte um ein Vielfaches überschreitenden Unfallrate führt.

Die Europäische Stiftung zur Verbesserung der Lebens- und Arbeitsbedingungen resümiert bezüglich der Anreizwirkung bei klein- und mittelständischen Unternehmen, dass „einfache Unfallstatistiken (...) als Risikoindex für solche Unternehmen ungültig (sind), denn Unfälle sind nicht sehr häufig. Klein- und Mittelbetriebe mögen infolge von ein oder zwei Unfällen drastische Schwankungen des Anreizniveaus erleben" (Bailey et al. 1995, S. 38). Etwa 40% aller EU-Unternehmen beschäftigen weniger als 10 Personen – und etwa 60% aller Unternehmen haben weniger als 50 Mitarbeiter. Diese Größenordnung verdeutlich, dass die Berücksichtigung von Besonderheiten bei klein- und mittelständischen Unternehmen nicht etwa die Ausnahme von der Regel, sondern vielmehr der Kern der Forschungsbemühungen sein sollte.

Um hier zu einer angemessenen Lösung zu kommen, sollte die Verbesserung der Arbeitsumwelt als Maßstab für die Zuteilung wirtschaftlicher Vorteile dienen. Das Kriterium der Tausend-Mann-Quote der Unfälle wird sich aus der langjährigen Tradition nicht ganz verdrängen lassen: Im Umgang mit klein- und mittelständischen Unternehmen ist dieser Indikator jedoch neben dem grundsätzlichen Problem des ergebnisorientierten Irrwegs statistisch nicht abgesichert. Bei Grossunternehmen schwinden zwar die statistischen Bedenken – die Denkrichtung der Ergebnisorientierung bleibt jedoch fragwürdig.

Belohnung von Anstrengungen

Anreizsysteme, die auch den neuen generalpräventiven Ansatz des Arbeitsschutzgesetzes berücksichtigen wollen, müssen daher von einer Ergebnisorientierung zu einer Belohnung von Anstrengungen übergehen. Dies ist bereits dadurch geboten, dass das Arbeitsschutzgesetz neben der Verhütung der Unfälle und Krankheiten konkret die Reduzierung der arbeitsbedingten Gesundheitsgefahren verlangt, wodurch eine risikoärmere Gestaltung der Arbeitsverhältnisse erforderlich wird (vgl. Krüger 1997).

Geeignete Zielgröße

Betrieblicher Arbeitsschutz ist kein Selbstzweck, denn die Unternehmen sind angetreten, um Wirtschaftsgüter zu produzieren. Arbeitsschutz ist dabei eine Nebenbedingung: Im günstigsten Fall möchte das Unternehmen die Güterproduktion mit dem geringstmöglichen „Gesundheitsverbrauch" bewerkstelligen. So kann das Unternehmen Arbeitsschutz auch dadurch betreiben, dass es den Faktor Arbeit aus der Produktion eliminiert. Je kapitalintensiver eine Produktion ist, desto geringer ist auch die Gefahr des Gesundheitsverbrauchs. Das Ziel „keine Arbeitsunfälle" ließe sich im Extremfall durch die vollständige Einstellung der Produktion erreichen. Zwar könnte man unter Arbeitsschutzgesichtspunkten die Zahl oder Rate der Ausfallstunden als einen Erfolgsmaßstab für den Arbeitsschutz ansehen, man hätte damit aber zwei entscheidende Nachteile: Zum einen würde ein Anreizsystem, das an der Zahl der Ausfälle ansetzt, die Rationalisierung belohnen, zum anderen verlöre man dadurch den „Nebeneffekt-Charakter" des Arbeitsschutzes aus dem Blick.

Produktionsbezogener Maßstab

Ein unter diesem Gesichtspunkt geeigneter Maßstab für eine erfolgreiche Prävention müsste produktionsbezogen sein. Zu denken wäre etwa an die Zahl der Ausfallstunden je Produkteinheit (real oder z.B. unter Zugrundelegung des Bruttoproduktionswertes oder Ähnlichem). Selbstverständlich ist dem System der Vorzug zu geben, das eine bestimmte Leistung (z.B. eine Tonne Stahl) mit einem Minimum an Ausfallzeiten (und damit an „Gesundheitsverbrauch") bewerkstelligt. Darüber hinaus sollten geeignete Indikatoren bezugnehmend auf den gesamten Arbeits- und Gesundheitsschutz definiert werden, und nicht nur – wie bislang üblich – auf die meldepflichtigen Arbeitsunfälle (vgl. auch die Ausführungen zur „Menschenfreundlichkeit der Produktion" bei Krüger et al. 1993).

Personenbezogene Ausfallrate

Eine Belohnung der Rationalisierung ist durch das beschriebene Vorgehen noch nicht ausgeschlossen. Diesem Gesichtspunkt könnte man aber dadurch Rechnung tragen, dass man eine zusätzliche Kenngröße für die Kapitalintensität bildet oder dass man zusätzlich eine personenbezogene Ausfallrate bildet, die dann ein Indiz dafür wäre, wie das Unternehmen die Gesundheit der vorhandenen Mitarbeiter belastet.

International ermöglicht erst ein Produktionsbezug einen echten Vergleich der Systeme (vgl. Krüger 1998). Das Konzept der „Menschenfreundlichkeit der Produktion" (vgl. Krüger et al. 1993) geht über die übliche Beurteilung des Standes der Arbeitssicherheit durch absolute oder relative Unfallzahlen hinaus. Krüger et al. definieren den Arbeitsschutz – auch übertragbar auf den Gesundheitsschutz – als „Nebenleistung der Produktion" (s.o.) und sehen die Unfallzahlen bei gegebenem Produktionsergebnis als einzig sinnvollen Vergleichsmaßstab (vgl. Krüger et al. 1993).

Lohnnebenkosten

Die Forderung, dass ein Anreizsystem nicht zu einer Steigerung der Lohnnebenkosten führen sollte, schließt vermutlich die bloße Umgestaltung des berufsgenossenschaftlichen Beitrags aus. Die Berufsgenossenschaften müssten zusätzliche Geldmittel durch Umlage bei ihren Mitgliedern aufbringen, und weil sie bereits jetzt aufgrund eines gesetzlichen Auftrages zur Beitragsdifferenzierung nach dem Präventionserfolg verpflichtet sind, enthält das Beitragssystem schon entsprechende Elemente (primäre und sekundäre Beitragsdifferenzierung). Zusätzliche Mittel müssten entweder aus dem Steueraufkommen oder aber wenigstens durch Poolbildung bei allen „Profiteuren" der Prävention aufgebracht werden.

Kurzfristige Wirkung

Wirtschaftlicher Anreiz

Die unmittelbare Wirkung lässt sich ebenfalls besonders gut erreichen, wenn die Präventionsanstrengungen der Unternehmen mit einem wirtschaftlichen Anreiz gekoppelt werden. Insbesondere im Bereich der Gesundheitsvorsorge setzt die Wirkung in der Regel nur langfristig ein. Nicht nur, dass dadurch eventuelle wirtschaftliche Vorteile verringert werden, es fehlt vielmehr auch der für eine erfolgreiche Motivation erforderliche spürbare und möglichst unmittelbare Zusammenhang zwischen eigenen Aktivitäten und erzielbarem Ergebnis.

Ökonomische Grenzen

Das System müsste mit (vermutlich progressiv) ansteigenden Prämien arbeiten. Die zu erzielenden Anreize müssten umso größer sein, je besser das Unternehmen hinsichtlich der Präventionserfolge bereits ist. Hier ist nun, abweichend von der prinzipiellen Anstrengungsorientierung, eine Ergebnisorientierung angezeigt. Bei kleineren Unternehmen müssten die Präventionserfolge selbstverständlich über mehrere Jahre gemessen werden, um die Zufallsschwankungen auszugleichen.

Handhabung

Die Forderung nach unbürokratischer Handhabung führt zu zweierlei Bedingungen: Es sollte eine bestehende Institution mit Überwachungsauftrag für die Vergabe zuständig sein, und es sollte ein starkes Element der Selbstüberwachung vorhanden sein. Als die geeignetsten Institutionen böten sich die Unfallversicherungsträger an, wobei noch zu prüfen wäre, wie weit deren Beitragssystem in ein solches Anreizsystem integriert werden könnte oder müsste.

Stärkung der Eigenverantwortung

Hinsichtlich der Selbstüberwachung wäre anzuknüpfen an die ohnehin anstehenden Reformen des deutschen Sicherheitssystems. Die bevorstehende Betriebssicherheitsverordnung wird voraussichtlich auch im Bereich der überwachungsbedürftigen Anlagen eine europäische Vereinheitlichung bringen. Für Deutschland heißt das voraussichtlich: Es wird eine Stärkung der Eigenverantwortung und eine Reduzierung externer Kontrollen geben. Da zudem einige Überwachungsinstitutionen im Arbeitsschutz die flächendeckende Überwachung zu Gunsten projektbestimmter Arbeit aufgegeben haben, kommt der Eigeninitiative der Unternehmen auch hier immer größere Bedeutung zu. So sollte die Risikoanalyse (vgl. ArbSchG) zur Basis der Prävention gemacht werden, wobei Analyse und die daraus abgeleiteten Präventionsüberlegungen zu dokumentieren wären. Diese Dokumente, die – von Vollzugsdefiziten abgesehen – in allen deutschen Unternehmen vorhanden sein sollten, könnten zur Grundlage für die Beurteilung von Präventionsbemühungen gemacht werde.

6.3.4 Entwicklung eines optimalen Anreiz-Instrumentariums

Einbindung bestehender Systeme

Zur Umsetzung der diskutierten Anforderungen an ein optimales Anreizsystem bieten sich grundsätzlich mehrere Möglichkeiten an. Neben der grundsätzlichen Forderung, nationale Alleingänge in diesem Bereich zu Gunsten einer EU-weiten Abstimmung zurückzustellen, sollten zunächst bestehende Systeme daraufhin untersucht werden, ob sie den beschriebenen Anforderungen genügen oder durch entsprechende Modifikationen passend umgestaltet werden könnten. Auch lassen sich vielleicht einzelne Elemente der bestehenden Systeme gegebenenfalls zu einem neuen System zusammenstellen.

Steuern

In der Regel sind Verbesserungen der Arbeitsumwelt mit Investitionsentscheidungen der Unternehmen verbunden. In der ökonomischen Theorie sind vielfältige Instrumente zur Beeinflussung solcher Entscheidungen diskutiert worden. Hier geht es nicht um die Anregung von Investitionen, sondern um die Beeinflussung der Art und Weise dieser Investitionen: Wenn sich das Unternehmen entschließt, eine Maschine oder Anlage zu erwerben, so soll es dazu angeregt werden, die weniger belastende oder weniger gefährliche Alternative zu wählen. Zu diesem Zweck hat es in vielen Ländern Programme wie das deutsche Programm „Humanisierung der Arbeit“ gegeben, in denen innovative Ansätze zur Verbesserung der Arbeitsumwelt gefördert worden sind. Diese Art von Anreizen ist wohl bekannt und etabliert, so dass sie hier nicht behandelt werden müssen. Hier geht es nicht in erster Linie um die Anregung innovativer Lösungen, sondern um die Beeinflussung der „Investitions-Routine“.

Setzt man zu diesem Zweck Steuern ein, so sollten dadurch die unternehmerische Freiheit und der Wettbewerb nicht eingeschränkt werden. Diese Bedingung macht Steuern weniger geeignet als Anreiz für Präventionsmaßnahmen: Zwar beeinflusst eine Steuerreduzierung im Zusammenhang mit dem Einsatz risikoärmerer Maschinen nicht den Wettbewerb zwischen den Anwendern, sie hätte jedoch wesentlichen Einfluss auf den Wettbewerb zwischen den Herstellern der Maschinen. Wir waren bei unseren Überlegungen stets davon ausgegangen, dass die gesetzlichen Erfordernisse von allen Akteuren beachtet werden und dass es darauf ankommt, Anreize für zusätzliche Verbesserungen zu setzen. Würde der Staat den Einsatz risikoärmerer Maschinen subventionieren (und so eventuelle Preisdifferenzen ausgleichen), griffe er damit massiv in den Wettbewerb ein, weil Maschinen mit höherem Risiko (die aber den gesetzlichen Vorschriften entsprechen) kaum noch eine Marktchance hätten.

Offensichtlich entspricht eine solche Intervention nicht den ordnungspolitischen Vorstellungen der meisten EU-Länder. Es kommt hinzu, dass es angesichts der zum Teil recht unterschiedlichen Steuersysteme schwierig sein dürfte, europaweit ähnliche Wirkungen zu erzielen. Zusätzlich zu den unvermeidlichen nationalen Wettbewerbsverzerrungen käme es zu Wettbewerbsveränderungen zwischen den EU-Mitgliedern, die sich möglicherweise als Handelshemmnis erweisen könnten.

Steuern als Instrument des Anreizes wären auch schwer vereinbar mit der Forderung nach unbürokratischer Applikation des Systems: Es ist schwer vorstellbar, dass die Steuerbehörde bei einer Investitionsentscheidung sachverständig die mit der geplanten Anschaffung verbundenen Risiken beurteilen kann. Es wäre vielmehr eine Zusammenarbeit mit den Aufsichtsbehörden zu etablieren, die durch Gutachten und durch wenigstens punktuelle Überprüfung die Voraussetzungen für den Erhalt der Subvention bestätigen müssten. Gleichwohl sollte anlässlich einer europäischen Harmonisierung des Steuersystems über den Einsatz von Steuersubventionen zur gezielten Beeinflussung von Präventionsmaßnahmen noch einmal nachgedacht werden. Einer der Vorzüge der Steuersubvention besteht in ihrer schnellen Wirkung. Insbesondere zur Reaktion auf neue oder neu erkannte Risiken wäre eine Steuervariation wahrscheinlich geeignet.

Beitragsdifferenzierung der Unfallversicherung

Am besten scheint die Umgestaltung des Beitragssystems der Unfallversicherungsträger geeignet zu sein, die angestrebten Ziele zu erreichen. Alle Elemente sind vorhanden; es bedürfte lediglich einer flexibleren Handhabung der primären Beitragsdifferenzierung, um auch Bemühungen um die weitere Risikoreduzierung anzuregen. Zusätzlicher Aufsichtsmaßnahmen bedürfte es nicht, weil die Kontrolle der zu subventionierenden Maßnahmen durch Eigenüberwachung mit entsprechender Dokumentationsverpflichtung vorgenommen werden könnte.

Aufbringung der Mittel

Allerdings müsste über die Aufbringung der Mittel nachgedacht werden. Die Beitragsdifferenzierung dürfte nicht dazu führen, dass die Beiträge im Durchschnitt angehoben werden müssten (Lohnnebenkosten-Argument). Dies wäre unter Umständen dann der Fall, wenn zusätzlicher Verwaltungsaufwand entstünde oder wenn die Beitragsnachlässe größer ausfallen müssten, als es versicherungsmathematischen Grundsätzen entspräche, um eine ausreichende Wirkung zu erzielen. Für diesen Fall (der angesichts der ohnehin niedrigen Beiträge zur Unfallversicherung zu erwarten wäre), müssten die Mittel durch einen „Pool" der Institutionen aufgebracht werden, die von einer Risikosenkung profitieren: Dies wären unter anderem die Krankenversicherungen, die Pflegeversicherung und die Rentenversicherung. Es wäre also an einen „Präventions-Pool" der Sozialversicherungsträger zu denken, dessen Umfang sich an den geschätzten Vorteilen verringerter Behandlungs-, Pflege- bzw. Rentenleistungen bemessen müsste. Darüber hinausgehende Mittel müssten allerdings gegebenenfalls aus dem allgemeinen Steueraufkommen finanziert werden, denn auf Dauer sollten Versicherungsträger nicht mit versicherungsfremden Leistungen belastet werden, die aufgrund politischer Vorgaben aufgebracht werden müssen.

Berufsbedingte Erkrankungen

Auch das bestehende Bonus-Malus-System wäre zu überdenken. Am wichtigsten und dringlichsten wäre – trotz bestehender Abgrenzungsprobleme – die Einbeziehung berufsbedingter Erkrankungen in die Berechnungsbasis für die Beitragszuschläge und -nachlässe. Bislang orientiert sich deren Berechnung fast ausschließlich an den Unfallraten, so dass sich Gesundheitsprävention, anders als Unfallverhütung, nicht positiv im Beitragssatz auswirken kann. Dies ist – schon angesichts des erweiterten Präventionsauftrags des ArbSchG und des SGB VII – nicht länger sinnvoll.

Haftungsrecht

Die Umgestaltung des Beitragssystems könnte durch eine Neubewertung der Haftung des Unternehmers flankiert werden. Die Berufsgenossenschaft kann „ (...) nach billigem Ermessen, insbesondere unter Berücksichtigung der wirtschaftlichen Verhältnisse des Schädigers" dann Schadenersatz fordern, wenn der Schädiger den Unfall vorsätzlich oder grob fahrlässig verursacht hat (§ 110 SGB VII). Dabei sind die Anforderungen an den Verschuldensumfang ausdrücklich geändert worden: Das Verschulden braucht sich nur „auf das den Versicherungsfall verursachende Handeln oder Unterlassen" zu beziehen, und man muss, um Regress nehmen zu können, dem Mitglied der BG nicht mehr nachweisen, dass sein Verschulden auch die Verletzungsfolgen umfasste. Eine wirksame Drohung mit Regress dürfte die Tendenz zu wachsender Eigenverantwortung stärken, die sich bereits in der zunehmenden Selbstüberwachung spiegelt. Es bedarf dazu keiner neuen Institutionen oder gesetzlichen Regelungen. Es kommt allein auf den Willen der Unfallversicherungsträger und auf die Reaktion der Rechtsprechung an, die aber angesichts der beschriebenen Gesetzesänderung in dieser Hinsicht keine großen Spielräume haben dürfte.

Zertifikate

Anreizwirkung

Ein weiteres ergänzendes Element könnte in einem Zertifikat bestehen, mit dem das Unternehmen seinen Standard im Bereich der Prävention nachweisen kann. Eine solche Zertifizierung hat im Wesentlichen Anreizwirkungen im Hinblick auf den Kunden. Ist dieser ein Endverbraucher, so wird sich dessen Nachfrage vermutlich nur in geringem Grade von der Information beeinflussen lassen, das Unternehmen sei vorbildlich im Arbeitsschutz. Ganz anders sieht das aus, wenn das Unternehmen an die öffentliche Hand oder an Wirtschaftsunternehmen liefert.

Erleichterung im Geschäftsverkehr

Es ist inzwischen allgemein üblich, dass sich Unternehmen von ihren Lieferanten Zertifikate aller Art, gegenwärtig vorwiegend im Qualitätswesen und im Umweltschutz, nachweisen lassen. Zunehmend gerät aber auch der Arbeitsschutz in den Kreis dieser Zertifikate. Durch § 5 VBG 1 ist der Unternehmer ohnehin verpflichtet, sich die Einhaltung der Arbeitsschutzbestimmungen von seinen Auftragnehmern bestätigen zu lassen. Es könnte eine erhebliche Erleichterung im Geschäftsverkehr bedeuten, wenn der Nachweis der Arbeitsschutzstandards durch Vorlage eines entsprechenden Zertifikats erfolgen könnte. Im Ausland ist dies inzwischen vielfach üblich; dort verlangt ein Auftraggeber häufig die Vorlage eines Zertifikats seiner nationalen Aufsichtsinstitutionen. Ein solches Zertifikat könnte eine bedeutende wirtschaftliche Anreizwirkung entfalten.

Risikokapital

Besonders für kleine und mittlere Unternehmen gestaltet sich die Verfügbarkeit von Kapital oft als große Hürde, da es im Gegensatz zum Großunternehmen gewöhnlich an den banküblichen Sicherheiten fehlt. Deshalb stellt unter Umständen bereits die Verfügbarkeit solchen Kapitals ohne die banküblichen Sicherheiten einen erheblichen wirtschaftlichen Anreiz dar. Verbindet man die Zurverfügungstellung von Kapital mit Auflagen hinsichtlich der Verbesserung der Arbeitsumwelt, so ließen sich in den kleineren Unternehmen erhebliche Wirkungen erzielen, ohne dass eine direkte Subventionierung in Form von Zinsverbilligungen in jedem Fall notwendig wäre.

In Frankreich liegen mit einem solchen Instrument bereits Erfahrungen vor; hier wird den Kreditnehmern am Ende eines konkreten Projekts das Kapital „geschenkt" – sofern die geforderten Verbesserungen vorgenommen wurden. Das Instrument könnte durch die Kombination von Verzicht auf Sicherheiten, Zinsgestaltung und vollständigem oder teilweisem Verzicht auf Rückzahlung ungemein fein abgestimmt werden. Nennenswerte Kosten kämen auf die gewährende Institution nur bei Verzicht auf die Rückzahlung zu; sonst bliebe es bei einer Anschubfinanzierung.

6.3.5 Zusammenfassung und Ausblick

- Ein optimaler Anreiz sollte von außen angeboten werden, weil die eingebauten Anreize inzwischen zu gering geworden sind, um nennenswerte Aktivitäten anzuregen. Die optimale System-Wirkung müsste sich nicht nur auf die Unternehmen erstrecken, sondern es wäre ein System zu finden, mit dessen Hilfe die wirtschaftlichen Vorteile wenigstens teilweise an die betrieblichen Akteure weitergereicht werden könnten.
- Ein optimales Anreizsystem sollte (wenigstens auch) bei den Bemühungen ansetzen und nicht überwiegend (wie gegenwärtig im BG-System) bei den Erfolgen der Prävention. Das System müsste relativ schnell Wirkungen zeigen, weil die motivierende Wirkung sich verliert, wenn zwischen dem Handeln und dem wirtschaftlichen Erfolg mehrere Rechnungsperioden liegen.
- Die Umsetzung dieser Anforderungen in ein optimales Anreizsystem lässt ein breites Spektrum von Möglichkeiten erkennen, das von einer Modifikation bestehender Systeme bis hin zu Neuentwicklungen reicht. Die einzelnen Vorschläge zur Konkretisierung eines optimalen Anreizsystems lassen sich auch durch eine Kombination einzelner Teilelemente erweitern.
- Das „einzig wahre" System wird es nicht geben – es wird erforderlich, für unterschiedliche Bedürfnisse eine individuelle Problemlösung anzubieten.
- Insbesondere die gesamtwirtschaftliche Relevanz klein- und mittelständischer Unternehmen fordert in einem nächsten Schritt die Anwendung der Forschungsergebnisse auf diesen Bereich mit der besonderen Schwierigkeit der heterogenen Struktur.

- Neue Arbeitsformen stellen neue Herausforderungen an die Akteure auch bezüglich der Ausgestaltung von wirksamen Anreizmechanismen dar. In diesem Zusammenhang besteht ein großer Forschungs- und Handlungsbedarf.

6.3.6 Literatur

ArbSchG: Gesetz über die Durchführung von Maßnahmen des Arbeitsschutzes zur Verbesserung der Sicherheit und des Gesundheitsschutzes der Beschäftigten bei der Arbeit (Arbeitsschutzgesetz) vom 7. August 1996 (BGBl. I S. 1246), zuletzt geändert am 16. Dezember 1997 (BGBl. I S. 2970).

Arbeitsschutz-Rahmenrichtlinie: EG-Rahmenrichtlinie Arbeitsschutz 89/391/EWG des Rates vom 12.06.89 über die Durchführung von Maßnahmen zur Verbesserung der Sicherheit und des Gesundheitsschutzes der Arbeitnehmer bei der Arbeit (ABl. EG Nr.L183 S 1).

SGB VII: Sozialgesetzbuch Siebtes Buch – Gesetzliche Unfallversicherung vom 7. August 1996, zuletzt geändert am 17. Dezember 1997 (BGBl. I S. 3108).

VBG 1: Unfallverhütungsvorschrift – allgemeine Vorschriften

Bailey, S.; Jorgensen, K.; Krüger, W.; Litske, H.: Wirtschaftliche Anreizmöglichkeiten zur Verbesserung der Arbeitsumgebung. Zusammenfassung und Schlussfolgerungen einer internationalen Studie. Luxemburg 1995.

Ebers, M.; Gotsch, W.: Institutionenökonomische Theorien der Organisation. Agenturtheorie, in: Organisationstheorien, hrsg. von A. Kieser. Stuttgart 1993, S. 203–216.

Krüger, W.: Ökonomische Anreize zur Prävention. Kritische Betrachtung der Möglichkeiten und Grenzen. 25. Internationaler Kongress für Arbeitsschutz und Arbeitsmedizin Vortragsreihe Sicherheit und Gesundheit als Wettbewerbsfaktor, 1997.

Krüger, W.: Arbeitsschutz im wirtschaftlichen Kalkül – (k)ein Widerspruch? Arbeitsschutz in NRW gestern und morgen – Hemmnis oder Motor für Innovationen in der Arbeitswelt. Festkolloquium am 23. Juni 1997 in Düsseldorf. Düsseldorf 1998.

Krüger, W.; Buchmann, B.; Klatt, E.; Ries, K.: Indikatoren zur gesamtwirtschaftlichen Effizienzmessung des Arbeitsschutzes. Dortmund 1993.

Krüger, W.; Müller, P.; Stegemann, K.: Kosten-Nutzen-Analyse von Gesundheitsförderungsmaßnahmen. Dortmund 1998.

Krüger, W.; Hess, D.; Müller, P.; Stegemann, K.: Wirtschaftliche Anreize für betriebliche Maßnahmen zur Unfallverhütung und zur Verringerung arbeitsbedingter Gesundheitsgefahren. Dortmund 2000.

Staehle, W.: Management, 7. Aufl. München 1994.

Thiehoff, R.: Betriebliches Gesundheitsschutzmanagement. Möglichkeiten erfolgreicher Interessenbalance. Berlin 2000.

7 Medizinische Aspekte

7.1 Berufskrankheiten

Dr. med. Johannes Posselt

7.1.1 Einführung

Geschichte der Berufskrankheiten

Bereits im alten Ägypten gibt es Inschriften und Papyri, die Angaben über gesundheitliche Risiken im Berufsleben machen. Als älteste nachgewiesene Berufskrankheit gilt die Bilharziose, eine infektiöse Tropenerkrankung, die in Ägypten seit altersher heimisch ist. In der Literatur der alten Griechen gibt es Hinweise über Berufserkrankungen von Gerbern, Tuchmachern, aber auch Bergwerks- und Hüttenarbeitern. Römische Dichter beschreiben Berufsschäden, die zur damaligen Zeit bekannt waren. Die deutsche Literatur berichtet in einem Gedicht, welches zu Beginn des 13. Jahrhunderts entstanden ist, über die schlechte sozialhygienische Lage von Spinnerinnen und Weberinnen. Um 1534 entsteht das erste deutschsprachige Buch über Berufskrankheiten. Es stammt von Paracelsus und trägt den Titel „Von der Bergsucht oder Bergkrankheiten 3 Bücher – in 13 Traktaten verfasst und beschrieben worden".

Im Laufe der Jahrhunderte gab es viele Versuche der öffentlich- und privatrechtlichen Gesetzgebung, den Schutz vor Verletzungen während der Arbeit zu regeln. Es gab jedoch noch keine Haftung von Dienstherren, Meistern oder Unternehmern für Unfallverletzungen ihnen unterstellter Personen. Es sei denn, widerrechtliches oder schuldhaftes Handeln der Vorgesetzten habe dieses ausgelöst. Lediglich im linksrheinischen Gebiet, in dem französisches Recht galt, haftete der Arbeitgeber auch bei einem Unfall, der durch Verschulden des verletzten Arbeiters herbeigeführt worden war.

Die Knappschaft stellte die wohl älteste Form einer Versicherung gegen berufliche Gefahren dar. Sie fand Ausdruck in den „Büchsenkassen". 1320 wurde in Eisleben das Katharinenstift gegründet, welches ausschließlich zur Aufnahme von verletzten und alten Bergleuten bestand sowie auch ihrer Witwen und Waisen. Zum Teil wurde das Stift von den „Büchsenpfennigen" der Bergleute betrieben. Wir sehen, dass es sich hierbei um eine genossenschaftliche Selbsthilfe der betroffenen Berufsgruppen handelt. Diese wurde im 16. Jahrhundert durch die Beteiligung der Unternehmer geändert. Wieder waren es die Bergleute, deren besondere Risiken im Beruf schon frühzeitig abgesichert wurden. 1794 bestimmte das preußische allgemeine Landrecht, dass Bergunternehmer für im Dienst verletzte und auch erkrankte Bergleute sowie deren Witwen für eine bestimmte Zeit Unterstützung zu zahlen haben. Bei länger dauernden Erkrankungen wurde geregelt, dass die Knappschaftskasse Leistungen zu entrichten habe.

Auch im deutschen Handwerk und Gewerbe sorgte man sich schon sehr früh um die Versorgung unfallverletzter und erkrankter Gesellen. Waren diese früher der Familie des Meisters angegliedert und wurden von diesem versorgt, so bildeten sich um das Jahr 1000 Zünfte, später Innungen, die von den Meistern geführt wurden und die Beiträge in Zunftkassen oder Zunftbüchsen entrichteten. Die frei vereinbarten Zunftsatzungen regelten die Unterstützungen von Gesellen, die sich bei der Arbeit verletzten, oder anderen Krankheiten, die im Laufe des Dienstverhältnisses eintreten konnten. War der Gesundheitsschaden durch eigene Schuld herbeigeführt, waren die Zunftkassen in aller Regel frei von Leistungen. Später wurden von den Gesellen selbst Bruderschaften gegründet, die durch Beitragszahlung erkrankten Gesellen bei der Krankenpflege finanziell behilflich waren. Das preußische allgemeine Landrecht schließlich regelte im 18. Jahrhundert finanziell eine Unterstützung eines eingewanderten und krank gewordenen Gesellen aus Gesellenlade oder Gewerkskasse. Es war hierbei unerheblich, ob er bereits in Arbeit stand oder nicht, entscheidend war lediglich die Zugehörigkeit zu einem definierten Personenkreis. Auch die Ursache und Art der gesundheitlichen Beeinträchtigung wurde nicht betrachtet.

Das Reichshaftpflichtgesetz von 1871 regelte die Schadenersatzfragen bei Schädigung durch den Eisenbahn-, Bergwerks- und Fabrikbetrieb. Von dem Verschuldensprinzip wurde hierbei erstmalig abgewichen. Das Unfallversicherungsgesetz vom 6.7.1884 regelte die Fragen der gesetzlichen Unfallversicherung von „bei dem Betrieb sich ereignenden Unfällen". Die Berufskrankheiten waren weder im Haftpflichtgesetz noch im Unfallversicherungsgesetz gesondert genannt und geregelt, wenngleich man auch einen Zusammenhang zwischen beruflicher Tätigkeit und Erkrankung kannte. Erst in der ersten Verordnung über Ausdehnung der Unfallversicherung auf gewerbliche Berufskrankheiten vom 12.5.1925 regelte die Versicherung von Berufskrankheiten selbstständig. Sie wurde daher herausgelöst von der Entschädigung von Arbeitsunfällen. In der Neufassung am 20.12.1928 wurden bestimmte Krankheiten als Berufserkrankungen definiert. Auf sie fanden die Regelungen der Unfallversicherung Anwendung, ohne Rücksicht darauf, ob die Krankheit durch einen Unfall herbeigeführt wurde oder aber eine längere Zeit schädigenden Einflusses bestanden hatte.

7.1.2 Das soziale System

Vier Säulen

Bevor wir uns dem Thema Berufskrankheiten zuwenden, ist es sinnvoll, sich mit dem sozialen System der Bundesrepublik Deutschland zu beschäftigen. Hierbei sind als Wichtigstes vier Säulen zu nennen:

- Rentenversicherung
- Kranken-/Pflegeversicherung
- Unfallversicherung
- Arbeitslosenversicherung

Die soziale Sicherung und das Absichern gegen Risiken in Beruf und Alltag werden von diesen Säulen getragen. Die Rentenversicherung ist aufgeteilt in die Bundesversicherungsanstalt für Angestellte, kurz BfA genannt, mit Sitz in Berlin sowie für die gewerblichen Arbeitnehmer die nach Bundesländern aufgeteilten Landesversicherungsanstalten für Arbeiter, kurz LVA genannt. Zu den Aufgaben dieser Versicherungen gehört die Gewährung der Altersrente, die Zahlung von Berufs- oder Erwerbsunfähigkeitsrenten (sofern kein anderer Kostenträger zuständig ist) sowie die Prävention und Rehabilitation von Erkrankungen, die die Arbeitsfähigkeit einschränken oder verhindern (so genannte Kuren). Die Beiträge werden zu gleichen Teilen von Arbeitgeber und Versicherten geleistet.

Die Krankenversicherungen gliedern sich in gesetzliche Krankenversicherungen (Allgemeine Ortskrankenkassen, Betriebskrankenkassen, Ersatzkassen etc.) und private Krankenversicherungsgesellschaften. Die Leistungen der Krankenversicherung erstrecken sich auf die Bezahlung von ambulanter und stationärer Heilbehandlung, sofern keine anderen Kostenträger zuständig sind. Das Risiko von Pflegebedürftigkeit und damit verbundenen Kosten wird von der Pflegeversicherung abgedeckt, die bei den Krankenkassen angesiedelt sind. Für beide Versicherungsarten werden Beiträge sowohl vom Arbeitgeber wie auch vom Versicherten erbracht.

Die Unfallversicherung gliedert sich in die gesetzliche Unfallversicherung und private Unfallversicherungen. Träger der gesetzlichen Unfallversicherung sind die Berufsgenossenschaften. Sie sind zuständig für die Unfallverhütung und die Entschädigung von Arbeitsunfällen und Berufskrankheiten. Die Berufsgenossenschaften sind nach Erwerbszweigen und Branchen gegliedert. Beiträge werden ausschließlich vom Arbeitgeber erbracht. Die private Unfallversicherung ist eine freiwillige Versicherung, die insbesondere die Risiken des Freizeitbereiches abdeckt. In der Vertragsgestaltung sind beide Partner frei. Beiträge für diese freiwillige Versicherung werden ausschließlich vom Versicherten erbracht.

Die Arbeitslosenversicherung ist eine staatliche Versicherung, die die Risiken der Arbeitslosigkeit abdeckt und entsprechende Zahlungen vornimmt, also das finanzielle Risiko von Arbeitslosigkeit reduziert. Träger dieser Versicherung ist die Bundesanstalt für Arbeit in Berlin. Beiträge werden hier zu gleichen Teilen von Arbeitgeber und Arbeitnehmer erbracht.

Man kann mit Fug und Recht behaupten, dass dieses System der sozialen Sicherung einzigartig in der Welt ist und eine Vielzahl von Risiken finanziell abfedert bzw. Hilfen für eine berufliche Wiedereingliederung oder Umorientierung gibt. Es darf dabei jedoch nicht vergessen werden, dass die Kosten für dieses komplexe System immens sind und sich zurzeit in der öffentlichen Diskussion befinden.

7.1.3 Was sind Berufskrankheiten?

Definition der Berufskrankeit

Wenn man sich dem Thema erstmalig nähert, könnte man meinen: Beruf plus Krankheit ist Berufskrankheit? So zumindest wird von vielen in der Bevölkerung das Thema aufgefasst. In der Tat verhält es sich jedoch völlig anders. Bei den Berufskrankheiten gilt ein staatlich erstelltes Listenprinzip. In § 9 Sozialgesetzbuch VII Absatz 1 finden wir die Definition von Berufskrankheiten:

> Die Bundesregierung wird ermächtigt, in der Rechtsverordnung solche Krankheiten als Berufskrankheiten zu bezeichnen, die nach den Erkenntnissen der medizinischen Wissenschaft durch besondere Einwirkungen verursacht sind, denen bestimmt Personengruppen durch ihre versicherte Tätigkeit in erheblich höherem Maße als die übrige Bevölkerung ausgesetzt sind. Die Bundesregierung kann dabei bestimmen, dass die Krankheiten nur dann Berufskrankheiten sind, wenn sie durch Tätigkeiten in bestimmten Gefährdungsbereichen verursacht worden sind oder wenn sie zur Unterlassung aller Tätigkeiten geführt haben, die für die Entstehung, die Verschlimmerung oder das Wiederaufleben der Krankheit ursächlich waren oder sein können.

Zusammengefasst bleibt festzuhalten, dass nur solche Krankheiten als Berufskrankheiten anzusehen sind,

- die nach gesicherten medizinischen Erkenntnissen durch besondere Einwirkungen verursacht sind,
- denen bestimmte Personengruppen aufgrund ihrer Arbeit in erheblich höherem Maße ausgesetzt sind als die übrige Bevölkerung.

Sechs Gruppen von Berufskrankheiten

Nur solche Krankheiten können als Berufskrankheiten aufgefasst werden, die in der „Berufskrankheitenliste" der Bundesregierung aufgeführt sind. Die Berufskrankheitenliste in der Fassung vom 31.10.1997 enthält sechs Gruppen von Berufskrankheiten. In § 1 der Berufskrankheitenverordnung wird geregelt:

> Berufskrankheiten sind die in der Anlage bezeichneten Krankheiten, die Versicherte infolge einer den Versicherungsschutz .... begründeten Tätigkeit erleiden.

Die sechs Gruppen der Berufskrankheitenliste:

- durch chemische Einwirkungen verursachte Krankheiten
- durch physikalische Einwirkungen verursachte Krankheiten
- durch Infektionserreger oder Parasiten verursachte Krankheiten sowie Tropenkrankheiten
- Erkrankungen der Atemwege und der Lungen, des Rippenfells und des Bauchfells
- Hautkrankheiten
- Krankheiten sonstiger Ursache

Es folgt nun die Liste der Berufskrankheiten nach der zum 1.12.1997 in Kraft getretenen Berufskrankheiten-Verordnung vom 31.10.1997 (BGBl. I S. 2623):

Nr.:	Krankheiten
1	**Durch chemische Einwirkungen verursachte Krankheiten**
11	**Metalle und Metalloide**
1101	Erkrankungen durch **Blei** oder seine Verbindungen
1102	Erkrankungen durch **Quecksilber** oder seine Verbindungen
1103	Erkrankungen durch **Chrom** oder seine Verbindungen
1104	Erkrankungen durch **Cadmium** oder seine Verbindungen
1105	Erkrankungen durch **Mangan** oder seine Verbindungen
1106	Erkrankungen durch **Thallium** oder seine Verbindungen
1107	Erkrankungen durch **Vanadium** oder seine Verbindungen
1108	Erkrankungen durch **Arsen** oder seine Verbindungen
1109	Erkrankungen durch **Phosphor** oder seine anorganischen Verbindungen
1110	Erkrankungen durch **Beryllium** oder seine Verbindungen
12	**Erstickungsgase**
1201	Erkrankungen durch **Kohlenmonoxid**
1202	Erkrankungen durch **Schwefelwasserstoff**
13	**Lösemittel, Schädlingsbekämpfungsmittel (Pestizide) und sonstige chemische Stoffe**
1301	Schleimhautveränderungen, Krebs oder andere Neubildungen der Harnwege durch **aromatische Amine**
1302	Erkrankungen durch **Halogenkohlenwasserstoffe**
1303	Erkrankungen durch **Benzol**, seine Homologe oder durch **Styrol**

Nr.:	Krankheiten
1304	Erkrankungen durch Nitro- oder Aminoverbindungen des **Benzols** oder seiner Homologe oder ihrer Abkömmlinge
1305	Erkrankungen durch **Schwefelkohlenstoff**
1306	Erkrankungen durch **Methylalkohol** (Methanol)
1307	Erkrankungen durch **organische Phosphorverbindungen**
1308	Erkrankungen durch **Fluor** oder seine Verbindungen
1309	Erkrankungen durch **Salpetersäureester**
1310	Erkrankungen durch **halogenierte Alkyl-, Aryl- oder Alkylaryloxide**
1311	Erkrankungen durch **halogenierte Alkyl-, Aryl- oder Alkylarylsulfide**
1312	Erkrankungen der Zähne durch **Säuren**
1313	Hornhautschädigungen des Auges durch **Benzochinon**
1314	Erkrankungen durch **para-tertiär-Butylphenol**
1315	Erkrankungen durch **Isocyanate**, die zur Unterlassung aller Tätigkeiten gezwungen haben, die für die Entstehung, die Verschlimmerung oder das Wiederaufleben der Krankheit ursächlich waren oder sein können
1316	Erkrankungen der Leber durch Dimethylformamid
1317	Polyneuropathie oder Enzephalopathie durch organische Lösungsmittel oder deren Gemische
	Zu den Nummern 1101 bis 1110, 1201 und 1202, 1303 bis 1309 und 1315: Ausgenommen sind Hauterkrankungen. Diese gelten als Krankheiten im Sinne dieser Anlage nur insoweit, als sie Erscheinungen einer Allgemeinerkrankung sind, die durch Aufnahme der schädigenden Stoffe in den Körper verursacht werden, oder gemäß Nummer 5101 zu entschädigen sind.
2	**Durch physikalische Einwirkungen verursachte Krankheiten**
21	**Mechanische Einwirkungen**
2101	Erkrankungen der Sehnenscheiden oder des Sehnengleitgewebes sowie der Sehnen- oder Muskelansätze, die zur Unterlassung aller Tätigkeiten gezwungen haben, die für die Entstehung, die Verschlimmerung oder das Wiederaufleben der Krankheit ursächlich waren oder sein können
2102	**Meniskusschäden** nach mehrjährigen andauernden oder häufig wiederkehrenden, die Kniegelenke überdurchschnittlich belastenden Tätigkeiten
2103	Erkrankungen durch **Erschütterung** bei Arbeit mit Druckluftwerkzeugen oder gleichartig wirkenden Werkzeugen oder Maschinen
2104	Vibrationsbedingte **Durchblutungsstörungen** an den Händen, die zur Unterlassung aller Tätigkeiten gezwungen haben, die für die Entstehung, die Verschlimmerung oder das Wiederaufleben der Krankheit ursächlich waren oder sein können
2105	Chronische Erkrankungen der Schleimbeutel durch ständigen **Druck**
2106	**Drucklähmungen** der Nerven
2107	Abrissbrüche der **Wirbelfortsätze**
2108	Bandscheibenbedingte **Erkrankungen der Lendenwirbelsäule** durch langjähriges Heben oder Tragen schwerer Lasten oder durch langjährige Tätigkeiten in extremer Rumpfbeugehaltung, die zur Unterlassung aller Tätigkeiten gezwungen haben, die für die Entstehung, die Verschlimmerung oder das Wiederaufleben der Krankheit ursächlich waren oder sein können
2109	Bandscheibenbedingte **Erkrankungen der Halswirbelsäule** durch langjähriges Tragen schwerer Lasten auf der Schulter, die zur Unterlassung aller Tätigkeiten gezwungen haben, die für die Entstehung, die Verschlimmerung oder das Wiederaufleben der Krankheit ursächlich waren oder sein können

Nr.:	Krankheiten
2110	Bandscheibenbedingte **Erkrankungen der Lendenwirbelsäule** durch langjährige, vorwiegend vertikale Einwirkung von Ganzkörperschwingungen im Sitzen, die zur Unterlassung aller Tätigkeiten gezwungen haben, die für die Entstehung, die Verschlimmerung oder das Wiederaufleben der Krankheit ursächlich waren oder sein können
2111	Erhöhte **Zahnabrasionen** durch mehrjährige quarzstaubbelastende Tätigkeit
22	**Druckluft**
2201	Erkrankungen durch Arbeit in **Druckluft**
23	**Lärm**
2301	**Lärmschwerhörigkeit**
24	**Strahlen**
2401	Grauer Star durch **Wärmestrahlung**
2402	Erkrankungen durch **ionisierende Strahlen**
3	**Durch Infektionserreger oder Parasiten verursachte Krankheiten sowie Tropenkrankheiten**
3101	**Infektionskrankheiten**, wenn der Versicherte im Gesundheitsdienst, in der Wohlfahrtspflege oder in einem Laboratorium tätig oder durch eine andere Tätigkeit der Infektionsgefahr in ähnlichem Maße besonders ausgesetzt war
3102	Von **Tieren** auf Menschen übertragbare Krankheiten
3103	**Wurmkrankheit** der Bergleute, verursacht durch Ankylostoma duodenale oder Strongyloides stercoralis
3104	**Tropenkrankheiten**, Fleckfieber
4	**Erkrankungen der Atemwege und der Lungen, des Rippenfells und Bauchfells**
41	**Erkrankungen durch anorganische Stäube**
4101	**Quarzstaub**lungenerkrankung (Silikose)
4102	**Quarzstaub**lungenerkrankung in Verbindung mit aktiver Lungentuberkulose **(Siliko-Tuberkulose)**
4103	**Asbeststaub**lungenerkrankung **(Asbestose)** oder durch Asbeststaub verursachte Erkrankung der Pleura
4104	**Lungenkrebs oder Kehlkopfkrebs** – in Verbindung mit Asbeststaublungenerkrankung **(Asbestose)**, – in Verbindung mit durch Asbeststaub verursachter Erkrankung der Pleura oder – bei Nachweis der Einwirkung einer kumulativen Asbestfaserstaub-Dosis am Arbeitsplatz von mindestens 25 Faserjahren {25 x 10^6 [(Fasern/m^3) x Jahre]}
4105	Durch Asbest verursachtes **Mesotheliom** des Rippenfells, des Bauchfells oder des Pericards
4106	Erkrankungen der tieferen Atemwege und der Lungen durch **Aluminium** oder seine Verbindungen
4107	Erkrankungen an Lungenfibrose durch **Metallstäube** bei der Herstellung oder Verarbeitung von Hartmetallen
4108	Erkrankungen der tieferen Atemwege und der Lungen durch **Thomasmehl** (Thomasphosphat)
4109	Bösartige Neubildungen der Atemwege und der Lungen durch **Nickel** oder seine Verbindungen
4110	Bösartige Neubildungen der Atemwege und der Lungen durch **Kokereirohgase**
4111	Chronische obstruktive Bronchitis oder Emphysem von Bergleuten unter Tage im Steinkohlebergbau bei Nachweis der Einwirkung einer kumulativen Dosis von in der Regel 100 Feinstaubjahren [(mg/m^3) x Jahre]
42	**Erkrankungen durch organische Stäube**
4201	Exogen-allergische **Alveolitis**
4202	Erkrankungen der tieferen Atemwege und der Lungen durch Rohbaumwoll-, Rohflachs- oder Rohhanfstaub **(Byssinose)**
4203	**Adenokarzinome** der Nasenhaupt- und Nasennebenhöhlen durch Stäube von Eichen- oder Buchenholz

Nr.:	Krankheiten
43	**Obstruktive Atemwegserkrankungen**
4301	durch **allergisierende Stoffe** verursachte obstruktive Atemwegserkrankungen (einschließlich Rhinopathie), die zur Unterlassung aller Tätigkeiten gezwungen haben, die für die Entstehung, die Verschlimmerung oder das Wiederaufleben der Krankheit ursächlich waren oder sein können
4302	durch **chemisch-irritativ** oder **toxisch wirkende Stoffe** verursachte obstruktive Atemwegserkrankungen, die zur Unterlassung aller Tätigkeiten gezwungen haben, die für die Entstehung, die Verschlimmerung oder das Wiederaufleben der Krankheit ursächlich waren oder sein können
5	**Hautkrankheiten**
5101	Schwere oder wiederholt rückfällige **Hauterkrankungen**, die zur Unterlassung aller Tätigkeiten gezwungen haben, die für die Entstehung, die Verschlimmerung oder das Wiederaufleben der Krankheit ursächlich waren oder sein können
5102	**Hautkrebs** oder zur Krebsbildung neigende Hautveränderungen durch Ruß, Rohparaffin, Teer, Anthrazen, Pech oder ähnliche Stoffe
6	**Krankheiten sonstiger Ursache**
6101	**Augenzittern** der Bergleute

Nicht aufgeführte Krankheiten

Schaut man sich die Liste an, so wird man feststellen, dass die in der Bevölkerung am häufigsten und am weitest verbreiteten Krankheiten nicht aufgeführt sind. Es handelt sich hierbei um Herzkreislauferkrankungen, Gefäßerkrankungen oder eine Vielzahl orthopädischer Leiden, die nicht unter die Regelungen der Berufskrankheiten-Verordnung fallen. Der Gesetzgeber geht davon aus, dass jeder Mensch im Verlauf seines Lebens mehr oder weniger schicksalsbedingten Krankheitsprozessen unterliegt, aber auch Alterungs- und Verschleißerscheinungen erleidet. Zwar mag die berufliche Tätigkeit dieses Geschehen auch beeinflussen, was Art, Umfang und Beschleunigung betrifft; jedoch ist es der medizinischen Wissenschaft bisher noch nicht in befriedigender Weise gelungen, die mitbedingenden Faktoren voneinander so weit abzugrenzen, dass der berufliche Einfluss befriedigend geklärt werden könnte. Im Prinzip hat der Gesetzgeber als mögliche Berufskrankheiten diejenigen Erkrankungen ausgeschlossen, die in der Bevölkerung allgemein verbreitet und nicht an ein besonderes Berufsbild geknüpft sind.

Bei genauem Studium der Berufskrankheitenliste wird man feststellen, dass für einige Erkrankungen für die Anerkennung als Berufskrankheit besondere versicherungsrechtliche Merkmale zu erfüllen sind. Es sind dies:

- der Zwang zur Aufgabe der gefährdenden Tätigkeit
- Art und Dauer der Tätigkeit
- Tätigkeit in Unternehmen bestimmter Art
- schwere und/oder wiederholte Rückfälligkeit

Der Zwang zur Aufgabe der bisherigen „krank machenden" Tätigkeit gilt beispielsweise bei Haut- und Atemwegserkrankungen. Er gilt aber auch bei bandscheibenbedingten Erkrankungen der Wirbelsäule, was die Zahl der vielen abgelehnten BK-Meldungen erklärt.

Art und Dauer der Tätigkeit wird beispielsweise bei Meniskusschäden definiert oder aber erhöhte Zahnabrasionen durch mehrjährige Quarzstaub belastende Tätigkeit.

Besondere Voraussetzungen zur Anerkennung

Die Anerkennung einer Berufskrankheit kann auch an die Angehörigkeit einer bestimmten Berufsgruppe geknüpft sein. So können Infektionskrankheiten oder durch Parasiten verursachte Krankheiten nur bei Versicherten im Gesundheitsdienst, in der Wohlfahrtspflege oder in einem Laboratorium Tätigen bzw. eine vergleichbare Tätigkeit ausübend entschädigt werden. Das bedeutet, dass Versicherte, die eine Infektionserkrankung erleiden, aber nicht diesen definierten Berufsgruppen angehören, nicht entschädigt werden.

Bei bestimmten Berufserkrankungen wird die Anerkennung an die Schwere und/ oder wiederholte Rückfälligkeit geknüpft. Dieses ist insbesondere bei Hauterkrankungen gefordert. Was bedeutet nun das versicherungsrechtliche Merkmal der Schwere? Es muss sich hierbei um eine medizinisch schwere Erscheinungsform handeln, die erhebliche Beschwerden verursacht und insbesondere nicht erfolgreich behandelt werden kann. Daneben oder stattdessen wird auch eine ununterbrochen lange Dauer einer Erkrankung gefordert, wobei von einer Mindesterkrankungsdauer von sechs Monaten auszugehen ist.

Unter wiederholter Rückfälligkeit versteht man, dass mindestens drei Krankheitsschübe vorliegen müssen, das heißt zwei Intervalle ohne Arbeitsunfähigkeit und Behandlungsbedürftigkeit vorgelegen haben müssen.

Der Zwang zur Aufgabe einer gefährdenden Tätigkeit bedeutet, dass hier eine objektive Notwendigkeit zur Tätigkeitsunterlassung vorliegen muss oder aber der betreffende Versicherte die gefährdende Tätigkeit und ähnliche Tätigkeiten inzwischen auf Dauer aufgegeben hat.

Öffnungsklausel: Berufskrankheiten aufgrund neuer medizinischer Erkenntnisse

„Neue" Berufskrankheiten

In § 9 Sozialgesetzbuch VII Absatz 2 wird die Anerkennung von Berufskrankheiten erweitert:

> Die Unfallversicherungsträger haben eine Krankheit, die nicht in der Rechtsverordnung bezeichnet ist oder bei der die dort bestimmten Voraussetzungen nicht vorliegen, wie eine Berufskrankheit als Versicherungsfall anzuerkennen, sofern im Zeitpunkt der Entscheidung nach neuen Erkenntnissen der medizinischen Wissenschaft die Voraussetzungen für eine Bezeichnung nach Absatz 1 Satz 2 erfüllt sind (siehe § 9 SGB VII Absatz 1).

Bei dieser so genannten Öffnungsklausel können im Einzelfall auch Krankheiten entschädigt werden, die im Listensystem (noch) nicht erfasst sind. Es handelt sich hierbei um eine Ausnahmeregelung, an die enge Grenzen gesetzt sind und insbesondere verschiedene Voraussetzungen erfüllt werden müssen. Die geforderten medizinischen Erkenntnisse müssen *neu* sein, das heißt, sie müssen dem Gesetzgeber zum Zeitpunkt des Erlassens der letzten Berufskrankheitenverordnung noch nicht bekannt gewesen sein oder aber noch nicht bestanden haben. In aller Regel handelt es sich bei neuen Erkenntnissen um epidemiologische Studien, die den Zusammenhang zwischen Arbeit und Erkrankung beweisen. Des Weiteren *muss* Verordnungsreife bestehen. Das bedeutet, dass bei den medizinischen Erkenntnissen nicht die Veröffentlichung einer einzelnen fachwissenschaftlichen

Meinung gilt, sondern die medizinische Fachwelt die neuen Gegebenheiten zur Kenntnis genommen und akzeptiert hat. Erst eine Lehrmeinung, die sich in der Fachwelt allgemein durchgesetzt hat, reicht aus. Nun wäre der Gesetzgeber prinzipiell in der Lage, diese „neue Krankheit" als neue Berufskrankheit in die BK-Liste aufzunehmen. Es ist selbstverständlich, dass auch die übrigen Voraussetzungen für die Anerkennung einer Berufskrankheit in diesen Einzelfällen gegeben sein müssen, das heißt, dass die Einwirkung in der Tat durch eine versicherte Tätigkeit ausgelöst worden ist.

Beim Hauptverband der gewerblichen Berufsgenossenschaften ist eine Dokumentationsstelle eingerichtet, die alle Fälle nach § 9 Absatz 2 SGB VII sammelt. Ziel ist es, Erkenntnisse bei Anerkennungen oder Ablehnungen dieser Berufskrankheitenmeldungen nach Öffnungsklausel zu sammeln und gegenteilige Entscheidungen verschiedener Berufsgenossenschaften nach Möglichkeit zu verhindern.

Nach § 9 Absatz 7 SGB VII wirken die Träger der gesetzlichen Unfallversicherung bei der Gewinnung neuer medizinisch-wissenschaftlicher Erkenntnisse mit. Dieses sollen sie sowohl durch eigene Forschung als auch durch Beteiligung an Fremdforschungsvorhaben leisten. Es gilt hier, den Ursachenzusammenhang zwischen Erkrankungshäufigkeiten in einer bestimmten Personengruppe und gesundheitlich schädlichen Einwirkungen in Zusammenhang mit der versicherten Tätigkeit aufzuklären. In der Praxis wird dieses schon seit vielen Jahren durchgeführt. Es sind verschiedene Einrichtungen der Berufsgenossenschaften, die sich mit der Forschung auf diesem Gebiet befassen.

7.1.4 Die Berufskrankheiten-Meldung

Rolle des Arztes im Berufskrankheitenverfahren

Um ein Berufskrankheitenverfahren anzustoßen, ist es zunächst notwendig, die Unfallversicherungsträger von der Berufskrankheit in Kenntnis zu setzen. Dieses geschieht mit der Meldung einer Berufserkrankung. Sie kann von verschiedenen Stellen ausgehen. Zu nennen sind hier insbesondere behandelnde Ärzte, Unternehmer, aber auch der Versicherte selbst. Gerade den Ärzten wird eine Schlüsselrolle im Berufskrankheitenverfahren zuteil. So heißt es im Gesetz: Haben Ärzte oder Zahnärzte den begründeten Verdacht, dass bei Versicherten eine Berufskrankheit besteht, haben sie dies dem Unfallversicherungsträger oder der für den medizinischen Arbeitsschutz zuständigen Stelle in der für die Anzeige von Berufskrankheiten vorgeschriebenen Form unverzüglich anzuzeigen. Die Ärzte oder Zahnärzte haben die Versicherten über den Inhalt der Anzeige zu unterrichten und ihnen den Unfallversicherungsträger und die Stelle zu nennen, denen sie die Anzeige übersenden.

Diese Anzeigepflicht bezieht sich auf alle Ärzte, ob niedergelassene, im Krankenhaus tätige oder anderweitig beschäftigte. Es müssen keine Durchgangsärzte sein. Bei der Erstattung der Anzeige können sich die Ärzte auf die vom BMA herausgegebenen Merkblätter stützen, die Hinweise auf Vorkommen, Gefahrenquellen, Entstehungsweise und Verlauf von Berufskrankheiten geben. Vom Arzt wird ein verantwortungsbewusster Umgang mit diesen Dingen gefordert, da ungeprüft abgegebene Meldungen oder gar Meldungen auf Verlangen des Versicherten einen erheblichen Verwaltungsapparat in Gang setzen, der immense Kosten verursacht.

Auch der Unternehmer ist von Gesetzes wegen zu einer BK-Anzeige verpflichtet: Haben Unternehmer im Einzelfall Anhaltspunkte, dass bei Versicherten ihres

Unternehmens eine Berufskrankheit vorliegen könnte, haben sie diese dem Unfallversicherungsträger anzuzeigen.

7.1.5 Das Berufskrankheiten-Verfahren

Schritte im Berufskrankheitenverfahren

Nach Eingang einer Berufskrankheitenanzeige ist der Unfallversicherungsträger nach § 20 SGB 10 verpflichtet, den Sachverhalt von Amts wegen zu ermitteln, also ein Verwaltungsverfahren einzuleiten. Zunächst werden von der Berufsgenossenschaft erst einmal die haftungsbegründeten Voraussetzungen geprüft. Es muss zwischen der versicherten Person und der versicherten Tätigkeit ein innerer Zusammenhang bestehen, das heißt, die Berufserkrankung muss sich im Rahmen der versicherten Tätigkeit ereignet haben. Zwischen der auslösenden Schädigung und dem eingetretenen Schaden (der Berufserkrankung) muss ebenfalls ein ursächlicher Zusammenhang nachgewiesen werden. Sind diese Grundvoraussetzungen erfüllt, wird das Ermittlungsverfahren der Berufsgenossenschaft in Gang gesetzt. Hierbei wird eine möglichst genaue Arbeitsanamnese zu erheben sein, um die arbeitstechnischen Voraussetzungen für eine Berufskrankheit zu ermitteln. Die Schwierigkeit besteht darin, das Arbeitsleben des Versicherten nachvollziehbar zu rekonstruieren. Häufig sind Unterlagen nicht mehr vorhanden, Betriebe geschlossen, so dass größtenteils auf Zeugenaussagen, Aussagen des Versicherten selbst, Aussagen Dritter und Vorgesetzter zurückgegriffen werden muss, was naturgemäß mit Fehlern behaftet ist.

Auch die Ermittlung einer lückenlosen medizinischen Anamnese birgt Schwierigkeiten. Lange zurückliegende Beschwerden sind oft nicht mehr eindeutig zu rekonstruieren. Daneben haben viele Krankheiten eine multifaktorielle oder multikausale Genese, das bedeutet, dass sowohl private wie auch berufliche Verursachungsfaktoren neben Alterung, Verschleiß und Abnutzung eine Rolle spielen. Auch die Berücksichtigung endogener Faktoren oder exogener Beeinflussungsmöglichkeiten (z.B. Genussgifte) macht es oft schwierig, den ursächlichen Zusammenhang mit der hinreichenden Wahrscheinlichkeit zu begründen.

Der staatliche Gewerbearzt wird regelhaft in das Berufskrankheitenverfahren mit eingebunden. Ihm werden sämtliche BK-Verfahren vorgelegt. Auch der Unternehmer ist – sofern noch vorhanden – mit im Verfahren dabei. Bei Versicherten, die bedingt durch beruflichen Wechsel bei verschiedenen Berufsgenossenschaften versichert waren, wird das BK-Verfahren von der Berufsgenossenschaft durchgeführt, bei der der Versicherte zuletzt gemeldet war.

Zuletzt wird in einem fachärztlichen Sachverständigengutachten die Frage der Anerkennung einer Berufserkrankung geklärt, wobei die Bedeutung des ärztlichen Gutachtens nicht hoch genug eingeschätzt werden kann. Die Ergebnisse des gesamten Feststellungsverfahrens müssen in einer Gesamtschau gutachterlich gewürdigt werden, was in Anbetracht des vorhin Gesagten nicht leicht ist. Danach fällt die Entscheidung des Versicherungsträgers zur Frage der Anerkennung einer Berufserkrankung.

Anerkennung einer Berufserkrankung

Die Anerkennung einer Berufserkrankung bedeutet noch nicht eine Entschädigung. Diese ist abhängig von der Schwere der Beeinträchtigung, also von der Höhe der ermittelten MdE (Minderung der Erwerbsfähigkeit). Erst bei einem Erwerbsminderungsgrad von 20% beginnt die Leistungspflicht der Unfallversicherungsträger, und eine Rentenzahlung wird erfolgen. Wenn eine so genannte Stütz-

MdE, das heißt ein Grad der Behinderung aus dem Schwerbehindertenrecht, oder aber eine Minderung der Erwerbsfähigkeit aufgrund anderer Berufserkrankungen vorliegt, kann diese bereits bei einer MdE von 10% zur Gesamt-MdE von 20% und damit zur Auslösung einer Rentenzahlung führen.

Leistungen der Unfallversicherungsträger

Die Leistungen der Unfallversicherungsträger in den Berufskrankheitenfällen ist vergleichbar mit den Leistungen bei Arbeitsunfällen, erhält jedoch in vielen Fällen günstigere Regelungen. So beschränkt sich die Leistung nicht alleine auf Rentenzahlungen, sondern auch auf Verletztengeld, Übergangsgeld, Ausgleich des Minderverdienstes für fünf Jahre bei Aufgabe des Arbeitsplatzes, Berufshilfe bei Umschulungen etc., darüber hinaus noch Sachleistungen und Pflegegeld.

Berufskrankheitenverfahren sind in aller Regel sehr komplex. Lange Ermittlungen weit zurückliegender Expositionen, aufwendige Untersuchungen des Versicherten, komplizierte gutachterliche Stellungnahmen, Einschaltung weiterer Stellen (wie z.B. der Arbeitsschutzstelle des staatlichen Gewerbearztes/Landesgewerbearztes) am Feststellungsverfahren führen dazu, dass sich die Ermittlungsverfahren im Berufskrankheitenrecht oft über viele Jahre hinziehen. Es wird von Seiten der Unfallversicherungsträger angestrebt, hier eine Straffung herbeizuführen.

7.1.6 Schwerpunkte des Berufskrankheitengeschehens

Gemeldete und anerkannte Berufskrankheiten

1978 wurden von den Berufsgenossenschaften 78.000 BK-Verfahren abgeschlossen. Diese Berufskrankheitenmeldungen (Verdacht auf das Vorliegen einer BK) konnten in 34% der Fälle, dieses sind 27.000, bestätigt werden. Rentenzahlungen wurden an Versicherte in 5.600 Fällen geleistet, das bedeutet, dass hier eine MdE von 20% und mehr vorgelegen hat.

Die häufigsten BK-Fälle in 1998 bei einer Gesamtzahl von 27.000 anerkannten Fällen waren folgende:

- Hauterkrankungen 8.700 (33%)
- Lärmschwerhörigkeit 6.785 (26%)
- Durch Asbest verursachte Krankheiten 3.500 (13%)

Die zurzeit häufigste Berufserkrankung, die Hauterkrankung, macht bald ein Viertel der Verdachtsanzeigen aus, die jedoch zum größten Teil formal nicht als Berufskrankheit anerkannt werden können. Bei den Hauterkrankungen stellt der Gesetzgeber für die Anerkennung noch folgende formale Forderungen: Sie müssen „schwer" und/oder „wiederholt rückfällig" sein. Des Weiteren muss der Betroffene die gefährdende Tätigkeit aufgegeben haben. Sobald eines dieser Kriterien nicht erfüllt ist, wird von der Berufsgenossenschaft der BK-Verdacht zwar bestätigt und auch die berufliche Verursachung wird anerkannt, da aber die genannten besonderen versicherungsrechtlichen Voraussetzungen nicht erfüllt sind, kann die Zahlung einer Rente nicht erfolgen. Die Berufsgenossenschaft übernimmt aber alle anderen Leistungen wie Berufsberatung, Aus-, Fort- und Weiterbildung oder die Kosten einer Umschulung. Unabhängig von einem Rentenanspruch wird ein eventueller Minderverdienst über einen Zeitraum von fünf Jahren bis zur Höhe des früheren Nettoverdienstes ausgeglichen.

Die zweithäufigste Erkrankung, die Lärmschwerhörigkeit, stellt eine typische Altlast dar, da die innenohrschädigenden Lärmpegel oft viele Jahre oder Jahrzehnte zurückliegen. Verbesserungen im Lärmschutz, sowohl von apparativer Seite her wie auch die Herabsetzung der erlaubten Schallpegel, werden hier – hoffentlich – in Zukunft Früchte tragen und ein Absinken dieser Berufserkrankung zur Folge haben.

Häufigste Todesursache

Auch die durch Asbest verursachten Krankheiten stellen eine typische Altlast dar. Die Expositionen liegen oft viele Jahre bzw. Jahrzehnte in der Vergangenheit. In diesem Zusammenhang Besorgnis erregend ist die hohe Anzahl der durch Asbest verursachten Berufskrankheiten. In den siebziger Jahren spielten sie so gut wie keine Rolle, haben jedoch in den letzten Jahren kontinuierlich zugenommen. Leider ist Asbest auch bei den Todesfällen Berufserkrankter die häufigste Ursache. 1998 verstarben insgesamt 1.933 Berufserkrankte, wobei allein 888 Todesfälle auf das Konto von Asbest gehen, das sind 46% aller Verstorbenen. Leider ist auch in den nächsten Jahren mit einem weiteren Anstieg von asbestverursachten Berufskrankheiten zu rechnen. Inzwischen ist die Verwendung von Asbest völlig verboten. Für den Umgang mit Asbest, der beispielsweise bei Abbruch, Sanierung oder Instandhaltung auftritt, gelten sehr umfangreiche Sicherheitsvorschriften, bei deren Einhaltung im Prinzip eine Gefährdung auszuschließen ist. Inzwischen weiß man von der Gefährlichkeit dieses Arbeitsstoffes, eine Erkenntnis, die zu den Zeiten der hohen Expositionen nicht bestand.

7.1.7 Entwicklung des Berufskrankheitengeschehens

Starke Zunahme der Verdachtsmeldungen

Während 1970 23.000 Berufskrankheiten-Verdachtsanzeigen bei den Berufsgenossenschaften eingingen, waren dieses 1998 bereits 78.000. Diese rasante Zunahme der BK-Verdachtsfälle spiegelt einerseits die erheblich größere Sensibilität der Ärzteschaft gegenüber dem Berufskrankheitengeschehen wider, aber auch die kritischere Haltung der Versicherten gegenüber Erkrankungen, die sie in Zusammenhang mit der Arbeit vermuten. Zweifellos spielt auch die Aufnahme neuer Berufserkrankungen in die Berufskrankheitenliste eine große Rolle. Hierbei ist in erster Linie an die Aufnahme von bandscheibenbedingten Erkrankungen in die aktuelle Berufskrankheitenliste zu denken, was eine Vielzahl von Meldungen – ob zu Recht oder zu Unrecht – hervorgerufen hat.

Geringe Anerkennungsquote

Die Anerkennung von BK-Fällen und insbesondere die Entwicklung von Berufskrankheitenrenten hat dagegen nur einen bescheidenen Aufschwung genommen. Waren 1970 4.500 neue Fälle von BK-Renten zu nennen, so waren es 1998 trotz der hohen Zahl von Meldungen nur 5.600. Wir erinnern uns daran, dass die Untergrenze für die Auslösung einer Berufskrankheitenrente eine MdE von 20% sein muss. Den Berufsgenossenschaften wird diese Zahl häufig vorgeworfen, sie gelten als so genannte Rentenquetscher und zahlungsunwillige Organe. Diese harte Kritik ist jedoch nicht berechtigt, wenn man den gesetzlichen Auftrag der Berufsgenossenschaften betrachtet. Entgegen landläufiger Meinung ist es nicht in erster Linie Aufgabe der Berufsgenossenschaften, eine Rente zu gewähren. Vielmehr sollen sie sich für Vorbeugung, Prävention, Arbeitssicherheit und Gesundheitsschutz in den Betrieben einsetzen.

Erleidet ein Versicherter einen gesundheitlichen Schaden, ist zunächst die möglichst optimale Rehabilitation des Erkrankten vordringliches Ziel. Dieses reicht von der notwendigen medizinischen Behandlung über berufliche Wiedereingliederungsmaßnahmen, die aus Aus-, Fort- und Weiterbildung, aber auch aus Umschulungsmaßnahmen bestehen. Ziel ist eine soziale Wiedereingliederung des Erkrankten. Erst wenn nach Abschluss aller notwendigen und durchgeführten Rehabilitationsmaßnahmen ein dauernder Gesundheitsschaden mit einer Minderung der Erwerbsfähigkeit von 20% oder mehr nicht vermieden werden kann, kommt es zur Rentenzahlung.

In den letzten Jahrzehnten hat die Prävention, aber auch die behandelnde Medizin erhebliche Fortschritte gemacht. Auch die Schwerpunkte im Berufskrankheitengeschehen haben sich deutlich verschoben. Alle diese Entwicklungen zusammen führen im Ergebnis dazu, dass heute der Anteil der zu einer Rente führenden Dauerschäden gegenüber früher erheblich geringer geworden ist. Hier das Risiko Berufskrankheit im Vergleich:

- Arbeitsunfall (meldepflichtig) 1:34
- Berufskrankheit (Verdacht) 1:500
- Anerkannte Berufskrankheit 1:1000

7.1.8 Kosten des Berufskrankheitengeschehens

Schwerpunkt Rehabilitation

Die Berufsgenossenschaften haben in ihrer Gesamtzahl im Jahr 1998 2,7 Milliarden DM für Berufskrankheiten ausgegeben. Dieses entspricht 16% des BG-Beitrages, der bekanntlich vom Arbeitgeber geleistet wird. Insbesondere für den Bereich der Rehabilitation wird sehr viel aufgewendet. So wurden 1998 50.000 Fälle medizinische Reha betreut, darunter sind ambulante und stationäre Kurmaßnahmen und die Zahlung von Verletztengeld zu verstehen.

Berufliche Rehabilitation wurde für 15.000 Fälle im Jahr geleistet. Es handelte sich hierbei um Aus-, Fort- und Weiterbildungsmaßnahmen sowie Umschulungen. Diese Kosten haben sich in den vergangenen Jahren erheblich gesteigert. Während 1980 für Heilbehandlung sowie berufliche und soziale Rehabilitation 7% des Gesamtaufwandes für Berufskrankheiten geleistet wurden, hat sich dieser Anteil bis heute mehr als verdoppelt, nämlich auf 14%. Ensprechend wurden hierfür 370 Millionen DM aufgewendet.

Arbeitsmedizinische Vorsorge-untersuchungen

Die Verantwortung für Sicherheit und Gesundheitsschutz am Arbeitsplatz liegt bei den Unternehmern. Diese Aufgabe wird von ihnen ernst genommen, denn sie wissen, dass die Ausgaben für Arbeitsunfälle wie für Berufskrankheiten in erster Linie durch Versäumnisse in der Prävention entstehen. Ein wesentlicher Teil dieser Präventionsarbeit im Bereich der Berufskrankheiten sind die arbeitsmedizinischen Vorsorgeuntersuchungen.

Die Berufsgenossenschaften haben in 45 Grundsätzen arbeitsmedizinische Vorsorgeuntersuchungen entwickelt, 36 davon beziehen sich auf Berufskrankheiten. Inzwischen werden jährlich mehr als 4 Millionen solcher Untersuchungen durchgeführt. Ihre Zahl hat sich in den letzten 20 Jahren mehr als verzehnfacht. Auch die Zahl der Ärzte, die sich aktiv um den beruflichen Gesundheitsschutz bemühen, hat deutlich zugenommen.

7.1.9 Zusammenfassung

Gesundheitliche Risiken im Berufsleben sind so alt wie die Arbeit selbst. Während in früherer Zeit nur unscharfe soziale Regelungen zur Sicherung verunfallter und erkrankter Arbeitnehmer bestanden, wurde mit der ersten Verordnung über

Ausdehnung der Unfallversicherung auf gewerbliche Berufskrankheiten in Deutschland vom 12.5.1925 eine Versicherung von Berufskrankheiten geschaffen. Durch ständige Fortschreibung der Sozialgesetzgebung wurde dieses System ständig den aktuellen Gegebenheiten angepasst. Zurzeit gelten die Regelungen des Sozialgesetzbuches VII vom 31. Oktober 1997. In der Berufskrankheitenliste der Bundesregierung werden sechs Gruppen von Berufserkrankungen gelistet. Sie enthalten Erkrankungen, die nach den Erkenntnissen der medizinischen Wissenschaft durch besondere Einwirkung verursacht sind oder denen bestimmte Personengruppen durch ihre versicherte Tätigkeit in erheblich höherem Maße als die übrige Bevölkerung ausgesetzt sind. Nur Erkrankungen in dieser Liste gelten als Berufskrankheit. Bei einigen dieser Erkrankungen sind besondere versicherungsrechtliche Merkmale für die Anerkennung als Berufskrankheit zu erfüllen.

In der so genannten Öffnungsklausel können im Einzelfall auch Krankheiten entschädigt werden, die im Listensystem (noch) nicht erfasst sind. Bei diesen Ausnahmeregelungen gelten enge Grenzen und sind insbesondere verschiedene Voraussetzungen zu erfüllen.

Zuständig für das Berufskrankheitengeschehen sind die Berufsgenossenschaften, die nach Erwerbszweigen gegliedert sind und von den Arbeitgeberbeiträgen finanziert werden. Haben Ärzte oder Zahnärzte den begründeten Verdacht, dass bei Versicherten eine Berufskrankheit besteht, haben sie dies dem Unfallversicherungsträger unverzüglich anzuzeigen. Berufskrankheitenmeldungen können auch vom Versicherten selbst oder dem Unternehmer bei der Berufsgenossenschaft gestellt werden.

Im Berufskrankheitenverfahren prüft der Unfallversicherungsträger den Sachverhalt und klärt, ob es sich bei der gemeldeten Erkrankung um eine Berufserkrankung handelt. Hierbei ist ein sehr umfangreiches Ermittlungsverfahren notwendig, an dessen Ende ein medizinisches Sachverständigengutachten den Fall beleuchtet. Erst wenn alle Maßnahmen zur Rehabilitation ausgeschöpft sind und ein Schaden mit einer Minderung der Erwerbsfähigkeit von 20% und mehr besteht, kann es zur Rentenzahlung an den Versicherten kommen.

1978 gingen bei den Berufsgenossenschaften 78.000 Verdachtsmeldungen auf Berufskrankheit ein. In 34% der Fälle, dieses sind 27.000, wurde der Verdacht bestätigt. Rentenzahlungen wurden in 5.600 Fällen geleistet. Die häufigsten anerkannten BK-Fälle waren Hauterkrankungen, Lärmschwerhörigkeit und durch Asbest verursachte Krankheiten.

16% des gesamten Budgets werden von den Berufsgenossenschaften für Berufskrankheiten aufgewendet; die weitaus größeren Leistungen werden für Prävention und Entschädigung von Betriebs- und Wegeunfällen aufgewendet.

8 Psychologische Aspekte

8.1 Der Human Factor im Sicherheitsmanagement

Hans-Jürgen Russow

Würden wir sämtliche Statistiken über beitragende Faktoren zu unerwünschten Ereignissen zu einer Darstellung zusammenfassen (vgl. Abb. 1), könnten wir folgende Auffälligkeit feststellen: Der Mensch trägt durch Fehlhandlungen oder Unterlassungen zu etwa zwei Dritteln zu diesen Ereignissen bei. Das verbleibende Drittel entfällt auf die technische Ausstattung sowie auf Umfeldeinflüsse, denen das Unternehmen ausgesetzt ist. Auch wenn es branchenbedingte Unterschiede bei dieser Verteilung gibt, gilt diese Aussage gleichermaßen für komplexe Tätigkeiten (Operation am Menschen, Führung eines Verkehrsflugzeuges oder Anfahren einer Kernreaktion nach einer Revision) wie auch für einfache Tätigkeiten (Fließband- oder Reinigungsarbeiten). Und berücksichtigen wir, dass die Technik und das Umfeld vom Menschen gestaltet wird, ist die Feststellung zulässig, dass bei Unfallschilderungen verwendete Formulierungen wie „technisches Versagen“ oder „höhere Gewalt“ nichts anderes als den indirekten Beitrag des Menschen zum unerwünschten Ereignis repräsentieren. Die noch wenigen „echten“ Naturkatastrophen können bei diesen Überlegungen vernachlässigt werden.

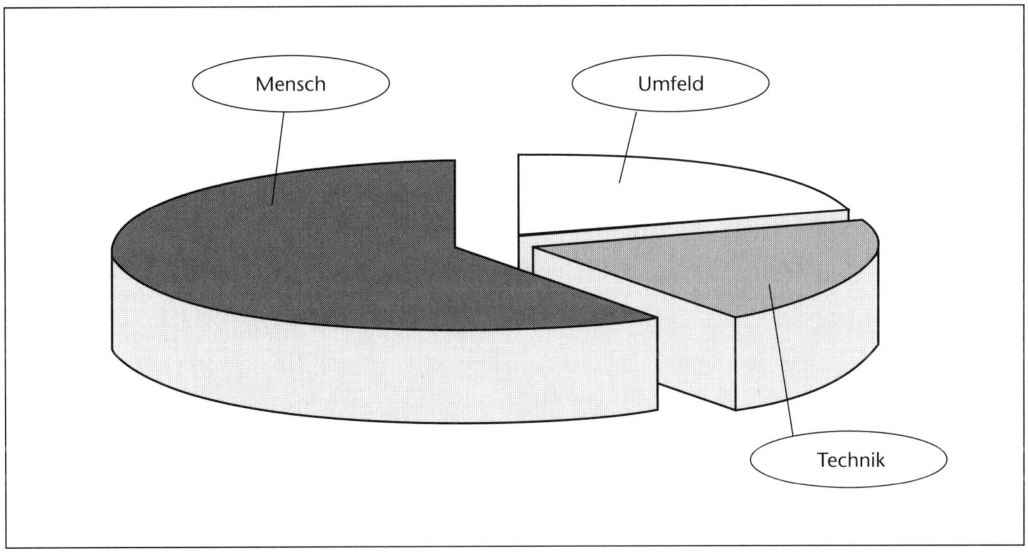

Abb. 1: Die zum Unfall beitragenden Faktoren

Einfluss des Menschen ist allgegenwärtig

Wie auch immer die Verteilung sich darstellt: Der Einfluss des Menschen ist allgegenwärtig. Obwohl diese Erkenntnis weder neu noch besonders originell ist, wird sie noch zu wenig berücksichtigt, wenn wir uns mit Mängeln bei der Arbeitssicherheit oder der Produktionsqualität befassen müssen. Die Ursache hierfür ist bei uns selbst zu finden: In unserer Leistungs- und „Fun“-Gesellschaft, in der wir technikgläubig, immer kerngesund und bei bester Laune unendlich belastbar zu sein haben, fehlt uns die Übung und auch häufig die Bereitschaft im Umgang mit menschlichen Faktoren.

Wir sind daran gewöhnt, für technische Probleme schnell eine entsprechende technische Lösung parat zu haben, für menschliche Probleme jedoch fehlt uns

„Letzter Handgriff"

häufig die entsprechend „menschliche Lösung". Also wird auch hier versucht, mit technischen Mitteln weiterzukommen, in dem Glauben, dass sich der Erfolg rasch und in messbarer Weise einstellt. Das zeigt sich dann im Umgang mit Fehlverhalten wie folgt: Prozesse werden häufig über das wirtschaftlich sinnvolle hinaus automatisiert, wobei die Konstrukteure dieser Systeme dem fehlbaren Menschen nur noch widerwillig den „letzten Handgriff" überlassen. Und kommt es trotzdem zu einer „Fehlbedienung", wird dieses Tun getreu der Gleichung Täter = Schuldiger umgehend sanktioniert in der Hoffnung, dass dieser Fehler nicht wiederholt wird. Doch er wird wiederholt! In immer anderen Varianten! Ein Teufelskreis?

Betrachten wir uns die Problemfelder Automatisierung und Fehlerkultur etwas näher. Welche Situation finden wir heute noch häufig vor, und wie ließe sie sich verbessern?

8.1.1 Automatisierung sinnvoll gestalten

Bei der Analyse einiger automatischer Prozesse entsteht der Eindruck, dass deren Gestaltung von ihren geistigen Urhebern eher als eine Art lustvoller Selbstvollzug angesehen wurde und weniger von dem Bemühen geprägt war, den künftigen Anwender bei seiner Arbeit zu unterstützen. Doch sind Messwarten in der Verfahrenstechnik und Flugzeug-Cockpits keine technischen Spielwiesen, wird hier doch im Extremfall über Leben und Tod von Menschen entschieden.

Beispiel Flugzeug

Bei der Vorstellung des ersten Verkehrsflugzeuges mit einem „fly-by-wire"-System (AIRBUS A320) – markantes Sichtmerkmal ist der Joystick anstelle des traditionellen Steuerhorns – wurde den Vertretern der Fluggesellschaften eröffnet, dass dieses Flugzeug so etwas wie ein fliegender PC sei und sogar ein Schulkind damit fliegen könne. Beim praktischen Flugbetrieb stellte sich wie erwartet heraus, dass der A320 hohe Anforderungen an das fliegerisch-technische Basiswissen des Piloten stellt und Letzterer nicht, wie von AIRBUS gern gesehen, auf einen knöpfchendrückenden Bildschirmbetrachter reduziert werden konnte.

„Muss-Wissen" nicht auffindbar

Zu dieser Konstruktionsphilosophie der Arbeitspsychologe James Reason (1993): Anstatt die Menschen handfesten Kontakt mit dem Prozess hatten, wurden sie befördert zu Überwachungsaufgaben auf höherer Ebene. In allen Fällen sind die Menschen weit von den unmittelbaren Prozessen entfernt. Sofern ihnen direkte Informationen zugänglich waren, wurden diese durch die computergestützte Schnittstelle gefiltert. Und, wie viele Unfälle belegen, können sie oft das, was sie wissen müssen, nicht auffinden, weil sie zur selben Zeit mit Informationen überschwemmt werden, die sie weder haben wollen noch zu interpretieren wissen. In einfacheren, eher linearen Systemen war es für den Bediener immer möglich, vor Ort zu gehen und den Prozess eigenhändig zu untersuchen, die Qualität des Produktes direkt zu prüfen.

Nun haben wir es heute mit sehr komplexen Prozessen zu tun, die wegen ihres hohen Vernetzungsgrades und ihrer großen Koppelungsdichte einen „handfesten" Kontakt kaum zulassen. Und Charles Perrow (1992) stellt fest: Je dichter die Bestandteile des Systems (zeitlich, räumlich, funktionell) gekoppelt sind, umso größer ist die Möglichkeit, dass lokale Störungen weite Systemteile beeinflussen (Abb. 2a).

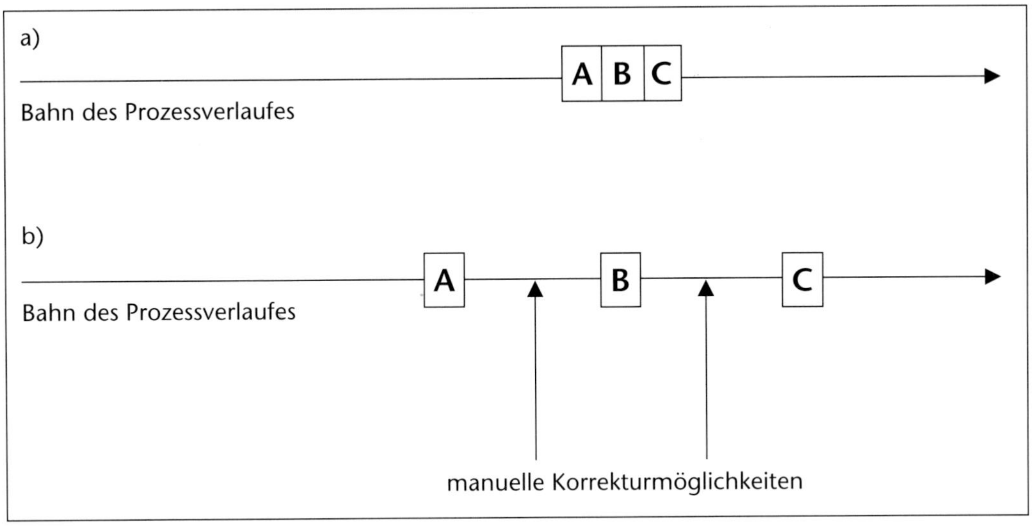

Abb. 2: Koppelung der Prozessbestandteile

Ausreichende Möglichkeiten für manuelle Korrekturen

Eine Rückkehr in das Zeitalter der Dampfmaschine ist aus verschiedenen Gründen weder wünschenswert noch möglich; also müssen wir den Prozess so gestalten, dass er in jeder Phase für den Menschen übersichtlich bleibt und ihm ausreichende Möglichkeiten für manuelle Korrekturen bietet (Abb. 2b). Diese Forderung steht nur scheinbar in einem Widerspruch zu der eingangs getroffenen Feststellung, dass der Mensch der Hauptverursacher aller unerwünschten Ereignisse ist. Vielmehr gilt es, die Fähigkeiten des Menschen besser und gezielt zu nutzen, denn nur er kann alte Erfahrungswerte mit neuen Daten verknüpfen und daraus Entscheidungen und Handlungen ableiten, was auf absehbare Zeit keinem Computer gelingen wird.

Für einen qualifizierten Eingriff in einen Prozess ist es erforderlich, dass der Mensch

1. ein gründliches Systemverständnis hat
2. seine manuellen Fertigkeiten aufrechterhalten kann
3. auf nicht programmgemäße Situationen korrigierend reagieren kann

Entkoppelung von Prozessen

Ein auf übersichtliche und einzeln beeinflussbare Blöcke heruntergebrochener Prozess bietet außerdem die Möglichkeit, z.B. nach einem Unfall die Kausalkette, die zu dem Ereignis geführt hat, leichter nachzuvollziehen als es bei einer dichten Koppelung möglich wäre (Abb. 3). Ist die hier dargestellte Lernkurve bereits zu stark abgeflacht, sind aus dem Ereignis keine praktisch verwertbaren Erkenntnisse zu gewinnen. Die Folge davon ist, dass wir nur noch auf Ereignisse reagieren, indem wir beispielsweise die Redundanz von Systemsicherungen immer wieder erhöhen.

Ist die Forderung nach einem entzerrten automatisierten Prozess weitgehend erfüllt, und das ohne Beeinträchtigung der Sicherheit, Qualität und Wirtschaftlichkeit, muss der Operator nicht nur die oben genannten fachlichen Voraussetzungen erfüllen, er muss seiner Tätigkeit auch ohne Angst vor Sanktionen im Falle eines Fehlverhaltens nachgehen können.

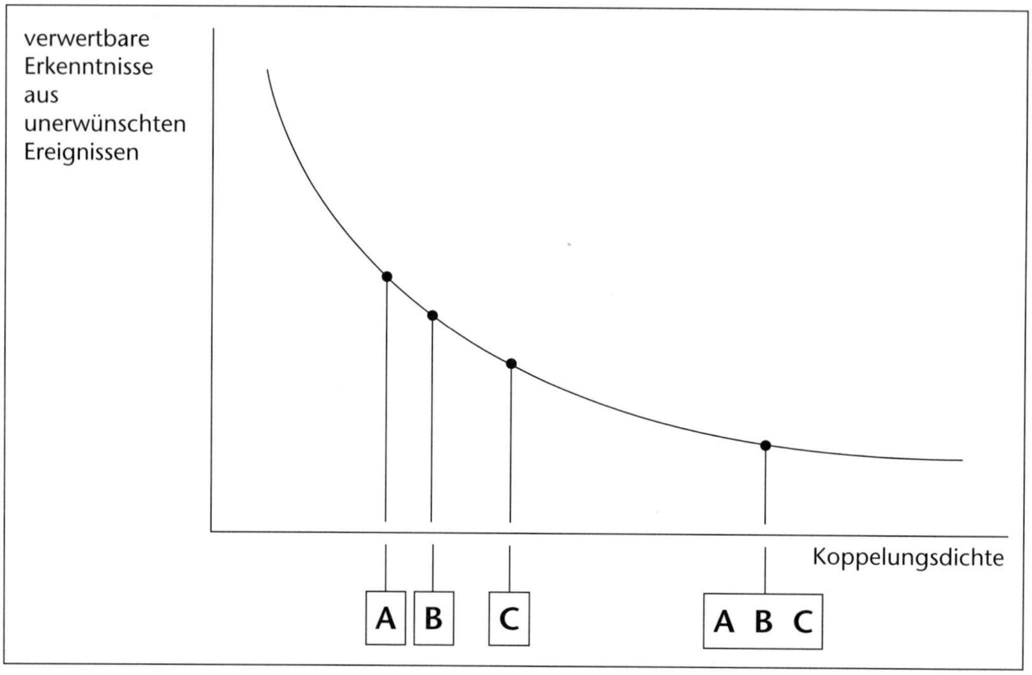

Abb. 3: Einfluss der Koppelungsdichte auf die Lernkurve

8.1.2 Vom Umgang mit Fehlverhalten

Koppelungseffekt

Von einem Koppelungseffekt im menschlichen Bereich spricht Rupert Lay (1978), wenn er sagt, Fehler haben nichts mit Schuld zu tun. Diese beiden Sachverhalte aneinander zu koppeln ist einer der berühmtesten demagogischen Kunstgriffe, die wir kennen! Also setzt nach einem Unfall sofort die Jagd nach dem Schuldigen ein, wobei die Jäger unterschiedliche Motive haben, die Gleichung Täter = Schuldiger anzuwenden. Ein Beispiel von vielen ist die durch Schweißarbeiten ausgelöste Brandkatastrophe auf dem Flughafen Düsseldorf im April 1996, bei der 17 Menschen starben und 50 weitere verletzt wurden. Der Rauch hatte sich noch nicht verzogen, da wurden bereits die „Jäger" aktiv:

- Das damalige Management des Flughafens wusste sofort einen Schweißereibetrieb als Schuldigen zu benennen, wohl auch, um von schweren Versäumnissen beim vorbeugenden Brandschutz abzulenken.
- Als Umweltschützer getarnte Lokalpolitiker stellten dieses Management als „Hauptschuldige" dar, bot sich doch hier ein willkommener zusätzlicher Kriegsschauplatz im Kampf gegen den weiteren Ausbau des Flughafens.
- Einige Medien schließlich, unter dem ständigen Druck stehend, die Horrormeldung von gestern mit einer neuen Schauergeschichte überbieten zu müssen, wurden ebenfalls schnell fündig.

Täter = Schuldiger?

Was ist so schädlich an diesem Drang nach schneller „Aufklärung"? Durch hektisches und undifferenziertes Vorgehen, aus welchen Motiven auch immer, gefährden wir den Prozess zur Erkennung der Faktoren, die zu diesem Ereignis beigetragen haben. Und ist Täter = Schuldiger fester Bestandteil der Unternehmenskultur, unterbleibt aus Angst vor Sanktionen die Kommunikation von Beinahe-

Prämien kritisch betrachten

unfällen. Damit berauben wir uns der Möglichkeit, gezielte Vermeidungsstrategien entwickeln zu können. Aus diesem Grund sind auch Prämien für eine bestimmte unfallfreie Zeit kritisch zu sehen, weil sie das Verschweigen von Beinahe- oder nicht berichtspflichtigen Unfällen fördern und belohnen. Mangelndes Verständnis für den Lerneffekt von Unfällen in Verbindung mit Gruppenzwang soll dazu geführt haben, dass sich Mitarbeiter nach Arbeitsunfällen von Kollegen – in diesem Fall auch Komplizen – nach Hause fahren ließen, um das „unerwünschte Ereignis" in einen prämienunschädlichen Haushaltsunfall zu verwandeln.

Umgang mit Fehlverhalten

Den Umgang mit Fehlverhalten zu verbessern ist ein zähes Unterfangen, das nicht frei ist von Rückschlägen und Enttäuschungen. Haben wir es doch hier mit Verhaltensweisen zu tun, die uns seit unserer Kindheit antrainiert und – teilweise auch kulturell bedingt – von uns erwartet werden. Um im positiven Sinne etwas verändern zu können, müssen wir Fehlverhalten als eine menschliche Eigenschaft akzeptieren.

Dagegen sind Null-Fehler-Postulate nicht nur „unmenschlich", sie sind auch unrealistisch und können nicht einmal als eine Vision oder gar als ein konkretes Managementziel akzeptiert werden. Von derartigen Vorgaben gehen ähnliche Gefahren aus wie von Prämiensystemen: Gerade noch vertuschbare Ereignisse werden nicht gemeldet, denn es darf ja nichts passieren. Und wenn doch etwas ruchbar wird, kann dies negative Auswirkungen auf das Selbstwertgefühl des Täters haben, der zuvor das Null-Fehler-Gelübde abgelegt hat. Als Folge davon ist er ein sicherer Kandidat für weitere unsichere Handlungen.

Fehler als Lernchance

Fehler sollten also nicht grundsätzlich als strafwürdiger Akt, sondern auch als Lernchance angesehen werden. Das setzt voraus, eigene Fehler zugeben zu können, und zwar nicht in Form einer Selbstanklage, sondern als Hilfsangebot an andere, diesen oder einen ähnlichen Fehler künftig zu vermeiden. Zu Fehlern, die der „andere" macht, bemerkt Rupert Lay (1989): „Die Unfähigkeit, fremde Fehler zu tolerieren, ist vor allem bei Personen verbreitet, die sich von ihrem Selbst-Ideal her definieren und somit keine Fehler bei sich selbst zulassen. Diese Exkommunikation eigener Fehler kann so weit gehen, dass sie nicht einmal selbst erkannt werden."

Schließlich sollte auch das Innovationspotenzial von Fehlern gewürdigt werden. So wurde 1928, ausgelöst durch eine Schlamperei in einem Labor, das Penicillin entdeckt.

8.1.3 Entwicklung einer Sicherheitskultur

Wie zeigt sich Sicherheitskultur?

Hierzu zunächst ein Beispiel: Zwei Lehrlinge eines großen Industriebetriebes gehen auf dem Weg zu einem anderen Betriebsteil durch eine Produktionshalle. An einer Fahr- und Gehwegkreuzung bemerken sie am Boden eine größere Menge Hydrauliköl, das offenbar von einem kurz zuvor abgefahrenen Gabelstapler stammt. Sie beschließen, dass einer von ihnen zum 150 Meter entfernten Betriebsbüro läuft, um den Vorfall zu melden, während der andere bei dem Ölfleck bleibt, um andere Fußgänger und Fahrzeugführer zu warnen.

Von diesem scheinbar banalen Vorfall lässt sich folgende Definition für die Sicherheitskultur ableiten: eine Grundhaltung, die das sicherheitsgerichtete Denken und Handeln in einer Organisation bestimmt. Diese Haltung beruht auf der Erkenntnis, dass es in einer bestimmten Situation auf das Individuum ankommt, die zu einem möglichen, unerwünschten Ereignis führende Kausalkette zu unterbrechen.

Wie kann die Entwicklung der Sicherheitskultur gefördert werden?

Sicherheit als persönliches Anliegen

Außer der kritischen Betrachtung des Automatisierungsgrades und einer Selbstreflexion über den Umgang mit Fehlern wäre zu untersuchen, aus welchen Bereichen sich der Human Factor negativ auf das Mensch-Maschine-System auswirkt und welche Maßnahmen angebracht sind (siehe Abb. 4). Doch der Erfolg dieser Bemühungen ist nur wahrscheinlich, wenn ausnahmslos alle Beteiligten, vom Lehrling bis zum Werksleiter, in Wort und Tat ausdrücken: Unser aller Sicherheit und Gesundheit ist mein persönliches Anliegen!

Symptom	Gefahr	Maßnahme
Kommunikationsmängel	Störfälle können nicht effizient bearbeitet werden, wenn die festgelegten Kommunikationsstrukturen nicht beachtet werden	Ursachen ergründen, Verständnis wecken, dass Kommunikation nicht nur Informationsaustausch ist, sondern auch soziale Kontakte aufbaut und aufrechterhält, Kommunikationsstrukturen klarstellen
schlechtes Branchenimage	Schuldgefühle und damit Belastung der mentalen Kapazität des Mitarbeiters, Einschränkung der Leistungsfähigkeit bei einem Störfall	nach außen: qualifizierte und wahrheitsgetreue Aufklärung nach innen: Mitarbeiter durch Wertschätzung seiner Tätigkeit stärken
Technikgläubigkeit	situative Aufmerksamkeit nimmt ab und damit Zeitverlust bei der Behandlung von Störfällen	konstruktiv-kritischer Umgang mit dem Prozess, Training für die Behandlung nicht programmgemäßer Prozessabläufe

Abb. 4: Beispiele für Human-Factor-Einflüsse auf das Mensch-Maschine-System

8.1.4 Literatur

Lay, Rupert: Führen durch das Wort. München 1978.

Lay, Rupert: Kommunikation für Manager. München 1989.

Perrow, Charles: Normale Katastrophen. Die unvermeidlichen Risiken der Großtechnik. Frankfurt 1992.

Reason, James: Menschliches Versagen. Heidelberg 1993.

8.2 Das Sicherheitskurzgespräch als zeitgemäße Form des Wissenstransfers im Arbeits- und Gesundheitsschutz

Hans-Peter Reiß

8.2.1 Einführung

Moderiertes Sicherheitskurzgespräch

Aus den Erkenntnissen der modernen Erwachsenenbildung ist ein Instrument entstanden, das es ermöglicht, neue Wege beim Wissenstransfer und der Qualifikation der Beschäftigten beim Arbeits- und Gesundheitsschutz zu gehen: das Instrument des moderierten Sicherheitskurzgesprächs. Es ergänzt die bisherigen Methoden und eröffnet gleichzeitig weitere Optionen beim Einsatz zur Verbesserung des Arbeits- und Gesundheitsschutzes. Doch bevor das Instrument Sicherheitskurzgespräch näher betrachtet und hinterfragt wird, nun ein kleiner Rückblick, der es ermöglichen soll, die Stärken des Sicherheitskurzgesprächs besser zu erkennen.

Die klassische Form der Wissensvermittlung im Arbeits- und Gesundheitsschutz ist das „Belehren“. Das Belehren als Form der Wissensvermittlung hat jedoch in seiner Ursprungsform ausgedient. Denn wer will schon gerne belehrt werden, wenn es darum geht, fehlende Informationen zu erhalten oder Handlungsanweisungen zu bekommen? In Ergänzung bzw. Abwandlung ist an die Stelle der Belehrung die Unterweisung getreten, eine Form der Wissensvermittlung und Handlungsanweisung, die am häufigsten in den Betrieben anzutreffen ist, nicht zuletzt, weil sie in den unterschiedlichsten Regelwerken (z.B. ArbSchG, BGV A1, GefStoffV, BetrVG) bei der Information und Anleitung der Beschäftigten vorgeschrieben ist. An dieser Stelle sollen zunächst einige Fragen und Antworten im Zusammenhang mit dem Thema Unterweisung erörtert werden, damit klar wird, was sich hinter diesem Begriff verbirgt.

Bedeutung der Unterweisung

Was heißt unterweisen?

Unterweisen bedeutet unter anderem

- unterrichten
- etwas beibringen
- etwas vermitteln
- Kritik üben
- informieren
- überzeugen
- vorschlagen
- aufzeigen
- fragen
- schulen
- zeigen
- anweisen
- auffrischen

Gründe zur Unterweisung

Warum unterweisen?

Um zum Beispiel

- ein Ziel zu erreichen
- den Wissensstand zu erweitern
- Wissen zu vermitteln
- Gründe zu erforschen
- zu überzeugen
- Gefahren abzuwenden
- Hilfe zu geben
- Argumente (Vor- und Nachteile) aufzuzeigen
- Vorschriften umzusetzen
- Fehler zu vermeiden
- Unfälle zu verhüten
- die Gesundheit zu erhalten und zu fördern
- über Schutzmaßnahmen zu informieren
- den Betrieb zu regeln (sagen, wo es langgeht)

Was und wie oft unterweisen?

BGV A1 und ArbSchG

Die Antwort hierauf steht unter anderem in den Berufsgenossenschaftlichen Vorschriften (BGV) sowie im Arbeitsschutzgesetz (ArbSchG).

BGV A1 „Allgemeine Vorschriften" §7(2)
„Der Unternehmer hat die Versicherten über die bei ihren Tätigkeiten auftretenden Gefahren sowie über die Maßnahmen zu ihrer Abwendung vor der Beschäftigung und danach in angemessenen Zeitabständen, mindestens jedoch einmal jährlich, zu unterweisen."

Arbeitsschutzgesetz ArbSchG §12(1)
„Der Arbeitgeber hat die Beschäftigten über Sicherheit und Gesundheitsschutz bei der Arbeit während ihrer Arbeitszeit ausreichend und angemessen zu unterweisen. Die Unterweisung umfasst Anweisungen und Erläuterungen, die eigens auf den Arbeitsplatz oder den Aufgabenbereich der Beschäftigten ausgerichtet sind. Die Unterweisung muss bei der Einstellung, bei Veränderungen im Aufgabenbereich, der Einführung neuer Arbeitsmittel oder einer neuen Technologie vor Aufnahme der Tätigkeit der Beschäftigten erfolgen. Die Unterweisung muss an die Gefährdungsentwicklung angepasst sein und erforderlichenfalls regelmäßig wiederholt werden."

Das Thema Unterweisung stellt ein zentrales Element der betrieblichen Sicherheitsarbeit dar. Es ist die Grundlage, auf der das Sicherheitskurzgespräch aufbaut. Denn auch in der Grundstruktur des Sicherheitskurzgesprächs finden sich die Elemente wieder, wie sie in der Unterweisung gefordert werden. Diese Elemente sind die möglichen Gefährdungen und Belastungen für den Beschäftigten sowie die Maßnahmen zu deren Beseitigung bzw. Abwehr/Abwendung (vgl. Abb. 1).

Formular

Mehr Sicherheit - Ihr Gewinn

BASF Pharma knoll

WAS IST UNSERE AUFGABE?

WAS KANN UNS DABEI PASSIEREN?

WIE WOLLEN WIR DAS VERHINDERN?

WIR MACHEN MIT!

Name:

Thema:

Einheit: Moderator: Datum: Nr.:

Abb. 1: Formular für ein Sicherheitskurzgespräch am Beispiel der Knoll AG, Ludwigshafen

8.2.2 Unterschied zwischen Unterweisung und Sicherheitskurzgespräch

Vorgesetzter als Moderator

Der Unterschied zwischen Unterweisung und Sicherheitskurzgespräch ist nicht auf der inhaltlichen Seite zu suchen, sondern findet sich im Bereich der Vorgehensweise bei der Durchführung. Während bei der Unterweisung in der Regel der Vorgesetzte zum Beispiel anhand einer bestehenden Betriebsanweisung oder einer Gefährdungsermittlung die Beschäftigen informiert und anweist (Kommunikation in einer Richtung), basiert das Sicherheitskurzgespräch auf einem moderierten Gespräch (Kommunikationsforum). Hierbei kommt dem Vorgesetzten die Rolle des Moderators zu (siehe Abb. 2).

Es entsteht eine völlig neue Situation, die nun eine Vielzahl von Handlungsmöglichkeiten eröffnet. Um in dieser Situation keinen Schiffbruch zu erleiden, müssen einige vorbereitende Maßnahmen getroffen werden.

Veränderung der eigenen Einstellung

Die wichtigste Maßnahme ist dabei, allen am Prozess Beteiligten diesen zu erklären, denn das Sicherheitskurzgespräch setzt bei den Prozessbeteiligten eine gravierende Veränderung in Bezug auf Ablauf, Inhalt und Konsequenzen und damit auf die eigene Einstellung voraus.

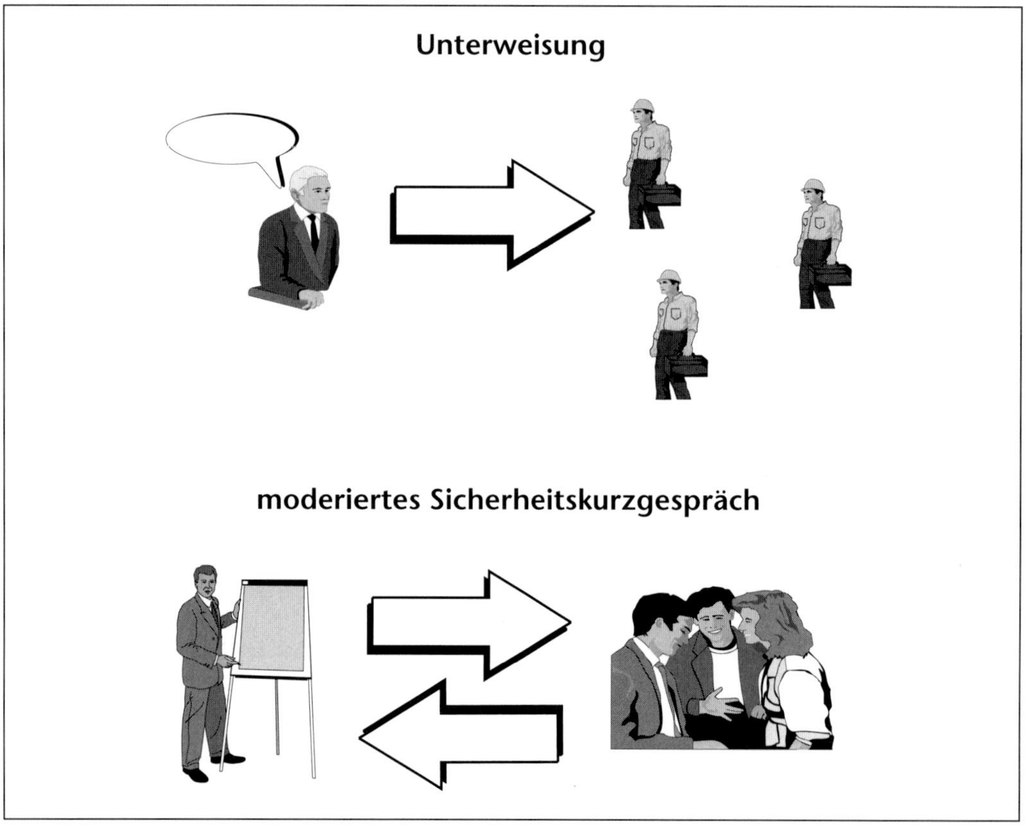

Abb. 2: Unterschied zwischen Unterweisung und Sicherheitsgespräch

Worin besteht die Veränderung?

Moderationsauftrag ohne Kompetenzverlust

Aus dem Vorgesetzten, dem vermeintlichen Experten, wird ein Teammitglied mit Moderationsauftrag ohne Kompetenzverlust und unter Beibehaltung der Verantwortung. Ein Schritt, der vielen Führungskräften in der Praxis erhebliche Schwierigkeiten bereitet. Aus den Weisungen empfangenden Beschäftigten werden aktive Beteiligte, die sich als Experten vor Ort und aus der Praxis in das Gespräch einbringen. Dies gelingt vielen nicht auf Anhieb, denn war man über lange Zeit hinweg nur Weisungsempfänger und wird nun in eine Aktivrolle versetzt, bedarf es einer Einstellungsänderung, die meist nicht sofort vollzogen werden kann.

„Wer fragt – der führt"

Der Ablauf eines moderierten Sicherheitskurzgespräches ist wie folgt: Die Arbeitsgruppe trifft sich (nach Möglichkeit im unmittelbaren Arbeitsbereich) und bespricht einen Arbeitsablauf bezüglich möglicher Gefahren und Belastungen und der sich hieraus ergebenden Maßnahmen anhand eines vorgegebenen Gesprächsleitfadens. Dem Moderator obliegt dabei die Aufgabe, alle Gruppenmitglieder in das Gespräch einzubeziehen (den „alten Hasen", den Experten, den Newcomer, den Aktiven und den Passiven), das Gespräch zu lenken (Leitsatz „Wer fragt – der führt"), die Gesprächsergebnisse zu dokumentieren (Gesprächsvorlage) und die erarbeiteten Handlungsvorgaben zu verabschieden (Aussage und Unterschrift) (siehe Abb. 1 und 3).

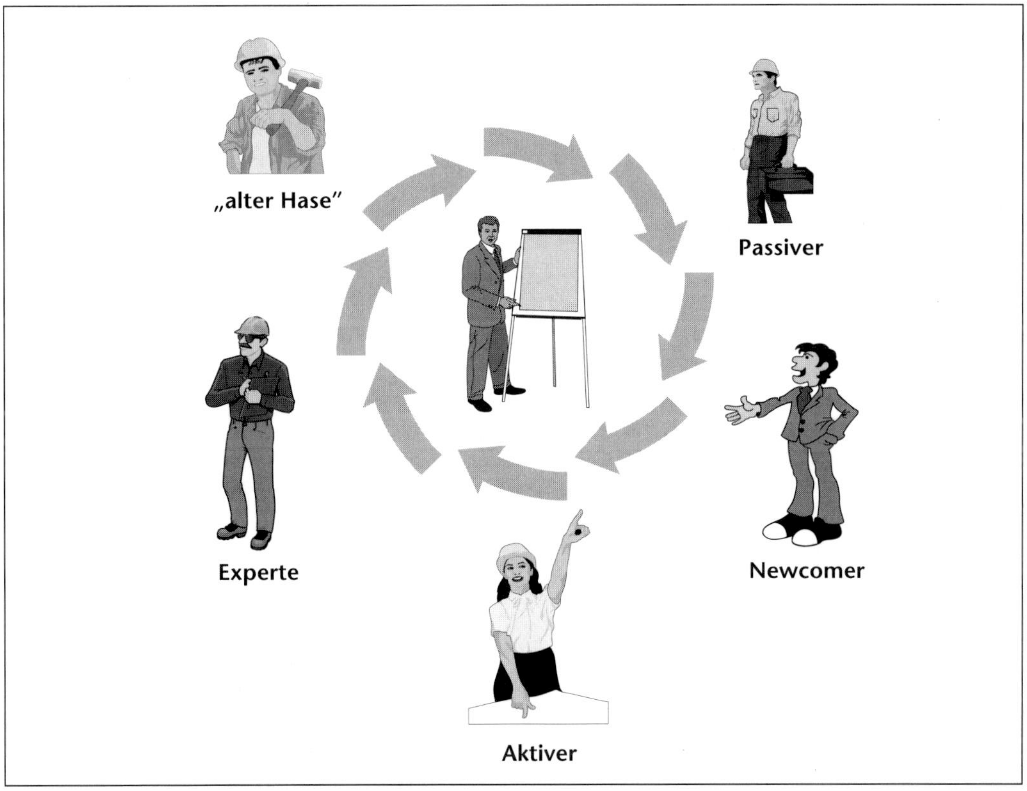

Abb. 3: Moderiertes Sicherheitskurzgespräch

Zu Beginn wird die Arbeitsaufgabe in einzelne Arbeitsschritte untergliedert. Im Anschluss daran werden in einer Art „Brainstormingphase" alle Gefährdungen und Belastungen, die sich die Gruppenmitglieder vorstellen, ermittelt. Hierbei kann auf bereits vorhandenes Wissen (z.B. Betriebsanweisungen, Checklisten, Unfalluntersuchungsberichte) zurückgegriffen werden. Den Abschluss bildet die Erarbeitung von Maßnahmen und Handlungsanweisungen zur Vermeidung von Gefährdungen und Belastungen.

Welche Vorteile gegenüber der Unterweisung bietet diese Vorgehensweise?

Partizipation am Wissen

Einer der wesentlichsten Vorteile ist, dass bei dieser Vorgehensweise die Partizipation am Wissen und der Erfahrung aller Beteiligten das zentrale Element ist. Dies gründet auf der Erkenntnis, dass eine Gruppe immer leistungsfähiger ist als ein Einzelner. Eine praktische Überprüfung dieser Aussage lässt sich sehr einfach vornehmen, indem man eine Arbeitsaufgabe anhand der Fragestellungen des Sicherheitskurzgesprächs in Einzelarbeit bearbeitet und in einem zweiten Schritt in der moderierten Gruppenform durchführt.

Das Handeln als Ziel des Gesprächs

Betrachtet man die Stufen des Handelns, wie sie in den Gedanken der Gesprächsteilnehmer in der Regel ablaufen (siehe Abb. 4), so erkennt man, dass es mit dem moderierten Sicherheitskurzgespräch gelingt, die höchste Stufe der Handlungskette, die in einem Gespräch erreicht werden kann, zu erreichen. Diese Aussage basiert auf der Grundlage, dass das Gespräch erst dann endet, wenn eine Konsensentscheidung gefunden und der Handlungsauftrag ausgesprochen ist.

Bewertung der Argumente

Der nächste Schritt von der „Bereitschaft zum Handeln" hin zum „Handeln" fällt in der Praxis häufig schwer, denn „sagen ist das eine und tun das andere". Auch hier zeigen sich die Stärken dieses Instruments, denn es fällt ungemein schwerer, sich gegen eine selbst erstellte Anweisung zu verhalten, da alle eigenen Argumente, die ein Handeln verhindern könnten, bereits im Gespräch bewertet und gegebenenfalls entkräftet wurden. Sollte es dennoch einmal bei der Umsetzung von der Phase „bereit zum Handeln" hin zum „Handeln" zu Schwierigkeiten kommen, so ist ein erneutes Gespräch notwendig.

Darüber hinaus gibt es aber noch eine Reihe weiterer Vorteile beim Einsatz des moderierten Sicherheitskurzgesprächs, die nachfolgend vorgestellt werden.

8.2.3 Vorteile des Sicherheitskurzgesprächs

Erstellung einer Betriebsanweisung

Das Erstellen von Betriebsanweisungen ist wie die Durchführung von Unterweisungen eine Vorgabe unterschiedlichster Regelwerke. Als Grundlage für die Erstellung von Betriebsanweisungen dienen häufig die Ergebnisse der Gefährdungs- und Belastungsanalysen sowie bei Maschinen die Bedienungsanleitungen der Hersteller.

Die Erstellung geschieht in der Regel durch den Vorgesetzten, der hierfür auch die Verantwortung trägt. Das Resultat ist häufig eine Betriebsanweisung, die nicht verständlich, nicht eindeutig und zum Teil schwer umsetzbar ist. Dies ist sowohl

Vom Denken zum Handeln

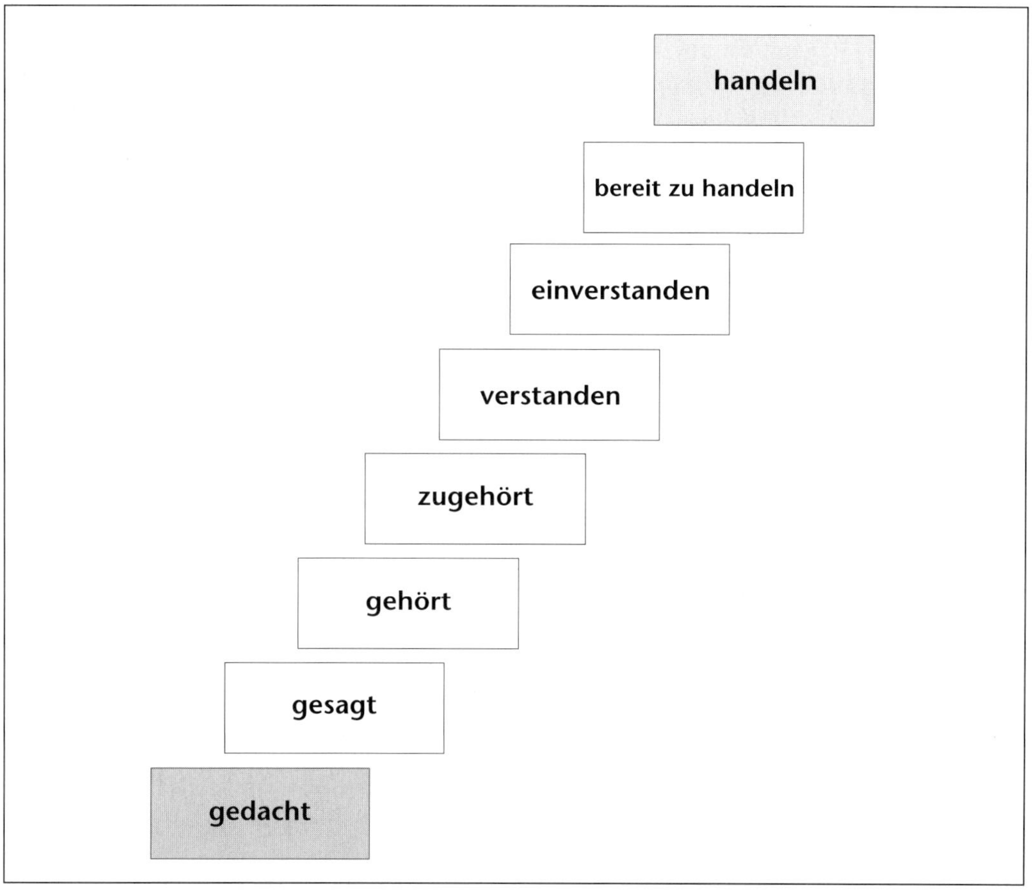

Abb. 4: Stufen des Handelns

nicht im Sinne der Regeln als auch nicht im Sinne des zu erreichenden Zieles. Betrachtet man vor diesem Hintergrund der Betriebsanweisungen die Dokumentation des moderierten Sicherheitskurzgesprächs, stellt man fest, dass im Abschnitt „Wie können wir das verhindern?" diejenigen Handlungsanweisungen niedergeschrieben sind (Schutz- und Verhaltensmaßnahmen), die notwendig sind, um die Arbeitsaufgabe auszuführen. Im weitesten Sinne ist hier eine Betriebsanweisung erstellt worden. Diese kann noch gegebenenfalls in eine entsprechende „äußere Form" gebracht werden. Die Qualität einer solchen Betriebsanweisung übertrifft dabei häufig die der auf dem klassischen Weg erstellten Betriebsanweisung, denn die oben erwähnten Schwächen treten nicht auf.

Eine notwendige Unterweisung der Beschäftigten anhand der Betriebsanweisung entfällt gleichfalls, da diese parallel zur Erstellung bereits stattgefunden hat (Effizienz).

Nachunterweisung

Eine Vorgabe der Regelwerke ist die Nachunterweisung von Beschäftigten, die zum Unterweisungszeitpunkt nicht anwesend waren (z.B. durch Krankheit, Urlaub). Diese Nachunterweisung bereitet in der Praxis häufig erhebliche Schwierigkeiten, da sie zeitaufwendig und schwer zu dokumentieren (inhaltlich) ist. Das Protokoll

Dokumentation

(ausgefülltes Formblatt) des moderierten Sicherheitskurzgesprächs bietet eine sehr gute Basis, das Gespräch anhand der Aufzeichnung zu führen und die notwendige Dokumentation vorzunehmen. Eine solche Nachunterweisung hat auch noch den Nebeneffekt, dass die Aufzeichnungen nochmals auf Verständlichkeit und Klarheit geprüft werden.

Gefährdungsermittlung

Mittelpunkt der betrieblichen Sicherheitsarbeit

Die Gefährdungsermittlung bildet die Grundlage jeder Unterweisung (vgl. BGV A1 § 7 und ArbSchG § 12), denn ohne die Ermittlung der Gefährdungen bei der auszuführenden Tätigkeit ist eine Information über mögliche Gefährdungen und die sich hieraus ergebenden Schutzmaßnahmen unmöglich. Das Arbeitsschutzgesetz hat nicht ohne Grund die Gefährdungsermittlung nochmals in den Mittelpunkt der betrieblichen Sicherheitsarbeit gestellt (vgl. ArbSchG § 5).

An dieses zentrale Element knüpft das moderierte Sicherheitskurzgespräch an. In Verbindung mit der Frage „Was kann uns dabei passieren?“ wird die Arbeitsaufgabe/Tätigkeit in ihren Teilschritten hinterfragt und analysiert sowie das vorhandene Erfahrungswissen (betriebliche Praxis) einbezogen. Das bedeutet, dass während des Gesprächs eine Gefährdungsermittlung entsteht, die durch das Festhalten der Ergebnisse auf dem Formblatt auch dokumentiert ist. Die Vorgabe einer schriftlichen Dokumentation, wie sie das ArbSchG § 6 fordert, ist damit auch vorgenommen (kein Zusatzaufwand notwendig).

Ergänzt man die so durchgeführte Gefährdungsermittlung durch die Ergebnisse von z.B. Arbeitsbereichsanalysen, Sicherheitsanalysen oder Audit- und Begehungsprotokollen, so ist eine fundierte Analyse von Gefährdungen durchgeführt.

Beteiligung der Beschäftigten

Mitwirkungspflichten der Beschäftigten

Eine zentrale Bedeutung beim Arbeits- und Gesundheitsschutz kommt der Beteiligung der Beschäftigten zu (vgl. ArbSchG § 16). Die Beschäftigten haben den Unternehmer und die Beauftragten für Arbeits- und Gesundheitsschutz bei der Erfüllung zu unterstützen. Diese Aufgabe können die Beschäftigten durch ihre Mitwirkung bei dem moderierten Sicherheitskurzgespräch in besonderer Weise wahrnehmen, denn durch ihr Engagement leisten sie den wesentlichsten Beitrag zur Steigerung von Sicherheit und Gesundheit bei der Arbeit. Alle Bemühungen orientieren sich an den Beschäftigten, denn sie sind es, die es zu schützen gilt.

Kontinuierlicher Prozess

Integration in den Arbeitsprozess

Das moderierte Sicherheitskurzgespräch ist keine Eintagsfliege, das – einmal durchgeführt – für lange Zeit in der Versenkung verschwindet. Es ist vielmehr Bestandteil des täglichen Handelns. Hat man die Grundgedanken des Systems einmal verstanden, so lässt sich diese Methode auf die unterschiedlichsten Aufgaben und Fragestellungen in der täglichen betrieblichen Praxis anwenden (z.B. Qualität, Produktivität, Betriebsunterbrechungen). Dabei ist das Ziel, das Thema Arbeits- und Gesundheitsschutz in den allgemeinen Arbeitsprozess zu integrieren und nicht als etwas Besonderes anzusehen.

Die Häufigkeit der Durchführung und die Dauer der Gespräche orientieren sich an der jeweiligen Situation. Anlass für ein erneutes Sicherheitskurzgespräch ist zwangsläufig jede Art der Veränderung im Arbeitsprozess sowie das Auftreten einer Störung (z.B. Arbeitsunfall, Berufserkrankung). Somit ist der stetige Einsatz des moderierten Sicherheitskurzgesprächs als Form der Unterweisung ein kontinuierlicher Prozess, der sich ständig an die betriebliche Aktualität anpasst (vgl. ArbSchG).

Gefährdungsermittlung, Festlegung von Schutzmaßnahmen und Unterweisung sind auf einen Moment ausgerichtet und können wenig später bereits unzureichend bzw. überholt sein. Ein betriebliches Arbeits- und Gesundheitsschutzsystem muss dem Rechnung tragen. Das moderierte Sicherheitskurzgespräch ist dabei eine feste Größe.

8.2.4 Zusammenfassung

Zentrale Bedeutung der Beschäftigten

Das Sicherheitskurzgespräch – eine zeitgemäße Form des Wissenstransfers im Arbeits- und Gesundheitsschutz und ein wesentliches Element eines modernen Arbeits- und Gesundheitsschutzsystems – bietet eine Menge Vorteile, die es ermöglichen, weiterhin eine erfolgreiche Sicherheitsarbeit zu leisten. Dabei ist die zentrale Bedeutung der Beschäftigten als Gestalter und Zielgruppe wesentlich, denn sie sind es, die letztendlich über Erfolg oder Misserfolg der Sicherheitsarbeit entscheiden. Für die Verantwortlichen ist der erzielbare Mehrfachnutzen und damit die Effizienzsteigerung sicherlich das größte Plus beim Einsatz des moderierten Sicherheitskurzgesprächs. Für Sicherheitsfachkräfte und Arbeitsmediziner bietet sich die Chance, ihre Bemühungen einer Integration von Arbeits- und Gesundheitsschutz in die Tagesroutine weiter voranzubringen.

9 Ausgesuchte Probleme

9.1 Mit Sicherheitstechnik Prämien sparen

Dr. Wolfgang J. Friedl

9.1.1 Arten von Versicherungen

Elementare Versicherungen

Jedes Unternehmen benötigt einen Versicherungsschutz, der individuell auf dessen Bedürfnisse zurechtgeschnitten ist. Die zwei Feuerversicherungen (Feuer und Betriebsunterbrechung) werden neben den Haftpflichtversicherungen wohl am häufigsten abgeschlossen, weil hier am ehesten die Gefahr besteht, dass es zu besonders großen Schäden kommt; durch praktisch keine anderen Umstände könnte in einer nicht naturkatastrophengefährdeten Gegend Schäden sonst ein gesamtes Unternehmen zerstören. Die individuelle Feuerversicherung (kurz: F-Versicherung oder FI-Versicherung) und die Feuer-Betriebsunterbrechungsversicherung (kurz: FBU-Versicherung) sind für Unternehmen meist obligatorisch, denn durch beide Gefahrenarten kann es zu nicht mehr selbst tragbaren finanziellen Verlusten kommen.

Die Ausgangs-Prämiensätze (in ‰ angegeben, also z.B. 1,5‰ je 1.000,– DM Versicherungssumme kosten 1,50 DM/Jahr) für die Feuerversicherung variieren, je nach Risikoart, von 0,3‰ bis über 10‰. Auf diese gilt es dann durch ein relativ kompliziertes wie komplexes Verfahren viele Zuschläge und Abzüge anzuwenden, um die Ausgangsprämie erheblich zu reduzieren (im sicherheitstechnischen Idealfall um über 90%), in etwa gleich zu belassen oder (maximal negativ) mit einem Multiplikationsfaktor von über 3 zu versehen. Die Feuerversicherer macht üblicherweise Vorgaben, unter welchen Bedingungen sie bereit sind, das Risiko „Feuer“ zu tragen.

Obliegenheiten der Versicherten

Diese Vorgaben greifen in bauliche Bereiche ein; so gibt es z.B. Baustoffe, die nicht eingesetzt werden dürfen. Über die Auslegung von Wänden, Brandwänden und Komplextrennwänden gibt es ebenfalls Vorgaben der Versicherer, an die man sich halten muss. Auch auf verfahrenstechnische Belange kann Einfluss genommen werden; so ist es z.B. möglich, dass Produktionsmaschinen ohne besondere Schutzmaßnahmen nicht unbewacht laufen dürfen – andernfalls erlischt der Versicherungsschutz. In technischen Bereichen kann der Feuerversicherer bestimmte Dinge zur Auflage machen, so z.B. die Installation einer Brandmeldeanlage, von Wandhydranten oder einer Sprinkleranlage im Lager – wenn dies nicht schon von der Baubehörde gefordert wurde. Meist gibt es hier eine angemessene Frist, in deren Zeitraum die sicherheitsbezogenen Maßnahmen zu realisieren sind. Aber auch rein organisatorische Dinge wie Brandschutzpläne, Rauchverbote, Erlaubnisscheine für feuergefährliche Arbeiten, Feuerübungen (Fluchtübungen, Löschübungen) usw. werden meist verbindlich vorgegeben.

Verstöße

Wenn gegen die im Vertrag stehenden Auflagen verstoßen wurde und es daraufhin zu einem Schaden kommt, ist der Feuerversicherer leistungsfrei. Deshalb empfiehlt es sich dringend, den Vertrag einerseits gut zu kennen, die darin stehenden Auflagen konsequent einzuhalten und bei sicherheitsrelevanten Fragen, baulichen Veränderungen, Gefahrenerhöhungen usw. immer den Feuerversicherer mit einzubeziehen. Auch für gefahrenerhöhende Einrichtungen wie Hilfs- oder Nebenbetriebe mit wesentlicher Gefahrenerhöhung wie z.B. Lackiererei, Trocknungsanlagen, Holz- und Kunststoffbearbeitung gibt es Zuschläge, wenn diese nicht feuerbeständig von den übrigen Bereichen abgetrennt sind. Ebenfalls sind besonders ungünstige Risikoverhältnisse wie nicht feuerbeständig abgetrennte Heizquellen oder die Produktion ohne Personal ein Grund für Zuschläge auf die Versicherungsprämien.

Wenn EDV-Bereiche oder Rechenzentren eine bestimmte Größe überschreiten und für das Unternehmen besonders wichtig sind, müssen auch bei diesen besondere Sicherheitsmaßnahmen wie beispielsweise eine feuerbeständige Abtrennung vorhanden sein.

Brandstiftung

Die subjektive Einschätzung der Brandstiftungsgefährdung trägt ebenfalls dazu bei, dass die Prämien erhöht werden, oder machen im Extremfall das Unternehmen nicht versicherbar. Ein nach Definition festgelegter ungünstiger Schadensverlauf erhöht ebenfalls die Versicherungsprämien. Auf der anderen Seite reduzieren automatische Brandmeldeanlagen, Bewachung, automatische Brandlöschanlagen, Funkenlöschanlagen und eine eigene Feuerwehr (Betriebsfeuerwehr, Werksfeuerwehr) ebenso wie eine qualitativ gute öffentliche Feuerwehr die Versicherungsprämien.

Prämienreduzierung

Organisatorische Sicherheitsmaßnahmen reduzieren die Brandentstehungsgefahren und verbessern die Brandbekämpfung durch Mitarbeiter, deshalb werden solche Punkte zu einer Reduzierung der Versicherungsprämien führen. Wenn Gebäude eine bestimmte Größe nicht überschreiten oder von angrenzenden Gebäuden durch Brandwände ausreichend abgetrennt sind, gibt es für entsprechend kleine Brandabschnitte ebenfalls Rabatte.

Selbstbehalte

Selbstbehalte je Schadensfall können auch einen erheblichen Nachlass auf die Endprämien bewirken. Wichtig in der Feuerversicherung ist auch zu beachten, dass die einzelnen Positionen der Versicherung richtig berechnet sind.

Aufteilung der Versicherungssumme

Die Gesamtversicherungssumme (kurz: GVS) muss im Schadensfall längst nicht erreicht sein, doch wenn eine einzelne Position teurer als angegeben wird, besteht über die im Vertrag festgehaltene Grenze hinaus kein Versicherungsschutz, eventuell aber sogar eine Kürzung vor Erreichen dieser Summe, wenn eine Unterversicherung nachgewiesen werden kann. Zu berücksichtigen sind die folgenden Positionen (die Reihenfolge der Auflistung ist ohne Wertung):

- Gebäude
- technische und kaufmännische Betriebseinrichtungen
- Waren (möglichst zum Verkaufswert versichern, nicht zum Wiederbeschaffungswert)
- Modelle und Muster (Neuwert oder Zeitwert, auf Erstes Risiko)
- Bargeld, Wertpapiere und sonstige Urkunden in oder außerhalb von feuerresistenten Schränken
- Gebrauchsgegenstände und Kraftfahrzeuge von Betriebsangehörigen
- Geschäftsunterlagen und sonstige Datenträger
- Außenversicherung (selbstständig oder abhängig)
- Aufräumungs-, Abbruch-, Feuerlösch-, Bewegungs- und Schutzkosten
- Aufräumungs-, Abbruch-, Feuerlösch-, Bewegungs- und Schutzkosten für radioaktiv verseuchte Sachen

- Preisdifferenzversicherung
- Sachverständigenkosten
- Mitversicherung von Schäden durch radioaktive Isotope
- Mehrkosten durch behördliche Wiederherstellungsbeschränkungen
- Dekontaminationskosten

Betriebsunterbrechungsversicherung

Bei der FBU-Versicherung gelten die bereits erwähnten Zuschläge und Abzüge ebenfalls. Die FBU-Versicherung deckt primär die Schäden des entgangenen Gewinns und der Löhne und Gehälter während der Zeit, in der die Produktion durch ein Feuer bedingt nicht laufen kann. Für nicht duplizierte Geschäftsunterlagen und sonstige Datenträger gibt es einen Zuschlag auf die FBU-Versicherung. Rabatte gibt es bei günstigen Relationen der Höchstentschädigung je Schaden zur Gesamtversicherungssumme. Auch der Schadensverlauf wird analog der Feuerversicherung rabattiert, oder es gibt Zuschläge sowie auch die Positionen Risikoverhältnisse, Brandstiftungsgefährdung und nicht feuerbeständig abgetrennte EDV-Zentralen. Wenn es für wesentliche und relevante Betriebsteile Ausweichmöglichkeiten in anderen Gefahrenbereichen gibt, gewährt der Versicherer hierfür Rabatt.

9.1.2 Lücken im Feuerversicherungsschutz

Versicherungskonzepte

Eines der Ziele jedes Sicherheitsbeauftragen muss es sein, primär auf sicherheitstechnische und brandschutztechnische betriebliche Belange einzugehen und weniger auf kaufmännische. Die meisten Unternehmen könnten die finanziellen Kosten nicht mehr tragen, wenn sie einerseits keine Einnahmen mehr hätten, auf der anderen Seite aber weiterhin die Kosten für Löhne und Gehälter sowie andere Verpflichtungen hätten. Besonders im Versicherungskonzept ist es wichtig, dass es auf das Unternehmen individuell abgestimmt ist, denn jedes Unternehmen hat andere Schwerpunkte und benötigt einen teilweise oder völlig anders abgestimmten Versicherungsschutz. Hier ist es demnach besonders wichtig, dass man einen kompetenten Versicherungsberater hat, der nicht nur das billigste, sondern das günstigste und fähigste Versicherungspaket zusammenstellt. Die Qualität eines Versicherungskonzepts beweist sich meist erst nach einem Schaden, und dann sind Nachträge nicht mehr möglich.

Hauptpositionen

Die drei Hauptpositionen im Feuerversicherungsvertrag sind Gebäude, technische und kaufmännische Betriebseinrichtungen sowie Waren und Vorräte. Gebäude sind die fest gemauerten Gebäudebestandteile einschließlich Dach, Keller und Fundamente; meist werden auch noch fest mit dem Gebäude verbundene Gegenstände wie z.B. Maschinen als Gebäudebestandteil gewertet, immer aber die elektrischen Anlagen.

Der zweite Punkt beinhaltet alle Gegenstände wie Produktionsmaschinen und Büroeinrichtungen und der letzte alle Gegenstände, die angekauft und verarbeitet werden sowie die bereits fertig gestellten Gegenstände. Für diese kann man eine so genannte Verkaufspreisklausel vereinbaren, das heißt, bei Zerstörung werden nicht die Material- und Herstellungskosten ersetzt, sondern die (höhere) Summe, die ein Käufer gezahlt hätte, der Gewinn ist also mitversichert. Die nachfolgenden Unterpunkte gehen auf die einzelnen Positionen kurz ein und erläutern die jeweilige Bedeutung.

Unterversichrung

Die meisten dieser Positionen sollten in jedem Versicherungsvertrag enthalten sein, eben zu den individuell richtig angepassten bzw. notwendigen, korrekten Summen, um nicht unterversichert zu sein. Wenn beispielsweise bei einem Unternehmen für 10 Mio. DM Waren und für 50 Mio. DM Betriebseinrichtungen versichert sind und es zu einem größeren Brandschaden kommt, dann werden die beteiligten Versicherungsunternehmen und das geschädigte Unternehmen einen neutralen Gutachter bestellen, der einerseits die Höhe des Schadens festlegt und andererseits auch die noch im Unternehmen vorhandenen Werte. Aus diesem Gutachten resultiert, ob die Gesamtwerte tatsächlich versichert waren oder nur ein Teil davon.

Die Versicherungen gehen in ihren Kalkulationen der Ausgangsprämien immer von einer Vollwertversicherung aus. Wenn sich nach dem Brandschaden im oben dargestellten Beispiel herausstellt, dass vor dem Brand für 15 Mio. DM Waren vorhanden waren und die technischen und kaufmännischen Betriebseinrichtungen einen Wiederbeschaffungswert von 75 Mio. DM haben, wäre eine Gesamtversicherungssumme für diese beiden Positionen von 90 Mio. DM nötig, um nicht unterversichert zu sein. Sollte das Feuer für 45 Mio. DM Schaden an Vorräten und technischen und kaufmännischen Betriebseinrichtungen anrichten, so wird der Schaden eben nur in der Relation beglichen, wie die Versicherungssumme zu den tatsächlichen Werten ist; dies passiert auch dann, wenn die Versicherungssumme noch nicht erreicht ist. Im Beispiel wäre das Unternehmen zu 33% unterversichert; es erhält demnach nur 67% des tatsächlichen Schadens, also nicht 45 Mio. DM, sondern lediglich 30 Mio. DM; 15 Mio. DM wären hier der selbst zu zahlende Betrag aufgrund Unterversicherung.

Versicherung auf Erstes Risiko

Manche Kosten lassen sich nicht so exakt wie der Wert von Waren, Gebäuden oder Maschinen angeben oder sind aus anderen Gründen zu begrenzen. So kann es Kosten geben, die bei sehr kleiner Wahrscheinlichkeit extrem hoch werden können, woraus eine sehr hohe Versicherungsprämie resultiert. Diese Kosten werden dann auf Erstes Risiko versichert: Versicherungsnehmer und Versicherer einigen sich auf einen Absolutbetrag für die jeweiligen Kosten, und bis zu diesem Betrag werden diese Kosten dann nach einem ersatzpflichtigen Schaden auch beglichen, unabhängig von den tatsächlichen Kosten. Selbst wenn diese viel höher als die Versicherungssumme für diese Position sind, wird nicht anteilmäßig gezahlt, sondern bis zur Gesamtversicherungssumme für diese Position, das heißt, eine Unterversicherungsprüfung greift hier nicht.

AAF-Kosten

Hinter diesen üblicherweise mit AAF-Kosten abgekürzten Wörtern verbirgt sich Folgendes: Nach einem Brand entstehen Kosten, die nicht im Versicherungsvertrag aufgeführt sind, also Kosten, die über die Beschädigung von Gebäuden, Gegenständen und Waren hinausgehen. Um ein ausgebranntes und zerstörtes Gebäude wiederherzustellen, kann es nötig sein, dass z.B. eine intakte Mauer oder ein kleines, durch den Brand nicht beschädigtes Pförtnerhäuschen abgerissen werden müssen, um die Baumaschinen zum Einsatzort zu bringen. Damit das Unternehmen auch diese Kosten ersetzt bekommt, gibt es in den meisten Versicherungsverträgen die Position AAF-Kosten an, die derartige Kosten bis zu einem definierten Maximum übernimmt. Dies wird in Versicherungskreisen „Versichern auf Erstes Risiko“ genannt; dadurch entfällt eine Unterversicherungsprüfung, ein finanzielles Maximum ist hier auch schwer zu nennen. Es wird eben auf jeden

Fall bis zur vereinbarten Absoluthöhe gezahlt, auch wenn die tatsächlichen AAF-Kosten um ein Vielfaches höher liegen; bei Gebäudeinhalten würde hier nur relativ, anteilmäßig gezahlt werden, da hier ein Versichern auf Erstes Risiko nicht möglich ist. Um eine realistische Höhe für diese doch relativ teure Position zu bekommen, dienen einerseits die Einschätzungen des Versicherungsberaters, zu dem man Vertrauen hat, und andererseits die technische Überlegungen der eigenen Sicherheitsfachleute, aber auch die von Bauingenieuren und Architekten.

Dekontamination

Wenn es aufgrund eines Brandes direkt oder indirekt (Löschwasser) zu einer Beschädigung (Kontaminierung) von Erdreich oder Gewässern kommt, so hat das Unternehmen auch dafür zu haften. Um diese Kosten abwälzen zu können, gibt es die Position „Dekontaminationskosten". Ein Unternehmen muss sich überlegen, in welchem Gebäude die für die Umwelt bedrohlichsten Gegenstände vorhanden sind; in der Regel in Lagerbereichen. Dies kann Öl oder eine VbF-Flüssigkeit sein, aber auch Feststoffe, die in der Reaktion mit Wärme bzw. Feuer und Feuchtigkeit wie z.B. Löschwasser giftige und gefährliche Verbindungen eingehen. Durch das Löschwasser gelangen diese gelösten Substanzen dann nach außen und in den Boden. Wenn Messungen ergeben, dass es zu einer Kontamination gekommen ist, dann muss bis zu einer ausreichenden Tiefe (z B. 1–2 m) und Breite (z.B. 2–5 m) das Erdreich abgetragen und in Spezialöfen verbrannt werden. Die Kosten können bei vielen 100 DM bis mehreren 1.000 DM je Kubikmeter Erdreich liegen, abhängig von Anzahl, Art und Konzentration der Verseuchungen. Das Volumen ist abhängig von der Bodenzusammensetzung und der zu erwartenden Löschwassermenge. Auch hier müssen Fachleute – z.B. die Feuerwehr, der hausinterne oder zur Versicherung gehörende Umweltingenieur oder andere Fachleute – die unter ungünstigen Voraussetzungen maximalen Mengen berechnen, um auf eine realistische Summe zu kommen.

Vorsorge

Wenn ein florierendes Unternehmen expandiert, so gerät es schnell in die Gefahr, im Schadensfall unterversichert zu sein, da die Versicherungssumme üblicherweise nicht immer umgehend nach Neuanschaffungen aktualisiert wird. Wenn der Versicherungsberater einmal jährlich die Verträge vor Ort überprüft und anpasst, kann das nicht ausreichend sein. Deshalb gibt es die Position „Vorsorge" in vielen Verträgen, die berücksichtigt, dass in den nächsten zwölf Monaten für z.B. 4 Mio. DM neue Maschinen angeschafft werden; geschieht dies nicht, so fallen auch keine Kosten an, andernfalls wird nur für die Höhe der tatsächlichen Neuanschaffungen gezahlt. Es lässt sich normalerweise voraussagen, ob Kosten in dieser Größenordnung in den nächsten zwölf Monaten anfallen.

Unternehmen, die sich sicher nicht vergrößern oder modernisieren wollen, benötigen diese Position nicht; dies ist jedoch unüblich, da derartige Unternehmen sonst nach wenigen Jahren gegen die moderne, qualitativ bessere und preiswertere Konkurrenz nicht mehr bestehen könnten. Die Position „Vorsorge" kostet erst einmal nichts, wenn sie nicht in Anspruch genommen wird, und selbst dann nur rückwirkend, ohne zusätzliche Kosten – im Gegensatz zur „normalen" Versicherungsprämie, die im Voraus zu bezahlen ist.

Werkzeuge

Werkzeuge für Maschinen stellen üblicherweise einen sehr hohen Wert dar. Bei Metall und Kunststoff verarbeitenden Unternehmen sind oft viele Werkzeuge vorhanden, die zu einem nicht geringen Teil nicht mehr in Gebrauch sind. Sollte ein Kunde nach Jahren noch einmal eine bestimmte Form haben wollen, kann das jeweilige Werkzeug ohne großen Aufwand geholt und der Auftrag abgearbeitet werden. So kommt es, dass viele Unternehmen für zweistellige Millionenbeträge Werkzeuge gelagert haben, für die aktuelle Produktion jedoch nur einen Bruchteil davon benötigen. Wenn nun alle Werkzeuge zum Wiederbeschaffungspreis versichert wären, würde dies zu unvertretbar hohen Kosten führen. Auf der anderen Seite haben die Versicherungen ihre Tarife auf eine Vollversicherung ausgelegt und nicht auf eine Teilversicherung.

Teilversicherung

Es ist nicht möglich, lediglich einen Teil der vorhandenen Waren und Maschinen zu versichern, bei Werkzeugen jedoch schon: Man versichert Werkzeuge auf Erstes Risiko, das heißt, man muss sich genau überlegen, welche Werkzeuge nach einem Schadensfall wieder benötigt werden und welche wahrscheinlich nicht. Hier können die Aussagen von Kunden und Produktionsmeistern oft hilfreicher sein als die von Versicherungsspezialisten.

Wenn man z.B. zu dem Schluss kommt, dass für 15 Mio. DM Werkzeuge vorhanden sind, aber lediglich Werkzeuge für 1,5 Mio. DM ständig benötigt werden, dann wäre es nicht sinnvoll, eine Versicherungssumme für diese Position abzuschließen, die über 2 Mio. DM liegt.

Direkte oder indirekte Zerstörung

Bei der Versicherung von Werkzeugen ist zu berücksichtigen, dass diese zwar nicht brennen können, sie jedoch dennoch direkt oder indirekt durch Feuer zerstörbar sind. Zum einen kann die bei einem Brand entstehende Wärme oft ausreichen, um Verformungen zu bewirken, die zu einem (äußerlich oft nicht sichtbaren) Totalschaden führen können. Zum anderen kann ein Brand in einer Stahlskeletthalle das Dach durch die Wärme zum Einsturz bringen, und die Werkzeuge werden dann nicht durch das Feuer direkt, sondern durch herunterfallende Gebäudebestandteile (also indirekt) zerstört.

Modelle und Muster

Modelle und Muster fallen nicht unter die Rubrik „Vorräte“ und auch nicht unter „technische und kaufmännische Betriebseinrichtungen“. Werden sie bei einem Brand zerstört und weist die Versicherungspolice nicht separat eine Sparte „Modelle und Muster“ aus, so werden diese auch nicht ersetzt. Für viele Unternehmen mag diese Position belanglos sein; es gibt jedoch auch einige Betriebe, in denen eine unüblich große Anzahl von teuren Modellen oder Mustern lagern. Hier ist es obligatorisch, dass diese (z.B. auch auf Erstes Risiko) versichert werden. Manche Unternehmen haben einen Teil ihrer Waren und auch der technischen und kaufmännischen Betriebseinrichtungen nicht auf dem Versicherungsgrundstück – dies wäre jedoch eine Bedingung für einen Schadensersatz –, sondern auf Fremdgrundstücken. Dies kann beispielsweise dann der Fall sein, wenn viele Monteure auf Baustellen arbeiten.

9.1.3 Lagerarten

Lagerflächen und -höhen

Die Prämiensätze der Lager werden je nach Lagerfläche und Lagerhöhe mit Multiplikationsfaktoren von 0,85 bis 2,2 versehen. Die stark abweichenden Ausgangsprämiensätze zeigen, dass es sich kaufmännisch durchaus rechnen kann, unterschiedliche betriebliche Aktivitäten in jeweils eigene Brandabschnitte zu verlegen. Besonders im Lagerbereich gibt es extrem abweichende Prämiensätze, aber auch unter den Produktionsarten. Wichtig ist die Abtrennung von gefahrenerhöhenden Bereichen wie z.B. VbF-Lager, Schreinereien und Lackierbereichen. Es ist immer zu berücksichtigen, dass bei unterschiedlichen Aktivitäten in einem Brandbereich nicht die gemittelte Prämie dieser Aktivitäten berechnet wird, sondern für den gesamten Bereich die höchste Prämie.

Fünf Gefahrenklassen

Die Lagerbereiche beinhalten meist auf relativ kleiner Fläche große Sachwerte, besonders dann, wenn es sich um ein Hochregallager (ab 7,5 m Lagerhöhe) handelt. Je nach Brandgefährdung des gelagerten Guts und dessen Verpackungsmaterialien werden die Lager in fünf Gefahrenklassen eingestuft und haben damit Ausgangsprämien für die Feuerversicherung von 1,0–3,0‰ und für die Feuer-Betriebsunterbrechungsversicherung von 1,0–1,5‰. Sonderlager werden mit 9‰ Prämie versichert; sie beinhalten Torf, Torfmull, Schaumkunststoffe, Sprengstoffe, Altpapier, Holzwolle, Holzfasern, Holzspäne, Holzmehl, Lumpen oder Zuckerrübentrockenschnitzel. Kühlhäuser werden pauschal mit 2,0‰ berechnet. Diese Zahlen werden noch mit dem eingangs erwähnten Multiplikationsfaktor versehen, je nach Lagerfläche und Lagerhöhe von 0,85 (d.h. 15% Rabatt) bis 2,2 (d.h. 220% Zuschlag). Je höher die Lagerhöhe und je größer die Lagerfläche sind, umso mehr Zuschlag wird verlangt. Auf die hieraus ermittelte Summe gibt es noch einmal eine Zuschlag von 50% für alle Lager über 7,5 m, die nicht mit Sprinklerschutz versehen sind.

9.1.4 Gebäude

Gebäudearten

Bei einem Brand werden üblicherweise nicht nur die hier bereits diskutierten Gegenstände beschädigt oder zerstört, sondern auch Gebäude und Gebäudebestandteile. Es ist oftmals Definitionssache, was zu einem Gebäude und was zu den technischen Betriebseinrichtungen gehört. Da die Gebäudeversicherer manchmal nicht mit den Gebäude-Inhaltsversicherern identisch sind, ist es wichtig, hier vorab eindeutig Klärung zu schaffen.

Normalerweise zählt zu einem Gebäude alles, was damit fest verbunden ist, auch die Fundamente. Es gibt Unternehmen, die haben fest montierte Maschinen durch den Gebäudeversicherer geschützt, auch wenn das eher unüblich ist. Wichtig für das Unternehmen ist es jedoch, dass es zu keiner Doppelversicherung mit zweifacher Prämie kommt, denn im Schadensfall darf nur einmal kassiert werden, will man nicht kriminell werden. Es ist von großer Bedeutung für Unternehmen, dass auch für die Gebäude ausreichender Versicherungsschutz besteht, denn die Wiederherstellungskosten können wesentlich größer sein als die Wiederbeschaffung der Inhalte. Die Gebäudeart bestimmt hierbei einen Multiplikationsfaktor für die Ausgangsprämie:

- 0,9 (d.h. 10% Rabatt) = Rabattgebäude
- 1,0 (d.h. +/– 0) = neutrale Bauart
- 1,1 (d.h. 10% Zuschlag) = Zuschlagsgebäude

Gebäude, die in die R-Klasse fallen, erhalten jährlich auf die FI- und die FBU-Versicherungen je 10% Rabatt, N-Gebäude werden neutral behandelt (d.h. +/– 0%), und Z-Gebäude erhalten 10% Zuschlag. Hieraus resultiert, dass bei der Errichtung eines Gebäudes nicht nur auf den Anschaffungspreis geachtet werden sollte, sondern auch auf die Rabattierfähigkeit. Je nach den Inhaltswerten und der Höhe der FBU-Versicherung kann man hier jährlich sehr viel Geld mehr ausgeben als nötig. Negativ ist weiterhin, dass man nachträglich, wenn ein Gebäude einmal errichtet worden ist, am Gebäude mit vertretbarem finanziellem und zeitlichem Aufwand nichts mehr verbessern kann.

R-Gebäude

R-Gebäude sehen wie folgt aus: Tragwerke (Pfeiler, Stützen, tragende Außen- und Innenwände) sind feuerbeständig und aus nicht brennbaren Baustoffen. Das Dachtragwerk ist mindestens feuerhemmend (F 30) ausgelegt. Nicht tragende Außenwände sind entweder feuerhemmend oder aus nicht brennbaren Baustoffen. Bei Dächern (ausgenommen Dachtragwerk) muss die Schalung feuerhemmend und aus nicht brennbaren Baustoffen, ohne unterseitig angebrachte brennbare Baustoffe und die Bedachung hart sein. Wenn ein Gebäude in einem oder mehreren Punkten dieser Vorgabe nicht erfüllt, handelt es sich um ein N- oder Z-Gebäude.

N-Gebäude

N-Gebäude sind alle Gebäude, die den Anforderungen der Bauartklasse R nicht entsprechen, sofern die Tragwerke mindestens feuerhemmend sind oder die Gebäude überwiegend aus nicht brennbaren Baustoffen bestehen. Harte Bedachung wird ebenfalls vorausgesetzt (und ist heutzutage eigentlich überall üblich). Z-Gebäude sind alle Gebäude, die den Anforderungen der Bauartklasse N nicht entsprechen. Wenn ein Gebäude bereits errichtet ist, kann es von Z nach N oder von N nach R nicht mit einem vernünftigen Aufwand gebracht werden. Besser ist es, sich mit der Situation abzufinden, die Produktion oder Lagerung (oder Teile davon) zu verlagern oder neu zu bauen.

Z-Gebäude

Es ist auch noch zu berücksichtigen, dass Feuerwehrleute offene Stahlskeletthallen (N-Gebäude) im Brandfall nicht betreten, da der Einsturz im Brandfall sich nicht ankündigt und das Dach jederzeit (aufgrund der Wärmeentwicklung) herunterbrechen kann. Dies geschieht in R-Gebäuden mit feuerresistenter Dachtragekonstruktion nicht, und in reinen Holzgebäuden (Z-Gebäude) übrigens auch nicht, da Holz sich einerseits im Brandfall selbst (bei ausreichender Dicke) durch die Verkohlung gut schützt und es sich andererseits akustisch ankündigt, bevor es seine Stabilität verliert.

9.1.5 Zuschläge

Prämienzuschläge

Auf die Ausgangsprämie jeder Betriebs- und Lagerart gibt es eine Reihe von Rabatten und Zuschlägen; das vorangegangene Kapitel hat sich mit dem Faktor für die Gebäudeauslegung beschäftigt (+10%, neutral oder –10%). Darüber hinaus gibt es noch eine Reihe von anderen Dingen, die sich erhöhend auf die Prämie auswirken können. Auch ist zu berücksichtigen, dass manche Unternehmen, die zu wenig Rabatte erhalten, zu viele Zuschläge haben und zudem vielleicht noch in Z-Gebäuden sind und einen ungünstigen Schadensverlauf haben, für ein Versicherungsunternehmen nicht mehr interessant erscheinen und demzufolge nach einem Schaden den Versicherungsschutz (nach den Kündigungsfristen) verliert.

Für das gekündigte Unternehmen ist es unter Umständen besonders schwierig, im angespannten Versicherungsmarkt einen neuen Versicherer zu finden, wenn man angeben muss, dass sich der Vorversicherer aufgrund eines Schadens getrennt hat. Wer das nicht angibt, riskiert erstens den neuen Versicherungsschutz, und zweitens ist der Versicherungsmarkt national wie auch international doch relativ transparent, zumindest was größere Unternehmen betrifft. Für gefahrenerhöhende Einrichtungen in einem Unternehmen gibt es immer Zuschläge. Für Hilfs- oder Nebenbetriebe, die aufgrund der Brandlasten oder Zündquellen wesentlich als Gefahrenerhöhung zu bezeichnen sind, gibt es einen individuell festzulegenden Zuschlag. Dieser ist abhängig von der Bedrohungsart, die vom Besichtiger festgelegt wird.

Gefahrenerhöhung

Eine kleine Hobelbank in einer Schmiede wird wohl noch nicht als Besorgnis erregende Gefahrenerhöhung bezeichnet, doch wenn der gefährdende Bereich 10% der Unternehmensfläche einnimmt und zudem sicherheitstechnisch nicht baulich abgetrennt ist oder technisch geschützt wird, wäre es noch nicht gerechtfertigt, nach diesem statistischen Konto abzurechnen, aber ein Zuschlag wird sich dann nicht vermeiden lassen. Je nach Bedrohungsart kann der Zuschlag bei 10% bis über 50% liegen. Allgemein gelten als gefahrenerhöhende Einrichtungen Lackierereien, Trocknungsanlagen, Extraktionsanlagen, Holzbearbeitung, Kunststoffverarbeitung und Vergleichbares. Wichtig ist hierbei, dass sich diese in nicht feuerbeständig abgetrennten Bereichen des Unternehmens befinden – andernfalls kann auf den Zuschlag verzichtet werden.

Kompensationsmaßnahmen

Als Alternative zu der baulichen Trennung nach F 90 gibt es noch die technische Lösung: Eine automatische Brandlöschanlage mit VdS-Abnahme und ohne relevante Mängel schützt das Unternehmen oder zumindest den gefährlichen Bereich. Wenn ein Unternehmen wie ein Metall verarbeitender Betrieb z.B. eine größere Lackiererei hat, ist dies tatsächlich nicht unbedingt als Gefahrenerhöhung zu bezeichnen, denn Lackieren gehört zum Aufgabenfeld einer Metallbearbeitung. Wenn jedoch mit brennbaren Flüssigkeiten unüblich große Mengen an Metallen lackiert werden, an der Lackiererei das Rauchverbot nicht eingehalten ist, offene 200-Liter-Fässer mit brennbaren VbF-Flüssigkeiten (Lacken) daneben stehen und in zwei Metern Abstand geschweißt wird, ist hier gegen so ziemlich alle gesetzlichen Vorschriften verstoßen, die man übertreten kann. Anders schaut es aus, wenn ein wirklich kleiner Bereich des Metall verarbeitenden Unternehmens in einer ebenfalls offenen Ecke als Lackiererei abgetrennt ist, eine Rauchverbotszone von fünf Metern auch eingehalten wird, alle Fässer geerdet und geschlossen sind, eine vernünftige Absauganlage vorhanden ist und auch keine feuergefährlichen Arbeiten in der direkten Nachbarschaft der Lackiererei stattfinden. In diesem Fall wäre die Lackiererei nicht als gefahrenerhöhende Einrichtung einzustufen, und demzufolge benötigt man auch keinen Zuschlag.

Wenn ein Metall verarbeitendes Unternehmen eine vollautomatische Pulverbeschichtungsanlage hat, steht diese üblicherweise meist ebenfalls nicht in feuerbeständig abgetrennten Räumen, sondern direkt offen in den Produktionshallen. Hier wird dann eine automatische Brandlöschanlage gefordert, wenn auf einen Zuschlag verzichtet werden soll.

Besonders ungünstige Risikoverhältnisse

Neben den bereits genannten gefahrenerhöhenden Einrichtungen gibt es in den Tarifen der Feuerversicherer noch den Ausdruck der „besonders ungünstigen Risikoverhältnisse“, die zu weiteren Zuschlägen führen. Hierunter fallen primär sieben Punkte:

Heizungen

1. Heizquellen sind nicht feuerbeständig abgetrennt. Aus sicherheitstechnischer Sicht ist eine Heizanlage dann als ideal einzustufen, wenn sie zentral angelegt ist und hermetisch nach F 90 abgetrennt ist. Dezentrale Heizungen wie Gasdunkelstrahler, Infrarotheizungen, Heizungen mit Thermoöl oder Luftheizungen mit Öl- oder Gasbrennern in den Betriebsräumen sind immer eine nicht zu unterschätzende Gefahr. Es besteht oft die Gefahr, dass brennbare Gegenstände (Lagergut in Regalen oder auf dem Boden, Abfallbehälter, Verpackungsmaterial usw.) zu nahe abgestellt werden und es aufgrund der Wärmestrahlung zu einem Brand kommt. Allgemein kann gesagt werden, dass auf einen Zuschlag bei diesem Punkt dann verzichtet werden kann, wenn brennbare Gegenstände weder hergestellt noch gelagert werden. Diese Relativierung ist

jedoch meist illusorisch, da es in nahezu jedem Unternehmen brennbare Gegenstände gibt.

„Geisterschichten"

2. Es wird ohne Beaufsichtigung produziert („Geisterschichten"). Besonders in der Kunststoffherstellung bzw. -verarbeitung werden oft Schichten gefahren, bei denen im Normalfall stundenlang kein Personal benötigt wird. Ein Fülltrichter hat Granulat oder die Maschine ist mit einem Saugrohr versehen, und hiermit kann Kunststoffgranulat für viele Stunden angesogen und in die heißen Werkzeuge über Förderheizschnecken gespritzt werden. Das fertige Teil fällt dann in eine große Drahtgitterbox. Wenn es hier zu Überhitzungen am Werkzeug oder zu Wärmestaus in der Schnecke kommt, kann schnell ein Brand entstehen. Auch ist es denkbar, dass Thermoöl unter hohem Druck austritt und sich entzündet. Doppelt negativ ist die Situation dann zu beurteilen, wenn es nicht nur Geisterschichten gibt, sondern auch zusätzlich die Überwachung mit automatischen Brandmeldern fehlt. In diesem Fall ist es durchaus denkbar, dass sich der Feuerversicherer, wenn kein Einsehen zum Abstellen der Geisterschichten besteht, von dem Vertragspartner auf dem ordentlichen Kündigungsweg trennt.

Mangelhafte Bausubstanz

3. Wenn die Bauart aufgrund der Betriebsart, der Bedrohungsart oder anderer Umstände wie z.B. auch der klimatischen Verhältnisse als mangelhaft angesehen werden muss, ist dies ein Grund für einen Risikozuschlag. Mangelhafte Bausubstanz wird als Symptom für ungünstige Risikoverhältnisse gesehen. Wer ein Gebäude zu sehr herunterkommen lässt, dem wird entsprechend nachlässiges Verhalten auch in anderen Bereichen unterstellt, woraus dann der Zuschlag resultiert. Aber nicht nur mangelhafte Bausubstanz, auch bereits das nachlässige Unterhalten von Gebäuden kann zu Zuschlägen führen.

Galeriebauten

4. Galeriebauten mögen optisch ansprechend sein; aus der Sicht der Feuerversicherer sind sie aufgrund der offenen Bauweise negativ zu bewerten. Wenn ein Gebäude in Galerieart errichtet wurde, können sich Rauch, Wärme und auch das Feuer (die Flammen) nahezu ungehindert und sehr schnell über mehrere Stockwerke ausbreiten. Aus einem kleinen Entstehungsfeuer wird dann schnell ein Millionen- oder Totalschaden. Deshalb sind für derartige Gebäude Zuschläge üblich.

Bauabweichungen

5. Für von den Behörden genehmigte Abweichungen von Bauvorschriften oder den Vorgaben der Gewerbeaufsicht muss der Versicherer in der Regel einen Zuschlag berechnen, wenn es hier brandschutzrelevante Verschlechterungen gibt.

Löscheinrichtungen

6. Die Löscheinrichtungen müssen dem jeweiligen Risiko angepasst sein. Ein großes und hohes Lager mit hohen Brandlasten ist anders zu beurteilen als ein kleiner Metall bearbeitender Betrieb. Wenn die Löscheinrichtungen als mangelhaft einzustufen sind (Wandhydranten, Straßenhydranten, Zuleitungen, Wasserdruck, Qualität der Feuerwehr usw.), ist hierfür ein Zuschlag zu nehmen.

Radioaktive Isotope

7. Wenn ein Unternehmen radioaktive Isotope benötigt, kann es dadurch zu Löschbehinderungen kommen. Auch hierfür ist ein Zuschlag zu nehmen.

EDV-Bereich

8. Wenn ein EDV-Bereich nicht feuerbeständig abgetrennt ist und weitere Punkte des VdS-Merkblatts 2007 nicht erfüllt sind, gibt es für die erhöht bedrohte EDV-Abteilung einen Zuschlag. Es ist anzumerken, dass ca. 80% aller Brände, die einen EDV-Bereich zerstören oder beschädigen, von außerhalb kommen

und lediglich 20% von innerhalb der EDV. Hieraus wird ersichtlich, wie sinnvoll auf der einen Seite die feuerresistente Abschottung ist und auf der anderen Seite auch die Überwachung aller an die EDV angrenzenden Räume mit automatischen Brandmeldern.

Brandstiftung

Die Brandstiftungsgefährdung ist nur sehr subjektiv festzustellen; aufgrund der jahrelangen Erfahrung jedes Besichtigers und auch der jahrzehntelangen Schadenerfahrung aus den Statistiken ist jedoch auch hier eine etwas objektivere Einstufung möglich. Die Unternehmensart ist ein Faktor, der die Gefährdung einer Brandstiftung bestimmt; ein weiterer ist die direkte und weitere Umgebung um das Unternehmen. Wenn man auf dem Land liegt und von Wäldern oder Bauernhöfen eingezäunt ist, mag die subjektive Einstufung berechtigterweise niedriger liegen als in gefährdeten Großstadtgebieten. Zudem ist es noch wichtig, ob eine Einzäunung vorhanden ist, ob diese komplett ist und welche mechanische Stabilität die Einzäunung hat. Der Schadensverlauf schlägt sich direkt auf die Versicherungsprämien nieder: Wenn in den letzten fünf Versicherungsjahren der Schadensaufwand im Verhältnis zur gezahlten Prämie 150% erreicht oder überschreitet, gibt es einen Zuschlag von 10%.

9.1.6 Rabatte

Für jedes sicherheitsbewusste und verantwortliche Unternehmen ist es selbstverständlich, in sicherheitstechnische Belange oder Umwelt- und Arbeitsschutz in angemessenem Rahmen zu investieren. Positiv ist es dabei, dass die Feuerversicherer bestimmte Einrichtungen mit Rabatten versehen; je nach Höhe der Versicherungen kommt über die Jahre hierbei ein größerer Betrag zusammen, manche Einrichtungen können sich sogar amortisieren (wenn dies auch nie die Triebfeder für eine sicherheitstechnische Anschaffung sein sollte).

Brandmelde- und Brandlöschanlagen

Für Brandmeldeanlagen gibt es zwischen 2% und 20% Rabatt, je nach Auslegung der Anlage und nach der Qualität der Stelle, die den Alarm entgegennimmt. Am meisten Rabatt gibt es für automatische oder manuelle Brandlöschanlagen, allen voran die Sprinkleranlagen (max. 60% Rabatt für die Sprinkleranlage und noch einmal max. 5% für die Meldungen dieser Anlage). Bei Sprühwasserlöschanlagen ist – wie bei Kohlendioxid-Löschanlagen – der maximale Rabatt bei 50% zuzüglich 5% (automatische Anlagen, keine manuellen Anlagen). Schaum- und Pulverlöschanlagen ermöglichen maximal 20% (automatische Anlagen) bzw. 10% (manuell zu bedienende Anlagen). Auch für Funkenlöschanlagen und Rauch- und Wärmeabzugsanlagen gibt es Rabatte: bis zu 15% für automatische Funkenlöschanlagen und 4% Rabatt für RWA-Anlagen, die VdS-anerkannt sind.

Feuerwehren

Eigene Feuerwehren werden auch nicht unbedeutend rabattiert, wie die Zahlen zeigen; allerdings ist zu beachten, dass das Aufstellen einer solchen Truppe und deren Unterhalt und die ständige Bereitschaft viel Geld kostet und sich meist nur bei einem großen Unternehmen (z.B. Chemiekonzern) lohnt. Aber es kann auch eine Auflage der Behörden sein, dass ein Unternehmen an einem Standort eine eigene Feuerwehr unterhält – in diesem Fall ist es als angenehm zu bezeichnen, dass die Feuerversicherer für diese Auflage der Behörden einen Rabatt gewähren.

Es gibt folgende Rabatte:

- 35% für Werksfeuerwehren mit überwiegend hauptberuflichen Einsatzkräften
- 20% für sonstige Werksfeuerwehren
- 10% für Betriebsfeuerwehren mit ständiger Einsatzbereitschaft
- 5% für Betriebsfeuerwehren ohne ständige Einsatzbereitschaft

Rabattierbare Sicherheitstechnik

Für besondere Brandschutzeinrichtungen und Brandschutzmaßnahmen gibt es darüber hinaus noch ein Punkte-Rabattschema; jeder Punkt kann die Versicherungsprämien reduzieren:

- Sicherheitskonzept (12 Punkte)
- Mindestschichtstärke (1 Punkt)
- Zertifizierung (8 Punkte)
- Registratur und Auswertung aller Arbeitsunfälle (1 Punkt)
- meldepflichtige Arbeitsunfälle geringer als der Durchschnitt der zuständigen BG (1 Punkt)
- Maßnahmenplanung (3 Punkte)
- Bereitschaftsdienst (1 Punkt)
- Wartung, Instandhaltung und Reparatur betriebstechnischer Anlagen (7 Punkte)
- Einsatz qualifizierter haupt- oder nebenberuflicher Brandschutzbeauftragter (3 Punkte)
- Brandschutzordnung, Alarm- und Brandschutzpläne (2 Punkte)
- Einweisung der Belegschaft im Brandfall und im Gebrauch von Sicherheitseinrichtungen (1 Punkt)
- Einweisung, Überwachung von Fremdfirmen in Sicherheits- und Brandschutzfragen (1 Punkt)
- Betriebsbesichtigung durch Brandschutzberatungsdienst (3 Punkte)
- Mängelbeseitigung (2 Punkte)
- Umsetzung brandschutztechnischer Empfehlungen (6 Punkte)
- Beratung bei Planung, Neu- und Umbauten, Nutzungsänderungen (3 Punkte)
- feuergefährliche Arbeiten (3 Punkte)
- Rauchverbot (2 Punkte)
- Prozessleitsysteme mit Betriebs- und Schutzverriegelungen, unterbrechungsfreie Stromversorgung (8 Punkte)
- besondere Schutzmaßnahmen (20 Punkte)
- gekennzeichnete Ex-Zonen (2 Punkte)
- ständige Torüberwachung (1 Punkt)
- Zugangskontrolle (1 Punkt)
- Einfriedung des Betriebsgeländes (2 Punkte)

- einbruchhemmende Verglasung oder Vergitterung der Fenster (1 Punkt)
- Be- und Ausleuchtung des Betriebsgeländes (1 Punkt)
- Verschluss der Außentüren, sichere Aufbewahrung der Schlüssel (1 Punkt)
- Außenhautüberwachung durch VdS-anerkannte Einbruchmeldeanlage (3 Punkte)
- Innenüberwachung durch VdS-anerkannte Einbruchmeldeanlage (1 Punkt)
- Freilandüberwachung, Zaunmelder (2 Punkte)
- keine Lagerung brennbarer Materialien (2 Punkte)
- Werkschutz (2 Punkte)
- Prozessleitwarten (2 Punkte)
- Mess-, Steuer- und Regelräume (2 Punkte)
- Einrichtungen der Energieversorgung (2 Punkte)
- elektrische Mehrfacheinspeisungen (2 Punkte)
- keine Einschränkung des Repräsentantenbegriffs (15 Punkte)

Rabattschema

Von diesen aufgelisteten Kriterien müssen mindestens so viele erfüllt sein, dass zusammen mindestens 30 Punkte zusammenkommen; darunter gibt es keine Rabattierung. Von der erreichten Punktzahl 30 subtrahiert und das Ergebnis mit 0,3 multipliziert ergibt den Rabatt in Prozent. Beispiel: Es wurden 65 Punkte erreicht, dann wird wie folgt gerechnet: (65 – 30) x 0,3 = 35 x 0,3 = 10,5% Rabatt.

Für die Größe von Brandabschnitten gibt es auch Rabatte. Ist die Komplexversicherungssumme für die Positionen technische und kaufmännische Betriebseinrichtungen, Vorräte und Vorsorge nicht größer als 75 Mio. DM und ist die Fläche eines Brandabschnitts wie folgt, dann gibt es Rabatte wie in den Klammern angegeben:

- maximal 1.600 m² (15%),
- 1.601 m² bis 3.200 m² (10%) oder
- 3.201 m² bis 5.000 m² (5%).

Darüber gibt es keine Flächenrabatte; Zwischensummen wie z.B. 12,5% Rabatt für 2.400 m² Brandabschnitt gibt es nicht. Beide Kriterien müssen erfüllt sein, das heißt, die Gesamtversicherungssumme darf 75 Mio. DM nicht überschreiten und zugleich muss die Fläche eines Brandabschnitts (oder eines Komplexes) den Definitionen entsprechen.

Als Brandabschnitt kann jedoch nur eine Fläche gelten, die hermetisch nach F 90 abgetrennt ist. Es gibt lediglich vertikal verlaufende Brandwände, horizontale Flächen werden nicht anerkannt. Das bedeutet, dass ein nicht unterkellertes, dreistöckiges Gebäude (EG, 1., 2. OG und Dachstuhl) mit ausgebautem und genutztem Dachstuhl mit einer Grundfläche von 900 m² und ohne jegliche Brandwand mit 3.600 m² angesetzt wird und somit noch 5% Rabatt bekommt, ebenso wie eine eingeschossige Fabrikhalle mit 4.900 m². Der Haupthintergrund liegt darin, dass es genügend Brände gibt, die sich über die Front über Verglasungen ausbreiten.

Flächenberechnung

Die Fläche errechnet sich aus der Grundfläche des Gebäudes multipliziert mit der Anzahl der unter- und oberirdischen Geschosse; Lagerflächen im Freien, die zu dem Brandbereich zählen, werden auch addiert. Dachböden und Galerien gelten auch als Ebenen, wenn sie zur Fabrikation, Verwaltung oder Lagerung genutzt werden.

Flächenrabattierung

Wenn in einem Komplex mehrere Brandabschnittsflächen vorhanden sind, die mit unterschiedlichen Rabatten belegt sind, ist für die Ermittlung des Durchschnittrabatts die anteilige Belastung oder auch hilfsweise der Flächenanteil der Gebäude oder Lager maßgebend. Die Rabatte finden bei der Einstufung nach einem statistischen Konto, das mit „0" beginnt (Lager), keine Anwendung, wenn hierbei einer der erwähnten Korrekturfaktoren von 0,85 bis 2,2 verwendet wird.

Positiver Schadensverlauf

Insgesamt wären durch Brandschutzmaßnahmen theoretisch über 100% Rabatte möglich. Da dies verständlicherweise nicht akzeptabel sein kann, denn dies würde Übernahme des wenn auch geringen Feuerrisikos bei gleichzeitigem Geldfluss vom Versicherer zum Versicherungsnehmer bedeuten, wird das Maximum bei 85% festgelegt. Wenn Betriebe vorübergehend stillgelegt werden, dann gibt es je nach verbleibender Risikosituation bis zu 33,5% Rabatt. Für einen positiven Schadensverlauf gibt es ebenfalls Rabatte, und zwar:

- 10%, wenn der Schadensaufwand in den letzten 5 Versicherungsjahren im Verhältnis zur gezahlten Prämie 50% unterschreitet und
- 15%, wenn der Schadensaufwand in den letzten 5 Versicherungsjahren im Verhältnis zur gezahlten Prämie 20% unterschreitet.

Günstige Risikoverhältnisse

Besonders günstige Risikoverhältnisse nach den Prämienrichtlinien liegen dann vor, wenn der Schadensaufwand der letzten zehn Versicherungsjahre im Verhältnis zur gezahlten Prämie 20% unterschreitet, das Haftungsverhältnis aus dem PML dividiert durch die Gesamtversicherungssumme des Vertrages multipliziert mit 100 bis 10% beträgt und zugleich der Durchschnittsrabatt für Einrichtungen und Maßnahmen zur Brandverhütung und Brandbekämpfung mindestens 60% beträgt.

Bei bestimmten Franchisen (Eigenbehalte je Schadensfall) gibt es bei den unterschiedlichen Feuer-PML-Erwartungen unterschiedliche Rabatte. Die festgelegte Spanne reicht von 9,8% bis 33,4%, Sonderkonditionen sind in Ausnahmefällen auch möglich. Pauschal gilt: Je höher der Eigenbehalt pro Schaden und je geringer der maximal zu erwartende Schaden gleichzeitig ist, umso mehr Rabatt gibt es. Wenn Unternehmen sehr wenig Schäden haben oder aber derart groß sind, dass sie pro Schaden größere Summen selbst tragen können, bedeutet ein Rabatt von 20% durchaus mehrere 100.000 DM jährlich, und das kann sich für beide Seiten rechnen. Der Kunde spart immer noch mehr durch den Rabatt, als er im Eigenbehalt zahlen muss, und der Versicherer muss sich nicht mit vielen verwaltungstechnisch kostenaufwendigen Kleinschäden beschäftigen.

9.1.7 Schema der Prämienberechnung

Vorgehensweise

Die Tabellen des VdS zur Berechnung der Prämienfindung sind im nachfolgenden verkleinert abgebildet. Mit der Bestimmung der Gebäudeklassen (R, N oder Z) fängt man an; als Nächstes werden die Rabatte auf die sicherheitstechnischen Einrichtungen gegeben und auch entsprechende Zuschläge für gefahrenerhöhende Einrichtungen, analog der zweiseitigen VdS-Abbildung für die Rabattermittlung. Im Prämienermittlungsbogen gibt es dann eine Mittelung der verschiedenen Komplexe und damit eine Endprämie. Für die FBU-Versicherung gelten ähnliche Formulare, die Lagerbereiche sind jedoch bei der Prämienfindung ausgenommen.

Prämienermittlung

Es gibt einen Ausgangsprämiensatz, der z.B. 0,7‰ oder auch 7,0‰ betragen kann. Je nach Risikosituation (z.B. Umgang mit brennbaren Flüssigkeiten oder Kunststoffproduktion – höheres Risiko; Verwaltungsbüro oder kleines Metall-Lager – kleines Risiko) ist dieser Ausgangssatz höher oder niedriger. Auf diesen Prämiensatz wirken nun verschiedene Dinge positiv oder negativ ein:

- Ausgangsprämiensatz
- Korrekturfaktor für Lager, ausgehend von der Lagerart, der Lagerfläche und der Lagerhöhe (von –15% bis +220%, bzw. bei fehlender Sprinklerung noch mal 50% Zuschlag)
- Zuschlag oder Abzug für die Gebäudeart/Bauart (–10%, 0%, +10 %)
- Zuschlag für gefahrenerhöhende Einrichtungen
- Zuschlag für besonders ungünstige Risikoverhältnisse
- Zuschlag für nicht nach F 90 abgetrennte EDV
- Rabatt für vorübergehende Schließung
- Bewachung des Unternehmens und/oder Brandmeldeanlage (0–20%)
- Brandlöschanlage, Funkenlöschanlage, Rauch- und Wärmeabzugsanlage, eigene Feuerwehr, öffentliche Feuerwehr (0–60%)
- Rabatt gemäß Punkteschema für besondere Brandschutzeinrichtungen (0–21%)
- Rabatt für definierte Brandabschnittsflächen (0–15%)
- Rabatt für positiven Schadensverlauf oder Zuschlag für negativen Schadensverlauf
- Rabatt für besonders günstige Risikoverhältnisse
- Rabatt für Franchise (Selbstbehalte je Schadensfall)
- Endprämie (z.B. 90% geringer als der Ausgangsprämiensatz oder auch 100% höher)

9.1.8 Summenaufteilung

Die Feuerversicherungssumme besteht aus einer Gesamtsumme, die sich aus vielen Einzelpositionen zusammensetzt. Jede einzelne Position darf pro Schadensfall nicht überschritten werden, denn es wird immer nur die jeweils maximale Summe ausbezahlt. Das bedeutet, dass bei 10 Mio. DM Gesamtversicherungssumme für das Feuerrisiko z.B. 4 Mio. DM für Vorräte und 5 Mio. DM für technische und kaufmännische Betriebseinrichtungen bestimmt sind; der Rest von 1 Mio. DM verteilt sich auf mehrere andere Positionen wie AAF-Kosten, Eigentum von Betriebsangehörigen, Datenträger, Bargeld, Dekontamination, Vorsorge und anderes.

Wenn ein Feuerschaden nun einen Schaden von 5 Mio. DM an Waren anrichtet, werden eben nicht 5 Mio. DM gezahlt; 5 Mio. DM würden jedoch gezahlt werden, wenn für diese Summe Maschinen zerstört worden wären. Bei Vorräten ist die maximale Summe in dem Beispiel 4 Mio. DM, und unter Umständen wird auch noch eine Unterversicherung geltend gemacht; dies besagt, dass ein Gutachter eventuell feststellt, dass es im Unternehmen insgesamt Werte für 20 Mio. DM gibt, jedoch nur 10 Mio. DM versichert waren. In diesem Fall würde das Unternehmen auch in der Relation Versicherungssumme zu Versicherungswert den Schaden anteilmäßig beglichen bekommen (d.h. 50%).

9.1.9 Komplexe und Brandbereiche

Die Bauordnungen kennen lediglich den Begriff „Brandabschnitt" und „Brandwände". Demnach gibt es baulich oder räumlich getrennte Bereiche, in denen sich ein Brand gemäß der Definition in einem Bereich nicht schädigend auf den anderen auswirken kann. Die Erfahrungen der Feuerversicherer hingegen gehen dahin, dass im Brandfall oft mehrere Brandbereiche beschädigt oder zerstört werden, obwohl dies theoretisch nicht hätte passieren dürfen. Deshalb haben die Feuerversicherer den Begriff der Komplextrennung eingeführt.

Komplextrennung

Ein Komplex ist ein höherwertiger Brandbereich. Komplexe können durch räumliche Abstände oder durch bauliche Maßnahmen entstehen. Manche Unternehmensarten dürfen sich aus sicherheitstechnischen Gründen auch nur in verschiedenen Komplexen befinden. So gibt es z.B. Hersteller von Unterhaltungselektronik, die Holz verarbeiten, eine Kunststoffspritzerei haben und Elektronik herstellen. Alle drei Bereiche müssen in verschiedenen Komplexen sein, da die gegenseitige Gefährdung zu groß wäre – ein derartiges Risiko ist versicherungstechnisch sonst nicht zu handhaben. Das Unternehmen würde nach einem großen Brandschaden wahrscheinlich den Versicherungsschutz verlieren und hätte dann große Probleme, ohne sicherheitstechnische Verbesserungen wieder einen Feuerversicherer zu bekommen.

Bei manchen Unternehmensbereichen, die untergeordnet sind, können diese lediglich in anderen Brandabschnitten untergebracht sein. So z.B. bei einer Lackiererei im Metallbau, einer Kunststoff-Spritzmaschine im Werkzeugbau, einer Schlosserei in einem großen Holz verarbeitenden Betrieb oder eine Schreinerei in einem Metall verarbeitenden Unternehmen. Auch sind Büros oder EDV-Abteilungen oft ausreichend geschützt, wenn sie durch Brandwände von den Produktions- und Lagerbereichen abgetrennt sind.

Brandwände

Die Bestimmungen für Brandwände in den Landesbauordnungen reichen nach den Schadenserfahrungen der Feuerversicherer, insbesondere im Industriebau, oft nicht aus. Grundsätzlich sind immer die behördlichen Bestimmungen zu erfüllen; der Versicherer soll jedoch vorab an den Planungstisch geholt werden, und seine Forderungen sind ebenfalls zu erfüllen. Brandwände begrenzen Brandabschnitte, sie sollen Ausbreitung von Feuer und Brandrauch auf andere Gebäudeabschnitte verhindern. Komplextrennwände sind Brandwände höherer Anforderung: Sie unterteilen Gebäude oder Gebäudeabschnitte in unterschiedliche Komplexe. Ein Komplex besteht aus einem oder mehreren Brandabschnitten, die versicherungstechnisch einen Gefahrenbereich bilden. Der Komplex ist für die Versicherer die Grundlage zur Beurteilung des jeweiligen PML.

9.2 Mobbing

Dipl.-Ing. Jens-Christian Voss

Seit einigen Jahren wird in Deutschland ein Phänomen immer häufiger auffällig, was 1982 in Schweden erstmals beschrieben worden ist: das Mobbing. Nicht zuletzt der Fall der 22-jährigen Münchener Polizistin, die sich im Januar 1999 auf dem Weg zur Arbeit mit ihrer Dienstwaffe erschoss, brachte den Stein ins Rollen.

Tabuthema

Mobbing wurde bisher in vielen deutschen Unternehmen – ähnlich wie der Alkohol – totgeschwiegen: „Das erledigt sich schon von selbst“ oder „Was kann ich denn jetzt konkret tun?“ bekam man von den Vorgesetzten zu hören.

Nach statistischen Erhebungen und Befragungen deutscher Arbeitnehmer wird geschätzt, dass etwa 1,5 Millionen Menschen in Deutschland Opfer von Mobbing sind. Dadurch wird rund 30 Milliarden DM Schaden für die Betriebe allein durch den Arbeitsausfall (bedingt durch Fehlzeiten und Minderleistung der Gemobbten) verursacht.

Vielfältige Belastungen

Woran liegt das neuartige Phänomen? Das Arbeitsumfeld mit zunehmender Automatisierung und zunehmenden Einsatz neuer Technologien bringen neue Belastungen wie Hektik und Zeitdruck hervor. Die erforderlich durchzuführende Arbeit nimmt zu (Mehrfachbelastung, Reizüberflutung etc.), und eine wirkliche Regeneration ist heutzutage kaum noch möglich.

Die Belastung ist dabei die Summe aller erfassbaren Einflüsse, die auf den Mitarbeiter einwirken. Sie lassen sich einteilen in

- Belastungen aus der Arbeitsumgebung (Lärm, Zugluft etc.);
- Belastungen durch die Tätigkeit (Heben und Tragen von Lasten, einseitig dynamische Belastungen, umfassende Informationsaufnahme etc.);
- Belastungen durch die Organisation (Druck der Vorgesetzten, Stress, Arbeitstempo etc.).

9.2.1 Definition und Auswirkungen von Mobbing

Prof. Heinz Leymann erforschte 1982 erstmals das Phänomen Mobbing umfassend in Schweden, Deutschland ist etwa zehn Jahre später aktiv geworden. Mittlerweile berichten Zeitungen und Fernsehreportagen wiederholt von Milliardenschäden durch Mobbing in deutschen Unternehmen.

Umgang mit Konflikten

„Mobbing“ wird vom Englischen „to mob“ (zusammenrotten, anpöbeln) abgeleitet und bezeichnet umfassende Möglichkeiten kränkender, ausgrenzender Verhaltensweisen gegenüber den Mitarbeitern oder Vorgesetzten. Jedoch nicht jeder Konflikt oder jede aggressive Einzelhandlung am Arbeitsplatz ist bereits als Mobbing zu verstehen – auch wenn sie für den Betroffenen belastend ist. Wenn Menschen miteinander zu tun haben, sind Konflikte und Konfrontationen in der Regel unvermeidbar. Ob Konflikte nun zu Problemen werden, hängt in den Betrieben davon ab, ob und wie mit Konflikten umgegangen wird. Alltägliche Aggressionen zwischen Mitarbeitern oder Vorgesetzten und Mitarbeitern (Letzteres wird auch als „Bossing" bezeichnet) können sich zum Mobbing entwickeln, wenn der Konflikt über einen längeren Zeitraum ungelöst bleibt.

Mobbing am Arbeitsplatz wird durch Fachleute wie folgt definiert:

Definition

Unter Mobbing am Arbeitsplatz versteht man eine konfliktbelastete Kommunikation unter Kollegen oder zwischen Vorgesetzten und Untergebenen, bei der die angegriffene Person unterlegen ist und von einer oder mehreren anderen Personen systematisch und während längerer Zeit mit dem Ziel und/oder dem Effekt des Ausstoßes direkt oder indirekt angegriffen wird. Für statistische Untersuchungen gelten die Zeitangaben „mindestens einmal in der Woche" und „mindestens während eines zusammenhängenden halben Jahres".

Forschungsergebnisse

Skandinavische Forschungen ergaben, dass

- etwa 4% der arbeitenden Bevölkerung derzeit gemobbt werden
- in einem Berufsleben von dreißig Jahren jeder vierte Arbeitnehmer mindestens einmal über den Zeitraum eines halben Jahres gemobbt wird
- 10 bis 20% der Mobbing-Opfer krank werden
- die Fehlzeitenquote der Gemobbten zwischen 10 und 20% liegt
- etwa 50% der Mobbingopfer eher kündigen, als weitere Mobbinghandlungen zu ertragen
- etwa 20% der Selbstmorde auf den Psychoterror am Arbeitsplatz zurückzuführen sind
- Männer hauptsächlich von Männern (76%) und Frauen hauptsächlich von Frauen (40%) gemobbt werden

Bei einer Infas-Umfrage „Was vermiest die Stimmung am Arbeitsplatz" antworteten in Westdeutschland/Ostdeutschland die befragten Mitarbeiter wie folgt:

Intrigen	71%/60%
Anschwärzen beim Chef	52%/56%
Neid der Kollegen	49%/46%
Hektik	35%/46%
Konkurrenzkampf	32%/30%
Karrierestreben von Kollegen	23%/31%

9.2.2 Betriebswirtschaftliche Kosten durch Mobbing am Arbeitsplatz

1,5 Millionen Mobbing-Opfer in Deutschland

Etwa 1,5 Millionen Menschen in Deutschland sind Opfer von Mobbing und verursachen rund 30 Milliarden DM Schaden für die Betriebe allein durch den Arbeitsausfall (bedingt durch Fehlzeiten und Minderleistung der Gemobbten). Diese Zahl wird in Modellrechnungen und Fachberichten immer wieder genannt. Nach Meinung der Experten wird diese Zahl aber nur unzureichend den tatsächlichen Verhältnissen der Folgekosten von Mobbing gerecht.

Einzelfaktoren für Folgekosten

Die betriebswirtschaftlichen Folgekosten ergeben sich durch

- Fehlzeiten
- fehlende Motivation der Betroffenen
- Einschränkung in der Produktqualität
- unnötige Konflikte in den Arbeitsbereichen
- ggf. Kündigung

Zeitaufwand ungelöster Probleme

H. Walter beziffert den Zeitaufwand ungelöster Probleme am Arbeitsplatz in Deutschland auf etwa 4 Millionen Stunden Arbeitszeit pro Jahr. Zusätzlich zeigen nicht motivierte Mitarbeiter auch weniger Initiative für ihre Arbeit. Sie werden sich weniger schützen (PSA, sicherheitsgerechtes Verhalten) und nicht ausreichend Verantwortungsgefühl für die Betriebsmittel, mit denen sie umgehen, zeigen.

In den USA ist die verlorene Produktivität am Arbeitsplatz durch Mobbing in einer renommierten Studie mit etwa 10 Milliarden DM jährlich bewertet.

9.2.3 Mobbingverdächtige Handlungen

Auch Sie können in Ihrem Betrieb feststellen, ob es Mobbing gibt oder nicht. Einige Unternehmen haben für die Problematik sogar eine Betriebsvereinbarung geschlossen, in denen dem Mobbenden bei Entdeckung die Kündigung droht.

Der erstmals umfassend zum Phänomen forschende Prof. Leymann beschreibt 1982: „Die Grenze zwischen Mobbing und alltäglichen Aggressionen ist fließend. ‚Derbe Sprüche‘ am Arbeitsplatz besonders im gewerblichen Bereich gelten als normal. Sie helfen aber keinem. Mobbing oder Psychoterror am Arbeitsplatz liegt vor, wenn eine Person von einer oder mehreren operativ beschriebenen Handlungen betroffen ist, und zwar systematisch mindestens einmal die Woche über einen Zeitraum von mindestens einem halben Jahr. In Untersuchungen wurden 45 Mobbing-Handlungen herausgefunden, die sich in fünf Gruppen einteilen lassen.“

Typische Haupthandlungen

Die 45 typischen Haupthandlungen, die auf Mobbing schließen lassen, sind:

- Angriffe auf die Möglichkeit, sich mitzuteilen (11)
  - Vorgesetzte schränken die Möglichkeit ein, sich zu äußern
  - der Betroffene wird ständig unterbrochen
  - Kollegen schränken die Möglichkeit ein, sich zu äußern
  - Anschreien oder lautes Schimpfen
  - ständige Kritik an der Arbeit des Betroffenen
  - ständige Kritik am Privatleben
  - Telefonterror
  - mündliche Drohungen
  - schriftliche Drohungen
  - Kontaktverweigerung durch Abwehrblicke oder Gesten
  - Kontaktverweigerung durch Andeutungen, ohne dass man etwas direkt ausspricht

- Angriffe auf die sozialen Beziehungen (5)
  - mit dem Betroffenen wird nicht mehr gesprochen
  - man lässt sich nicht ansprechen
  - der Betroffene wird in einen weitab entlegenen Raum von seinen Kollegen entfernt
  - den ArbeitskollegInnen wird verboten, den/die Betroffene/n anzusprechen
  - der Betroffene wird wie Luft behandelt
- Angriffe auf das soziale Ansehen (15)
  - hinter dem Rücken des Betroffenen wird schlecht über ihn geredet, er wird verleumdet
  - es werden Gerüchte über ihn verbreitet
  - der Betroffene wird wiederholt lächerlich gemacht
  - der Betroffene wird verdächtigt, psychisch krank zu sein
  - der Betroffene soll zu einer psychiatrischen Untersuchung gezwungen werden
  - über eine mögliche Behinderung des Betroffenen wird sich lustig gemacht
  - Stimme, Gesten und Gang des Betroffenen werden imitiert, um ihn lächerlich zu machen
  - die religiösen und politischen Ansichten werden angegriffen und verspottet
  - über das Privatleben des Betroffenen wird sich lustig gemacht
  - über die Nationalität des Betroffenen wird sich lustig gemacht
  - der Betroffene wird gezwungen, Arbeiten auszuführen, die sein Selbstbewusstsein und seine Persönlichkeit verletzen
  - der Arbeitseinsatz des Betroffenen wird in falscher und kränkender Weise beurteilt
  - seine Entscheidungen werden (wiederholt) in Frage gestellt
  - ihm werden obszöne Schimpfworte oder andere entwürdigende Ausdrücke nachgerufen
  - der Betroffene wird sexuell belästigt, es werden ihm verbal sexuelle Angebote unterbreitet
- Angriffe auf die Qualität der Berufs- und Lebenssituation (7)
  - dem Betroffenen werden keine Arbeitsaufgaben zugewiesen
  - dem Betroffenen wird die Beschäftigung am Arbeitsplatz weggenommen, so dass er sich nicht einmal selbst Aufgaben ausdenken kann (Entziehen der Möglichkeit der Eigenständigkeit und der Entwicklung von Ideen)
  - dem Betroffenen werden sinnlose Arbeitsaufgaben zugewiesen
  - der Betroffene erhält Arbeitsaufgaben, die seine Qualifikation und sein eigentliches Können weit unterschreiten
  - der Betroffene erhält ständig neue Aufgaben
  - der Betroffene erhält „kränkende“ Arbeitsaufgaben
  - der Betroffene erhält Arbeitsaufgaben, die seine Qualifikation weit überschreiten, um ihn bloßzustellen

- Angriffe auf die Gesundheit (7)
  - der Betroffene wird zu gesundheitsschädlichen Arbeiten gezwungen
  - ihm/ihr wird körperliche Gewalt angedroht
  - Anwendung leichter Gewalt, zum Beispiel um jemandem einen Denkzettel zu verpassen
  - körperliche Misshandlung
  - dem Betroffenen werden Kosten und Schaden verursacht
  - am Arbeitsplatz/zu Hause beim Betroffenen wird physischer Schaden angerichtet
  - sexuelle Handgreiflichkeiten

9.2.4 Phasen bei Mobbing

Vier Phasen

Der Verlauf bei Mobbing wird in der einschlägigen Literatur in vier typischen Phasen beschrieben:

Phase 1 schlechte Konfliktbearbeitung

Phase 2 Mobbing und Psychoterror

Phase 3 Rechts- und Machtübergriffe

Phase 4 Ausschluss aus der Arbeitswelt

9.2.5 Folgen von Mobbing

Als Folgen von Mobbing können auftreten

- Stress
- Nervosität
- innere und tatsächliche Kündigung des Betroffenen
- Krankheit (kurz- und langfristig)
- wiederholte Versetzungen
- Frühverrentung
- psychische Behandlung

bis hin zu

- Einweisung in die psychiatrische Anstalt
- Selbstmord

Wie weit vermag der Betroffene in in seiner Verzweifelung gehen? Manchmal weiter, als wir uns denken können...

9.2.6 Typische Warnsignale für Mobbing

Rechtzeitig erkennen und handeln

Mobbing müssen Sie als Vorgesetzter erkennen und aktiv entgegentreten – und das rechtzeitig! Daher ist es wichtig, die typischen Warnsignale zu wissen und früh im eigenen Arbeitsbereich zu erfassen.

Mobbing wird meistens – wenn überhaupt – zu spät entdeckt und thematisiert; dann ist es jedoch für das Opfer meistens zu spät.

Warnsignale des besonders mobbinggefährdeten Mitarbeiters sind

- häufige Erkrankung/hohe Abstinenz vom Arbeitsplatz
- nachlässige Kleidung
- vermehrtes Fehleraufkommen
- plötzliche Verhaltensänderungen

Besonders vom Mobbing betroffene Personengruppen sind

- besonders Erfolgreiche, Engagierte und Talentierte
- Frauen in typischen Männerberufen
- Behinderte und Kranke
- Menschen mit ausgeprägtem Dialekt/Aussprache
- Ausländer

Neid als Motiv

Die Betroffenen sind in ihrem Beruf häufig sehr engagiert und kompetent. Fachliche Mängel haben sie sehr selten. In den meisten Fällen ist es daher Neid, die Kollegen und Vorgesetzte dazu bringt, den Betroffenen regelmäßig über einen längeren Zeitraum zu mobben.

9.2.7 Maßnahmen zur Hilfe

Rechtliche Grundlagen, um gegen das Thema aktiv anzugehen, bestehen in Deutschland für das Thema noch nicht. Allerdings können wir Maßnahmen zur Hilfe anderweitig ableiten.

Die Verantwortung für die gesundheitsgerechte Gestaltung der Arbeit und des Arbeitsplatzes mit seiner Umgebung liegt in den einzelnen Betrieben. Nach § 4 des Arbeitsschutzgesetzes („Allgemeine Grundsätze") hat der Arbeitgeber Maßnahmen des Arbeits- und Gesundheitsschutzes mit dem Ziel zu planen, Technik, Arbeitsorganisation, sonstige Arbeitsbedingungen, soziale Beziehungen und Einfluss der Umwelt auf den Arbeitsplatz sachgerecht zu verknüpfen. Wird diesem allgemeinen Grundsatz in den Unternehmen nachgegangen, leisten diese dadurch bereits einen wesentlichen Beitrag zur Vorbeugung von Mobbing (Prävention).

§ 104 BetrVG

Für den Gemobbten ist es sehr wichtig, in seinem Einzelfall individuelle Beratung und Unterstützung zu bekommen. In einigen deutschen Unternehmen existieren zu diesem Zweck Beratungsstellen, an die sich die Mobbingopfer vertrauensvoll wenden können. Auch kann der Betriebs- bzw. Personalrat bei Problemen immer angesprochen werden. Seine Handlungsmöglichkeiten sind im § 104 des Betriebsverfassungsgesetzes beschrieben: der Entfernung betriebsstörender Arbeitnehmer. Weiterhin sind die „Gesellschaft gegen psychosozialen Stress und Mobbing e.V." oder andere über die Krankenkassen zu erfragende externe Beratungsstellen gute Anlaufpunkte.

Information und Schulung

Als vorbeugende Maßnahmen gelten neben Information und Aufklärung Schulungen der Mitarbeiter und Betriebsvereinbarungen zum Thema „Mobbing", „Stress" und/oder „Konfliktbewältigung" zwischen Arbeitgeber und Arbeitnehmervertretung. Der allgemeinen Aufklärung kommt große Bedeutung zu, damit die direkt oder indirekt betroffene Belegschaft vor Mobbing im eigenen Arbeitsbereich die Augen nicht verschließt und aktiv durch Gruppendynamik eingreift. Typische Werkzeuge der allgemeinen Aufklärung sind das Aushängen von Plakaten und das Auslegen von Broschüren im Betrieb (Kantine, Betriebsratsbüro, Sozialräume).

Formen der Gegenwehr für Betroffene

Selbsthilfe

- Versucht der Mobbende, „Grenzen zu setzen", sollte der Gemobbte auf das Anschreien symbolisch reagieren (z.B. Ohren zuhalten); auch kann er zurückschreien oder dem Mobbenden ein Schild mit der Aufschrift „Ruhe bewahren" entgegenhalten. Nach einer Schrei-Attacke wird sich der Gemobbte das Schreien verbitten und um sachliche Äußerungen bitten.
- Versucht der Mobbende „zu verunsichern", demonstriert man ihm die wachsende soziale Unterstützung. Bisher im Untergrund vorgetragene Angriffe werden öffentlich sichtbar gemacht und lassen den Mobbenden in schlechtem Licht erscheinen.
- Versucht der Mobbende „zu isolieren", sollte durch Öffentlichkeitsarbeit im Betrieb dafür gesorgt werden, dass die stillschweigende Duldung von Mobbing zurückgeht. Blamiert sich der Mobbende selbst, wird er sich weitere ähnliche Maßnahmen genau überlegen.
- Versucht der Mobbende „zu entmutigen", sollte der Gemobbte auf verbale Angriffe keine sichtbare Wirkung zeigen. Er sollte verbale Angriffe schlagfertig zurückweisen und den Mobbenden sogar auslachen.
- Versucht der Mobbende sogar „einzuschüchtern", sollte der Mobbingbetroffene arbeits-, zivil- oder strafrechtliche Schritte konkret benennen und deren Durchführung glaubhaft ankündigen.

9.2.8 Checkliste „Mobbing"

Fragenkatalog

Nachfolgend sind Fragen zum Thema „Mobbing" zusammengestellt, die Sie an Ihren Betrieb stellen sollten. Besonders betroffen sind Bereiche, in denen viele Mitarbeiter auf engem Raum zusammentreffen und die Umgebungsbedingungen wie Lärm, Hitze, Zugluft sehr ungünstig sind.

Krankenstand?

- Ist der Krankenstand in Ihren Arbeitsbereichen hoch (hohe Arbeitsunfähigkeit)?
- Werden viele Überstunden gemacht – und das gegebenenfalls auch regelmäßig?
- Gibt es regelmäßig Nachtschichten und Wochenendarbeit?

- Wird häufiger unter Zeitdruck gearbeitet?
- Werden Pausen häufiger (auch gegen den Willen des Mitarbeiters) durchgearbeitet?
- Ist zu wenig (oder zu viel) Personal zur Durchführung der Arbeit vorhanden?
- Arbeiten viele Mitarbeiter auf engem Raum?
- Gibt es starke Belastungen durch Arbeitsumgebungsbedingungen (Hitze, Lärm, schlechte Beleuchtung)?

Häufiger Personalwechsel?

- Wechselt das Personal in Ihrem Arbeitsbereich häufig?
- Kommen viele Beschwerden von den Mitarbeitern?
- Haben Sie Mitarbeiter, die hinsichtlich ihres Sprachverständnisses, ihres Dialektes, möglicher körperlicher Gebrechen eindeutig Probleme im Arbeitsbereich – besonders mit den Kollegen – haben?
- Gibt es wiederholt Streitereien und Auseinandersetzungen in Ihrem Arbeitsbereich?
- Gibt es gegebenenfalls sogar Handgreiflichkeiten?
- Verlangt die Arbeit nur einfache Handlungsweisen und Entscheidungen, die wenig Freiraum für eigene Initiative lassen?
- Ist bei der Arbeit alles vorgegeben, so dass der Mitarbeiter praktisch nichts selbst entscheiden kann?

Bedrohte Arbeitsplätze?

- Sind die Arbeitsplätze akut durch Wegfall/Rationalisierung bedroht?

Arbeiten Sie aktiv gegen Mobbing in Ihrem Betrieb und beantworten Sie nachfolgende Fragen:

- Haben Sie im Betrieb einen Gesundheitszirkel, der sich auch mit Mobbing beschäftigt?
- Existiert eine Betriebsanweisung zum Thema „Mobbing“?
- Haben Sie im Betrieb einen Konflikt- oder Mobbing-Beauftragten?
- Existiert in Ihrem Betrieb ein Beschwerdewesen?
- Beobachten Sie regelmäßig Ihre Mitarbeiter und das Verhalten untereinander?
- Haben Sie bereits Vorträge zur Thematik in Ihrem Unternehmen durchführen lassen (auf der Betriebsversammlung, im Arbeitsschutzausschuss) oder sind Vorträge geplant?

Kontaktadressen für weiter gehende Informationen

Nachfolgend seien einige Kontaktadressen genannt, bei denen der interessierte Leser weiter gehende Informationen zum Thema „Mobbing" erhalten kann:

Berufsverband Deutscher Psychologinnen und Psychologen (BDP)
Sektion Arbeits-, Betriebs- und Organisationspsychologie
Wilhelmstraße 76
58256 Ennepetal
Tel.: (0 23 33) 29 98

Bundesarbeitsgemeinschaft gegen Mobbing
Undeloher Straße 12
28329 Bremen
Tel.: (04 21) 4 67 86 97

Gesellschaft gegen psychosozialen Stress und Mobbing
Karlstraße 3
33175 Bad Lippspringe
Tel.: (0 52 52) 5 35 62

Weiterhin bieten Ihnen die Beratungsstellen der Krankenkassen, der Gewerkschaften und der kirchlichen Vereinigungen Hilfen an.

9.2.9 Literatur

Beermann, B.; Meschkutat, B.: Psychosoziale Faktoren am Arbeitsplatz unter Berücksichtigung von Stress und Belästigung. Schriftenreihe der Bundesanstalt für Arbeitsschutz und Arbeitsmedizin. Dortmund 1995.

Leymann, H.: Mobbing. Psychoterror am Arbeitsplatz und wie man sich dagegen wehren kann. Reinbek 1994.

10 Praxisbeispiele

10.1 Gesundheitsschutz gelebt: Einflussmöglichkeiten des Betriebsarztes bei der Siemens AG

Dr. Eva Winnik

Kennzahlen der Siemens AG

Im Hause Siemens waren im Geschäftsjahr 1999 442.000 Mitarbeiter beschäftigt, davon 192.300, also weniger als die Hälfte, in Deutschland. Der gigantische Wandel der Arbeitswelt in den letzten Jahren ist unverkennbar. Damit verbunden ist neben zunehmender globaler Aktivität ein wesentlicher Anstieg in der Qualifikation der Mitarbeiter. 1970 waren 63% der Mitarbeiter gewerbliche Arbeitnehmer und 37% Angestellte. 1999 hat sich dieses Verhältnis in etwa umgekehrt: Wir haben 65% Angestellte und 35% gewerbliche Arbeitnehmer, wobei jeder zweite gewerbliche Mitarbeiter als Facharbeiter qualifiziert ist.

In Deutschland betreuen 80 zum größten Teil hauptamtliche Betriebsärzte die Mitarbeiter. In verschiedenen betriebsärztlichen Kommissionen als Kompetenzzentren (nämlich für Arbeitsphysiologie, Gefahrstoffe und Umwelt, Tropen sowie soziale Aufgaben und Gesundheitsförderung) erarbeiten sie zu gesundheitlichen Fragen grundsätzliche Stellungnahmen und beraten die Zentrale Personal.

Werner von Siemens begründete eine Tradition der Sozialpolitik, in deren Mittelpunkt die Sorge um den Mitarbeiter stand. Er formulierte:

Fürsorglich und betriebswirtschaftlich

„Das Verhüten von Unfällen darf nicht als eine Vorschrift des Gesetzes aufgefasst werden, sondern als ein Gebot menschlicher Verpflichtung und wirtschaftlicher Vernunft."

Und bereits im Jahre 1888 stellte er erstmals einen Betriebsarzt ein, lange vor In-Kraft-Treten des Arbeitssicherheitsgesetzes. Seitdem hat Gesundheit im ganzheitlichen Sinn ihren Stellenwert in der betrieblichen Sozialpolitik.

Unsere sich rasant wandelnde Umwelt ist geprägt durch einen immer schnelleren Wandel der Technik. Produktzyklen verkürzen sich, die Halbwertszeiten nehmen immer mehr ab. Drei von vier Produkten unseres Unternehmens sind jünger als fünf Jahre. Demgegenüber liegt die Halbwertszeit für physiologische und psychologische Änderungen beim Menschen in ganz anderen Größenordnungen. Als Betriebsärzte erleben wir diesen Gegensatz in seiner Auswirkung unmittelbar in unserer Arbeit vor Ort. Das Folgende ist das Ergebnis dieser Erfahrung, gesammelt von vielen Kollegen, in vielen Gesprächen mit Mitarbeitern in der Sprechstunde und/oder in Workshops. Und wenn später von Maßnahmen die Rede ist, so werden diese in vielfältiger Weise von vielen Kollegen durchgeführt.

Gesteigerte Anforderungen

Die Anforderungen an Mitarbeiter und Führungskraft haben zugenommen. Gerade an Führungskräfte sind die Leistungsanforderungen enorm gestiegen, ihr Rollenverständnis hat sich stark gewandelt. Und das Gesundheitsbewusstsein ist häufig wenig ausgeprägt. Früher galten für die Arbeit von Führungskräften Begriffe wie Hierarchien, Vorgaben von oben, eine gewisse Vorhersehbarkeit, Fachkarriere war üblich. Heute geht es beim Führen um Begriffe wie Vertrauen, Entscheidungsspielräume, um Vorbildfunktion, auch um die Fähigkeit, zu motivieren bzw. Motivationsbarrieren zu beseitigen, und um offenes Feedback. Das bedeutet, Führungskräfte brauchen heute mehr und andere Kompetenzen: Neben der unzweifelhaft erforderlichen Fachkompetenz wird Führungskompetenz wichtig, die auch die Fähigkeit zu vertrauensvoller Zusammenarbeit beinhaltet, die Fähigkeit,

Fach- und Führungskompetenz

Engagement der Mitarbeiter

im Team zu arbeiten, das Zubilligen von Entscheidungsspielraum, das Erlauben von Fehlern und eine offene Rückmeldung über das Erreichte. Zunehmend wichtig wird die soziale Kompetenz, zu der sicher auch gehört, den anderen anzuerkennen, mit anderen Abteilungen übergreifend zusammenzuarbeiten, das Aufrechterhalten von Motivation und Engagement der Mitarbeiter, das Entfernen von Motivationsbarrieren, aber auch das Aushalten und Bewältigen von Konflikten.

Führungskräfte zeichnen sich durch ein hohes Maß an Leistungsbereitschaft, an Pflichtbewusstsein und Ehrgeiz aus. Leistung, Anerkennung und Erfolg bestätigen ganz erheblich den eigenen Wert. Wir erleben, dass Führungskräfte oft nicht geübt sind, die eigene Befindlichkeit wahrzunehmen. Sie neigen dazu, sich selbst zurückzustellen und ebenso Privatleben und Familie zurückzustellen. Und manchmal sehen sie sich der Schwierigkeit gegenüber, zu verkraften, dass sie von heute auf morgen nicht mehr gebraucht werden.

Stellung von Führungskräften

Die Stellung von Führungskräften im Betrieb ist exponiert und schwierig. Sie befinden sich in einer „Sandwich-Position", in der sie Anforderungen ihrer eigenen Führung „von oben" ausgesetzt sind und Erwartungen ihrer Mitarbeiter „von unten" erfüllen sollen. In aller Regel stehen sie unter einem hohen Zeitdruck. Sprachkenntnisse gewinnen immer mehr an Bedeutung. Dienstreisen sind häufig und oft auch innerhalb kurzer Zeit sehr weit, über mehrere Zeitzonen hinweg. Und auch hier besteht Zeitdruck, damit möglichst in kurzer Zeit viel verhandelt und entschieden werden kann. Häufig besteht eine Diskrepanz von Anspruch und „gelebter Realität": auf der einen Seite das Wissen, dass man nicht ständig zwölf Stunden lang sehr effektiv arbeiten kann oder dass Abschalten und Entspannung für dauerhafte kreative Arbeit wichtig sind – auf der anderen Seite ein enger Zeitrahmen, Kundendruck, die Sorge um den Auftrag und damit dann doch wieder häufig eine sehr lange Arbeitszeit ohne Pausen. Arbeit wird häufig mit nach Hause genommen, und Entspannung kommt oftmals zu kurz. Nicht selten setzen sich Führungskräfte auf diese Weise selbst unter Druck.

Gesundheitszustand der Führungskräfte

Wenn wir in den Sprechstunden Führungskräfte sehen, so stellen wir fest, dass sie einen hohen Blutdruck, zu viel Cholesterin, auch Übergewicht, Rückenschmerzen und häufig Bewegungsmangel haben. Die Ernährungsgewohnheiten sind teilweise ungesund; Krankheitssymptome im vegetativen Bereich wie Schlafprobleme, Reizmagen oder funktionelle Herzbeschwerden kommen vor. Und oft haben Führungskräfte schon lange keinen Arzt mehr gesehen. Führungskräfte haben auch selten Zeit, etwas daran zu ändern, und neigen in Gesundheitsfragen zu Verdrängung oder Fatalismus. Beim Sport im Urlaub tendieren sie zu Übertreibungen, und uns Ärzte überfordern sie manchmal: „Morgen muss ich gesund sein!"

Zu krank für die Karriere?

Im Manager-Magazin wurde 1999 das Ergebnis von 12.000 Check-ups bei Führungskräften unter dem provokativen Titel „Zu krank für die Karriere?" veröffentlicht. Dabei klagten 85% der ja nur zum Routine-Check-up gekommenen, also sich selbst als gesund empfindenden Führungskräfte über vegetative Beschwerden. 75% hatten einen erhöhten Cholesterinspiegel, 38% litten unter Übergewicht, 20% rauchten und 15% – das ist immerhin jeder siebte – hatte einen zu hohen Blutdruck.

Was können wir als Betriebsärzte da tun? Die Ziele sind klar: Wir wollen die Gesundheitskompetenz der Führungskräfte fördern und so auch die Führungskräfte für die Gesundheit ihrer Mitarbeiter sensibilisieren. Wir wollen auf diese Weise einen bewussteren Umgang von Führungskräften mit ihrer eigenen Gesundheit und den eigenen Ressourcen erreichen, um in diesem Sinne präventiv zu wirken für den Erhalt von Leistung („Können") und Engagement („Wollen").

Gesundheitsförderung und -kompetenz

Deshalb haben wir uns eingebunden in die betriebliche Weiterbildung für Führungskräfte: In dem Seminar „Grundlagen der Personalführung", das alle Mitarbeiter durchlaufen, die Personalführungsverantwortung übernehmen, haben wir unsere Themen Gesundheitsförderung und Gesundheitskompetenz eingebracht. Wir informieren nicht nur die Vorgesetzten über betriebsärztliche Aufgaben und in diesem Zusammenhang auch über ihre Fürsorgepflicht im Rahmen ihrer Vorgesetztenfunktion, sprechen nicht nur die Notwendigkeit der Gesundheitsvorsorge für Mitarbeiter, die im Ausland tätig werden, an, sondern sprechen auch über den Umgang mit Belastungen. „Stress" geht alle an, und Information darüber führt zu Aufmerksamkeit und Sensibilisierung.

Vernünftiger Umgang mit Belastungen

In einem Unternehmensbereich hat die Autorin als Ärztin gemeinsam mit einem Psychologen im Zusammenhang mit dem Grundlagenseminar für Personalführung begonnen, einen Tag Stressmanagement für die Teilnehmer dieses Seminars durchzuführen. Unter dem Aspekt „Vernünftiger Umgang mit Belastungen" haben wir uns unterhalten über Physiologe von Stress, über das Erleben von Stress, auch sehr persönlich – beruflich oder privat. Wir haben kurz Entspannungstechniken angerissen und angeübt, über Kommunikation unter Stress diskutiert, und schließlich den positiven Umgang mit Belastungen und damit die Bedeutung gesunder Lebensführung aufgezeigt. Die Resonanz auf diesen Tag war ausgesprochen positiv. Inzwischen ist dieser Tag ein fester Anhang dieses Grundlagenseminars der Personalführung in diesem Bereich geworden. In weiteren Bereichen sind wir gerade dabei, Ähnliches zu pilotieren.

Gesundheitsförderung als Führungsaufgabe

In einem weiteren Seminar „Führungskultur im Management" (FKM), das die nächsthöhere Führungsebene anspricht, bringen wir das Thema „Gesundheitsförderung als Führungsaufgabe" ein. Wir erörtern, wie viel ein Vorgesetzter in Bezug auf Gesundheit und Klima in seiner Abteilung bewirken kann, wenn er sich Zeit nimmt für seine Mitarbeiter, wenn er deren Belastungen kennt, wenn er weiß, wie Stress sich auswirkt, und wenn er dafür sensibilisiert wird, was er selbst beeinflussen kann. Dies sind manchmal sehr lebhafte und durchaus kontroverse Diskussionen. Dabei bedeutet Gesundheit für uns nicht nur das Fehlen von Schmerzen und Intaktsein körperlicher Funktionen, sondern im ganzheitlichen Sinne auch das „Klarkommen" im sozialen Umfeld und damit Lebensbewältigung unter Akzeptanz der eigenen Verantwortung hierfür.

Siemens Gesundheitsseminar

Als Neuestes wurde von den Ärzten der Kommission Soziale Aufgaben und Gesundheitsförderung in Zusammenarbeit mit der Zentralen Personalabteilung (ZPD ISA) ein dreitägiges Gesundheitsseminar für Führungskräfte konzipiert, das 1999 in zwei Pilotveranstaltungen durchgeführt wurde. Aufgrund des guten Erfolges ist inzwischen das „Siemens Gesundheitsseminar" nicht nur für Führungskräfte, sondern auch für Mitarbeiter im Programm; dieses Jahr werden ca. 20 Seminare durchgeführt, für 2001 sind 44 geplant. Dabei treffen sich 12 Teilnehmer mit 2 Ärzten und 1 Sportlehrer für 3 Tage. Zum einen wird die eigene gesundheitliche Situation in mehreren persönlichen Arztgesprächen aufgrund vorliegender Daten beleuchtet, zum anderen erfolgt Information in kurzen Vorträgen mit Diskussionen über verschiedene Aspekte einer gesunden Lebensführung. Außerdem wird über Bestimmung der Laktat-Schwelle im Rahmen einer Ergometerbelastung die

Individuelles Gesundheitsverhalten

persönliche optimale Trainingsbelastung ermittelt und dann auch sofort praktisch umgesetzt, z.B. in Form von Lauftraining. Bewegungs- und Entspannungsübungen sowie gesunde Ernährung in Theorie und Praxis runden das Programm ab und münden in sehr persönliche Empfehlungen für ein individuelles Gesundheitsverhalten. Stressphysiologie, persönliche Erfahrungen mit Belastung und Management werden besprochen. Das Ziel bleibt, mehr Bewusstsein und Aufmerksamkeit für die eigene Gesundheit als Basis für den Leistungserhalt zu erreichen und auf diese Weise auch für die Gesundheit bzw. Gesundheitsprobleme der Mitarbeiter zu sensibilisieren.

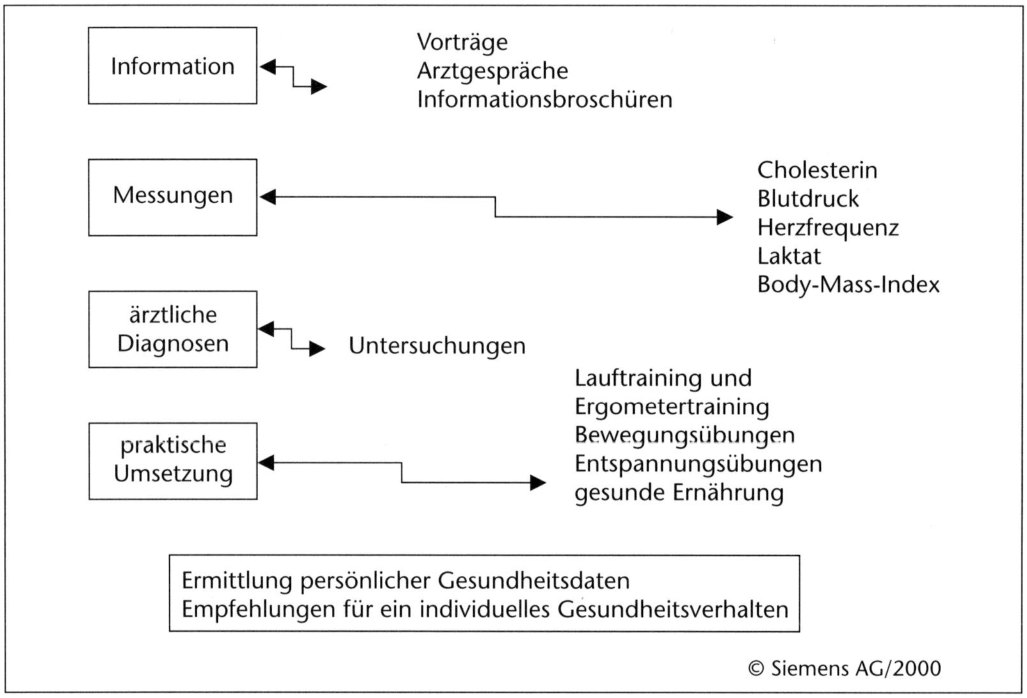

Abb. 1: Bausteine des dreitägigen Gesundheitsseminars

Siemens-Kur

Für Mitarbeiter und Führungskräfte gibt es außerdem noch eine weitere besondere Maßnahme: Wer seit sieben Jahren der Firma angehört, kann, um seine Leistungsfähigkeit zu erhalten, an der „Siemens-Kur" teilnehmen, wenn er hierfür von Vorgesetzten, Betriebsrat oder Betriebsarzt vorgeschlagen wird. An drei Orten, nämlich Eschenlohe, Habischried und Bad Berneck, bestehen hierzu firmeneigene Zentren mit je zwei Ärzten und drei Sportlehrern. Der Teilnehmer selbst bringt lediglich zehn Tage eigenen Urlaub ein, alle übrigen Kosten werden von der Firma – bzw. bei Mitgliedern der Siemens Betriebskrankenkasse teilweise von dieser – übernommen. Dabei ist der Ausdruck „Kur" im Grunde fehl am Platz. Es handelt sich vielmehr um eine dreiwöchige Trainingsmaßnahme zur Gesunderhaltung, die unter den Aspekten Bewegung, Ernährung und Entspannung einen echten ganzheitlichen Ansatz aufweist und in dieser Zeit die positive Erfahrung des persönlich Machbaren für den Einzelnen bietet.

Im Übrigen hat in den Führungsrahmen (er dient als Leitlinie für die Beurteilung der Führungskraft durch ihren Vorgesetzten) erstmals das Thema Gesund-

Selbstführung

heit Eingang gefunden: Unter der Überschrift „Selbstführung" wird erstmals danach gefragt, ob die Führungskraft ihre „psychische und physische Leistungsfähigkeit kennt, auf deren Erhalt achtet und sie gezielt verbessert".

Gesund im ganzheitlichen Sinn

Insgesamt gewinnt das vertrauliche Gespräch in der betriebsärztlichen Sprechstunde (im Grunde ein Einzel-Coaching) zunehmend an Bedeutung. Die Bedeutung des einzelnen Menschen für das Unternehmen steigt. Die Altersstruktur unserer Bevölkerung verhindert eine Wegwerfmentalität, das heißt, wir werden zunehmend mit älteren Arbeitnehmern zu tun haben und uns präventiv um sie kümmern müssen. Und nur gesund im ganzheitlichen Sinn sind Führungskräfte und Mitarbeiter in der Lage, das erforderliche Maß an Motivation, Leistungsbereitschaft und Engagement zu erbringen, das heute nötig ist, als Firma oder Einzelner erfolgreich zu sein. Und daran mitzuwirken ist auch ein wesentlicher Teil unserer Aufgabe als Ärzte im Betrieb.

10.2 Das QSU-Managementsystem von Linde VA

Dr. Ch. Heucke und P. Pöttig

Die Linde Werksgruppe Verfahrenstechnik und Anlagenbau (VA) liefert und erstellt Anlagen für Gaserzeugung und -zerlegung (z.B. C_2H_4, H_2, CO, CO_2, O_2, N_2, NH_3, CH_4, CH_3OH etc.) in aller Welt. Im Folgenden ist die Rede vom integrierten QSU-Managementsystem von Linde VA für Projekte des Standorts Höllriegelskreuth in aller Welt. Die Tochtergesellschaften haben für ihre Projekte eigene QM-Systeme.

10.2.1 Einführung

Integration von SGU in QM

Das QSU-Managementsystem von Linde VA beschäftigt sich mit Qualität, Projektmanagement, Informatik, F+E, sowie seit 1998 auch mit **S**icherheit, **G**esundheits- und **U**mweltschutz (SGU). Grund sind höhere Kundenerwartungen, steigende Anforderungen der Rechtslage und die Notwendigkeit, Zuständigkeit und Ablauf zu regeln. Es basiert auf ISO 9001 für Qualität, einer SCC-Liste für Sicherheit, Gesundheits- und Umweltschutz und ISO 14001 ebenfalls für Umweltschutz (siehe Abb. 1). Das QSU-Managementhandbuch (QSU-HB) und die QSU-Richtlinien (QPAs) und -Arbeitsanweisungen (QPBs) sind im firmeneigenen Intranet einzusehen. Die Integration von SGU in QM (= QSU) erspart Handbücher, Mangelverfolgung, Berichte, Referenten und Audits. Es gibt ähnlich integrierte Managementsysteme auch in anderen Firmen.

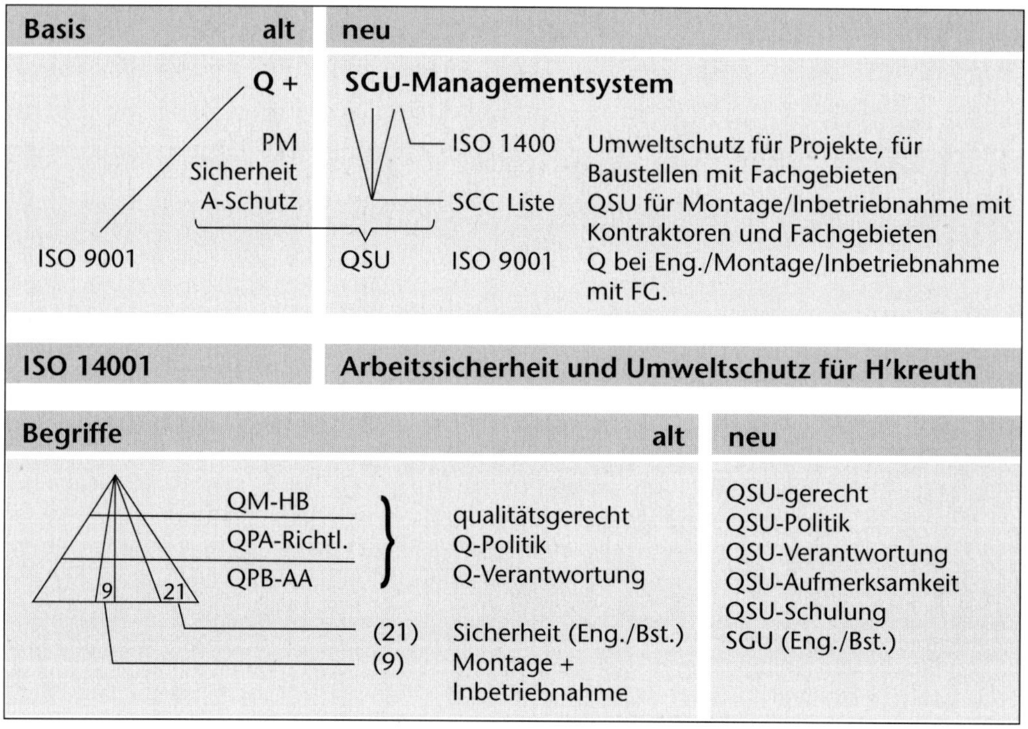

Abb. 1: QSU-Managementsystem (Quelle: Linde AG)

Die SGU-Handhabung für Engineering, Beschaffung, Montage und Inbetriebnahme von Anlagen in aller Welt ist in Verantwortung von Projekt-/Fachprojekt-/Baustellen-/Inbetriebnahmeleiter (PL/FPL/BSTL/IBL) sowie der Engineering-Fachgebiete, sie wird von einem QSU-Manager koordiniert. Davon abgegrenzt gibt es noch die SGU-Handhabung für das Personal auf dem Standort Höllriegelskreuth durch eine besondere Abteilung mit Werksfeuerwehr, Entsorgung etc.

10.2.2 Projektmanagement

Projektablauf steuern

Aufgabe vom Projekt-/Fachprojekt-/Baustellen-/Inbetriebnahmeleiter ist es, den Projektablauf zu steuern mit Schaffung der Voraussetzungen, Unterweisung, Koordination und Prüfung von Planung und Anlagenteilen.

Koordination

Die Abwicklung großer Turn-key-Projekte wird durch den QSU-Projektbeauftragten im Engineering und Sicherheitsfachkräfte in der Montage verstärkt (Abb. 2). Bei kleinen Projekten müssen PL, FPL, BSTL und IBL die Aufgaben von QSU miterfüllen.

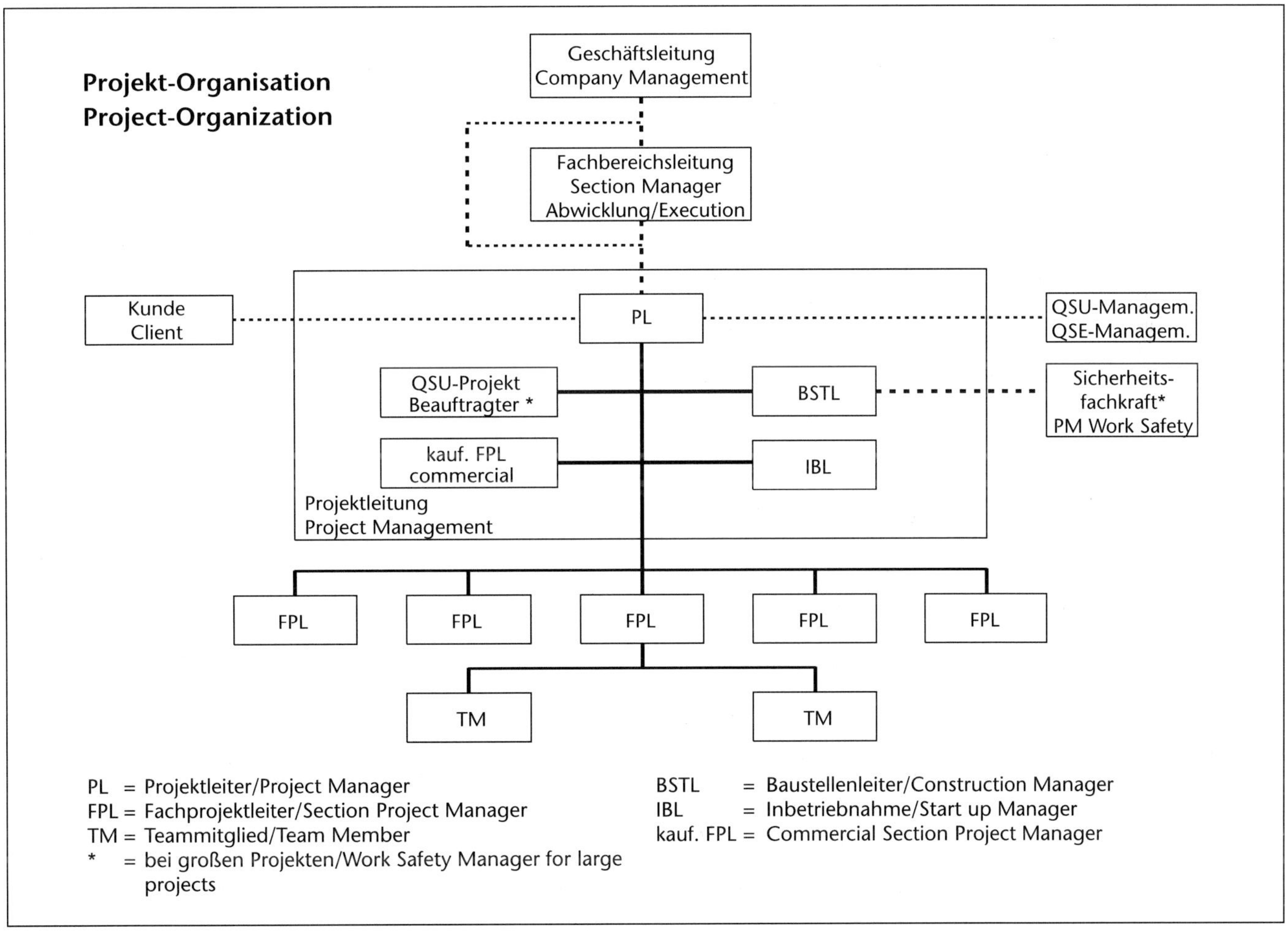

Abb. 2a: Projektorganisation im QSU-Managementsystem

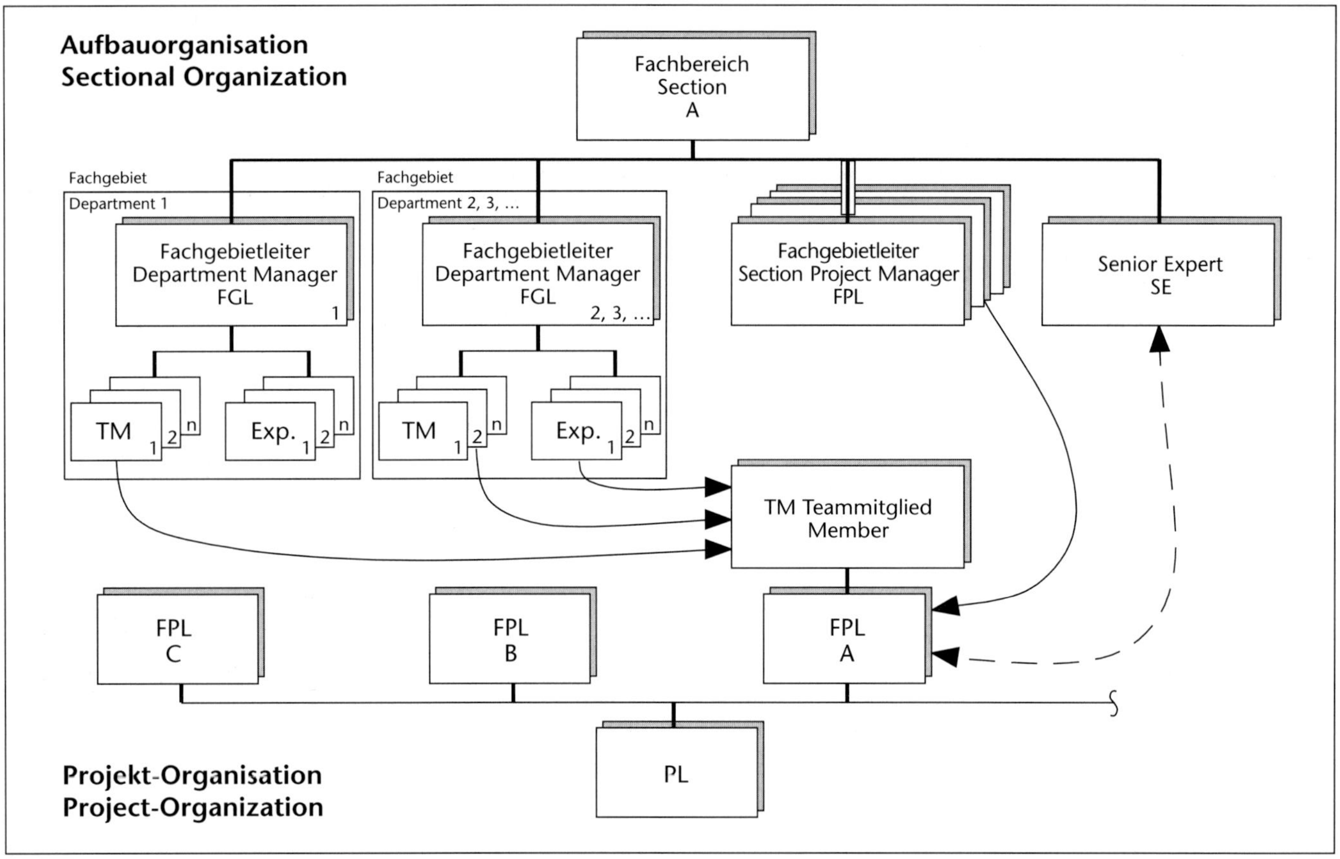

Abb. 2b: Projektorganisation im QSU-Managementsystem

Abbildung 3 zeigt eine Übersicht des SGU-Managementsystems: Die SGU-Gesamtverantwortung geht von der Geschäftsleitung (GL) auf QSU-Manager, Bereichsleiter, Fachgebietsleiter, Betriebsarzt, PL, FPL, BSTL, IBL etc. über. Diese sorgen für QSU- und Projekt-Vorgaben, die die Fachgebiete bei Planung, Beschaffung, Montage und Inbetriebnahme berücksichtigen. Zuständigkeit, Vorgaben der Behörden und Ablauf werden dann projektspezifisch mit einem QSU-Plan nach QSU-Richtlinien und Ergänzungen vorgegeben.

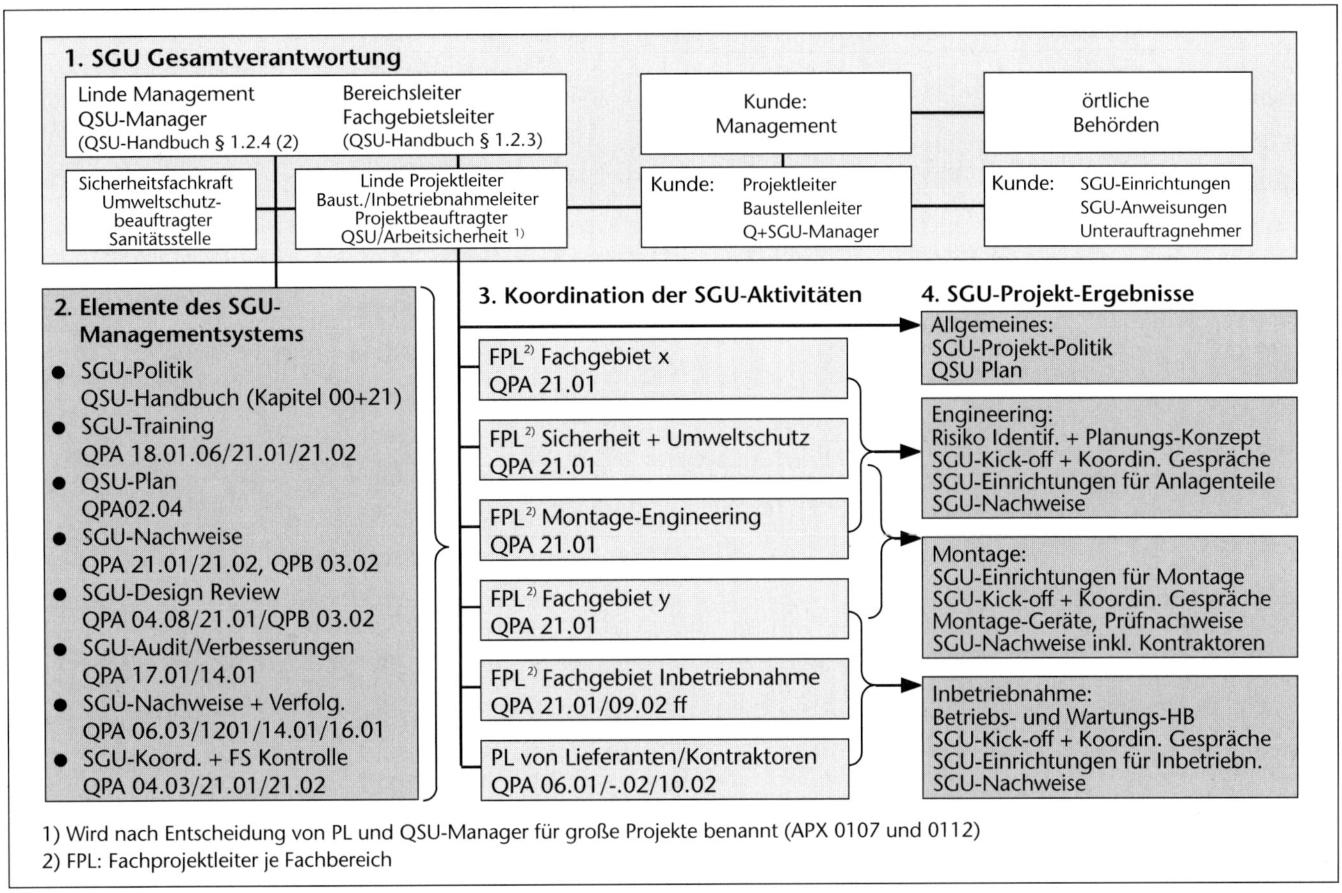

Abb. 3: SGU-Verantwortung, -Elemente, -Koordination und -Projektergebnisse

Planung und Beschaffung

QSU-Plan

Als Leitfaden für die Planung dient der QSU-Plan, hinsichtlich SGU sind wichtig: die projektspezifischen Regelwerke und Standards und die Einbeziehung von QSU in Projektfortschrittsgespräche und -berichte sowie die Punkte des Elements 4 der ISO 9001: Gefährdungsermittlung (z.B. Hazop, Schema- und Aufstellungsbesprechungen) und die Fachkonzepte und Bau- und Prüfvorschriften der Fachdisziplinen gemäß einem Phasenmodell für die Abwicklung. Dieses Vorgehen hat sich bei Linde VA bewährt, wenn ein Prozesstyp schon einige Male gebaut wurde und hinreichende Erfahrungen vorliegen. Bei Prototypen oder sehr großen Anlagen obliegt es aber dem PL, den FPL und der Sicherheitsabteilung, in weiteren Gefährdungsermittlungen besondere Risiken aufzuspüren und ihnen mit zweckmäßigen Maßnahmen zu begegnen. Dazu muss der PL die FPL auffordern und gewerkübergreifende Haltepunkte mit weiteren Design Reviews ansetzen.

SGU-Checkliste „Planung“

Eine SGU-Checkliste „Planung“ (Abb. 4) hilft bei Gefahrenermittlung, Festlegung von Maßnahmen, Unterweisung von Mitarbeitern und Prüfung der Planung und Anlagenteile. Alle Fachgebiete ergreifen Maßnahmen gegen Gefahren, allerdings dominiert die Sicherheitsabteilung. Wie die Überschrift in Abbildung 4 sagt, hilft die Checkliste („An was haben PL, FPL und FGL in der Planung zu denken?“) auch bei Unterweisungen, in monatlichen Fortschrittsgesprächen und Berichten gemäß SCC-Liste.

Arbeitsanweisung	**Objekt/Tätigkeit**	**Vorgabe**	**Beschaffung**	**Risiken**	**Maßnahmen**
Verfahren, Apparate, Maschinen		**Ausführung**			
QPB 03.02.02 QPB 04.24 QPB 03.02.02	A2 Reststoffe, Emmissionen, Abwässer B1 Fouling, chem. Nebenreaktion	CVX CBS CVX		Umweltbelastung Umweltbelastung Fouling Umweltbelastung	reduzieren aufbereiten prozessimmanente Sicherheit mit beherrschbaren Betriebsparametern
	B2 Druck, Temperatur, Spuren, Material	CVX		Korrosion	
QPB 03.02.04 **Apparate** .	A3 Kurzzeitauslegung Materialeinsatzgrenzen Dichtungsarten	CVX CMF CMA	CMA CMA	Lebensdauer Druck/Temperaturgrenzen Leckagen	Grenzen einhalten Si-Ventile, T-Schalter Abpressen
QPB 03.02.05 **Maschinen**	B1 Korr. Medien, Feststoffe – mit Auslaufsicherung	CMM CMM	CMM CMM	Korrosion Leckagen Lagerschäden	Werkstoffauswahl Hochbehälter mit Öl
. . .	– mit Einblock+Ausblasesystem – Pumpverhütung – mit Lärmschutz	CMM CMM CBS	CMM CMM CMM	Leckagen Rückströmung Umweltbelastung	entspannen Rückschlagklappen Schalldämmung
Betriebstechnik QPB 09.01 QPA 09.02	Betriebshandbuch Inbetriebnahmeplanung	CBA CBA	CBA CBA	Unkenntnis gegenseitige Gefährdung, Gefahrstoffe	Schulung Abfolge planen besondere Handhabung
QPA.09.01.03	Montageplanung	CAM	CAM	gegenseitige Gefährdung	Abfolge planen
Montageplanung	Grobmontage; etc.	CAM	CAM	Teile > 10 ton	Hebezeugeinsatz planen
	Brandschutzdämmung Wärme-/Kältedämmung	CAM CBA	CAM CAM	Brand Emmission, Verletzung	Erhalten der Funktion Wärme-/Kältedämmung
QPB 03.02.05	B4 betreibbar, sicher,	CVX		Störfälle	Sicherheitseinrichtungen
Sicherheitstechnik	App. + Masch. ausreichend	CB	CM	Anlagenausfälle	Reserve vorhalten, Wartung
	B5 Vorgaben für Aufstellung	CBS	CKK	gegenseitige Gefährdung	Mindestabstände für CKK
QPA 21.01 § 4.1.2	Sicherheitsventile, Berstscheiben	CBS	CBS	Überdruck	entspannen
Sicherheits-einrichtungen	MSR (S/Z)-Schaltungen	CBS	CRP	Störfall	autom. Schaltung
.	Be- und Entlüftungen	CBS	CKK	Unterdruck, Brandgefahr	be-/entlüften
.	Flammendurchschlagsicherung	CBS	CBS	Brand	begrenzen

Abb. 4: SGU-Checkliste „Planung"

Mangelerfassung und -behebung – Chance für Verbesserung

Handhabung von Mängeln und Unfällen

Wie in anderen Betrieben treten auch bei Linde VA Mängel und Unfälle auf. Ihre Handhabung ist entsprechend ISO 9001 in QSU-Richtlinien „Lenkung fehlerhafter Produkte/Schadensbehebung" und „Korrektur- und Vorbeugemaßnahmen" geregelt. Für Kunden und Zertifizierer sind diese Regelungen von großem Interesse. Sie stellen ein wichtiges Audit-Thema dar nach dem Prinzip: Jeder Mit-

Einmalige Fehler und Systemfehler

arbeiter ist zur Mangel- und Unfallmeldung verpflichtet! Wenn die Meldung auch Verbesserungsvorschläge enthält, sind diese unter Umständen prämienfähig. Je früher die Verbesserung eingeleitet wird, desto zweckmäßiger für Linde VA, Kunden, Lieferanten, Versicherer etc. Um die Handhabung effizient zu gestalten, wird unterschieden in Fehlverhalten (einmalige Fehler) und Systemfehler mit Wiederholungscharakter (Abb. 5).

Mangelursache:	1. Klares Fehlverhalten	2. Fehlverhalten	3. Klarer Systemfehler	4. Systemfehler
Situation	trivial, auf 1 Gewerk beschränkt	nicht trivial, in mehreren (Folge-) Gewerken	trivial, auf 1 Gewerk beschränkt	nicht trivial, in mehreren (Folge-) Gewerken
Mangelmeldung	keine, aber ggf. Mängelrüge mit QPA 13.01.02	projektspezifisch mit QPA 13.01.01 Behebung anfordern	keine	bei Wiederholungsgefahr (s. QPA 14.01.02) Verbesserungen anfordern
Verbesserungsmaßnahme	sofortige Nachbesserung	koordiniert durch Projektleiter, Baustellenleiter etc.	sofort, meist Ergänzung von Arbeitsanweisung	koordinierte Systemverbesserung durch QSU-Management und Fachgebietsleiter
Ergebnis	projektspezifische Behebung (Baustelle)		Vorbeugung für neue Projekte (H'kreuth)	

Abb. 5: Chancen zur Verbesserung

Bereitschaft zur Mangelmeldung

Manchmal sind die Fachgebiete, aus denen Mängel gemeldet werden, selbst – unbewusst – Teil des Problems. Unter Umständen leidet darunter sogar die grundsätzliche Bereitschaft, Mangelmeldungen überhaupt anzufertigen. Es geht aber nicht um persönliche Schuldzuweisungen, sondern vielmehr darum, jede mögliche Chance zur Verbesserung entschieden zu nutzen. Deshalb soll auch jeder seiner Verpflichtung zur Mangelmeldung in den nicht trivialen Fällen nachkommen, seine Umgebung muss aber auch Verständnis dafür aufbringen.

Die Mängel- und Unfallmeldungen werden von den für den betroffenen Fachbereich (FB) zuständigen QSU-Referenten nun als projektspezifisch (nach Element 13 der ISO 9001) oder projektübergreifend, „systemisch" nach Element 14, eingestuft (vgl. Abb. 5). Entsprechend wird der Vorgang an den PL/Einkauf/Expediting oder an eine Mängelverfolgungsstelle weitergeleitet. Nur letzterer Fall eines Mangels oder Unfalles sei im Folgenden weiter betrachtet.

Mängelverfolgung unter 25 Kriterien

Der Mangel oder Unfall wird in der Mängelverfolgungsstelle in einer Datenbank (DB) MEMVIS (**M**ängel**e**rfassungs-, **m**eldungs-, **v**erwaltungs- und **i**nformations**s**ystem) unter insgesamt 25 Kriterien erfasst, dabei Parameter wie Auftragsnummer, Ereignisort in der Anlage, Kundenreklamation j/n, Personenschaden j/n, Bearbeitungsstatus etc. sowie vier zusätzliche Deskriptoren, anhand derer vergleichbare Mangelereignisse in der DB von Interessierten rasch gefunden werden können (siehe Abb. 6 MEMVIS-Erfassungsmaske). Daneben werden auch die Mangelbeschreibung, Sofortmaßnahmen sowie geäußerte Wunschmaßnahmen des Autors der Mängelmeldung übernommen. Unter Koordination der Mängelverfolgungsstelle werden nach meist interdisziplinärer Klärung der Mangelursache geeignete Korrektur- bzw. Vorbeugemaßnahmen mit Erledigungsterminen vereinbart und ihre Erledigung mittels MEMVIS verfolgt. Die dauerhafte Wirksamkeit der durchge-

Prüfung im Audit

führten Maßnahmen wird auch durch gezielte Nachfrage bei dem nächsten planmäßigen, internen Fachgebiets-Audit geprüft.

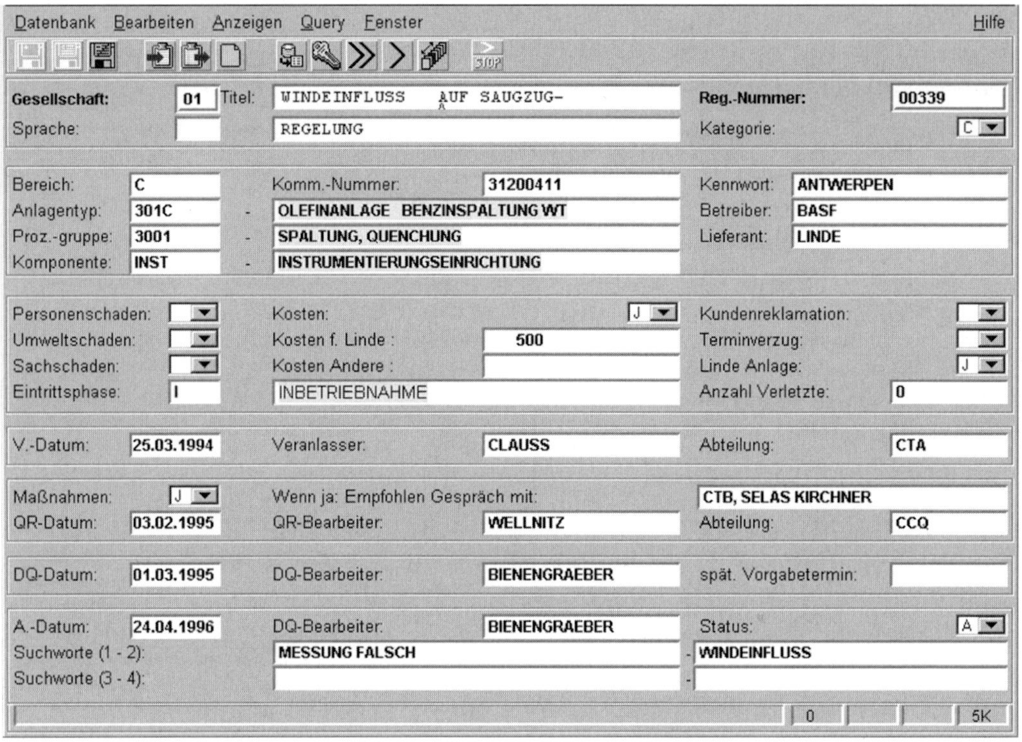

Abb. 6: MEMVIS-Mangelerfassung

Ebenso wie Mängelmeldungen werden auch die in internen Audits vereinbarten Korrektur- und Verbesserungsmaßnahmen in MEMVIS erfasst und ihre Abarbeitung bis zur Erledigung verfolgt. Die Wirksamkeit der eingeführten Maßnahmen wird auch hier wieder planmäßig in nachfolgenden Audits geprüft.

Korrektur- und Verbesserungsmaßnahmen sind häufig Ergänzungen von Anweisungen zu Arbeitsprozessen. Dies stellt einen Lernprozess der QSU-Dokumentation und damit der Firmenorganisation dar. Parameter der Qualität dieses Lernprozesses sind z.B. Größen wie Melderaten, Erledigungsquoten, mittlere Erledigungsdauer der Vorgänge und betroffene Anlagenteile. Durch frei programmierbare MEMVIS-Abfragen lassen sich hierüber Aussagen gewinnen.

Erfassung von Mängeln und Maßnahmen

Derzeit sind in MEMVIS seit seiner Einführung 1994 ca. 400 Mängel sowie 300 Auditmaßnahmen erfasst. Der Trend der Mängel- und Unfallraten zeigt – mit einiger Schwankungsbreite – seit mehreren Jahren nach unten. Die Führungsebenen und Mängelautoren werden über detaillierte Auswertungen mehrmals jährlich in Statusberichten über die Vorgänge im Verbesserungswesens informiert.

Montage/Inbetriebnahme

Als Leitfaden für Montage und Inbetriebnahme dient Element 9 des QSU-Plans und der ISO 9001. Wichtig hinsichtlich SGU sind Handhabung der Montage und Prüfaktionen wie Abnahmen, Sicherheitsbegehungen, getrennte Abfallentsorgung, monatliche Fortschrittsgespräche mit Erörterung der aktuellen QSU-Belange, Schweißerqualifikation und Presskreisabnahme. Auch das hat sich so bei Linde VA bewährt, wenn ein Prozesstyp schon einige Male gebaut wurde und hinreichende Erfahrungen vorliegen. Bei Prototypen oder großen Anlagen oder unvorhergesehenen Situationen obliegt es aber dem BSTL und später dem IBL, in Gefährdungsermittlungen weitere, örtliche Risiken aufzuspüren und ihnen mit zweckmäßigen Maßnahmen zu begegnen.

SGU-Checkliste „Montage"

Die SGU-Checkliste „Montage" (Abb. 7) enthält Montagerisiken und nennt Maßnahmen zur Gefahrenabwendung. Diese SGU-Checkliste ist auch als Basis für Unterweisungen und monatliche Baustellenfortschrittsgespräche des BSTL gemäß SCC-Liste gedacht.

Arbeitsanweisungen	Objekt/Tätigkeit	Risiken	Maßnahmen
QPA 09.01.01	Terminplan	gegenseitige Gefährdung	Einteilung der Arbeitsabschnitte
QPA 09.03	Baustellenorganisation	gegenseitige Behinderung	Koordination/Überwachung
QPA 10.02	Prüfung von Montagearbeiten	Montagefehler	Abnahmeprüfung
QPA 10.03	Abnahme und Übergabe	Restmängel	Punchliste
QPA 15.02	Materialverwaltung	Transportschäden	Eingangskontrolle
QPB 09.31	Baustelleneinrichtung und -betrieb	Unkenntnis Gefahrenstoffe Abfallmengen	Gefahrenkennzeichnung B-ordnung, -Sivorschriften getrennt entsorgen, erfassen
QPB 09.32	Untergrundrohrleitungen	Leckagen, Korrosion	Drucktest, Korrosionsschutz
QPB 09.33	Rohrleitungsmontage	Schweißmängel Strahlung	Presskreistest absperren
QPB 09.34	Grobmontage	Standfestigkeit Teile > 10 ton	fester Unterbau Montageanweisungen
QPB 09.35*E	Dämmung	Witterung, Dampf	vollständige Befestigung
QPB 09.36*E	Beschichtungen/ Korrosionsschutz		Dicke, Härte nachbessern
Herstellervorschrift	Schlüsselverriegelungen	falscher Einbau	Prüf- vs Verriegelungsplan
Herstellervorschrift	Maschinen	dynamisch instabil	Ausrichtung der Achsen
Herstellervorschrift	Apparateeinbauten	Fehlfunktion	Prüf- vs App+Montagespec.
ohne QPB	Anlagen- und Liefergrenzen	Lücken	Koordination
QPB 09.41	Aluminium-Plattentauscher	Verunreinigung	Abdecken, -stecken
QPB 09.46	Sicherheitsbegehungen	Vernachlässigen von SGU	SGU-Kontrollen
QPB 09.61	Bau	Ankerschraubenfehler Gruben > 10 m	Schraubenkontrolle sichern
QPB 09. 62	Stahlbaumontage	Gerüste > 7m	Schutz vor fallenden Gegenständen/Absturz
QPB 09.63	PLT-Montage	Falscher Einbau,..	Funktionsprüfung (QPB 10.20)
QPB 09.64	E-Technik-Montage	Kabelbeschädigung, Hochspannung	Funktionsprüfung
QPB 10.20	Prüfung PLT Montage	Funktionsmängel	Loop Test
QPB 21.02	Unfallmeldung	Versicherungsverlust	sofortige Meldung

Abb. 7: SGU-Checkliste „Montage"

SGU-Checkliste „Inbetriebnahme"

Eine dritte SGU-Checkliste „Inbetriebnahme" enthält Inbetriebnahmerisiken und nennt Maßnahmen zur Gefahrenabwendung. Die zugehörigen Arbeitsanweisungen gibt es auch in Englisch. Wie die Überschrift sagt, hilft die Checkliste auch bei täglichen Betriebsbesprechungen und Unterweisungen des IBL. Wenn Linde VA nach Vertrag bei Montage und Inbetriebnahme „nur" überwacht, können die Arbeitsanweisungen dem Kunden als Empfehlung gegeben werden, wenn es angebracht ist.

SGU auf Baustellen

Eine Richtlinie „SGU auf Baustellen" beschreibt unter anderem die medizinische Betreuung nach den Grundsätzen der BG, insbesondere mit Reisevorbereitung, Vorsorgeuntersuchung, Eignungsprüfung, so wie der Werksarzt sie praktiziert, und Aspekte der Auslandskrankenversicherung. Der Sicherheitsbeauftragte hält bestimmte persönliche Schutzausrüstungen vor und warnt vor Baustelleneinkauf von billigem Gerät. Unfallmeldungen müssen auch von ausländischen Baustellen erstellt werden.

10.2.3 Einführungsmaterial

Behörden, BG und SCC-Liste fordern von den Führungskräften regelmäßige Unterweisung der Mitarbeiter. Als Material gibt es dafür das QSU-Handbuch, Richtlinien und Arbeitsanweisungen, Videos und ein SGU-Taschenbuch für Baustellenmitarbeiter. Wer wen worüber unterweisen soll, zeigt eine Matrix mit Schulungsinhalten gemäß SCC-Liste. Zu unterweisen sind MA, FPL, PL, FBL, BSTL, IBL durch PL, FGL, FPL und Sicherheitsfachkraft. Die Praxis und die Kritik der Kunden, Mitarbeiter und Zertifizierer wird zeigen, wie man diese Schulungsinhalte weiter ergänzen muss.

Jährliche SGU-Schulung

Eine Auswahl von Videos der BG ist ständig zur Unterweisung durch FGL und BSTL verfügbar. Die QSU-Referenten vertiefen bei Fachgebietsbesprechungen QSU-Themen abgestimmt mit den aktuellen Belangen. Besonders gute Akzeptanz hat eine jährlich veranstaltete SGU-Schulung mit dem TÜV als Veranstalter und Herrn Voss, Augsburg, als Referent. Das bereits erwähnte SGU-Taschenbuch mit den Kapiteln Notfallvorsorge, Sicherheit, Gesundheit, Umweltschutz und Verhaltensregeln wird von allen Baustellenmitarbeiter bei Ankunft studiert und quittiert. Es enthält das SGU-Einmaleins und unterstützt die Führungskräfte bei Unterweisungen.

10.2.4 Erfolgsmessung und Ausblick

Analyse der Schwächen

QSU muss gelebt werden und sich auch einer wirtschaftlichen Betrachtung stellen. Um gezielt weiterzukommen, brauchen wir detailliertere Informationen über individuelle Fehler und einen Anreiz für Verbesserer, sich damit auseinander zu setzen. Die Strategie dafür ist: Qualitätskennzahlen erfassen, Schwächen analysieren, Maßnahmen vorgeben.

Ratgeber (z.B. EFQM, McKinsey) empfehlen eine jährlich wiederholte Erfassung von Qualitätskennzahlen durch die Fachbereiche im Engineering, z.B.:

- Energie- und Rohstoffeinsatz pro Produkt
- Stunden pro Apparat, pro Isometrie, pro Messstelle
- Auftragstunden pro Angebotstunden

- Termineinhaltung je Phase
- Änderungen verursacht je Bereich, Projektart, Projekt etc.
- jährliche Unfallstatistik

Vernetzung der Kennzahlen

Diese Kennzahlen sind stark vernetzt (Abb. 8); so kann beispielsweise eine Termineinhaltung in frühen Phasen in der Folge Einsparungen ermöglichen durch mehr Zeit für Planungsoptimierung (z.B. für Stahlbau) oder für lange Preisgespräche (z.B. für Montagevergaben). Anders herum gilt: Ein früh verpatzter Planungsschritt mit nachfolgenden Änderungen kann die „Performance" vieler Folgetätigkeiten – auch anderer Gewerke – verderben.

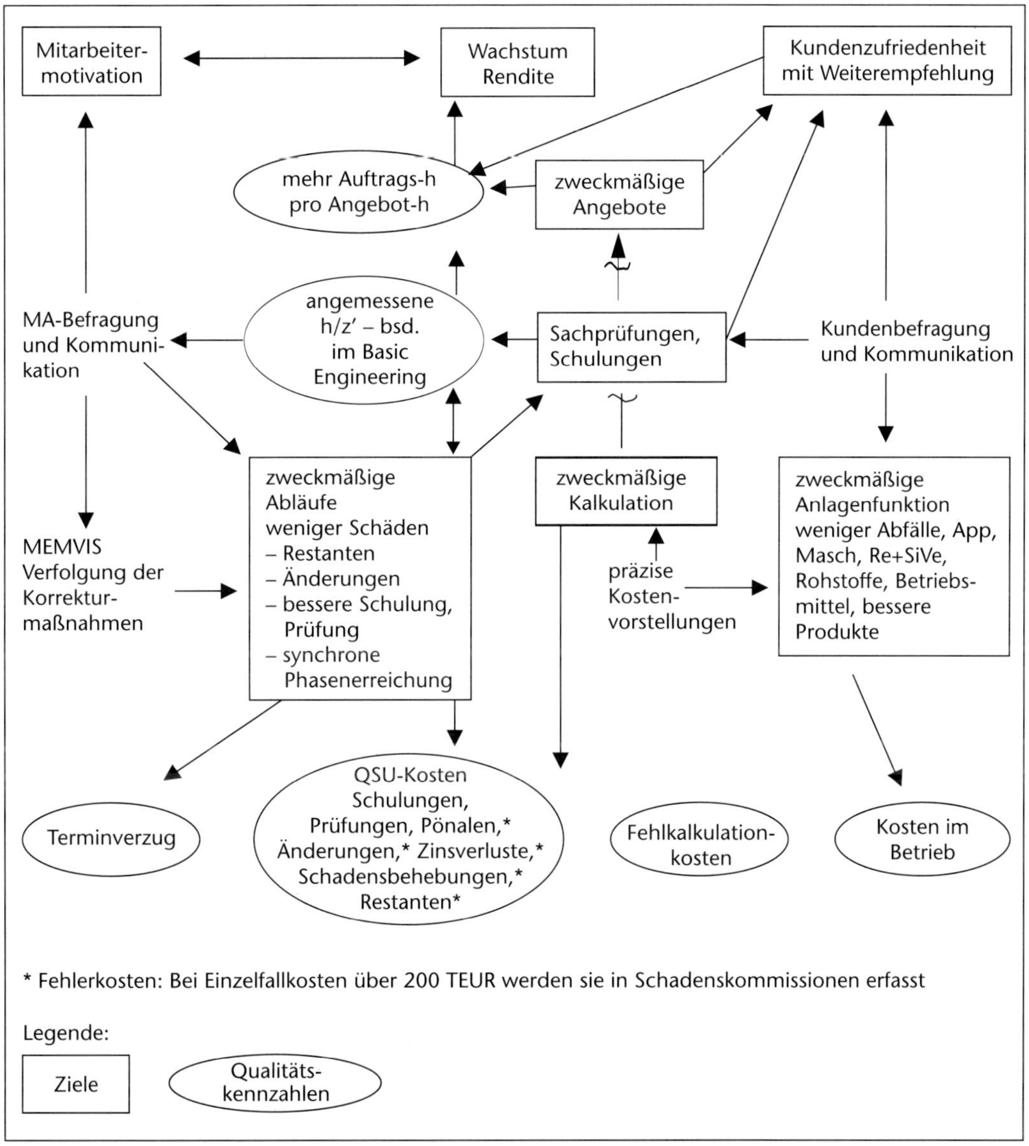

Abb. 8: Verknüpfung von Zielen mit messbaren Qualitätskennzahlen

Besonders die Vermeidung später Planungsänderungen mit Nacharbeiten auf Baustellen beinhaltet großes Einsparpotenzial. Solche Fälle werden auf extra Projektnummern erfasst, sofern sie voraussichtlich 200 TEuro übersteigen werden, um sie zweckmäßig analysieren zu können:

- Warum kam die Änderung so spät? Warum ereignete sich der Zwischenfall?
- Gezieltere Vertragsprüfung? Checkliste ergänzen!
- Gezieltere Zeichnungsprüfung? Checkliste ergänzen oder Unterweisung durch FGL!
- Gezieltere Inspektion/Abnahme? Inspektionspläne ergänzen!

Jährliche Erfassung der Kennzahlen

Es wird auch auf die jährliche Erfassung einiger der oben erwähnten Qualitätskennzahlen hingearbeitet mit dem Ziel, diese mit einer empirischen Kundenzufriedenheit bei abgeschlossenen Angeboten und Projektabwicklungen zusammenzustellen, um je nach jährlicher Veränderung neue Stärken und Schwächen differenzierter analysieren zu können.

Das integrierte QSU-Management ist als Schritt in Richtung TQM zu verstehen. Sein Weg lässt sich mit folgenden Schlagworten kennzeichnen:

- Geschäftsprozesse und QSU weiter verbessern
- weniger Fehler/Änderungen/keine Unfälle
- Vorgaben ergänzen, lernen von anderen
- Einstellung: Wer, wenn nicht ich! Wann, wenn nicht jetzt!

Dabei vertrauen wir weiter auf wachsende Sicherheit und Qualität.

11 Internet-Adressen im Arbeits- und Gesundheitsschutz

Im nachfolgenden Kapitel sind wesentliche Internet-Adressen im Zusammenhang mit Arbeits- und Gesundheitsschutz benannt und teilweise auch kommentiert. Die Adressen umfassen alle wichtigen Aspekte von rechtlichen Grundlagen über Statistiken hin bis zu Verlagen. Die Auflistung hat keinen Anspruch auf Vollständigkeit und ist vom Autor hinsichtlich der Praktikabilität und praxisnaher Inhalte ausgewählt.

Die einzelnen Unterkapitel umfassen nachfolgende Themen:

11.1 Bundesbehörden und Bundesinstitutionen
11.2 Ministerien und Behörden im Ausland
11.3 Europäische Union
11.4 Gesetzliche Unfallversicherungen (Dachverbände)
11.5 Berufsgenossenschaften
11.6 Weitere Internet-Adressen zum Thema „Prävention"
11.7 Statistiken
11.8 Vereine und Verbände
11.9 Verlage
11.10 Schulungsträger
11.11 Arbeitsmedizin
11.12 Recht
11.13 Betriebsrat
11.14 Umweltschutz
11.15 Versand von Produkten und Artikeln des Arbeitsschutzes
11.16 Allgemeine Suchmaschinen

11.1 Bundesbehörden und Bundesinstitutionen

- www.bundestag.de
  Deutscher Bundestag, Berlin

  Arbeitsweise, Ausschüsse, Abgeordnete, Tagesordnungen der parlamentarischen Gremien, allgemeines Informationsmaterial

- dip.bundestag.de
  Deutscher Bundestag, Berlin

  Bundestagsdrucksachen (Download über Dokumentenserver „PARFORS" möglich)

- www.bundesregierung.de
  Bundesregierung

  Überblick über Politikthemen

- www.bundesanzeiger.de/bgbl1.htm
  Bundesgesetzblatt Teil I

- www.bma.de
  Bundesministerium für Arbeit und Sozialordnung, Bonn

  Volltext-Sammlung von Gesetzen, Informationen zu Einzelthemen

- www.bma.de/de/asp/gesetze/show.asp
  Bundesministerium für Arbeit und Sozialordnung, Bonn

  Arbeitsschutzvorschriften und grundlegende Gesetze

- www.bma.de/de/ministerium/statistiken/taschenbuch/index.htm
  Bundesministerium für Arbeit und Sozialordnung, Bonn

  Statistisches Taschenbuch des BMA

- www.bmwi.de
  Bundesministerium für Wirtschaft und Technologie, Berlin

  Informationen zu Wirtschafts- und Technologiepolitik

- www.baua.de
  Bundesanstalt für Arbeitsschutz und Arbeitsmedizin, Dortmund

  aktuelle Informationen zu Forschungsprojekten, Ergebnissen und Veranstaltungen; große Bibliothek

- www.baua.de/prax/geraete/geraete.htm
  Bundesanstalt für Arbeitsschutz und Arbeitsmedizin, Dortmund

  zugelassene Prüf- und Zertifizierungsstellen

- www.baua.de/prax/index.htm
  Bundesanstalt für Arbeitsschutz und Arbeitsmedizin, Dortmund

  „Aktuelle Ergebnisse für die Praxis"

- www.baua.de/fors/index.htm
  Bundesanstalt für Arbeitsschutz und Arbeitsmedizin, Dortmund

  Vorstellung von Forschungsprojekten und -ergebnissen der BAuA

- www.baua.de/info/index.htm
  Bundesanstalt für Arbeitsschutz und Arbeitsmedizin, Dortmund

  Arbeitsschutz-Literaturdatenbank BAuA-LITDOK mit zz. ca. 40.000 bibliographischen Hinweisen auf deutsche (85%) und internationale Veröffentlichungen aus allen Bereichen des Arbeitsschutzes und der Arbeitsmedizin (kostenpflichtig)

- www.bgvv.de
  Bundesinstitut für gesundheitlichen Verbraucherschutz und Veterinärmedizin
  Das Bundesinstitut gehört zum Geschäftsbereich des Bundesministeriums für Gesundheit und sieht eine ihrer zentralen Aufgaben in der Bewertung von Gefahrstoffen hinsichtlich ihrer gesundheitlichen Auswirkungen. Zwei Datenbanken geben Auskunft:
  - *CIVS Chemikalieninformationssystem für verbraucherrelevante Stoffe (Informationen von über 3.000 Chemikalien)*
  - *ICSC Internationale Chemische Sicherheitsdatenblätter*

- www.umweltbundesamt.de/www-links/www.htm
  Umweltbundesamt, Berlin

  aktuelle Presseinformationen, Umweltdaten online, nationale und internationale Links zum Thema Umwelt

- www.bundesarbeitsgericht.de
  Bundesarbeitsgericht, Erfurt

  aktuelle Rechtssprechungen mit Urteilsbegründungen

- www.lga.de
  Landesgewerbeanstalt Bayern, München

- www.stmas.bayern.de
  Bayerisches Staatsministerium für Arbeit und Sozialordnung, Familie, Frauen und Gesundheit, München

- www.lfas.bayern.de
  Bayerisches Landesamt für Arbeitsschutz, Arbeitsmedizin und Sicherheitstechnik (LfAS), München

  Informative Broschüren zu Spezialthemen des Arbeitsschutzes (z.B. Gefahrstoffe, elektrischer Strom, PSA) zum Downloaden

- www.brandenburg.de/liaa/lasi/lasi.htm
  Länderausschuss für Arbeitsschutz und Sicherheitstechnik (LASi)

  rechtliche und grundlegende Fragen des Arbeitsschutzes und der technischen Sicherheit; Beschreibung der Organisation und Vorstellung von Ansprechpartnern

- www.brandenburg.de/liaa/lasi/bundland.htm
  Länderausschuss für Arbeitsschutz und Sicherheitstechnik (LASi)

  Zugang zu den für den Arbeitsschutz zuständigen Stellen

- www.bfs.de
  Bundesamt für Strahlenschutz, Salzgitter

  Rechtliche Texte, Selbstdarstellung sowie Broschüre zum Download

- www.yahoo.de/Staat_und_Politik/Behoerden
  Linksammlung: Deutsche Behörden

  Liste der deutschen Behörden mit eigenen Internetseiten

11.2 Ministerien und Behörden im Ausland

- www.hse.gov.uk
  Health and Safety Executive (HSE)

  In Großbritannien für Arbeitsschutz zuständig. Sie bietet Selbstdarstellung, Informationen und Verzeichnisse.

- www.open.gov.uk/hse/org/orguk99.htm
  Health and Safety Executive (HSE)

  Auflistung der „Organisations Concerned with Health and Safety Information" in Großbritannien

- www.open.gov.uk/hse/pubns/hazards.htm
  Health and Safety Executive (HSE)

  Broschürenverzeichnis der HSE: Arbeitsplatzgefahren

- www.open.gov.uk/hse/pubns/hsc13.htm
  Health and Safety Executive (HSE)

  rechtliche Grundlinien zum Arbeitsschutz in Großbritannien: „Health and Safety Regulation: A Short Guide"

- www.open.gov.uk/hse/dst/ttmain.htm
  Health and Safety Executive (HSE)

  Informationen über Trends und ihre Auswirkungen im Arbeitsschutz

- www.inrs.fr
  Institut national de recherche et de sécurité (INRS) pour la prévention des accidents et des maladies professionnelles

  Selbstdarstellung, Forschungsgebiete und Publikationen sowie Qualifizierungsmaßnahmen

- www.inrs.fr/home/homeliens.html
  Institut national de recherche et de sécurité (INRS) pour la prévention des accidents et des maladies professionnelles

  Links zu französischen Organisationen im Bereich Arbeits- und Gesundheitsschutz

- europa.eu.int/abc/governments/index_de.html

  Links zu den Regierungen der EU-Mitgliedstaaten

- www.austria.gv.at
  Bundesregierung Österreich

  Zugang zu anderen staatlichen Stellen

- www.bmsg.gv.at
  Bundesministerium für soziale Sicherheit und Generationen

- www.gov.ch
  Regierung und Verwaltung der Schweiz

  Verzeichnis der Verwaltungen und öffentlichen Dienste

11.3 Europäische Union

- europa.eu.int/index-de.htm
  Europäische Union

  Homepage der Europäischen Union (EU): Ausgangspunkt zu den einzelnen europäischen Institutionen, zu den Politikbereichen und zu den Publikationen

- europa.eu.int/eur-lex/de/index.html
  Europäische Union

  EU-Rechtstexte, alle EU-Richtlinien und Verordnungen

- europa.eu.int/scadplus/scad_de.htm
  Europäische Union

  Einstiegsseite zu den Politiken der Europäischen Union

- europa.eu.int/comm/index_de.htm
  Europäische Union: Europäische Kommission

  Startseite der Europäischen Kommission, bietet Zugang zu den einzelnen Bereichen der Europäischen Kommission und zu aktuellen Informationen

- europa.eu.int/comm/enterprise/index_en.htm
  Europäische Union: Generaldirektion Unternehmen

  Homepage des Bereiches „Industrie" der Generaldirektion Unternehmen der Europäischen Kommission. Die Generaldirektion ist unter anderem für die Rechtsvereinheitlichung im europäischen Binnenmarkt zuständig. Auf den Internetseiten der General-

direktion findet man (zurzeit nur auf Englisch) zu einzelnen Arbeitsbereichen sehr ausführliche Informationen, eine Linkliste, ein Publikationsverzeichnis sowie eine „News-Seite".

- europa.eu.int/comm/enterprise/whatsnew.htm
  Europäische Union: Generaldirektion Unternehmen

  Neues auf den Internetseiten der Generaldirektion

- europa.eu.int/comm/enterprise/newapproach/standardization/harmstds/index.html
  Europäische Union: Generaldirektion Unternehmen

  Referenzliste zu harmonisierten Normen: Auflistung der Richtlinien, auf denen harmonisierten Normen beruhen.

- europa.eu.int/comm/enterprise/electr_equipment/index.htm
  Europäische Union: Generaldirektion Unternehmen

  Informationen zum Bereich „Electrical Equipment" (u.a. elektrische Sicherheit und elektromagnetische Verträglichkeit)

- europa.eu.int/comm/enterprise/newapproach/standardization/harmstds/whatsnew.html
  Europäische Union: Generaldirektion Unternehmen

  Neues zu Normung und Harmonisierung

- www.eotc.be/News/EC/EC_News.htm
  Europäische Union: Generaldirektion Unternehmen

  Conformity Assessment News from the European Commission
  Entwürfe und Dokumente der Generaldirektion zum Thema Konformitätsbewertung (EOTC Rubrik: Prüfung und Zertifizierung)

- europa.eu.int/comm/dgs/employment_social/index_de.htm
  Europäische Union: Generaldirektion für Beschäftigung und Soziales

  Vorstellung der Aktivitäten der Generaldirektion; Zuständigkeitsbereiche: Beschäftigung, Arbeitsbeziehungen, soziale Angelegenheiten

- europa.eu.int/comm/dgs/employment_social/news_de.htm
  Europäische Union: Generaldirektion für Beschäftigung und Soziales

  Informationsangebote. Es besteht die Möglichkeit, per eMail über Neuigkeiten informiert zu werden.

- europa.eu.int/comm/employment_social/h&s/news_de.htm
  Europäische Union: Generaldirektion für Beschäftigung und Soziales

  Startseite „Health and Safety at work" der Generaldirektion für Beschäftigung und Soziales

- europa.eu.int/comm/health/index_de.html
  Europäische Union: Direktorat Öffentliche Gesundheit

- europe.osha.eu.int
  Europäische Agentur für Sicherheit und Gesundheit am Arbeitsplatz

  Informationen über Arbeitsschutz: Aus- und Fortbildung, Arbeitsschutzsystem, Rechtstexte, praktische Lösungen etc.

- de.osha.eu.int
  Europäische Agentur für Sicherheit und Gesundheit am Arbeitsplatz

  Länderspezifische Seiten des Netzwerkes (hier: Deutschland)

- www.eurofound.ie
  Europäische Stiftung zur Verbesserung der Lebens- und Arbeitsbedingungen (EF)

  Ihre Aufgabe ist die Ausgestaltung einer Politik zur Verbesserung der sozialen Bedingungen/Arbeitsbedingungen.

- www.etuc.org/tutb/index_en.html
  European Trade Union Technical Bureau for Health and Safety (TUTB)

  Informationen über die Arbeit des TUTB mit Ansprechpartnern, Darstellung zur Projektarbeit, Stellungnahmen und aktuelle Informationen

- www.etuc.org/tutb/uk/projets2e.html
  European Trade Union Technical Bureau for Health and Safety (TUTB)

  „TUTB comments on draft technical standards"
  Stellungnahmen zu einzelnen Normenentwürfen

- www.etuc.org/tutb/uk/newsletter.html
  European Trade Union Technical Bureau for Health and Safety (TUTB)

  TUTB Newsletter: dreimal jährlich im Volltext im Internet verfügbar

11.4 Gesetzliche Unfallversicherungen (Dachverbände)

- www.hvbg.de
  Hauptverband der gewerblichen Berufsgenossenschaften (HVBG), Sankt Augustin

  Informationen zur gesetzlichen Unfallversicherung, aktuelle Presseinformationen, Publikationen, Links zu den einzelnen Berufsgenossenschaften

- www.hvbg.de/bia
  Berufsgenossenschaftliches Institut für Arbeitssicherheit (BIA), Sankt Augustin

- www.hvbg.de/bgz
  Berufsgenossenschaftliche Zentrale für Sicherheit und Gesundheit (BGZ), Sankt Augustin

- www.unfallkassen.de
  Bundesverband der Unfallkassen, München

- www.lsv-d.de
  Die landwirtschaftliche Sozialversicherung (LSV)

- www.suva.ch
  Schweizerische Unfallversicherungsanstalt (Suva), Luzern

- www.auva.or.at
  Allgemeine Unfallversicherungsanstalt (AUVA), Wien

- www.gesundheit-und-arbeit.de/projekte/ipag.html
  Integrationsprogramm Arbeit und Gesundheit von Unfallversicherung und Krankenkassen (IPAG)

11.5 Berufsgenossenschaften

- www.bergbau-bg.de
  Bergbau-BG, Bochum
- region.tu-clausthal.de/bbg
  Hauptstelle für das Grubenrettungswesen der Bergbau-BG
- www.bgfa.ruhr-uni-bochum.de
  Berufsgenossenschaftliches Forschungsinstitut für Arbeitsmedizin (BGFA)
- www.stbg.de
  Steinbruchs-BG, Langenhagen
- www.bgglaskeramik.de
  BG der keramischen und Glas-Industrie, Würzburg
- www.bgfw.de
  BG der Gas-, Fernwärme- und Wasserwirtschaft, Düsseldorf
- www.mmbg.de
  Hütten- und Walzwerks-BG, Düsseldorf
- www.mmbg.de
  Maschinenbau- und Metall-BG, Düsseldorf
- www.smbg.de
  Süddeutsche Metall-BG, Mainz
- www.edelmetall-bg.de
  Edel- und Unedelmetall-BG, Stuttgart
- www.bgfe.de
  BG der Feinmechanik und Elektrotechnik, Köln
- www.bgchemie.de
  BG Chemie, Heidelberg
- www.bgdp.de
  BG Druck und Papierverarbeitung, Wiesbaden
- www.bgn.de
  BG Nahrungsmittel und Gaststätten, Mannheim
- www.fleischerei-bg.de
  Fleischerei-BG, Mainz
- www.bau-bghamburg.de
  Bau-BG Hamburg
- www.bau-bghannover.de
  Bau-BG Hannover
- www.bau-bgrheinlandundwestfalen.de
  Bau-BG Rheinland und Westfalen, Wuppertal
- www.bau-bgfrankfurtammain.de
  Bau-BG Frankfurt

- www.suedwestlichebau-bg.de
  Südwestliche Bau-BG, Karlsruhe
- www.wuerttembergischebau-bg.de
  Württembergische Bau-BG, Böblingen
- www.baubg.de
  Bau-BG Bayern und Sachsen, München
- www.tiefbaubg.de
  Tiefbau-BG, München
- www.bau-bg.de
  Arbeitsgemeinschaft der Bau-BGen, Frankfurt
- www.vbg.de
  Verwaltungs-BG, Hamburg
- www.holz-bg.de
  Holz-BG, München
- www.textil-bg.de
  Textil- und Bekleidungs-BG, Augsburg
- www.grolabg.de
  Großhandels- und Lagerei-BG, Mannheim
- www.bgf.de
  BG Fahrzeughaltungen, Hamburg
- www.see-bg.de
  See-BG, Hamburg
- www.bgw-online.de
  BG für Gesundheitsdienst und Wohlfahrtspflege, Hamburg
- www.basi.de
  Bundesarbeitsgemeinschaft für Sicherheit und Gesundheit bei der Arbeit e.V. (Basi), Sankt Augustin
- www.dvr.de
  Deutscher Verkehrssicherheitsrat e.V. (DVR), Meckenheim
- www.kan.de
  Kommission Arbeitsschutz und Normung, Sankt Augustin
- www.bg-welt.de
  Gemeinschaftsstand der BGen im Internet
- www.bg-praevention.de
  BG-Netzwerk Prävention

11.6 Weitere Internet-Adressen zum Thema Prävention

- osha.eu.int
  Europäische Agentur für Sicherheit und Gesundheit bei der Arbeit – Bilbao (Spanien)

- de.osha.eu.int
  Informationsnetzwerk Sicherheit und Gesundheit am Arbeitsplatz in Deutschland
- www.issa.int
  Internationale Vereinigung für Soziale Sicherheit – Schweiz
- www.eurofound.ie
  Europäische Stiftung zur Verbesserung der Lebens- und Arbeitsbedingungen – Dublin
- www.ohse.co.uk
  OHS&E Occupational Health, Safety and Environment – United Kingdom
- www.europa.eu.int/comm/dgs/employment_social/index_de.htm
  Europäische Kommission: Generaldirektion für Beschäftigung und Soziales – Luxemburg
- www.occuphealth.fi
  Finnish Institute of Occupational Health – Finnland
- www.healthy.net
  Health World Online – USA
- www.niwl.se
  National Institute for Working Live – Schweden
- www.nohsc.gov.au
  National Occupational Health and Safety Commission – Australien
- www.hsa.ie
  Health and Safety Authority – Irland
- gin.uibk.ac.at
  Gesundheitsinformationsnetz (GIN) Österreich
- www.meb.uni-bonn.de/giftzentrale
  Informationszentrale gegen Vergiftungen des Landes NRW, Bonn
- www.rotkreuz.de/ehonline
  Deutsches Rotes Kreuz, Bonn

  Online-Kurs in erster Hilfe
- sanus.uni-wuppertal.de/sanindex.html
  Forschungsprojekt SANUS, Universität Wuppertal

  Informationen zum Thema Bildschirmarbeit, Publikationen
- www.bad-gmbh.de
  B·A·D Gesundheitsvorsorge und Sicherheitstechnik GmbH, Bonn

11.7 Statistiken

- www.statistik-bund.de
  Statistisches Bundesamt

- europa.eu.int/en/comm/eurostat/servde/home.htm
Statistisches Amt der Europäischen Union (Eurostat), Luxemburg

11.8 Vereine und Verbände

- www.vdri.de
Verein Deutscher Revisionsingenieure (VDRI), Hannover
- www.vdsi.de
Verband Deutscher Sicherheitsingenieure (VDSI), Wiesbaden

  aktuelle Informationen, Veranstaltungen, Veröffentlichungen, Links
- www.vdi.de
Verein Deutscher Ingenieure (VDI), Düsseldorf
- www-dgaum.med.uni-rostock.de
Deutsche Gesellschaft für Arbeitsmedizin und Umweltmedizin (DGAUM), Rostock
- www.bg-dvr.de
Deutscher Verkehrssicherheitsrat (DVR), Meckenheim
- www.dalaerm.de
Deutscher Arbeitsring für Lärmbekämpfung (DAL), Düsseldorf

11.9 Verlage

- www.bc-verlag.de
BC-Verlag, Heidelberg

  Bücher, Broschüren, CD-ROMs zum Arbeits- und Gesundheitsschutz
- www.beck.de
Verlag C.H. Beck, München

  Bücher und Loseblattsammlungen zu Rechtsthemen
- www.beuth.de
Beuth Verlag, Berlin

  DIN-Normen
- www.dwd-verlag.de
Fachverlag Deutscher Wirtschaftsdienst, Köln

  Bücher und Loseblattsammlungen im Arbeits- und Umweltschutz (z.B. Handbuch Arbeitsschutz)
- www.gitverlag.com
GIT Verlag, Darmstadt

  Fachzeitschriften (z.B. Sicherheit und Management), Fachbücher zu Spezialthemen
- www.jedermann.de
Jedermann-Verlag, Heidelberg

  Bücher, Broschüren, CD-ROMs

- www.architekturbuch.de
  medienservice architektur & bauwesen, Stuttgart

  Bücher zum Thema Bauwesen (z.B. Gestaltung von Arbeitsplätzen für Behinderte), ausgerichtet auf Architekten

- www.nw-verlag.de
  Wirtschaftsverlag NW Verlag für neue Wissenschaft, Bremerhaven

  Forschungsberichte, Tagungsbände der Bundesanstalt für Arbeitsschutz und Arbeitsmedizin, Dortmund

- www.erich-schmidt-verlag.de
  Erich Schmidt Verlag, Berlin

  Bücher, Loseblattsammlungen und Fachzeitschriften zu diversen Themen des Arbeits- und Gesundheitsschutzes (z.B. Führungskräfteverantwortung, Alkohol, PSA)

- www.technikwissen.de
  Springer-VDI-Verlag, Berlin

- www.ubmedia.de
  UB MEDIA, Markt Schwaben

  Software zu diversen Arbeitsschutzthemen (z.B. Gefahrstoffe, Brandschutz), Intranet-Lösungen

- www.ftf-weka.de
  WEKA Fachverlag für technische Führungskräfte, Augsburg

  Loseblattsammlungen mit CD-ROMs zu diversen Themen des Arbeitsschutzes (z.B. Brandschutz, Gefahrstoffe, Sicherheitsbeauftragter, Unterweisungen), Intranet-Lösungen

11.10 Schulungsträger

- www.hdt-essen.de
  Haus der Technik, Essen

  Größter deutscher Schulungsträger im Arbeits- und Gesundheitsschutz, umfassender Schulungskatalog auch zu Spezialthemen

- www.vdi.de/bw
  VDI-Wissensforum, Düsseldorf

- www.tuev-akademie.de
  TÜV-Akademie Rheinland, Köln

- www.tuev-akd.de
  TÜV Akademie, Unternehmensgruppe TÜV Süddeutschland, München

- www.managementcircle.de
  Management Circle, Eschborn/Taunus

- www.voss-arbeitsschutz.de
  Ingenieurbüro für Arbeitssicherheit, Strahlen- und Umweltschutz
  Dipl.-Ing. Jens-Christian Voss, Augsburg

  Ein bisschen Eigenwerbung sei erlaubt: Renommierte Spezialisten veranstalten Fachseminare, Schulungen und Tagungen zu allen Themen des Arbeits- und Gesundheitsschutzes – weltweit.

11.11 Arbeitsmedizin

- www.bgfa.ruhr-uni-bochum.de
  Berufsgenossenschaftliches Forschungsinstitut für Arbeitsmedizin (BGFA)

  Vorstellung der Forschungsaktivitäten im Bereich der arbeitsbedingten Erkrankungen der Lunge und Atemwege, Erkrankungen sowie Prophylaxe, Diagnose und Therapie, Veranstaltungen und aktuelle Publikationen

- www.bgfa.ruhr-uni-bochum.de/forschung/proj/index.html
  Berufsgenossenschaftliches Forschungsinstitut für Arbeitsmedizin (BGFA)

  Auflistung und Beschreibung der Forschungsprojekte

- www.bgfa.ruhr-uni-bochum.de/info
  Berufsgenossenschaftliches Forschungsinstitut für Arbeitsmedizin (BGFA)

  Informationsschriften der BGFA

- www.hvbg.de/bgag
  Berufsgenossenschaftliches Institut Arbeit und Gesundheit (BGAG)

  Arbeitsbereiche: Qualifizierung, Beratung, Prävention und Forschung

- www-ifam.med.uni-rostock.de
  Institut für Arbeitsmedizin der Universität Rostock

  Selbstdarstellung und Linkliste (im Bereich Arbeitsmedizin) zu deutschen Akademien und Hochschulen

- www-ifam.med.uni-rostock.de/bkvo/bekvo.htm
  Institut für Arbeitsmedizin der Universität Rostock

  Berufskrankheitsverordnung, Auflistung der Berufskrankheiten, Links zu den Merkblättern für die ärztliche Untersuchung

- www-ifam.med.uni-rostock.de/ifamlst.htm
  Institut für Arbeitsmedizin der Universität Rostock

  Auflistung der Akademien und Institute im Bereich Arbeitsmedizin

- www-ifam.med.uni-rostock.de/netlehr/netlehre.htm
  Institut für Arbeitsmedizin der Universität Rostock

  Lehrmaterialangebot

- www.aser.uni-wuppertal.de
  Institut für Arbeitsmedizin, Sicherheitstechnik und Ergonomie e.V. (ASER)

  Darstellung der Projekte und Instrumente. Ziel des ASER: wissenschaftlich erarbeitete Ergebnisse in die Praxis einsetzen

- www.aser.uni-wuppertal.de/instrumente.html
  Institut für Arbeitsmedizin, Sicherheitstechnik und Ergonomie e.V. (ASER)

  Hilfsmittel für die Praxis im Betrieb: „Instrumente für den Arbeitsschutz"

- www.aser.uni-wuppertal.de/bifra/welcome.html
  Institut für Arbeitsmedizin, Sicherheitstechnik und Ergonomie e.V. (ASER)

  Online-Fragebogen zur Erstellung eines Bildschirmarbeitsplatzprofils

11.12 Recht

- www.bundesarbeitsgericht.de
  Bundesarbeitsgericht, Erfurt

  aktuelle Rechtsprechungen mit Urteilsbegründungen

- www.bundessozialgericht.de
  Bundessozialgericht, Kassel

  Information über Aufgaben und Organisation, Verhandlungen und Urteile, Presseinformationen im Bereich der sozialen Sicherheit

- www.sozialgerichtsbarkeit.de
  Landessozialgerichte

  Links zu den Homepages der einzelnen Landessozialgerichte; Informationen, Entscheidungssammlungen von den Sozialgerichten der einzelnen Bundesländer

- www.abogado.de
  Suchdienst für aktuelles Recht vom Forum Deutsches Recht

  640.000 abfragbare Stichworte

11.13 Betriebsrat

- www.bundesarbeitsgericht.de
  Bundesarbeitsgericht, Erfurt

  Aktuelle Rechtsprechungen mit Urteilsbegründungen

- www.betriebsrat.de, www.ifb-online.de
  Institut zur Fortbildung von Betriebsräten Hans Schneider, Murnau

11.14 Umweltschutz

- www.lis.iao.fhg.de/ikarus
  Umweltinformationssystem der Fraunhofer-Gesellschaft

  „Ikarus" bietet Anbietern und Anwendern von Software für den Umweltschutz in Betrieben hiermit einen virtuellen Marktplatz. Softwareentwickler können hier ihre Produkte präsentieren und ihre Kunden sich über das Marktangebot informieren. Neben Mailinglisten wird auch die Möglichkeit geboten, Fraunhofer-Studien zu betrieblichen Umweltinformationssystemen zu bestellen.

- www.umwelttechnik.seibt.de
  Seibt Verlag, München

  Branchenspezifisch aufgebaute Internet-Datenbank

11.15 Versand von Produkten und Artikeln des Arbeitsschutzes

- www.kroschke.com
  Kroschke Sign-International, Braunschweig
- www.testo.de
  Testo, Lenzkirch

  Messtechnik (Klima, Beleuchtung, Gefahrstoffe)

11.16 Allgemeine Suchmaschinen

- www.altavista.de
- www.caloweb.com
- www.excite.de
- www.infoseek.com
- www.lycos.com
- www.web.de
- www.yahoo.de

Zusammenstellung dieser Liste

- www.voss-arbeitsschutz.de
  Ingenieurbüro für Arbeitssicherheit, Strahlen- und Umweltschutz
  Dipl.-Ing. Jens-Christian Voss, Augsburg
  (erstellt im Januar 2001)

  Ich würde mich freuen, wenn Sie die Tipps und Adressen in der Praxis hilfreich und zeit- und geldsparend nutzen können!
  Für weitere Anregungen, Tipps, Adressen bin ich sehr dankbar!

12 Aktuelles

12.1 Schulungen und Tagungen 2001

10.05.–11.05.01 Frankfurt	**Aktueller Stand und Entwicklungen im Strahlenschutz**	
	Kontakt:	Akademie für Sicherheit Friedrichstraße 12 65185 Wiesbaden Tel. 0611/3081104, Hr. Henzler
16.05.01 Dortmund (DASA)	**Fortbildung von Sicherheitsbeauftragten**	
	Kontakt:	Haus der Technik Hollestraße 1 45127 Essen Tel. 0201/1803-277, Fr. Hölscher
18.05.01 Dortmund (DASA)	**Fortbildung von Brandschutzbeauftragten**	
	Kontakt:	Haus der Technik Hollestraße 1 45127 Essen Tel. 0201/1803-251, Hr. Brommann
28.05.–31.05.01 Essen	**Arbeitsmedizinische Woche**	
	28.05.01	Arbeitsmedizin im Betrieb
	29.05.01	Berufskrankheiten
	30.05.01	Alkohol und Arbeitssicherheit
	31.05.01	Mobbing am Arbeitsplatz
	Kontakt:	Haus der Technik Hollestraße 1 45127 Essen Tel. 0201/1803-313, Hr. Dr. Altemeyer
10.06.–13.06.01 Göteborg, Schweden	**X2001 – Exposure Assessment in Epidemiology and Practise – International Scientific Conference**	
	Kontakt:	Department of Occupational Medicine St. Sigfridsgatan 85 S – 41 266 Göteborg Tel. +46 – 31 335 48 90
11.06.–13.06.01 Toulouse, Frankreich	**Internationales Symposium „Stäube, Rauche und Nebel am Arbeitsplatz: Risiken und Prävention“**	
	Kontakt:	INRS 30, rue Olivier Noyer F – 75 680 Paris Cedex 14 Tel. +33 – 140 44 31 19
13.06.01 München	**Arbeitsschutz besser managen**	
	Kontakt:	Haus der Technik Hollestraße 1 45127 Essen Tel. 0201/1803-277, Fr. Hölscher

18.06.–19.06.01 Lissabon, Portugal	**2. European Conference of the European Network for workplace health promotion** Kontakt: Europäisches Informationszentrum im BKK-Bundesverband Tel. 0201/179-1209, Fr. Kruse
20.06.–23.06.01 München	**Schimmeltagung 2001 – Schimmel-Gefahr für Mensch und Kulturgut durch Mikroorganismen** Kontakt: Braunschweigisches Landesmuseum Burgplatz 1 38100 Braunschweig Tel. 0531/12152660, Fr. Rauch
25.06.–30.06.01 München	**Ausbildung von Brandschutzbeauftragten** Kontakt: Haus der Technik Hollestraße 1 45127 Essen Tel. 0201/1803-251, Hr. Brommann
12.09.01 Berlin	**Psychomentale Belastung und Beanspruchung im Wandel der Arbeitswelt – eine Herausforderung für die Arbeitsmedizin** Kontakt: Bundesanstalt für Arbeitsschutz und Arbeitsmedizin (BAuA), Gruppe AM 2.3 Nöldnerstraße 40–42 10317 Berlin
24.09.–29.09.01 Essen	**Ausbildung von Brandschutzbeauftragten** Kontakt: Haus der Technik Hollestraße 1 45127 Essen Tel. 0201/1803-251, Hr. Brommann
08.10.–13.10.01 Wuppertal	**Ausbildung von Brandschutzbeauftragten** Kontakt: Technische Akademie Wuppertal Hubertusallee 18 Wuppertal Tel. 0202/7495-207, Hr. Dr. Reith
10.10.–11.10.01 München	**1. TÜV-Tagung für SiGe-Koordinatoren** Kontakt: TÜV Süddeutschland Tagungen und Kongresse Westendstr. 199 80339 München Tel. 089/5791-1647, Fr. Alius
26.10.01 Essen	**Arbeitsschutz besser managen** Kontakt: Haus der Technik Hollestraße 1 45127 Essen Tel. 0201/1803-277, Fr. Hölscher

06.11.01
Wuppertal

Gefahrenquelle Kühlschmierstoffe
Kontakt: Technische Akademie Wuppertal
Hubertusallee 18
Wuppertal
Tel. 0202/7495-227, Hr. Hinssen

07.11.01
Berlin

Einsatz von Beschäftigten mit Herzschrittmachern und anderen Implantaten an Arbeitsplätzen mit elektromagnetischen Feldern
Kontakt: Bundesanstalt für Arbeitsschutz und Arbeitsmedizin (BAuA), Gruppe AM 2.3
Nöldnerstraße 40–42
10317 Berlin

08.11.–09.11.01
Essen

2. Essener Brandschutztage (mit Ausstellung)
Kontakt: Haus der Technik
Hollestraße 1
45127 Essen
Tel. 0201/1803-251, Hr. Brommann

13.11.–15.11.01
Bonn

2. Internationale Konferenz Sicherheit in der Industrieautomation
Kontakt: Berufsgenossenschaftliches Institut für Arbeitssicherheit (BIA)
Referat Z2.4
53754 Sankt Augustin
Tel. 02241/231-27 21

14.11.01
Essen

Arbeitsschutz und Internet
Kontakt: Haus der Technik
Hollestraße 1
45127 Essen
Tel. 0201/1803-277, Fr. Hölscher

21.11.–22.11.01
München

5. TÜV-Tag des Arbeitsschutzes
Kontakt: TÜV Süddeutschland
Tagungen und Kongresse
Westendstr. 199
80339 München
Tel. 089/5791-1647, Fr. Alius

28.11.01
Berlin

Workshop: Tätigkeiten mit biologischen Arbeitsstoffen
Kontakt: Bundesanstalt für Arbeitsschutz und Arbeitsmedizin (BAuA), Gruppe AM 2.3
Nöldnerstraße 40–42
10317 Berlin

03.12.–07.12.01 Essen	**Arbeitsmedizinische Woche im Haus der Technik**	
	03.12.01	Arbeitsmedizin im Betrieb
	04.12.01	Mobbing am Arbeitsplatz
	05.12.01	Stress im Betrieb
	06.12.01	Alkohol und Arbeitssicherheit
	07.12.01	Berufskrankheiten
	Kontakt:	Haus der Technik Hollestraße 1 45127 Essen Tel. 0201/1803-313, Hr. Dr. Altemeyer
03.12.–07.12.01 Essen	**Brandschutz-Woche im Haus der Technik**	
	03.12.01	Brandstiftung
	04.12.01	Brandmeldeanlagen
	05.12.01	Elektrostatik
	06.12.01	Planung und Durchführung von Evakuierungsübungen
	07.12.01	Ausbildung von Brandschutz-Helfern
	Kontakt:	Haus der Technik Hollestraße 1 45127 Essen Tel. 0201/1803-251, Hr. Brommann
10.12.–15.12.01 Essen	**Ausbildung von Brandschutzbeauftragten**	
	Kontakt:	Haus der Technik Hollestraße 1 45127 Essen Tel. 0201/1803-251, Hr. Brommann

12.2 Kongresse und Messen 2001

07.05.–12.05.01
Peking, China

ACHEMASIA 2001
5. Internationaler Kongress für Chemietechnik und Biotechnologien
Kontakt: DECHEMA
Theodor-Heuss-Allee 25
60486 Frankfurt
Tel. 069/7564-0

08.05.–10.05.01
Nürnberg

TEST – Fachmesse für Material- und Qualitätsprüfung, EMV und Umweltsimulation
Kontakt: NürnbergMesseGmbH
Messezentrum
90471 Nürnberg
Tel. 0911/8606-0

14.05.–17.05.01
Düsseldorf

A+A 2001 – Internationaler Kongress für Arbeitsschutz und Arbeitsmedizin
Kontakt: Bundesarbeitsgemeinschaft für Sicherheit und Gesundheitsschutz bei der Arbeit (BASI) e.V.
Alte Heerstraße 111
53754 Sankt Augustin
Tel. 02241/231-6000

14.05.–17.05.01
Düsseldorf

Envitec – Ver- und Entsorgung
Kontakt: Messe Düsseldorf GmbH
Stockumer Kirchstraße 61
40474 Düsseldorf
Tel. 0211/4560-01

15.05.–17.05.01
Wiesbaden

HY-PRO 2001 – 2. Internationale Fachmesse und Kongress für Hygienische Produktionstechnologie
Kontakt: MESAGO Messe Kongress GmbH
Rotebuehlstraße 83–85
70178 Stuttgart
Tel. 0711/61946-0

08.06.–10.06.01
Nürnberg

Bundeskongress RETTUNGSDIENST
Kontakt: Kuratorium zur Förderung der präklinischen Notfallmedizin e.V.
Im Ermlisgrund 20–24
76337 Waldbronn
Tel. 07243/5646-0

18.06.–21.06.01
München

LASER
Kontakt: Messe München GmbH
Am Messesee 2
81829 München
Tel. 089/949-01

20.06.–22.06.01 Nürnberg	**ELTEC – Fachmesse für Elektrotechnik** Kontakt:	 NürnbergMesseGmbH Messezentrum 90471 Nürnberg Tel. 0911/8606-0
04.09.–06.09.01 Rhein-Main-Hallen, Wiesbaden	**MessComp 2001** Kontakt:	 Network GmbH Wilhelm-Suhr-Straße 28 31558 Hagenburg Tel. 05033/7057
05.09.–08.09.01 Dortmund	**ELEKTROTECHNIK** Kontakt:	 Westfalenhallen Dortmund GmbH Geschäftsbereich Messen Rheinlanddamm 200 44139 Dortmund Tel. 0231/1204-521, -525
12.09.–18.09.01 Essen	**SCHWEIßEN & SCHNEIDEN** Kontakt:	 Messe Essen GmbH Norbertstraße 2 45131 Essen Tel. 0201/7244-0
21.09.–28.09.01 Atlanta, USA	**89. Jahreskongress des National Safety Council (NSC)** Kontakt:	 NSC 1121 Spring Lake Drive Itasca, IL 60 143 Tel. +1 – 630 285 11 21
25.09.–26.09.01 Hamburg	**BGW-Forum 2001 „Altenpflege und Gesundheitsschutz"** Kontakt:	 Berufsgenossenschaft für Gesundheitsdienst und Wohlfahrtspflege Postfach 76 02 24 22052 Hamburg Tel. 040/20 20 7-0
10.10.–12.10.01 Wien	**Austro Sicherheit 2001**	
10.10.–12.10.01 Hannover	**IKK – Internationale Fachmesse für Kälte-Klimatechnik** Kontakt:	 VDKF Verband Deutscher Kälte-Klima- Fachbetriebe e.V. Bahnhofstraße 27 53721 Siegburg Tel. 02241/96990-0
16.10.–19.10.01 Augsburg	**interlift 2001** Kontakt:	 AFAG Ausstellungsgesellschaft mbH Messezentrum 90471 Nürnberg Tel. 0911/8607-0

05.12.–06.12.01 Berlin	**9. messtechnik in berlin**	
	Kontakt:	Network GmbH Wilhelm-Suhr-Straße 28 31558 Hagenburg Tel. 05033/7057
13.11.–15.11.01 Bonn	**2. Internationale Konferenz Sicherheit in der Industrieautomation**	
	Kontakt:	Berufsgenossenschaftliches Institut für Arbeitssicherheit (BIA) Alte Heerstraße 111 53754 Sankt Augustin Tel. 02241/231-2721
12.12.–14.12.01 Paris	**Internationales Symposium für die Verhütung von Arbeitsunfällen und Berufskrankheiten im Hoch- und Tiefbau**	
	Kontakt:	IVSS-Sektion Hoch- und Tiefbau Caisse Regionale d´Assurance Maladie d´Ile de France 17–19 Place de l´Argonne F – 75019 Paris Tel. + 33-1-40 05 38 02

12.3 Ausblick 2002

26.05.–31.05.02 Wien	**XVI. Weltkongress für Arbeitsschutz** Kontakt:	 Allgemeine Unfallversicherungsanstalt Kongressbüro Adalbert-Stifter-Straße 65 A – 1200 Wien Tel. + 43-1-331 11-537
16.10.–18.10.02 Berlin	**Arbeitsschutz aktuell** Kongress und Fachmesse Kontakt:	 Messe Berlin GmbH Messedamm 22 14055 Berlin Tel. 030/30380

13 Anhang

13.1 Glossar

Biologische Arbeitsstoffe	Biostoffe; Organismen und biologische Agenzien, die beim Menschen Infektionskrankheiten sowie Erkrankungen aufgrund ihrer sensibilisierenden oder toxischen Wirkungen hervorrufen können.
Gefährdungsbeurteilung	Systematisches Verfahren zur Ermittlung bzw. Identifizierung von tätigkeitsspezifischen Gefährdungen und Beschreibung bzw. Feststellung der damit verbundenen Risiken.
Gentechnisch veränderte Organismen	Organismen, deren Erbgut in einer Weise verändert wurde, wie es unter natürlichen Bedingungen durch Kreuzen oder natürliche Neukombination von Erbgut nicht vorkommt.
Gezielte Tätigkeiten	Bewusster bzw. beabsichtigter beruflich bedingter Umgang mit biologischen Arbeitsstoffen; Tätigkeiten, die auf biologische Arbeitsstoffe unmittelbar ausgerichtet sind, die biologischen Arbeitsstoffe der Spezies nach bekannt und die Expositionen im Normalbetrieb bekannt oder abschätzbar sind.
Infektiosität	Ausmaß der Fähigkeit eines Krankheitserregers, in den Wirt einzudringen, sich zu vermehren und sich übertragen zu lassen.
Nicht gezielte Tätigkeiten	Unbewusster bzw. unbeabsichtigter beruflich bedingter Umgang mit biologischen Arbeitsstoffen; Tätigkeiten, die nicht unmittelbar auf biologische Arbeitsstoffe ausgerichtet sind oder bei denen die biologischen Arbeitsstoffe der Spezies nach nicht bekannt oder die Expositionen im Normalbetrieb nicht bekannt oder abschätzbar sind.
Pathogen	Eine Krankheit verursachend.
Projekt-Management	Aufgabe von Projekt-/Fachprojekt-/Baustellen-/Inbetriebnahmeleiter ist es, den Projektablauf wie vereinbart und erfolgreich zu steuern mit Schaffung der Voraussetzungen, Unterweisung, Koordination und Prüfung von Planung und Anlagenteilen.
QSU-Management-System	Das QSU-Management-System von Linde VA regelt Zuständigkeit und Ablauf bei Planung, Beschaffung, Montage und Inbetriebnahme von Prozessanlagen für vereinbarte Qualität, Sicherheit und Gesundheits- und Umweltschutz (Q + SGU = QSU).
QSU-Plan	Der QSU-Plan ist ein Arbeitsdokument, in dem die Projektvorgaben, -zuständigkeiten und -abläufe zusammengestellt sind zum Nachweis der Erfüllung der zweckmäßigen, vereinbarten Anlagen-Eigenschaften bezüglich Qualität, Sicherheit und Gesundheits- und Umweltschutz.
Risikoeinstufung	Einstufung von Krankheitserregern gemäß der von ihnen ausgehenden Gefährdung anhand ihrer Infektiosität.
Schutzstufe	Summe aller für die entsprechende Stufe geltenden technischen, organisatorischen und persönlichen Sicherheitsmaßnahmen.
SGU-Checklisten	SGU-Checklisten helfen bei der Gefahrenermittlung, Festlegung von SGU-Maßnahmen, Unterweisung von Mitarbeitern und Prüfung der Planung und Anlagenteile.

Sicherheitskurzgespräch

Das moderierte Sicherheitskurzgespräch ist die zeitgemäße Form des Wissenstransfers. Es bietet dabei die Chance der Integration von Arbeits- und Gesundheitsschutz in die tägliche betriebliche Praxis. Der erzielbare Mehrfachnutzen ist sehr bedeutsam in Verbindung mit der Wirtschaftlichkeit von Arbeits- und Gesundheitsschutz.

Sicherheitsmaßnahmen

Technische, organisatorische, qualifikatorische und verhaltensbezogene sowie arbeitsmedizinische Maßnahmen, die zum Ziel haben, arbeitsbedingte Gefahren zu vermeiden bzw. Gesundheitsrisiken zu verringern.

Sicherheitsstufe

↗ Schutzstufe

13.2 Abkürzungsverzeichnis

ABAS	Ausschuss für Biologische Arbeitsstoffe
ArbSchG	Arbeitsschutzgesetz
ASA	Arbeitsschutzausschuss
ASCA	Arbeitsschutz und Sicherheitstechnik in Chemieanlagen
ASiG	Arbeitssicherheitsgesetz
ASM	Arbeitsschutzmanagement
AÜG	Arbeitnehmerüberlassungsgesetz
AuG	Arbeits- und Gesundheitsschutz
AUG	Auftraggeber
AUN	Auftragnehmer
BAuA	Bundesanstalt für Arbeitsschutz und Arbeitsmedizin
BBS	Beauftragter für die biologische Sicherheit
BetrVG	Betriebsverfassungsgesetz
BfA	Bundesversicherungsanstalt für Angestellte
BG	Berufsgenossenschaft
BGB	Bürgerliches Gesetzbuch
BGV	BG-Vorschrift
BimSchG	Bundesimmissionsschutzgesetz
BioStoffV	Biostoffverordnung
BMA	Bundesministerium für Arbeit und Sozialordnung
BMG	Bundesministerium für Gesundheit
BMU	Bundesministerium für Umwelt, Naturschutz und Reaktorsicherheit
BSeuchG	Bundesseuchengesetz
CEN	European Committee for Standardization
CENELEC	European Committee for Electrotechnical Standardization
DVGW	Deutscher Verein des Gas- und Wasserfachs
EFQM	European Foundation for Quality Management
EN	Europa-Norm
EU	Europäische Union
EWG	Europäische Wirtschaftsgemeinschaft
FBU	Feuer-Betriebsunterbrechung
FKM	Führungskultur im Management
GA	Gewerbeaufsichtsamt
GbV	Gefahrgutbeauftragten-Verordnung
GefStoffV	Gefahrstoffverordnung
GenTSV	Gentechnik-Sicherheitsverordnung
GewO	Gewerbeordnung
GSG	Gerätesicherheitsgesetz
GtA	Gesetz über technische Arbeitsmittel
GVO	gentechnisch veränderte Organismen
GVS	Gesamtversicherungssumme
HSE	Health and Safety
ILO	International Labour Organization

JArbSchG	Jugendarbeitsschutzgesetz
KrW-/AbfG	Kreislaufwirtschafts- und Abfallgesetz
LVA	Landesversicherungsanstalt für Arbeiter
MdE	Minderung der Erwerbstätigkeit
MPG	Medizinproduktegesetz
MuSchG	Mutterschutzgesetz
MuSchV	Mutterschutzverordnung
MuZeg	multidimensionaler Erfüllungsgrad
OHRIS	Occupational Health- and Risk-Managementsystem
OWiG	Ordnungswidrigkeitengesetz
PML	probable maximum loss
PSA	Persönliche Schutzausrüstung
QM	Qualitätsmanagement
QS	Qualitätssicherung
QSU	Qualität, Sicherheit, Gesundheits- und Umweltschutz
RöV	Röntgenverordnung
RVO	Rechtsverordnung
RWA	Rauch- und Wärmeabzug
SCC	Sicherheits-Certifikat-Contractoren
SGB	Sozialgesetzbuch
SGU	Sicherheit, Gesundheits- und Umweltschutz
SOE	Systemverträgliche Organisationsentwicklung
StGB	Strafgesetzbuch
StörfallV	Störfallverordnung
StrlSchV	Strahlenschutzverordnung
StrVG	Strahlenschutzvorsorgegesetz
TQM	Total Quality Management
TRBA	Technische Regeln für Biologische Arbeitsstoffe
TRGS	Technische Regeln für Gefahrstoffe
UH	Unfallhäufigkeit
UVV	Unfallverhütungsvorschrift
VbF	Verordnung über brennbare Flüssigkeiten
VBG	Vorschriftenwerk der Berufsgenossenschaften
VDBW	Verband Deutscher Betriebs- und Werksärzte
VDE	Verband Deutscher Elektrotechniker
VDI	Verband Deutscher Ingenieure
VdS	Verband der Schadenversicherer
VDSI	Verband Deutscher Sicherheitsingenieure
VwVG	Verwaltungs-Vollstreckungsgesetz
WHO	World Health Organisation
WTO	World Trade Organisation

13.3 Literaturverzeichnis

ArbSchG: Gesetz über die Durchführung von Maßnahmen des Arbeitsschutzes zur Verbesserung der Sicherheit und des Gesundheitsschutzes der Beschäftigten bei der Arbeit (Arbeitsschutzgesetz) vom 7. August 1996 (BGBl. I S. 1246), zuletzt geändert am 16. Dezember 1997 (BGBl. I S. 2970).

Arbeitsschutz-Rahmenrichtlinie: EG-Rahmenrichtlinie Arbeitsschutz 89/391/EWG des Rates vom 12.6.89 über die Durchführung von Maßnahmen zur Verbesserung der Sicherheit und des Gesundheitsschutzes der Arbeitnehmer bei der Arbeit (ABl. EG Nr.L183 S 1).

Bailey, S.; Jorgensen, K.; Krüger, W.; Litske, H.: Wirtschaftliche Anreizmöglichkeiten zur Verbesserung der Arbeitsumgebung. Zusammenfassung und Schlussfolgerungen einer internationalen Studie. Luxemburg 1995.

Baum, H.; Heibach, M.; Höhnscheid, K.-H.: Aktualisierung der volkswirtschaftlichen Ressourcenverluste durch Arbeits- und Wegeunfälle, Bd. 808 Schriftenreihe Forschung/Arbeitsschutz, hrsg. v. d. Bundesanstalt für Arbeitsschutz und Arbeitsmedizin. Dortmund/Berlin 1998.

Beermann, B.; Meschkutat, B.: Psychosoziale Faktoren am Arbeitsplatz unter Berücksichtigung von Stress und Belästigung. Schriftenreihe der Bundesanstalt für Arbeitsschutz und Arbeitsmedizin Dortmund 1995.

Ebers, M.; Gotsch, W.: Institutionenökonomische Theorien der Organisation. Agenturtheorie, in: Organisationstheorien, hrsg. von A. Kieser. Stuttgart 1993, S. 203–216.

Kastner, M. (Hrsg.): Verhaltensorientierte Prozeßoptimierung. Herdecke 1998.

Kastner, M. (Hrsg.): Gesundheit und Sicherheit in neuen Arbeits- und Organisationsformen. Herdecke 1999.

Kollerer, H.: Die betriebswirtschaftliche Problematik von Betriebsunterbrechungen – Planungsgrundlagen zur Berücksichtigung von Betriebsunterbrechungen im Rahmen der Unternehmenspolitik, Betriebswirtschaftliche Studien, Bd. 35. Berlin 1978.

Krüger, W.: Ökonomische Anreize zur Prävention. Kritische Betrachtung der Möglichkeiten und Grenzen. 25. Internationaler Kongress für Arbeitsschutz und Arbeitsmedizin Vortragsreihe Sicherheit und Gesundheit als Wettbewerbsfaktor, 1997.

Krüger, W.: Arbeitsschutz im wirtschaftlichen Kalkül – (k)ein Widerspruch? Arbeitsschutz in NRW gestern und morgen – Hemmnis oder Motor für Innovationen in der Arbeitswelt. Festkolloquium am 23. Juni 1997 in Düsseldorf. Düsseldorf 1998.

Krüger, W.; Buchmann, B.; Klatt, E.; Ries, K.: Indikatoren zur gesamtwirtschaftlichen Effizienzmessung des Arbeitsschutzes. Dortmund 1993.

Krüger, W.; Hess, D.; Müller, P.; Stegemann, K.: Wirtschaftliche Anreize für betriebliche Maßnahmen zur Unfallverhütung und zur Verringerung arbeitsbedingter Gesundheitsgefahren. Dortmund 2000.

Krüger, W.; Meis, S.: Probleme und Möglichkeiten der Effizienzkontrolle betrieblicher Arbeitsschutzaktivitäten, Bd. 640 Schriftenreihe Forschung, hrsg. v. d. Bundesanstalt für Arbeitsschutz. Dortmund 1991.

Krüger, W.; Müller, P.; Stegemann, K.: Kosten-Nutzen-Analyse von Gesundheitsförderungsmaßnahmen. Dortmund 1998.

Lay, R.: Führen durch das Wort. München 1978.

Lay, R.: Kommunikation für Manager. München 1989.

Leymann, H.: Mobbing. Psychoterror am Arbeitsplatz und wie man sich dagegen wehren kann. Reinbek 1994.

Lorenz, D.; Wurstner, K.; Fremerey, F.; Auch, M.: Modellhafte Anwendung der Arbeitssystemwertanalyse am Beispiel der Zusammenlegung der Leitstände von Werkfeuerwehr und Werkschutz bei der Hoesch Stahl AG, Abschlußbericht für die Bundesanstalt für Arbeitsschutz. Stuttgart 1991.

Merdian, J.; Scheuermann, K.: Leitfaden Arbeitsschutzmanagement. Berlin 1999.

Perrow, Charles: Normale Katastrophen. Die unvermeidlichen Risiken der Großtechnik. Frankfurt 1992.

Reason, James: Menschliches Versagen. Heidelberg 1993.

RKW (Hrsg.): Menschengerechte Arbeitsplätze sind wirtschaftlich, 6 Dokumentationen erweiterter Wirtschaftlichkeitsverfahren. Bonn 1985.

Schweres, M.; Sengotta, M.; Roesler, J.: Gesundheits- und Arbeitsschutz in der Investitionsplanung – DV-Unterstützung für erweiterte Wirtschaftlichkeitsrechnungen, Bd. 849 Schriftenreihe Forschung/Arbeitsschutz, hrsg. v. d. Bundesanstalt für Arbeitsschutz und Arbeitsmedizin. Dortmund/Berlin 1999.

SGB VII: Sozialgesetzbuch Siebtes Buch – Gesetzliche Unfallversicherung vom 7. August 1996, zuletzt geändert am 17. Dezember 1997 (BGBl. I S. 3108).

Staehle, W.: Management, 7. Aufl. München 1994.

Suchanek, A.: Richtige Politik mit rationalen Prinzipien, FAZ Nr. 259, vom 6. 11. 1999, S. 15.

Thiehoff, R.: Bewertungsprobleme in der Arbeitswirtschaft, in: Arbeitswirtschaft, hrsg. v. Jungbluth, A.; Lück, G.; Schweres, M. Wiesbaden 1990, S. 111–130.

Thiehoff, R.: Betriebliches Gesundheitsschutzmanagement – Möglichkeiten erfolgreicher Interessenbalance. Berlin 2000.

VBG 1: Unfallverhütungsvorschrift – allgemeine Vorschriften.

Voss, J. Chr. (Hrsg.): Der Sicherheitsbeauftragte. Loseblattsammlung, Augsburg 2001.

Voss, J. Chr.: SCC-Handbuch. München 2000.

Zangemeister, C.; Nolting, H.-D.: Kosten-Wirksamkeits-Analyse im Arbeits- und Gesundheitsschutz – Einführung und Leitfaden für die betriebliche Praxis, Bd. S 44 der Schriftenreihe Sonderschrift, hrsg. v. d. Bundesanstalt für Arbeitsschutz und Arbeitsmedizin Dortmund/Berlin 1997.

13.4 Autorenverzeichnis

Dipl.-Ing. Hans-Jürgen Bieneck

ist Präsident der Bundesanstalt für Arbeitsschutz und Arbeitsmedizin in Dortmund. Studium des Wirtschaftsingenieurwesens an der TU Berlin, danach wissenschaftlicher Referent bei der Kommission für wirtschaftlichen und sozialen Wandel. Von 1977 bis 1999 Referent bzw. Referatsleiter im Bundesministerium für Arbeit und Sozialordnung in der Abt. III „Arbeitsrecht, Arbeitsschutz"; Aufgabengebiete: Arbeitssicherheitsgesetz, Fachaufsicht über die Bundesanstalt für Arbeitsschutz und Arbeitsmedizin (BAuA), Ergonomie, Forschung.

Kontakt: Bundesanstalt für Arbeitsschutz und Arbeitsmedizin, Dipl.-Ing. Hans-Jürgen Bieneck, Friedrich-Henkel-Weg 1–25, 44149 Dortmund, Tel.: (02 31) 90 71-2 01, Fax: (02 31) 90 71-4 54, eMail: praesident@baua-prsd.do.shuttle.de

Dr.-Ing. Wolfgang J. Friedl

ist Sicherheitsingenieur und staatlich geprüfter Ingenieur für Arbeitssicherheit. Studium der Sicherheitstechnik mit dem Schwerpunkt Brand- und Explosionsschutz an der Bergischen Universität Wuppertal und Promotion an der Technischen Universität Magdeburg. Seit über zehn Jahren weltweit als Sicherheits- und Schadensingenieur für Industrie- und Versicherungsunternehmen tätig.

Kontakt: Ingenieurbüro für Sicherheitstechnik, Dr.-Ing. Wolfgang J. Friedl, Telramundstraße 6, 81925 München, Tel.: (0 89) 95 78 96 57, Fax: (0 89) 9 57 68 29

Dr. Christoph Heucke

ist QSE-Manager der Linde Werksgruppe Verfahrenstechnik und Anlagenbau in Höllriegelskreuth bei München.

Kontakt: Linde VA, Dr. Christoph Heucke, Carl-von-Linde-Straße 8, 82049 Höllriegelskreuth, eMail: christoph.heucke@linde-va.de

Dipl.-Ing. Josef Merdian

ist QM-Auditor und Quality-System-Manager, SCC-Auditor und Koordinator bei der Berufsgenossenschaft Nahrungsmittel und Gaststätten, Büro Nürnberg.

Kontakt: Berufsgenossenschaft Nahrungsmittel und Gaststätten, Dipl.-Ing. Josef Merdian, Passauer Straße 7, 90480 Nürnberg, Tel.: (09 11) 40 40 48, Fax: (09 11) 4 09 77 82, eMail: Merdian@BGN.de

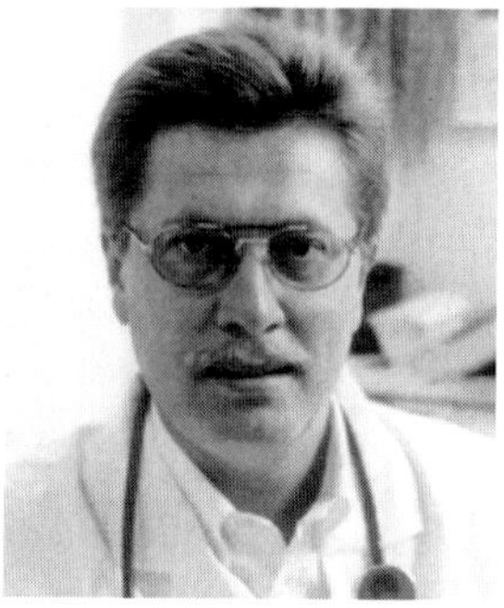

Dr. med. Johannes Posselt

ist Facharzt für Innere Medizin und Arbeitsmedizin in Frankfurt am Main. Studium der Medizin in Köln und Frankfurt, Medizinalassistent in Innerer Medizin, Gynäkologie und Chirurgie, Facharztweiterbildung in Innerer Medizin und Weiterbildung in Arbeitsmedizin. Seit 1988 Facharzt für Arbeitsmedizin mit den Schwerpunkten Klinisches Labor, Suchtfragen und Sozialmedizin.

Kontakt: Arbeitsmedizinisches Zentrum, Infraserv Höchst, Dr. med. Johannes Posselt, Industriepark Höchst, 65926 Frankfurt a.M., Tel.: (0 69) 3 05 60 32, Fax: (0 69) 30 51 64 14, eMail: Johannes.Posselt@Infraserv.com

Hans-Peter Reiß

ist Sicherheitsingenieur bei der Knoll AG in Ludwigshafen. Studium der Verfahrenstechnik an der FHT Mannheim, Weiterbildung zum Sicherheitsingenieur bei der BG Chemie, Dozent für Arbeits- und Gesundheitsschutz bei Institutionen und Betrieben.

Kontakt: Hans-Peter Reiß, Osthofener Straße 65, 67593 Westhofen, Tel.: (0 62 44) 56 01, Fax: (0 62 44) 56 01, mobil: (01 71) 5 27 17 02, eMail: hans-peter.reiss@t-online.de

Dipl.-Ing. Hans-Jürgen Russow

ist B 747-Flugkapitän i.R.; Zusatzausbildung in Verhaltenspsychologie, Veranstalter des Seminars „Der HUMAN FACTOR im Sicherheits- und Qualitätsmanagement", Auditierung nach der HUMAN FACTOR-Methode, Trainertätigkeit für verschiedene Fortbildungsanbieter.

Kontakt: Dipl.-Ing. Hans-Jürgen Russow, HUMAN FACTOR TRAINING, Untere Rheinstraße 31, 78479 Reichenau, Tel.: (0 75 34) 99 93 93, Fax: (0 75 34) 99 93 92.

Dr.-Ing. Klaus Scheuermann

ist Leiter der Abteilung Sicherheit der Berufsgenossenschaft Nahrungsmittel und Gaststätten in Mannheim, Chairman in verschiedenen ISO- und CEN-Gremien sowie Mitarbeiter bzw. Obmann in verschiedenen Normungsgremien.

Kontakt: Berufsgenossenschaft Nahrungsmittel und Gaststätten, Abteilung Sicherheit, Dr.-Ing. Klaus Scheuermann, Dynamostraße 7–11, 68165 Mannheim, Tel.: (06 21) 44 56-34 38, Fax: (06 21) 44 56-36 45, eMail: sicherheit@bgn.de

RA Dr. jur. Jürgen Schliephacke

ist Dozent für Arbeitssicherheit-Management in Hamburg. Studium der Rechtswissenschaften, früher Mitglied der Geschäftsleitung bei der Berufsgenossenschaft der Feinmechanik und Elektrotechnik und Lehrbeauftragter an der Bergischen Universität Wuppertal, derzeit freiberuflich tätig als Dozent und Berater für Arbeitssicherheit-Management, Fachautor, Seminarleiter und Rechtsanwalt.

Kontakt: RA Dr. jur. Jürgen Schliephacke, Blankeneser Bahnhofsplatz 11, 22587 Hamburg, Tel.: (0 40) 86 11 46, Fax: (0 40) 86 91 42, eMail: DrSchliephacke@t-online.de, Internet: www.schliephacke.de

Dr. Karsten Stegemann, M.P.H.

ist bei der Bundesanstalt für Arbeitsschutz und Arbeitsmedizin, Projektgruppe Controlling, in Dortmund tätig. Studium der Wirtschaftswissenschaften an der Ruhr-Universität Bochum, der Volkswirtschaftslehre an der Universität zu Köln und der Gesundheitswissenschaften an der Universität Bielefeld. Promotion an der Medizinischen Fakultät der Universität GH Essen. Seit 1999 bei der Bundesanstalt für Arbeitsschutz und Arbeitsmedizin in der Projektgruppe Controlling. Arbeitsgebiete: Arbeitsschutz und Wirtschaftlichkeit, Wirtschaftliche Anreize, Gesundheitsökonomie.

Kontakt: Bundesanstalt für Arbeitsschutz und Arbeitsmedizin, Dr. Karsten Stegemann, Friedrich-Henkel-Weg 1–25, 44149 Dortmund, Tel.: (02 31) 90 71-3 12, Fax: (02 31) 90 71-4 54, eMail: stegemann@baua.de

Dr. Norbert Teufelhart

ist Molekularbiologe und Fachkraft für Arbeitssicherheit. Früher Wissenschaftlicher Mitarbeiter für Regulatory Affairs im öffentlichen Dienst, langjährige Berufserfahrung in gentechnologischer Forschung und Entwicklung an Forschungseinrichtungen und in der biopharmazeutischen Industrie. Derzeit bei der Gesellschaft für Laborsicherheit als Unternehmensberater und Schulungsreferent tätig.

Kontakt: Dr. Norbert Teufelhart, Ulmenstraße 53, 85247 Schwabhausen, Fax: (0 81 38) 66 99 68, eMail: norbert.teufelhart@t-online.de

Dr. rer. pol. Rainer Thiehoff

ist Diplom-Volkswirt und seit 1985 Referent für wirtschaftliche Fragen von Sicherheit und Gesundheit bei der Bundesanstalt für Arbeitsschutz und Arbeitsmedizin in Dortmund. Lehraufträge, Vortragstätigkeit und zahlreiche Veröffentlichungen zu ökonomischen und organisationspsychologischen Fragen der Prävention (erweiterte Wirtschaftlichkeitsrechnungen, Controlling, Humanressourcenmanagement). Seit 1997 Leiter der Projektgruppe Controlling; Aufgabe: Entwicklung betriebswirtschaftlicher Steuerungsverfahren für eine Forschungs- und Beratungsorganisation des öffentlichen Dienstes.

Kontakt: Dr. Rainer Tiehoff, Bundesanstalt für Arbeitsschutz und Arbeitsmedizin, Dr. rer. pol. Rainer Tiehoff, Friedrich-Henkel-Weg 1–25, 44149 Dortmund, Tel.: (02 31) 90 71-2 06, Fax: (02 31) 90 71-4 54. eMail: thiehoff@baua.de

Dipl.-Ing. Jens-Christian Voss

ist Diplom-Ingenieur der Elektrotechnik sowie Sicherheitsingenieur. Studium der Elektrotechnik an der Universität der Bundeswehr in Hamburg, vierjährige Tätigkeit als Leitender Sicherheitsingenieur, seit 1996 selbstständig mit einem eigenen Ingenieurbüro für Arbeitssicherheit in Augsburg. Neben Beratung und Service für Unternehmen in ganz Europa Schulungstätigkeiten in Deutschland und der Schweiz. Schwerpunkte: Gefährdungsanalyse nach ArbSchG, Erstellung unternehmenseigener Sicherheitshandbücher und Arbeitsschutzmanagementsysteme, Brandschutz.

Kontakt: Ingenieurbüro für Arbeitssicherheit, Strahlen- und Umweltschutz, Dipl.-Ing. Jens-Christian Voss, Herzogstandstraße 15 b, 86163 Augsburg, Tel.: (08 21) 34 91-900, Fax: (08 21) 34 91-901, eMail: Jens-Christian.Voss@t-online.de, Internet: www.voss-arbeitsschutz.de

Dr. med. Eva Winnik

ist Fachärztin für Innere Medizin und Arbeitsmedizin, Betriebsmedizin, Sozialmedizin, Umweltmedizin. Studium der Medizin in Heidelberg und Leeds, seit 1990 Betriebsärztin bei der Siemens AG in Erlangen und seit 1999 Sprecherin der betriebsärztlichen Kommission für Soziale Aufgaben und Gesundheitsförderung.

Kontakt: Dr. med. Eva Winnik, Sieboldstraße 16, 91052 Erlangen, Tel.: (0 91 31) 72 48 68, Fax: (0 91 31) 72 56 23

13.5 Stichwortverzeichnis